21世纪高职高专新概念（财经类）系列教材

总主编　王宗湖

物流管理概论

（第二版）

王永富　主编

对外经济贸易大学出版社
中国·北京

图书在版编目（CIP）数据

物流管理概论 / 王永富主编. —2 版. —北京：
对外经济贸易大学出版社，2012
21 世纪高职高专新概念（财经类）系列教材
ISBN 978-7-5663-0371-4

Ⅰ.①物… Ⅱ.①王… Ⅲ.①物流－物资管理－高等
职业教育－教材 Ⅳ.①F252

中国版本图书馆 CIP 数据核字（2012）第 141742 号

物流管理概论（第二版）

王永富 **主编**
责任编辑：赵 昕 张姗姗

对 外 经 济 贸 易 大 学 出 版 社
北京市朝阳区惠新东街 10 号 邮政编码：100029
邮购电话：010－64492338 发行部电话：010－64492342
网址：http://www.uibep.com E-mail：uibep@126.com

山东省沂南县汇丰印刷有限公司印装 新华书店北京发行所发行
成品尺寸：185mm×260mm 20 印张 500 千字
2012 年 6 月北京第 2 版 2012 年 6 月第 1 次印刷

ISBN 978-7-5663-0371-4
印数：0 001－3 000 册 定价：37.00 元

总　序

当今世界科学技术日新月异，知识经济初见端倪，国力竞争日趋激烈。针对这一知识化、信息化、全球化的时代特征，世界各国正在酝酿进行一场深刻的教育改革，以培养同时代要求相适应的高素质的劳动者和富有创造性的专业人才。

随着我国市场经济体制的逐步完善和对外开放的不断扩大，我国经济将完全融入世界经济体系之中，而教育水平的高低与经济的发展密切相关。职业教育作为我国高等教育的全新组成部分，应确立怎样的培养目标来适应时代要求，已成为人们普遍关心的问题。教育部在关于《面向21世纪教育振兴行动计划》有关问题的回答中，对高职的培养目标是这样定位的："高等职业教育应以培养基层和生产第一线技术应用型人才为办学宗旨，建立以基本素质和技术应用能力培养为主线的教学体系……专业课应加强针对性和实用性，实践教学要以培养学生专业应用能力为主……时间可占总课时数的1/3以上，至多可达50%……"可见，高等职业教育的培养目标，主要强调能力的培养和技术的应用，它要求我们的教育能够不断造就基本功扎实、操作能力强，又具有丰富知识和较高技能的复合型、实用型人才。

教材作为"整个教育系统的软件"，它不仅反映着社会发展的要求，同时在某种程度上还直接决定着受教育者的培养质量，因而，世界各国都非常注重教材的开发和建设。但目前，我国职业教育教学和管理模式受传统教育思想和教育模式的影响较深，以能力为本位的教育观念还未能在教学领域完全形成，课程改革和教材开发还远远满足不了形势发展对高职教育的要求。因此，要适应21世纪知识经济时代发展和我国现代化建设的要求，高等职业教育必须加快课程体系改革和教材建设的步伐，建立符合时代特征和具有我国特色的职业教育新思想、新模式、新课程体系。有鉴于此，对外经济贸易大学出版社为适应教育发展的新形势，并努力推动高职高专院校的教材建设，委托我们组织全国职业院校的教师及具有企业工作经验的业务骨干，编写这套21世纪高职高专新概念（财经类）系列教材。本系列教材暂包括国际贸易、会计、市场营销、经贸英语、旅游管理、物流管理、电子商务等10大专业以及基础科目90门课程。

为使教材编写尽量适应高职教育的特点及时代发展的新要求，我们在编写过程中，尽可能把最新的研究成果吸收渗透到教材中来，在内容安排、教法选择、编写体例等方面也进行了较多的改革，甚至是新的尝试，使本套丛书具有以下特点：

1. 在内容安排上，突出了"能力培养"和"创新教育"，加大了技能训练的比重

本套丛书各册教材，在基础理论讲授之后，每篇均加列"技能训练"专章，通过采用案例分析等形式，引导学生对本篇的重点、难点内容进行分析、讨论、练习和模拟训练；每章结束后针对本章重点内容设计了"个案分析"、"关键名词"、"讨论与思考"

等项目，以强化学生对经济与管理理论和业务环节处理技巧的掌握。这些新增加的关于“能力培养”和“技能训练”等新内容，约占整本教材篇幅的1/3，基本上达到了国家对职业教育改革的要求。这种编写体例的运用在目前经济类课程的教材中还较少见，希望这种新的尝试能经日后的教学实践验证，成为一种“能力培养”和“创新教育”的有效方法。

2. 在编写体例上，积极探索模块教学，使学生容易理清教材的知识体系，迅速而系统牢固地掌握知识

本套丛书各册均采用“篇、章、节”的结构，每篇开始之前，均有一段概括性文字，对本篇内容的重点与难点、目的与要求加以说明，使学生在学习之前能对整篇主要内容有所了解；每章之下又提出了具体的学习目标及应掌握的重点难点，以便学生明确具体的学习任务。这样，每篇作为教材的大模块，包含着“章”这样的小模块，小模块又通过具体的学习任务的确立映衬着大模块，既使大模块之间篇篇相连，又与小模块环环相扣，组成系统的“知识链”。这种先将一本教材中的相关知识切块“溶解”，最后又串联起来的编写思路及形式，符合人类的分析综合的思维特点，有利于学生在学习过程中迅速而系统牢固地掌握知识。

3. 在教学方法上，注意吸收国外流行的教学理念，并尝试教学改革与教法创新

模拟教学、案例教学和启发式教学源于国外，现在是我国经济专业比较流行和推崇的教学方法。在本套教材的编写过程中，我们注重了上述教学方法的综合运用，旨在增强学生的主动参与意识和创新意识，提高学习的功效。同时，我们进一步借鉴了培养MBA的教学经验，在本套教材的编写方法上尽量运用提示、启发、引导、讨论和模拟等方法，其目的是使学生运用所学知识在进行初步的分析、综合、比较、分类后，将知识、技能抽象概括和具体化，提高学生灵活分析和解决问题的能力。这样既与国家对高职教育培养的目标相吻合，又适合学生的学习思维特点，并容易激发学生的学习兴趣，所以较之传统的教学方法有了较大的改革与突破。

4. 在学科建设上，积极探索和建立综合型、技能型、实践型新科目

江泽民同志在第三次全国教育工作会议上指出：“职业教育和成人教育要使学生在掌握必要的文化知识的同时，具有熟练的职业技能和适应职业变化的能力。”可见，现代职业教育呼唤综合型、应用型、技能型的新学科的设立。为反映这些要求，我们在每个专业都增设了“综合技能训练”课程，以此为基础编写了经济管理类各专业实践课的应用教材。该科目在内容上以各专业的主要业务为线索，将骨干核心课程的知识高度浓缩并有机串联，将主干课中没有系统讲授而实际工作中必然牵涉到的知识纳入其中，弥补了原来系列教材的欠缺与不足。同时，该系列教材大量采用模拟教学和案例教学，让学生以“业务员、经济师、总经理”的身份参与学习与训练，独自策划交易，进行经济活动等，刻意营造一种仿真情境，让学生在“训练”中学习，在“情景”中增长才干和积累经验，有效地将知识转变为专业性的技能技巧，提高其解决和处理实际问题的综合能力。总之，各专业“综合技能训练”课程的设立，是按照教育部“要多增加综合课”的要求而设立的新型试验科目，其主要目的是通过运用灵活有趣的模拟训练及案例教学等方法，启发诱导学生的立体思维，全面提高其独立操作经济业务的综合实践能力。因为是初次尝试，所以希望大家多加关注，并提出指导性的建议。

本套丛书的编写，得到了有关学校领导和学者、教授的大力支持，并引用了有关作者的部分资料，在此一并表示谢意。

本套丛书无论从体例安排到内容设置，还是从知识点的归纳到教法的运用，都进行了大胆探索和尝试，意欲为我国财经类高职高专教材的编写尽微薄之力，但由于时间和水平有限，疏漏和不足甚至是错误在所难免，希望广大教师、读者多提宝贵意见，以便日后充实与完善。

21 世纪高职高专新概念（财经类）系列教材编委会

2009 年 1 月

再版说明

21世纪高职高专新概念（财经类）系列教材自出版至今已有4个年头。本套教材作为全国较早推出的针对高等职业教育的专业教材，深受高职院校师生的欢迎和好评。其重印率、销售量不断提高。然而随着形势的发展，很多业务法规和国际惯例已发生变化，高职教育也在进行人才培养模式和课程改革。为适应新的形势，我们组织相关教师对原教材进行了修订，使之更适应高职院校教学的需要。本次修订主要呈现以下特点：

1. 突出实践教学，强调“能力培养”和“创新教育”

本套教材在编写过程中，始终本着“实用、管用、够用”的原则，努力突出实践教学，强化技能训练，让学生在“训练”中学习，在“情景”中积累经验，有效地将知识转化为专业性的技能技巧。

2. 反映最新的业务变化

鉴于最近几年业务上出现了一些新的变化，如新的国际惯例（UCP600）、法律的修改和实施、会计准则的修改等等，教材也紧随其变化而进行了调整和充实，防止出现教学内容与实际业务脱节的现象。

3. 与职业资格考试证书相衔接

鉴于国家在各个行业实行职业资格考试，如报关员、外销员、会计、金融等，在编写教材时我们将相关内容与此类考试相衔接，在有关章节渗透、训练相关资格证书考试的内容和知识点。

本套教材包括国际贸易、会计、市场营销、商务英语、旅游与酒店管理、物流管理、电子商务、金融与保险、企业管理等九大专业，主要供高等职业院校相关专业的学生学习使用，也可作为短期培训教材。

21世纪高职高专新概念（财经类）
系列教材编委会
2009年8月

前言

物流管理是20世纪中期发展起来的一门新兴学科，它揭示了物流活动中各个环节之间的内在联系，它是现代企业在市场竞争中制胜的一个重要因素。

随着改革开放的不断深入，特别是加入世界贸易组织以来，我国的经济已融入到了全球化的经济大潮之中。物流产业作为国民经济中的一个新兴的产业部门，已成为我国国民经济的重要增长点。

物流学科是一门综合学科，物流产业是一个跨行业、跨部门的复合产业，同时又具有劳动密集型和技术密集型相结合的特征。所以，发展物流产业不仅需要高级物流管理人才，更需要一大批掌握一定专业技术、服务于一线的物流运营管理与操作型人才。因此，在培养高级物流管理专业人才的同时，还需要大力发展职业教育，尤其是高等职业教育。

本书是高职高专物流管理专业系列教材之一，以物流构成要素为主线进行编写。全书内容主要包括物流基本概念、物流服务、企业物流、物流活动、物流管理、供应链管理、物流系统、物流信息系统、电子商务与物流、第三方物流、国际物流、物流人才教育与培训等。为了突出本教材的实用性，我们还精心选择了国内外物流运营与管理的典型案例，在各章的开始处提出本章的学习目标和重点难点，在每章的教学内容之后，附有关键名词和复习思考题。

本教材针对高职高专物流管理专业的要求和高职学生的特点，既注重理论知识的介绍，又突出技能和能力的培养，充分体现了针对性、创新性和实践性的要求。因而，本书即可供各类高等院校和高等专科院校“物流管理”专业及其他相关专业的学生作为专业教材之用，又可以供物流企业管理人员阅读，还可作为在职人员的培训教材。

本书由王永富任主编、并统稿，具体撰写分工如下（按撰写章节顺序）：王永富（第一、四、五、七、九、十、十一、十二、十三章）；王晓歌（第二、十四章）；蒋沁燕（第三、六章）；李二敏（第八章）。

本书在编写过程中参考了大量文献资料，包括相关的期刊和网上资料，借鉴和吸收了国内外众多学者的研究成果，在此向有关作者表示感谢。由于本书的编写时间较短，加之作者水平有限，书中难免会出现一些疏漏和不足之处，诚请广大教师、读者批评指正。

编者

2012 年 4 月

目　录

第一章

物流概述

课前准备

【学习目标】

本章主要讲授物流概念及其相关理论。通过学习，要求学生了解物流理论及我国物流业的发展状况，理解物流的作用和物流 7R 理论，掌握物流的概念和特征，熟悉现代物流发展的驱动因素。

【重点难点】

1. 物流概念及现代物流特征；
2. 物流的作用；
3. 现代物流发展的驱动因素；
4. 物流的相关观点和学说。

学习内容

我国在 20 世纪 70 年代末期开始从国外引进物流的概念。随着我国理论界对物流理论的深入研究，人们对物流的认识不断加深。

我国的物流知识体系主要分为两种，一种是从日本引进的物流知识，一种是从欧美引进的物流知识。前者注重对物流活动过程以及功能的研究，后者注重从客户服务以及管理的角度进行研究。

第一节　物流的概念及内涵

本节主要介绍中日和欧美两种知识体系对物流的定义，并解析物流的各个发展阶段、发展特征及其在各国的发展过程，以及物流发展的主要驱动因素，最后介绍物流的分类。

一、导　论

自从人类出现了生产与交换，物流活动也就随之产生了。很长一段时间以来，物流过程直接或间接地影响着人类活动的每一个领域。随着社会的发展，生产方式的多样化、社会分工的专业化，特别是信息技术应用带来的商务方式的多样化，都给物流的快速发展带来了新的机遇。

“物流”一词源于国外，最早出现于美国。它来源于军事领域，其英文“logistics”最初的意思是军队的转移、住宿和供给。而在我国，很早以前就开始强调军事后勤的重要性。我国古代著名的兵书《孙子兵法》中就写道，“军无辎则亡，无粮则亡，无委积则亡”，这说明一支军队如果没有良好的后勤保障与物资储备，将注定失败。特别值得一提的事情是，在20世纪90年代初，美国和其盟国为了赢得海湾战争的胜利，在几个月的时间内，将50万士兵和280多万吨的军用物资及其武器装备运至12 000公里之遥的中东战区，并最终取得了战争的胜利。这项繁重的后勤工作向世界展示了物流的重要性，并为物流科学以及后勤管理学科从管理的边缘学科成为热门学科产生了良好的促进作用。

虽然军队的指挥官们早已认识到良好的后勤管理对于赢得战争胜利的重要性，但是物流在商业组织中一直处于公司管理的边缘地带，不被公司管理层重视，企业只有在经营中出现了各种问题的时候才会注意到物流部门，这是一件令人遗憾的事情。

全球经济一体化的出现、产品生命周期的不断缩短、顾客的期望值越来越高以及信息与通讯技术的跳跃式发展为物流发展提供了一个很好的机遇。近年来，“物流”以及“供应链管理”逐渐成为频繁出现的热门管理词汇。尤其是供应链管理方法的出现，企业之间的协同合作上升到了一个更高的层次。

当今的大多数成功企业都把物流看作是提升企业运营效率、降低企业运营成本，以及提高客户服务的一种具有重大战略意义的企业职能活动。物流正成为全球经济发展的一个重要发展领域和新的经济增长点。

二、几种常见的物流定义

物流概念的发展经过了一个漫长而曲折的过程。回顾物流的发展过程和理解历史上经典的物流概念，不仅有利于我们了解物流的发展规律，更有利于我们全面、深入地理解物流的内涵。物流的发展过程在本节后面介绍，下面介绍几种常见的物流定义。

首先我们看一下物流的词义分解（图1－1）

从图1－1中可以看出，物流是由“物”和“流”两个基本要素组成。“物”主要是指一切可以进行物理性位置移动的物资资料，如物品、物资、物料、货物、产品及商品等；“流”主要是指动态性物理位移的模式，分为正向流、逆向流、循环流三种模式。

由于各国经济环境和研究方法的不同，目前各国对物流的概念没有一个统一的定义。从国外引入到中国的物流知识体系，一般分为以下两种体系。

第一种是中日物流知识体系。20世纪80年代初，由我国参照日本的物流知识体系所定义的物流概念出现在众多公开的场合。从定义中不难看出，日本的物流知识体系注重研究物

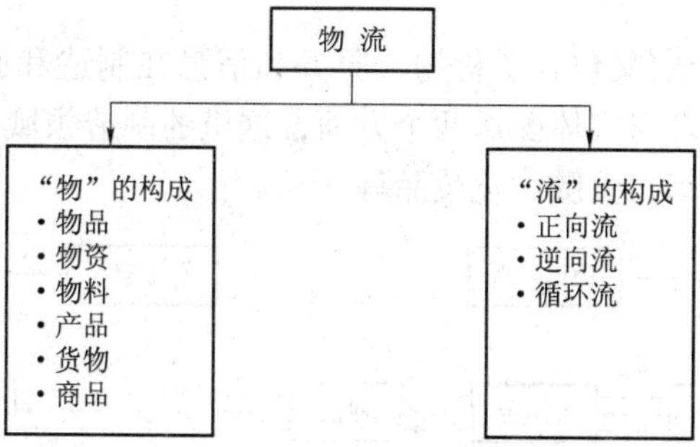

图1-1　物流的词义分解

流的活动以及功能。现在广为大家熟悉的物流功能要素、第三利润源泉以及物流冰山学说等提法，应该是日本对物流科学的一个重大的贡献。

另一种是欧美物流知识体系。欧美物流知识体系主要从管理的角度对物流进行了定义。在欧美对物流的定义中，将物流作为企业主要的支撑活动，认为物流管理的好坏将直接影响到企业经营。这种观点强调物流对客户服务的战略性意义。

下面将分别介绍国家标准物流术语的定义、美国物流管理协会（CLM）以及英国皇家物流与运输学会（ILT）给出的两种物流的定义。

（一）物流的定义（国家标准物流术语）

我国引入“物流”这个概念是在20世纪70年代，广泛应用则是20世纪90年代以后的事。2001年8月1日，我国颁布的《国家标准物流术语》（GB/T 18354—2001）正式出台，该标准对物流的定义简单而且明了：

“物流是物品从供应地向接受地的实体流动过程，根据实际需要，将运输、储存、装卸、搬运、包装、流通加工、配送、信息处理等基本功能实现有机结合”。

在理解该定义时，应注意以下基本要点：

（1）物品不单是指生产和流通的商品，还包含伴随着生产和销售出现的包装容器、包装材料等附属品。

（2）在生产过程、流通过程直至消费的过程中都会发生物品从供应地向接受地的实体流动。

（3）物流包括包装、装卸、搬运、运输、仓储、保管、流通加工和物流信息处理等基本活动，并且是这些活动的有机构成。

（4）物流可以创造物品的空间效用、时间效用和形态效用。

这一标准的出台标志着中国对物流定义进入了标准化阶段。

（二）物流管理的定义——美国物流管理协会

2001年，代表北美地区的物流研究和管理最高水平的美国物流管理协会（Council of Logistics Management，CLM）对“物流管理”进行了定义。

“物流管理是在供应链运作中，以满足客户要求为目的，对货物、服务和相关信息在产出地和销售地之间实现高效率和低成本的正向和反向的流动和存储所进行的计划、执行和控制的过程。”

如图 1－2 所示，这个定义包含了货物、服务和信息在制造和服务两个领域的流动。物流管理主要集中在物料管理与实体配送两个方面，这里的制造领域包括了所有类别的制造公司，它们生产的产品有汽车、电脑、化妆品等。

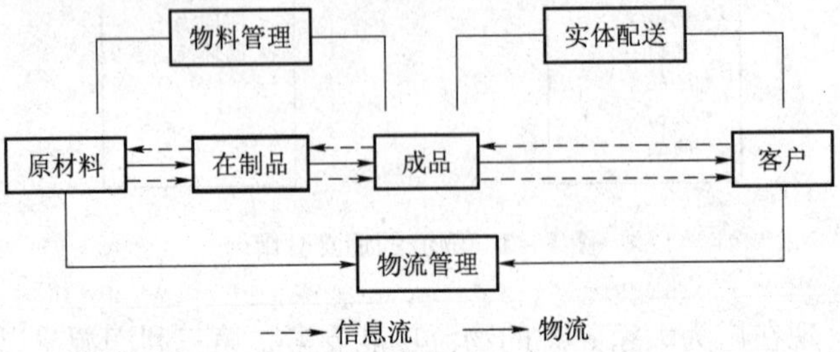

图 1－2　物流管理范围

服务领域包括了诸如政府组织、医院、流通业、物流服务业等实体。该定义不仅将物流纳入企业的管理范畴，并从供应链的角度考虑“物”的正向和逆向的流动，使企业从更加广泛的管理角度去考虑物流。

（三）物流管理的定义——英国皇家物流与运输学会

代表欧洲的权威物流机构——英国皇家物流与运输学会（The Institute of Logistics and Transport，ILT）对“物流管理”的定义更加具有广泛性。

“物流管理是对与时间有关的资源定位，通过网络进行设计、优化和管理的科学和艺术。”

这个定义主要是描述货物流动的过程（其中也包括人的流动），核心要素是时间、资源、网络、管理。该定义具有一定的抽象性，强调物流管理在社会及企业中的重要作用。从最为全面的意义上来说，这些功能包括：

- 物品的设计、改进、获得、制造、存储、移动、配送、维护和处置。
- 物流系统的设计、改进、管理和维护。
- 设备的获取、建设、维护、运行和处置。
- 服务的获得和提供。
- 连接以上各方面信息的收集、处理、分析、发送和解释。

（四）供应链管理的定义

在美国物流管理协会的定义中出现了“供应链”这一新词语，“供应链”这个新概念引起了众多学者的重视。目前，国内外的很多企业开始注重供应链管理。有人说供应管理是物流管理的延伸，客观地讲，供应链管理更像是一种类似于价值链管理的理念。

供应链管理是对从最终用户到原始供应商的关键业务流程的集成，它为客户和其他相关者提供价值增值的产品、服务和信息。供应链管理主要是对企业群之间的信息流、资金流以及物流的控制，是企业之间的协同战略关系。

从定义中可以看出，供应链管理是一个范围更加广泛的企业管理模式，它包含了所有在供应链上的节点企业，从原材料的供应商开始，经过链中不同企业的制造加工、组装、销售以及回收等环节直到最终用户，供应链管理更加重视企业群关系的研究。因此，供应链管理是一个相互作用的、复杂的系统。

（五）物流 7R 理论

“物流 7R 理论”是一种对“物流”的简单明了的定义，该理论是由美国密西根大学斯麦基教授提出的。

“物流就是将恰当的质量（Right Quality）、恰当的数量（Right Quantity）、恰当的价格（Right Price）、恰当的商品（Right Commodity），在恰当的时间（Right Time），送到恰当的场所（Right Place）以及恰当的顾客（Right Customers）手中。”

从上面的定义可以看出，7R 理论基本上指出了物流的基本活动，即强调了物流过程中时间和空间的重要性，也强调了成本与服务的重要性。表面上看来这些都很容易做到，但在实际运作中，要想达到这些目的，需要不断地在成本与服务之间进行权衡。否则，即使偶尔做到了 7R，也一定是在不惜成本的情况下完成的。

三、物流发展的四个阶段

物流的发展过程大致可以分为四个阶段：第一阶段为物流萌芽阶段（1945 年 1964 年），第二阶段为实物分配阶段（1965 年—1980 年），第三阶段为物流整合阶段（1981 年—1990 年），第四阶段为供应链整合阶段（1990 年至今）。

（一）物流萌芽阶段（1945 年—1964 年）

1. 背景

第二次世界大战后，在工业化国家，长期消费受到遏制的顾客对产品的需求突然得到了释放。那时市场需求旺盛，但货物品种单一，供应方的大批量生产与消费者的大量消费带来了经济的快速增长。绝大多数公司采用扩大产品品种、增加销售渠道的方法，来达到满足市场需求的目的。工厂经常出现的问题是，无法按时、有效地交货，以及运输配送费用过高。

在物流萌芽阶段，企业并未意识到降低物资采购以及产品销售成本的重要性。当时并没有出现物流术语，唯一使用的是军队用语“logistics”，在一般企业中也没有物流部门，各种职能分散在企业管理的各个部门中进行管理。

2. 阶段特征

（1）增加产品品种。在物流萌芽阶段，企业为了扩大市场份额、满足不同层次顾客的需求，不断扩张生产线以及产品品种。这种模式对配送的冲击很大。每当新的产品出现，都必须有相应的仓储方式以及运输方法，增加了配送管理的难度。

（2）拓展销售渠道。在物流萌芽阶段，企业为了增加产品销量，不断扩大企业的营销渠道。也就是说，如果顾客愿意，他们就能够在任何合法的地方买到任何产品。这种销售渠道的拓展给物流带来了一定的难度。由于要给更多的销售网点配送数量不多的商品的缘故，企业很难保证产品的大宗运输，因此带来了配送成本的大幅度增加。

（3）控制单一成本。在物流萌芽阶段，企业为了控制物流成本，其主要关注点是成本与成本之间的权衡。这个时期的物流管理处于被动局面，支持营销网络的实物配送成本相当高昂。企业主要的控制方法是通过增加或者减少某方面的支出来控制另一方面的成本，以便最大限度地降低物流成本。由于早期的企业组织结构是为了控制成本而设计的，这种组织结构导致了企业物流职能的零散化，使企业物流相关部门基本上只关注单一物流成本的控制，如运输成本和仓储成本，很少对产品的库存成本和采购成本进行控制。

3. 各国的物流发展过程

（1）美国。从1950年以来，美国完善了从销售角度提出的实物分配（Physical Distribution）这一功能性概念。20世纪50年代的美国权威营销机构（American Marketing Association，AMA）将物流定义为：将物资资料从生产阶段移动到消费或使用者手中，并对该移动过程进行管理。该定义强调的重点不在于物资资料的移动，而在于对这种移动的管理。这一时期被物流界较普遍地认为是物流的早期阶段。

（2）日本。1956年日本生产性本部派出“流通技术专门考察团”，由早稻田大学教授宇野正雄等一行七人去美国考察，弄清楚了日本以往叫做“流通技术”的内容，从此便把流通技术按照美国的简称叫做“P. D.”，“P. D.”这个术语得到了广泛的使用。1964年，日本开始使用“物流”这一概念。在使用“物流”这个术语以前，日本把与商品实体有关的各项业务统称为“流通技术”。

1965年，日本在政府文件中正式采用“物的流通”这个术语，简称为“物流”。

（3）中国。见本章第四节。

（二）实物分配阶段（1965年—1979年）

1. 背景

从1965年—1979年为实物分配阶段，这一阶段主要出现了两个方面的物流管理：第一个是“实物分配”理论发展成熟（主要是从以客户满意为导向的营销战略中衍生而来），并与“物料管理”（Material Management）相结合。另一个是物料管理的概念来源于供应材料短缺和供应失衡的影响。

由于客户越来越高的要求，使企业物流相关职能整合，并与物料管理相结合。企业对库存的敏感性增强，通过电脑技术进行管理，实物分销和物料管理从被动转为主动。越来越多的公司开始结构重组，以便有效地扩大对实物分配和物料管理的控制。

2. 阶段特征

（1）重视实物分配。由于客户的要求越来越高，管理人员开始审视营销模式，并就客户服务的数量和质量提出了不同的问题。

（2）关注库存管理。随着公司管理人员对库存关注的增长，物流管理人员开始关心资产负债表以及决策对财务的影响。减少库存和减少应收账款都对现金流有正面的影响，在理解到这一点以后，计划周密的物流作业就能大大提高公司的利润率。

（3）推动物料管理。在许多方面，推动物料管理的核心力量与推动实物分配发展的力量相似。两者都要在既定的支持层面上以最低的总成本来实现目标，两者都以系统技术作为其基本的一体化逻辑。与物流相似的是，物料管理很容易陷入被动适应战略性生产运作的局面。

（4）扩大管理范围。实物分配管理人员赢得财务、营销部门的认同，物流进入部门之间合作和整合的阶段。组织结构的重大变化最显著的一点就是在物料管理中往往设置了一名负责采购的高层管理人员。

实物分配管理的控制范围一般包括订单处理、客户服务、成品库存管理、运输与仓储。在这个阶段，财务、营销部门开始意识到，实物分销不只是一个被动的控制成本的环节。实物分配管理人员开始越来越主动地参与战略计划而不是被动地适应战略变化。

3. 各国的物流发展过程

20 世纪 60 年代，世界经济环境发生了深刻的变化，科学技术的发展，尤其是管理科学的进步，大大促进了物流的发展。

（1）美国。从 1965 年到 1979 年这一时期，在美国，由于现代市场营销观念的形成，企业意识到，顾客满意是实现企业利润的唯一手段，为顾客服务成为企业管理的核心要素。这一阶段物流得到了快速的发展。

（2）日本。这个阶段正是日本经济高速增长的时代，日本经济进入大量生产和大量消费的时期。由于日本土地资源缺乏，物流合理化、物流装备机械化以及物流作业自动化成为这一时期日本物流发展的特点。日本政府针对物流对经济快速发展的制约问题，开始大量投资物流的基础设施、构建全国高速公路网络和港口建设，以及流通集散地的建设。由此，日本企业开始大量建设以自动仓库为主的现代物流管理体系。

（3）中国。见本章第四节。

（三）物流整合阶段（1980 年—1990 年）

1. 背景

从 1980 年到 1990 年，两次世界范围的能源危机给发达国家的经济带来了很大的影响。美元对日元的汇率急剧波动，银行基本利率在 1981 年的一个月间就变动了 4 个百分点之多，很多国家的通货膨胀率高达两位数，世界经济处于不稳定状态中。为了适应这种不确定性，各国企业分别制订了应变计划。物流管理中由此出现了四个方面的发展趋势：第一个方面是重视资本的使用方法，注重物流效率；第二个方面是重视企业的合作过程；第三个方面是扩大企业市场范围；第四个方面是重视物流技术的应用。

2. 阶段特征

（1）重视资本的使用方法。由于两次世界范围的能源危机，以及经济大萧条环境所造成的经济大幅滑坡和众多的不确定因素，使企业高度重视物流的效率管理，例如，运输的有效性、能源的利用方法、物流的效率以及物流成本的管理等。

同时，资本的可利用性变得几乎和资本费用一样关键（由于实物分销和物料管理都是资本密集型的环节，资本短缺相当严重）。资本的可利用性和资本费用仍然是经济萧条后期的关键因素。这个阶段的物流外包呈现了新的契机。

（2）重视企业的合作过程。企业开始超越现有的组织界限，将物流管理的范围从企业内部延伸到企业外部。物流管理的重点已经转移到物流战略研究上，开始注重外部关系，将供货商、外销商以及用户等纳入了物流管理体系，同时物流管理更加向现代化的方向发展。

公司的管理重心更多地偏向对整个物流过程的管理，对供应商、分销商和客户的行为加以控制。这样做的目的是为了让生产与终端客户的需求保持一致，从而实现库存的减少并缩短前置期，进而降低整个物流环节的成本。

（3）扩大企业的市场范围。欧洲以及美国一些有进取心的企业意识到，在不断发展和变化的市场上，只有能够在世界范围内生产和配送产品才能实现持续的赢利，为了实现并保持生产的规模经济，必须将公司业务所在国家具有的先天优势转化为资本。

全球化是指公司业务的跨国经营。跨国经营不是单纯的进出口业务，因此，这种所谓的全球化也就是协调处理复杂事务的能力，只有这样才可能以尽可能低的成本费用实现采购、生产和财务管理，而全球化的趋势也促使企业产生了对世界范围内的物流管理的需求。

（4）重视物流技术的应用。在这个阶段，大量的物流技术在企业得到应用，特别是信息技术的应用得到了发展。电子数据交换技术（EDI）、准时制生产（JIT）、配送计划（DRP）以及其他物流技术的不断涌现，为物流的发展提供了强有力的技术支持和保障。

（5）综合成本管理的出现。由于企业对运营的要求越来越高，高层管理者也开始针对各种物流成本作出了更为深入的思考。从单纯对成本进行权衡转变成结合收益进行综合权衡，由原来的单一成本控制转向综合成本管理。

3. 各国的物流发展过程

（1）美国。1985 年美国物流管理协会修改了物流的定义，该定义具体表达为：为满足客户需求而进行计划、执行和控制的过程，该过程要求高效和低成本地组织原材料、半成品、制成品，并包括相关信息从供应地到消费地的运动和储存。这一定义强调信息在物流管理中的重要性。从这个定义可以看出，企业将物流视为与生产、销售等其他企业活动一样重要的企业管理活动。

（2）日本。日本的经济发展迅速，跨国销售和国内消费能力的不断增强，使物流量大大增加，但由于市场竞争和成本的增加，企业降低经营成本，物别是降低物流成本成为企业战略性的问题。

（3）中国。见本章第四节。

（四）供应链整合阶段（1990 年至今）

1. 背景

20 世纪 90 年代以来，随着新经济和现代信息技术的迅速发展，供应链管理概念的出现使企业之间的整合更加广泛，而作为供应链管理核心的“三流”中的物流也使人们更加认识到它的重要性。

2. 阶段特征

（1）信息技术快速发展。信息成为支持物流过程和供应链管理的重要因素。有人常常将信息比作将各部分连接在一起的黏合剂，正如机械润滑油的润滑作用，有时候信息甚至促使了实际运作的发生，它对实际活动的控制有决定作用。例如，电子数据交换技术的应用，使无纸贸易得到了最广泛应用并且展示了巨大的效益，它使得几家公司能够采用一系列不同的标准来实现电子数据的交换。而这些不同标准实现了不兼容的系统之间的对话。

（2）电子商务改变了商务模式。电子商务的发展对企业的商务模式产生的影响不可估量，伴随着越来越多的公司通过互联网进行业务操作的趋势，肯定还将有全新的供应链模式出现。例如，企业对企业的贸易通过网络进行，使顾客可以在网络中 24 小时购买商品。

另外，信息技术的高速发展为供应链的各个环节增强对需求的全面认识创造了条件，各种信息手段在流通企业和生产企业之间的相互融合带来了信息可视化，这种可视性促使了新型关系的出现和供应链管理整体概念的形成。

（3）物流管理能力成为企业的核心竞争力。物流管理已经转变成为每家公司不可掉以轻心的战略环节。同时，随着管理与信息系统的持续发展，物流将在规模与影响面上继续扩大，当初的单一支持性的概念已经演变成为强有力的竞争武器。例如，世界上最大的商业零售企业美国沃尔玛公司将物流作为企业的核心竞争力。

（4）供应链管理成为关注重点。供应链管理成为这个阶段关注的重点。供应链管理中的物流从最初的被动支持其他业务活动演变成为可以影响战略决策思维的重心，它为公司的业务运营开拓了另外一种全新的思考方式。

3. 各国的物流发展过程

（1）美国。信息化的应用带来了电子商务的蓬勃发展，电子采购、电子供应链管理等信息技术应用在企业物流管理中，大大提高了物流的效率。

（2）日本。将物流信息化、标准化的建设写进日本政府所制订的21世纪综合物流施策大纲中。

（3）中国。见本章第四节。

物流发展各阶段关注重点见表1－1。

表1－1　物流发展各阶段关注的重点

项目	物流启蒙阶段	实体分配阶段	物流整合阶段	供应链管理阶段
功能	运输、仓库等功能分别管理	作为系统，企业统一管理	不仅追求效率，而且作为企业竞争武器	核心竞争力的一种，管理范围为企业与企业之间
思考目标范围	部分最适合	部门最适合	企业内最适合	企业群最适合
改善重点	单一物流成本下降	生产性向上	物流整合确定竞争优势	竞争与合作追求协同效应
组织	生产销售附属管理	物流部门	后勤部门	企业战略部门
信息系统	个别成本功能计划	销售物流系统成本管理	从采购到废弃的整合系统	整体价值链系统整合
管理	个别成本管理	物流成本对标准率值比率	物流总成本客户服务水平	总系统成本客户创造

四、物流发展的驱动因素

对于企业来说，每一次新的发展都有强大的驱动力驱使整个企业的运营系统
物流管理也不例外。现代物流发展的驱动因素具体表现为：

（一）消费者需求的变化

第一个驱动因素是消费者需求的变化。在市场经济中，对于企业来讲，消费者需求的变化成为一个非常重要的因素，由于消费者的信息来源不断增加，除了厂家和零售渠道这种直接来源，消费者还可以通过产品目录、因特网和其他传播媒介获取更多的产品或服务信息。

为了满足消费者不断变化的要求，零售商店必须延长营业时间，这样必然会增加对物流服务的要求。企业物流的需求在急速增长，增加了企业物流的管理难度，同时，消费者对价格的要求所带来的压力也要求物流管理尽可能有效地运作。

（二）渠道力量向零售业转移

第二个驱动因素是渠道力量向零售业转移。20 世纪八九十年代，伴随着零售企业并购趋势的加快以及巨型零售商如沃尔玛、家乐福、7－11 等新的零售业态的出现，供应链中的相关经济力量也发生了巨大的变化。市场的支配力量从生产厂商逐步转移到零售企业。

这种权力变化的重要意义是什么？代表供应链末端环节的零售经济力量的联合形成了非常大的零售企业。由于零售业利润空间逐步下降，迫使这种大型零售企业经常采用的基本竞争战略是建立在低价的基础之上，并逆向迫使其上游的生产厂商调整原有的物流模式。

这种变化在物流方面更加突出了小批量、小批次、多频度单品配送的物流特征。这样对零售企业来讲，可以在某些方面降低零售商的在店存货数量以及运营存货所需的仓储面积，降低了零售业的物流成本，但无形中会增加生产企业物流运转的难度，造成社会物流成本的上升以及对社会环境的影响。

（三）政府管理逐步放松

第三个驱动因素是政府管理逐步放松。根据入世承诺，我国将在 10 年内开放大部分物流领域的政府管制。

由于许多企业的基础结构是建立在交通运输、通信、能源、金融这四个基础产业之上的，多年以来，这四个基础产业部门曾受到了政府的严格管制，造成了行业内的大量垄断行为，大多数垄断企业需要政府采取管制措施加以保护。随着中国市场经济向纵深发展，这些垄断行业逐步地降低了进入壁垒，越来越多的企业参与到竞争中去，这些都使企业经营活动的四个基础结构发生了根本性改变。

在物流行业中，具体表现为承运人和托运人之间可以通过协商来改变各自的经营范围，以及跨区域物流网络的构建，这使承运人能有效地经营并降低价格。另外一个突出表现是允许外资物流企业在华经营。这两种变化对社会物流总体来讲，会更加有效地利用现有资源，降低社会物流的总成本，但同时会造成更加激烈的市场竞争。特别是外资物流的进入，将对中国传统物流企业的经营带来冲击。

（四）全球经济一体化

因素是全球经济一体化。全球市场的概念对所有的企业和消费者都有新的意义，市场进入限制的放宽和跨国企业的拓展使经济全球化的概念成为一个无法更改的事实。全球化对企业经营方式和消费者购买动机的选择将产生深远的影响。

随着因特网和其他相关技术的发展，地域限制已不再存在。无论企业规模大小，其产品和服务都能在全球任何一个地方进行交易。

在全球化经营中，供应链管理与国际物流将充当最为重要的环节之一。全球化给企业带来特殊的挑战，当货物从厂商那里需要经过数千公里和若干环节运送到消费者手里时，距离因素就变得尤为重要。在要求缩短时间周期、可靠性更高并强调效率的环境下，企业必须选择合理的物流成本进行国际物流管理，渠道因素对物流和供应链管理者来说意味着特殊的挑战。

（五）技术的发展

第五个驱动因素是技术的发展。随着技术的发展，特别是信息化技术的发展，企业规划的所有战略都可以得到不同程度的实施。

电子商务是这个时代最大的商务模式革新，网络技术的发展使全程物流可视化、精益制造、有效补货以及定制开发生产等概念得以实现，而这一切都是建立在当前可用技术的基础上。当然，技术只是提供了提高效率、改善了为消费者服务的机会，并不一定会成为企业经营成功的“灵丹妙药”。

五、现代物流的分类

在社会经济领域中，物流活动无处不在，无时不有。从不同领域来看物流，虽然其基本要素相同，但由于角度的不同，可以从以下方面进行分类。

（一）按物流涉及范围可分为宏观物流与微观物流

宏观物流是指社会再生产总体的物流活动，从社会再生产总体角度认识和研究物流活动。

微观物流是指消费者、生产者所从事的实际的、具体的物流活动，如采购物流、生产物流、供应物流、流通物流、回收物流、废弃物流、生活物流等。

（二）按照物流涵盖的领域划分为社会物流和企业物流

1. 社会物流

社会物流是指在社会范围内主要由物流企业进行的服务于全社会的物流活动。社会物流研究社会领域内再生产过程中的物流活动，研究国民经济中的物流活动，研究物流如何为社会服务，以及物流如何在社会环境中健康发展的问题。社会物流的主要特点是社会性、广泛性和综合性。

2. 企业物流

企业物流是指在企业范围内进行的，为企业生产经营服务的具体的物流活动。企业物流又可分为以下不同的物流形式。

（1）企业生产物流：企业生产物流是指在企业内部进行的贯穿于生产全过程中的物流

活动。

（2）企业供应物流：企业供应物流是企业为保证生产的连续有序的进行，不断组织原材料、零部件、燃料和其他辅助材料供应的物流活动。

（3）企业销售物流：企业销售物流是指企业为实现经营管理目标、保证自身的经济效益，连续不断地伴随着企业的销售活动将产品实体转移给客户的物流活动。

（4）企业回收物流：企业在生产、供应、销售的活动过程中，不可避免地会产生各种边角余料和废料，这些物品需要回收，因此就产生了企业回收物流。

（5）企业废弃物物流：企业废弃物物流是指伴随着某些企业的生产过程产生或共生的副产品（如钢渣、煤矸石等）或废弃物，以及生活消费品中的废弃物（如垃圾等）的收集、分类、运输、装卸、处理过程的物流。

（三）按物流活动覆盖范围可分为国际物流与区域物流

国际物流是伴随和支撑国际间经济交往、贸易活动和其他国际交流所发生的物流活动。

对于国际物流而言，一个国家范围内的物流、一个城市的物流和一个经济区域的物流称之为区域物流。

（四）按物流服务对象可划分为一般物流与特殊物流

1. 一般物流

一般物流指物流活动的共同点和一般性。物流活动的一个重要特点是它涉及了全社会和各企业。因此，物流系统的建立、物流活动的开展必须有普遍的适用性。

物流系统的基础点也在于此，否则，物流活动便有很大的局限性和很小的适应性，物流活动对国民经济和社会的作用便大大地受到了限制。

一般物流研究的着眼点在于物流的一般规律，如建立普遍适用的物流标准化系统，研究物流的共同功能要素，研究物流与其他系统的结合与衔接，研究物流信息系统及管理体制等。

2. 特殊物流

特殊物流是指在专门范围、专门领域、特殊行业，在遵循一般物流规律的基础上，带有特殊制约因素、特殊应用领域、特殊管理方式、特殊劳动对象及特殊机械装备特点的物流，它们皆属于特殊物流范围。

特殊物流可进一步细分为：① 按产品对象的特殊性分为水泥物流、石油及油品物流、快速消费品物流、煤炭物流、化学物品物流、危险品物流等；② 按服务方式及服务水平不同分为门到门的一贯物流、快件、商业配送、配销服务以及电子商务配送等；③ 按装备及技术不同分为集装箱物流、托盘物流等。

（五）按内涵可分为传统物流与现代物流

传统物流是将商品送达消费地的过程中所发生的活动集成，即把分销物流作为主要对象。如今，与供应链结合紧密的现代物流则拓宽了传统物流的领域和功能，有着更深的内涵和更加广泛的外延。具体来说，现代物流与传统物流的区别主要表现为四个方面：

1. 领域不同

传统物流以销售产品为对象，重点是将产品有效地送达最终用户。

现代物流则将采购、生产、销售予以综合考虑，统筹规划，既有分销物流、内部物流，还有采购物流和静脉物流（退货和废弃物流）。

2. 目的不同

传统物流的目的在于尽可能地降低流通成本。

现代物流则追求包含采购、生产、销售在内的“物的流动”的整体最佳状态，以满足顾客需要为出发点，在做好内部物流的基础上，全程管理从供应商到最终客户的各个渠道的整体物流，以提高效率和效益。

3. 功能不同

传统物流是克服从生产到消费的时空阻隔的一种物理性经济活动，包括运输、保管、搬运、流通加工等功能，具功能的本质指向是“送达”，即向顾客提供商品。

现代物流则具有促进销售、支持销售的“创造需要”功能和沟通供给需求的“供需平衡”功能，以及创造竞争优势的战略功能。

4. 内涵不同

传统物流以低成本导向为中心，期望用尽可能低的成本，实现尽可能高的物流服务。

而现代物流则是以客户导向为中心，从各个方面协调好整个供应链中的物流活动，以实现物流的综合效果和一体化功能。

综上所述，传统物流是一个以分销物流为主要领域，以尽可能低的成本实现尽可能好的物流服务的以效率为中心的概念。而现代物流则以综合物流为主要领域，对供应链中的一切物流活动实施集成化管理，是一个以效果和效能一体化为中心的概念。

（六）其他的物流研究方法

1. 军事物流

军事物流是指用来满足军队平时、战时需要的物流活动。物流来源于军事物流的领域，原词义来源于法语，代表为了在野外进行战斗必备的士兵所需物品集中的地方，也称为兵站，后扩展到为了战争而产生的兵器、弹药、人员、物资等必要补给的军事用语。

特别是在 20 世纪 90 年代美伊海湾战争期间，军事物流成为战争胜利的决定性因素之一。从这以后，军事物流成为各国军事研究的重点课题之一。通常，军事物流是成果优先的管理方式，忽视了物流的经济性和合法性。对物流的时间性、场所性以及性能要求很高，但对成本要求、交易条件以及支付方式要求较低。

2. 商业物流

商业物流是指企业在有限的经营资源上，在服务和成本之间取得平衡，去满足消费者以及股东需求的物流活动。

最近，有许多企业为了取得市场的竞争优势，将商业物流看作企业的一个竞争武器，这时，往往企业更重视追求效果的成功，而将成本放在第二位。商业物流总是关注费用和效果之间的关系。

军事物流和商业物流的区别见表 1－2。

表1－2　军事物流和商业物流的区别

项目	军事物流	商业物流
适当的产品、数量（Right Product）	产品性能以及数量允许有少量的错误，只要不妨碍正常使用	非常重视替代品以及数量不足等问题
适当的场所（Right Place）	严格要求场所的正确性，并经常发生场所的变化	严格要求场所的正确性，但进货的场合经常是固定的
适当的时间（Right Time）	严格要求时间的正确性，经常会出现由于时间问题所造成的失败	严格要求时间的正确性，由于时间问题所造成的缺货会带来销售损失
适当的条件（Right Condition）	合法性、交货顺序、支付条件经常被忽视的情况比较多	合同、法律、商业习惯必须遵守，并根据信用去考核
适当的成本（Right Cost）	如果能够满足对场所、时间、性能的要求，一般不太重视成本	在限定的成本下追求服务的最优化

3. 绿色物流

绿色物流是指在物流活动中抑制物流对环境造成危害的同时，实现对环境的净化，使自然环境与物流经济发展之间取得平衡，使物流效用最大化。

4. 网络物流

网络物流是指以计算机网络技术为核心，建立物流系统运作和管理平台，实现企业间物流资源共享和优化资源配置的物流方式。

第二节　物流理论及物流观念

一、物流的商物分离说

商品从生产领域到消费领域的转移过程称为商品流通。在这个过程中，有商流和物流两个方面的活动。一是商品价值的转移，即商品所有权的转移；另一个是商品使用价值的转移，即商品实体转移。我们把前者称为商流，把后者称为物流。商流和物流的统一，构成了商品流通。

（一）商流的概念和内容

1. 商流的概念

商流即商业流通，是指以货币为媒介进行所有权转移的商品交换。商品生产和商品交换是商业存在的客观基础。

商品所有权转移过程使商品在空间和时间上发生了转移，形成商品流通。商品交换是商品流通的外在表现，商品所有权转移是商品流通的实质。

2. 商流活动的内容

商流活动主要包含商业交易活动和商流情报活动两个方面。商业交易活动以批发、零售、期货、易货等交易形式完成其所有权的转移。

商流情报活动是由服务于商流活动的商流计划、市场调查、资源调查、市场预测以及广告宣传、资料处理等多项工作所组成的。

（二）商流与物流的关系

商流和物流是商品流通活动中不可分割的两个方面，它们既有分离又有结合。在商品流通中，商流与物流之间既相互依存、互相联系、缺一不可，又相互独立，各有职能。在商品流通中，商流起主导作用，商流随商品所有权转移而进行。有了商流才有物流，没有物流，商流也无法实现。

商流是物流的前提，物流是商流的保证。设想，如果消费者没有对商品使用价值的偏好，没有发生商品所有权的转移，商品交换也无法进行。同时，如果物流条件不具备或实物移动过程受阻，则商品不能及时送到购买者手中，那么，商流则失去了保证，也谈不上真正意义上的商品交换。

1. 商流与物流的统一

商流与物流的统一，即商流活动与物流活动是同步进行的。所有权的转移与商品实体的移动是相继进行的，两者的流转环节相同。

在商品流通中的小额、零星的现金交易活动中，一手钱、一手货的情况下，商流和物流会始终结合在一起。商品被消费者买了带走，这是商流与物流统一的表现。

在零售企业内部的各商品流转，如商品盘点，要做到账实相符，盘点者既要点实物，又要计金额，只有从两个方面加以控制，才能保证不出差错。这反映的是商流与物流的紧密结合的形式。

企业与外部发生联系的商品流转环节主要是商品的购进和销售，如果双方是以现金、现货进行交易，那么商流与物流也是紧密结合的。

2. 商流与物流的分离

随着商品经济的发展，商流与物流结合在一起的情况虽然仍然存在，但是，如果从现货管理和科学技术上考察商品流通的全过程会发现，物流如果和商流完全一致，则存在着一定的不合理性，商物分离成为必然存在的一种现实，商物分离是物流科学赖以生存的先决条件。所谓商物分离，是指商品流通中的两个组成部分——商业流通和实物流通各自按照自己的规律和渠道独立运动。

商流与物流产生分离，究其根本原因是商流运动的基础——资金流和实物移动具有相对的独立性。实物的运动是通过资金的运动来实现的，也就是说，资金的分配是实物运动的前提。两者的运动渠道和运动形态不同。

商物分离实际是商品流通中的专业分工、职能分工的产物，是通过这种分工实现社会再生产的产物，这是物流科学中的重要概念。物流科学正是在商物分离基础上才得以对物流进行独立的科学考察，进而形成物流科学。

总之，商流和物流构成了商品流通的两个支柱。商流搞活了，能加速物流的发展，给物流带来活力。而物流的畅通无阻能使商品源源不断地送到消费者手中。商流与物流分离的积极意义是充分发挥资金运动和实物运动的各自规律性和有效性，从而推动商品流通向更加现代化的方向发展。

二、物流的“黑大陆”说

著名管理学权威 P. F. 德鲁克认为，流通是经济领域里的“黑暗大陆”。这是由于流通中物流活动的模糊性尤其突出，物流是流通领域中人们认识不清的领域。所以，现在看来，“黑大陆”说主要是针对物流而言的，物流这个领域中未知的东西太多了，理论和实践都不成熟，它也意味着物流可以产生的利润空间极大。

从某种意义上讲，“黑大陆”说是一种未知学的研究结论，是战略分析的结果，带有哲学的抽象性。这一学说对研究物流这一领域起到了启迪和动员的作用。

三、物流的“冰山”说

物流的“冰山”说，是日本早稻田大学西泽修教授提出来的。他是在专门研究物流成本时发现当时的财务会计和会计核算方法（由于其分门别类设立账目），不可能掌握物流费用的实际情况。因此，人们对物流费用的了解是一片空白，甚至有很大的虚假性，很像沉在水面下的冰山一样，露出水面的那部分仅仅是冰山的一小部分，而沉在水面下的是我们看不到的有很大挖掘潜力的部分。物流便是一座冰山。

西泽修教授用物流成本的具体分析，论证了德鲁克的“黑大陆”说，用以说明物流领域的方方面面对我们来说不清楚和未知的东西太多。在“黑大陆”的未知区域和“冰山”说的水下部分，正是物流需要开发的领域，也是物流的吸引人之处。

四、物流的“森林”说

物流的“森林”说是美国学者提出的，该学说认为物流的整体效应如同森林。

物流过程包括一系列活动，如运输、储存、包装、配送、流通加工等。在物流过程中不单纯追求各项功能要素的优化，而更主要的是追求整体效果最优化，将各个分功能有机联系起来，追求总体效果最优。

美国学者提出“物流是一片森林而非一棵棵树木”，用“物流森林”的结构概念来表述物流的整体观点，指出物流是一种“结构”，对物流的认识不能只见功能要素不见结构要素，即不能只见树木不见森林，物流的总体效果是森林的效果。

“物流森林”说强调的是总体观念。在物流理论中，还有很多提法也具有类似的观念，如物流系统论、多维结构论、物流一体化观念、综合物流观念和物流供应链理论等。

五、物流的供应链理论

供应链是指从采购开始经过生产、分配、销售，最后到用户，而形成的一定流量的环环相扣的链。物流受供应链的制约，物流的供应链理论强调的是物流链节与接口的总体管理。现代管理和现代技术可以提供总体的信息使整个链共享，这样就可以扩展物流视野，使管理者能从总体上管理整个供应链，而不是像过去那样只管各个链节之间的接口或只管其中一部分。供应链管理实际上就是把物流和企业的全部活动作为一个统一的过程来管理。

供应链管理在欧洲较为盛行，这和欧洲对物流的认识有关。在欧洲的物流观念中，始终强调综合观念，而不太强调分功能观念。如英国采用先进的综合物流观念，强调总体战略目标而不是某一环节如何先进，在世界处于领先地位。英国许多企业通过供应链管理，使企业效益明显提高。没有调整前，物流成本占总成本的平均比例为 7.24%；调整后，物流费用比例降低为 5.28%。而同时期，德国在 11% 以上，美国和日本则更高。

六、物流的“第三利润源”说

“第三利润源”的说法主要来自日本，强调利润中心，即强调直接效益。

第一利润源是利用资源获得利润，这里的资源起初是指廉价原材料、燃料，其后则是指依靠科技进步、节约消耗、节约代用、综合利用、回收利用乃至大量人工合成资源而获得高额利润。

第二利润源是利用人力领域获得利润，这里的人力领域最初是指廉价劳动力，其后是指依靠科技进步提高生产率，降低人力消耗或采用机械化、自动化来降低劳动消耗而降低成本、增加利润。

第三利润源是利用劳动工具潜力、劳动对象和劳动者潜力获得利润，即物流利润。

随着经济的发展，第一、第二利润源的潜力越来越小，利润开拓越来越困难，而物流领域的潜力日益为人们所重视。三者的差别在于其注重的生产力要素不同。第一利润源的挖掘对象是生产力中的劳动对象；第二利润源的挖掘对象是生产力中的劳动者；第三利润源则主要挖掘生产力要素中的劳动工具的潜力，同时，又挖掘劳动对象和劳动者的潜力，因而更具有全面性。

第三利润源不仅将物流看成直接的谋利手段，而且还强调它的战略意义，特别强调它是经济领域中潜力将尽的情况下的新发现，是经济发展的新思路，这将对今后的经济发展起到推动作用，这正是目前学术界给予该理论更多关注的主要原因。

七、物流的其他理论

（一）物流的“效益背反”说

“效益背反”是指物流的若干功能要素之间存在着损益的矛盾，即某一功能要素的优化和利润产生的同时，必然会存在另一个或另几个功能要素利益的损失，反之如此。

“效益背反”是物流领域中很普遍的现象，是这一领域中内部矛盾的反映和表现。例如包装问题，在产品销售市场和销售价格不变的前提下，假定其他成本因素也不变，那么，包装方面每少花一分钱，其包装收益就多一分钱，包装越省，利润则越高。但是，一旦商品进入流通领域之后，简单的包装降低了产品的保护效果，必然会造成大量损失，会造成储存、装卸效益的降低。显然，包装活动的效益是以其他活动的损失为代价的。我国流通领域每年因包装不善会造成上百亿元的商品损失，这就是“效益背反”的实证。

在认识“效益背反”的规律之后，物流科学充分认识了物流要素功能，寻求解决和克服各功能要素间的效益背反现象，不是片面追求某个功能要素的优化，而是寻求物流的总体最优化。将物流细分为若干功能要素，将包装、运输、储存等功能有机联系起来成为一个整体来认识物流，进而有效地解决“效益背反”问题。追求物流整体效果最佳，这正是物流领域的一个新发展。

（二）物流“成本中心”说

物流“成本中心”说认为，物流在整个企业战略中，只对企业营销活动的成本发生影响，物流是企业成本的重要的产生点。因而，要解决物流问题，主要是通过物流管理使物流的一系列活动成本降低。所以，物流“成本中心”既表示物流是主要成本的产生点，又表示物流是降低成本的关注点。

（三）物流“利润中心”说

物流“利润中心”说认为，物流可以为企业提供大量的直接的或间接的利润，是形成企业经营利润的主要活动，而且也是国民经济中创利的主要活动。

（四）物流“服务中心”说

物流“服务中心”说主要代表了美国和欧洲一些国家的学者对物流的认识。该理论认为，物流活动最大的作用并不在于企业节约了消耗、降低了成本或增加了利润，而是在于提高了企业对用户的服务水平，进而提高了企业在市场上的竞争能力。该理论特别强调物流的服务职能。通过物流的服务保障，企业以其整体能力来压缩成本、增加利润。

（五）物流“战略”说

物流“战略”说是目前盛行的一种理论。该理论认为物流更具有战略性，是企业的发展战略而不是一项具体操作的任务。这种说法把物流放到了很高的位置。物流管理不仅仅是搞好其中的单一环节，如运输、包装、储存等，而是注重物流的整体效益，物流效益的高低是影响企业总体生存和发展的大问题。

第三节　现代物流特征及其作用

一、现代物流特征

现代物流的特征可以理解为物流的现代化特征。

随着现代物流的发展，它也表现出了许多特征，而这些特征又具有不同属性。物流的现代化特征或者说现代物流的特征具有科学属性、技术属性、经济属性、管理属性和社会属性。

需要说明的是，由于科学技术的发展出现了交叉学科和边缘学科，因此，在划分过程中，人们往往很难区别出现代物流的特征属性。例如，有时难于区别科学属性和技术属性，有时难于区别经济属性和管理属性。现代物流的各种属性相互影响、相互促进、相互交叉、相互包含，既有区别又有联系，形成了复杂多变的现代物流。

现代物流的主要特征主要包括以下几点。

（1）科学系统化。现代物流的发展经历了从 Physical Distribution 到 Logistics 再到 3PL 和 4PL 的历程，物流已经成为一门学科。物流的科学化表现为，发达国家拥有专门的物流科学机构和从事物流科学研究的专业人员，并已经建立了完整的、系统的、全面的物流科学研究、教育、培训体系。

在物流科学的发展过程中，物流作为一门年轻的科学不断地从其他学科中汲取营养，不断地采用和应用其他学科的成果（如分销管理、运输管理、物资管理和其他技术科学），从而形成了一个相对独立的学科。与此同时，物流又与其他学科如市场营销、运作管理、供应链管理、电子商务等融会贯通，从而促进了整个管理科学的发展。

物流系统化是系统科学在物流管理中应用的结果。系统科学在物流管理领域中得到了广泛的应用，人们利用系统科学的思想和方法建立物流系统，包括社会物流系统和企业物流系统。

（2）自动智能化。自动智能化是指物流作业过程中的设备和设施自动化，包括运输、装卸、包装、分拣、识别等过程，例如自动识别系统、自动监测系统、自动分拣系统、自动存取系统、自动跟踪系统等。物流自动化可以方便物流信息的实时采集与跟踪，提高整个物流系统的管理和监控水平。物流自动化的设施包括条码自动识别系统、自动导向车系统（如 AGVS）、货物自动跟踪系统（如 GPS）等。

伴随着科学技术的发展和应用，物流管理从人工化的手工业，到半自动、自动化，直至智能化，从某种意义上看，智能化是自动化的继续和提升。智能化包含更多的电子化成分，如集成电路、计算机硬件和计算机软件等，智能化在更广的范围内和更高层次上实现物流管理的自动化，如库存管理系统、成本核算系统等。

（3）标准化。在物流管理的发展过程中，从企业物流管理到社会物流管理都在不断地制定和采用新的标准。从物流的社会角度看，物流标准可以分为企业标准和社会标准；从物流的技术角度看，物流标准可以分为产品、技术和管理等标准。

（4）精益化。精益化生产方式是由日本企业创立的，精益生产涉及准时化生产、全面质量管理、并行工程、团队作业等工作方式，其特点是多品种、小批量、低消耗和高质量。

精益化的核心思想是用尽可能少的生产要素创造尽可能多的满足客户需求的价值。精益思想在物流管理的运用主要体现在降低成本、提高价值上。

（5）网络化。现代电子技术和产品在物流管理中的广泛应用使物流实现了自动化、智能化、实时化和可视化，电子技术从计算机静态管理到点对点信息交换的动态管理形成了网络信息交换。在讨论物流网络时，“网络”有两种含义和理解，一是指物理网络或实体网络，二是指信息网络。利用电子网络技术进行物流信息交换，根据物理网络的发展需要，企业应用网络技术建立信息网络。

为什么会形成物流网络呢？其主要原因是由于社会交通运输网络的建立使工商企业的公

司网络和业务网络的形成成为可能，企业规模的扩大、用户增加、市场扩大，包括空间的扩展和占有率的提高，形成了企业的业务网络和公司网络，使得物流需求不断增加。随着各种限制和贸易堡垒的取消和解除，物流网络形成了统一的区域市场，并形成了区域性的、全国性的乃至全球性的分销和物流配送网络。

（6）个性化。物流个性化指个性化需求和个性化服务。

（7）专业化。社会分工导致专业化，并导致物流专业的形成。物流专业化主要包括两个方面，一是在企业中，物流管理作为企业的一个专业部门独立存在并承担专门的职能；另一方面是在社会经济领域中出现了专业化的物流企业，物流企业提供各种不同的物流服务，并进一步演变成服务专业化的物流企业。

（8）协同化。在传统的供需关系中更多的是买卖关系，而在现代物流中，供需关系包括了更多的协同因素，甚至成为战略合作关系。现在的企业竞争实质是企业供应链之间的竞争，物流的协同化是指供应链中的各个企业以及企业内部围绕着核心企业的物流协调同步运作，传统的合作和协作是不同的，合作是横向的，协作是纵向的，协同是协作各方利益均沾的共同目标。

（9）规范法制化。物流规范化是指在全社会范围内建立了各种物流规范，包括非物流企业内部的各种物流规范、物流企业内部的各种规范、物流行业的企业行为规范以及物流从业人员的行为规范。在法律体系中，建立了针对物流企业和物流产业的各种法律法规，相关的法律还对物流作出了相应的规定。

（10）社会化。社会化是指社会中的任何组织机构对物流的需求不再单纯地由自己内部完成，而是由社会的其他专门的物流组织机构完成。物流从自给自足的生产方式转变为在一定社会分工条件下的专业化和社会化的生产方式。随着社会化的进一步发展和完善，不仅社会物流需求社会化，而且物流组织机构需求也实现了社会化，从而实现了真正意义上的物流社会化。

（11）国际全球化。自然资源的分布和国际分工导致了国际贸易、国际投资、国际经济技术合作，由此产生了货物和商品的转移，从而带动了国际运输和国际物流的产生和发展。物流的国际化一般表现在两个方面：一是其他领域的国际化产生了国际物流的需求，即国际化的物流；二是物流领域自身的国际化。全球化是国际化的产物，全球化的加快，加强了物流国际化，是国际化的更高层次。国际化主要是立足本国的国际物流，而全球化是跨国经营，包括与目的国企业的国际合作与国际投资，在目的国设立分支机构、开展物流业务。在国际化阶段，国际化物流业务是间接地或者说是通过与其他的企业合作完成的。由于物流跨国企业的出现，跨国物流企业可以利用公司的全球网络独立完成国内和国际业务，最终实现综合化物流业务。

二、物流对经济的作用

（一）物流对宏观经济的作用

1. 物流是国民经济的基础之一

物流是国民经济的基础之一，是从物流具有国民经济动脉作用这一点而言。物流通过不断运输各种物质产品，使生产者不断获得原材料、燃料，以保证生产过程的正常进行，又不断将产品运送给不同需要者，以使这些需要者的生产需求、生活需求得以正常地进行下去。这些相互依赖的存在是靠物流来维系的。所以，物流以本身的宏观效益支持国民经济的运行，改善国民经济的运行方式和结构，促使其不断优化，国民经济因此才能够成为一个具有内在联系的整体。

我们都知道，经济体制的核心问题是资源配置问题，物流对经济体制的正常运转起到了很重要的作用，资源配置不仅要解决生产关系问题，而且必须解决资源的实际运达问题，有些时候，正是物流不能保证正常的资源配置的最终实现，从而影响了整个经济体制的运转。

2. 在特定条件下，物流是国民经济的支柱

物流对国民经济起支柱作用是指物流已经逐渐成为与其他活动共同承担国民经济支柱作用的核心要素之一。世界上已有一定数量的地区将物流作为国民经济的核心竞争力部分。这些国家处于特定的地理位置或特定的产业结构条件下，物流在国民经济和地区经济中能够发挥带动和支持整个国民经济的作用，能够成为国家或地区财政收入的主要来源。由于物流业具有劳动密集型的特征，因此物流的发展能够创造许多新的就业机会。

物流领域的科技含量不断提高，使之能成为科技进步的主要发源地之一和现代科技的应用领域。比如欧洲的荷兰、亚洲的新加坡以及中国香港地区等，特别是日本以流通作为国家经济的核心支柱，我国的上海市、深圳市等都将物流看作城市经济的重点发展领域。

3. 物流现代化可以改善我国的经济运行，实现质量的提升

物流现代化系统的改善，可以使我国国民经济的运行水平得到很大的提高。我国经济虽然取得了持续的进步和发展，但是经济运行质量不高，粗放式管理造成了大量的资源浪费，尤其作为支柱国民经济运行的物流平台问题更加突出，如物流基础设施不足、物流技术落后等，如果这些问题能够得到全面的解决，将会大大改善我国的经济运行质量。

4. 物流服务专业化可以有效改善我国的产业结构

前面讲过，物流现代化将提高我国整体经济运行的质量。这主要是由于我国的国土面积大，经济发展和物流关系就显得更加密切。另外，物流的发展符合我国大力发展第三产业的原则。所以说，物流服务业对改善我国的产业结构起着关键性的作用。

（二）物流对微观经济的作用

1. 降低成本

物流可以大幅度降低企业的经营成本，对改善我国经济运行的环境、降低和解决企业的困难有重要作用。我国当前许多企业存在困难的重要原因之一是企业经营成本过高。发展物流产业，能够有效降低社会流通成本，从而降低企业供应及销售的成本，起到改善企业外部环境的作用。企业生产过程的物流合理化能够降低生产成本，这对于解决我国企业当前的困难无疑是非常有利的。

2. 增加利润

物流可以降低经营成本，间接地提高利润，这只是物流利润价值的一个表现。也可以通过物流服务增加销售收入，从而直接提高利润。对于专门从事物流经营活动的企业而言，通过有效的经营，可以为生产企业创造“第三利润源”。也就是说，通过物流企业的有效服务，可以为生产企业创造利润。

许多从事物流服务的企业，在为用户服务的同时还可以起到自己的“利润中心”作用，可以成为企业和国民经济新的利润生长点。企业中许多物流活动，例如：连锁配送、流通加工等等，都可以直接成为企业利润新的来源。

3. 提高服务质量

物流可以提供良好的服务，这种服务有利于市场竞争，有利于树立企业的品牌形象，有利于和服务对象结成长期稳定的战略性合作伙伴关系，这对于企业长远的、战略性的发展有着非常重要的意义。物流的服务价值，实际上就是促进企业战略发展的价值。

三、物流对企业的作用

从企业这一微观角度来看，物流对企业的作用有：

（一）物流为企业创造经营的外部环境

一个企业的正常运转，必须有这样一个外部条件：一方面它要保证按企业生产计划和生产节奏提供和运达原材料、燃料、零部件；另一方面，它要将产品和制成品不断运送到客户手里，这个最基本的外部环境正是要依靠物流及有关的其他活动创造和提供保证。

（二）物流是企业生产运行的保证

企业生产过程的连续性和衔接性要依靠生产工艺流程中不断的物流活动，有时候生产过程本身便和物流活动结合在一起，物流的支持保证作用是不可或缺的。

（三）物流是企业发展的重要支撑力量

企业的发展靠产品质量，物流作为全面质量管理的一环，使企业能够接近用户，并通过优质的服务去提高质量保证。更重要的是，根据“第三利润源”的理论，物流通过降低成本，间接增加企业利润，通过改进物流直接取得效益，这些都会有效地促进企业发展。

第四节　现代物流在中国

一、我国物流发展的过程和现状

与世界发达国家相比，我国物流的发展处于相对落后的状态，但发展较快。一方面，物流的概念和理念在我国出现得比较晚，在20世纪80年代初，一批学者开始学习和引进日本和欧美的物流理论，这时的物流，特别是现代物流的概念和理论才开始在我国受到重视。另一方面，随着改革开放的不断深入，中外合资、合作企业、外商投资企业纷纷建立，他们给我们带来了先进的物流理念和作业方法，与此同时，我国的对外贸易不断扩大，逐渐参与到国际物流当中，所有这些都使我国的企业逐渐对物流以及现代物流有了了解，一些企业开始从内部对物流环节进行整合，追求物流合理化。更加重要的是，随着我国专家学者对物流理论研究的深入，以及物流在经济中的作用不断凸显，物流已经成为我国国民经济的重要组成部分，受到从中央到地方、从国家到企业的方方面面的高度重视，物流业的发展在我国正呈现出方兴未艾、欣欣向荣的局面。

（一）我国物流的发展过程

从1949年新中国成立到目前，我国物流的发展大体可以划分为以下四个时期。

1. 初步发展时期（1949年—1965年）

这个时期是我国国民经济的恢复和初步发展时期。总体来看，在这一时期，我国的经济还相当落后，工农业生产水平较低，经济基础薄弱。与这样的经济水平相适应，我国的物资流通事业也处在起步阶段，只是在一些生产和流通部门开始建立了一些少数的储运公司和功能单一的仓库，在搬运和仓储等方面也十分落后，真正意义上的物流概念在我国还没有出现。

2. 停滞时期（1966年—1977年）

1966年开始的“文化大革命”是一场长达十年的全国性动乱。这场动乱给我国的经济和社会发展造成了严重的破坏，当然物流的发展也同样受到了影响。而与此同时，物流理论的研究和物流业的实践却在国际上有了长足的发展。

3. 较快发展时期（1978年—1990年）

十一届三中全会以后，我国进入了改革开放的新时期，国民经济以前所未有的速度向前发展，物流业也开始走上快速发展的道路。在这一时期，物流概念，特别是先进的物流理论开始进入到我国；物流基础设施建设，尤其是公路、铁路、港口、码头、机场的建设有了很大的发展；物流的技术装备水平也有了很大的提高，如水泥、粮食的散装运输、集装箱运输、立体化自动仓库等。

4. 高速发展时期（1991年至现在）

这一时期是我国经济高速发展的时期，也是我国物流高速发展的时期。与高速发展的国民经济的要求相适应，物流的理论研究和实践都有了跨越式的发展，国家为发展物流业采取了一系列重要措施。总而言之，物流已经成为国民经济的重要组成部分。物流也为越来越多的企业所重视，成为企业经营战略的内容之一，对物流科学的研究、教育和人才培养也都有了很大的发展。

（二）我国物流发展的现状

改革开放以来我国的经济飞速发展，取得了举世瞩目的成就。与此同时，我国的物流管理和物流活动的水平也不断提高，主要表现在以下几个方面。

1. 物流理论研究水平显著提高

自20世纪80年代初期开始，我国就有一批学者开始学习和引进日本与欧美的物流理论，并且注意从我国的具体国情出发，结合我国物流的实际开展研究。他们陆续发表了大量研究论文，先后出版了一批物流理论著作，大大提高了我国物流理论的研究水平。他们的工作使物流理念在我国得到迅速推广，同时，我国的许多大专院校纷纷开设物流专业课程，设立物流专业，培养出一大批物流专业人才。此外，还有一批在国外接受过系统物流教育的专家学者回国，成为我国物流理论研究的骨干。

2. 企业的物流意识逐步增强

我国的物流研究起步虽然较晚，但至今也有了20多年的历史。经过专家学者的理论宣传，特别是近几年的努力，物流概念已经得到相当程度的普及，物流日益得到企业的重视。越来越多的企业，特别是一些大型企业，如海尔集团等，已经把建立企业物流系统、强化物流管理作为降低物流成本、提高企业效益和竞争能力的重要手段。

3. 出现了一批具有现代物流特征的物流企业

中国物资储运总公司、宝供物流公司、中海物流集团公司等一批物流企业，在经营中摆脱了传统物流的运作模式，以货主为中心，运用以信息技术为核心的高新技术，将物流服务融入到企业的物流系统中，将其作为供应链的一个功能环节。它们的出现，对于促进物流社会化，提高物流业整体水平起到了示范作用。

4. 物流技术设施及装备水平不断提高

改革开放20多年来，我国的综合国力得到了极大的加强，在物流基础设施的建设上取得了巨大的成就。我国的道路通车总里程、铁路总长度和路网密度均居世界前列；运输网络建设不断完善，港口、车站、空港以及货运枢纽、物流中心等节点设施建设发展迅速，使物流服务的供给能力大大加强。现代化的物流技术和装备，如立体自动化仓库、货物分拣系统、流通加工设备以及各种专业化运输工具等在物流活动中被广泛使用，车辆、船只等运输手段向大型化、专用化、高速化方向发展。

5. 宏观物流管理得到加强

政府经济管理部门作为宏观物流管理的主体，在物流规划、物流政策制定等方面发挥着积极作用。2001年3月，当时的国家经贸委、交通部、铁道部、民航总局、外经部、信息产业部等六家行业主管部门联合发布了《关于发展现代物流业的若干意见》，这是我国第一个由涉及物流的多个部门联合制定的促进物流发展的政策性指导文件，显示出政府主管部门对现代物流的重视和加快物流发展的意向。总的来说，在20世纪80年代初期之前，我国还没有真正意义上的物流概念，更谈不上现代的物流管理和物流活动。但是，在此以后，我国的物流从引进、借鉴开始，很快走上了一条快速发展的道路。

二、推进我国现代物流发展的重要意义

在目前情况下，推进我国现代物流发展的重要意义表现在以下方面：

（一）推进现代物流是提高经济运行质量和效益的需要

随着经济全球化的发展，企业的采购、仓储、销售、配送等协作关系日趋复杂，企业间的竞争已不单是产品性能和质量的竞争，也包含物流能力的竞争。

现代物流是对流通方式的一场革命，它作为一种先进的管理技术和组织方式，对资源进行优化整合，从整体上改变了企业的一些运行方式。它要求企业以市场为导向，以客户需求为目标，最大限度地降低企业运行成本，提高服务质量和经济效益。因此，推进现代物流是提高经济运行质量和效益的需要。

（二）发展现代物流是改善国家投资环境的需要

改革开放以来，各地区为了加快经济的发展，都在采取各种措施吸引外资。对于投资者来说，投资地点的选择，不仅要考虑当地的经济条件和优惠政策，还要考虑作为提高企业竞争力的物流环境，即物流基础设施和物流服务质量。物流环境的好坏，已成为投资者评价一个地区投资环境的重要内容。

（三）发展现代物流是应对经济全球化的需要

目前，全球采购、全球销售以及本土生产的趋势越来越明显，我国加入世贸组织后，国内经济与世界经济的发展将更紧密地融合在一起。入世之后，我国物流业面临来自两个方面的巨大压力。一方面，对于专业物流企业来说，拥有资金、技术和管理优势的外国物流企业进入我国市场，将对我国的物流企业构成严峻的挑战，我国物流企业急需应用物流理念和先进的运作方式，提高物流服务的水平，以应对物流市场的国际竞争。另一方面，对于工商企业而言，迫切需要高质量的现代物流系统来提供服务，以降低生产和流通成本，提高企业及其产品参与国际市场的竞争力。另外，大量在华的境外投资企业，均需要优质高效的现代物流服务作为其经营和发展的保障。因此，无论是从满足我国工商企业、境外投资企业的服务要求来说，还是从提高我国专业物流企业的服务竞争水平来说，加强现代物流业的发展，都是非常必要的。

【个案分析】

青岛啤酒——现代物流打造保鲜新时速

“我们要像送鲜花一样送啤酒，把最新鲜的啤酒以最快的速度、最低的成本让消费者品尝。”青啤人如是说。为了这一目标，青岛啤酒股份有限公司与香港招商局共同出资组建了青岛啤酒招商物资有限公司，双方开始了在物流领域的全面合作。

据悉，自从合作以来，青岛啤酒运往外地的速度比以往提高了30%以上，山东省内300公里以内区域的消费者都能喝到当天出厂的啤酒，300公里以外区域的消费者也能喝到当天出厂的啤酒。而原来喝到青岛啤酒需要3天左右。

2000年，青啤建立起销售公司与各销售分公司的物流、资金流、信息流系统，加快了产品周转和资金周转，降低了库存。更为重要的是，实现了以销定产的“订单经济”。

2001年2月引入ERP系统，实施企业信息化战略，加快了资金周转速度，提高整个集团的通透性，实现了资源的优化配置。借助于网络技术的应用改造产品价值链，实现企业生产链向供应链管理的转变。

2002年4月，青啤将物流从主业中剥离，与招商物流共同出资200万元组建了青岛啤酒招商局物流有限公司。该公司通过青啤优良的物流资产和招商物流先进的物流管理经验，全权负责青啤的物流业务。

青啤招商局物流公司运营以来，不仅使青岛啤酒固化在物流上的资产得以盘活，解决了自营运输业务每年近800万元的潜亏局面，而且同时输出管理，以整体规划、区域分包的一体化供应链来提升青啤的输送速度。这样，青啤在物流效率的提升、成本的降低、服务水平的提高等方面成效显著。

青岛啤酒公司以提升核心竞争力为主的“做强做大”，即所谓的“新鲜度管理”，成为青岛啤酒打造企业核心竞争力的关键要素。

青啤集团筹建了技术中心，将物流、信息流、资金流全面统一在计算机的智能化管理之下，简化了业务运行程序，建立了现代物流系统，对运输仓储过程中的各个环节进行了重新整合、优化，以减少运输周转次数、压缩库存、缩短产品仓储和周转时间等。同时，还成立了仓储调度中心，对产品的仓储、转库实行统一管理和控制。由提供单一的仓储服务到对产成品的市场区域颁布、流通时间等进行全面的调整、平衡和控制，实现产品在 8 天内送到顾客手里（工厂控制在 5 天以内，批发商在 3 天内出手）。

问题讨论

1. 与同行业相比，青岛啤酒的优势何在？
2. 青岛啤酒招商物流有限公司是怎样运用现代物流来打造保鲜速度的？

【关键名词】

物流　商流　现代物流　供应物流　生产物流　销售物流　回收物流　微观物流　宏观物流

【讨论与思考】

1. 什么是物流？你对物流概念的内涵是如何理解的？
2. 什么是现代物流？现代物流与传统物流有何不同？
3. 现代物流具有哪些特征？
4. 为什么说“物流是第三利润源”？
5. 物流的作用有哪些？
6. 物流的发展经历了哪些阶段？每个阶段又有何特征？
7. 物流发展的驱动因素有哪些？
8. 发展我国现代物流有何意义？

第二章

物流服务

课前准备

【学习目标】

本章主要介绍物流服务的相关理论。通过学习，要求学生了解物流服务的性质、作用，理解物流服务的概念及其构成要素，熟悉物流服务的本质特点，掌握提高物流服务水平和增强物流服务竞争力的主要策略。

【重点难点】

1. 物流服务的概念及其构成要素；
2. 物流服务的本质特点；
3. 提高物流服务竞争力的策略。

学习内容

物流是生产到消费之间物资的物理性流动。现代物流由于能够节约流通成本，提供增值服务，创造竞争优势，成为推进流通现代化的一个重要方式，越来越被企业界所重视。国际上普遍将物流称为“降低成本的最后边界”，是在降低原材料消耗、提高劳动生产率之后的“第三利润源”，在国际上已成为与高科技产业、金融业并驾齐驱的朝阳产业。现代物流泛指原材料、产成品从起点至终点及相关信息有效流动的全过程。它将运输、仓储、装卸、加工、整理、配送、信息等方面有机结合，形成完整的供应链，为用户提供多功能、一体化的综合服务。

第一节　物流服务的概述

一、物流服务的含义

客户服务是物流管理活动的核心内容，而客户服务水准是企业能否留住现有顾客以及吸引新顾客能力的体现。由于客户服务水准直接影响企业所占市场份额和物流总成本，并最终影响其盈利能力。所以，客户服务水准是物流企业获得市场竞争优势的重要手段。客户服务是创造需求、保持客户忠诚的关键，这使得企业对现有物流客户服务进行整理、分析和评估显得尤为重要。

（一）概念

物流服务是企业为了满足客户（包括内部和外部客户）的物流需求而开展的一系列物流活动的总和。对大多数企业来说，物流服务可以用一种或几种方式来定义：

（1）一种管理理念，如顾客是上帝等；

（2）一种绩效水平，如在 24 小时内实现 98% 的订单送货率；

（3）一项活动，如送货等。

物流服务对不同性质的企业而言意味着不同的产出：从工商企业营销的角度看，企业物流服务属于客户服务的范畴，是客户服务的主要构成部分，是企业提供给客户的最终物流服务，或者说是让客户能够感觉到的物流服务；对于专门提供物流服务的企业而言，物流服务本身就是企业的产品，产品内容就是物流服务的内容，所以物流服务也就等同于物流企业的服务。尽管两种企业的物流服务产出不同，但两者有共同的特征就是物流服务本身并不创造商品的使用价值，而是产生空间价值和时间价值。

（二）物流客户服务的要素

主要由交易前要素、交易中要素、交易后要素三部分组成。

（1）交易前要素是指在将产品从供应方向客户实际运送过程前的各种服务要素；

（2）交易中要素是指在将产品从供应方向客户实际运送过程中的各种服务要素；

（3）交易后要素是产品销售和运送后过程中的各项服务要素。

具体而言，物流服务构成要素有：备货保证、在库服务率、订货截止时间、进货周期、订货单位、订货频率、时间指定、紧急出货、输送保证、物理损伤、保管中损坏、运输中损坏、错误输送、数量差错、品质保证、商品利用可能性保证。

二、物流服务的内容设计

对物流服务内容的设计须从为企业提供的具体服务来进行，并考虑对不同的企业哪些物流服务是关键性的。概括起来，根据不同的企业性质，物流服务的内容可以分为以下两个方面。

（一）工商企业的物流服务内容

从物流服务的含义可以看出，工商企业的物流服务是客户服务的一部分，其内容可以划分为三种类型：

（1）作为功能活动的物流服务：如接受订单、存储等。

（2）作为执行标准的物流服务：如库存持有率、订货周期、商品完好率等。

（3）作为经营理念的物流服务：在保证利润的前提下给客户提供满意的产品或服务。

（二）专业物流企业的物流服务内容

专业物流企业是专门从事物流服务经营的主体，它以工商企业的物流服务需求为市场开展经营活动，所以物流企业的服务要满足工商企业向其客户提供服务的需要。物流企业服务的基本内容包括运输、储存、配送、包装、装卸搬运等。

1. 运输服务

无论是自营物流还是由第三方提供的物流服务，都必须将消费者的订货送到消费者指定的地点。第三方物流经营者一般自己拥有或掌握有一定规模的运输工具，具有竞争优势的第三方物流经营者的物流设施不仅仅在一个点上，而是一个覆盖全国或一个大的区域的网络。因此，第三方物流服务提供商首先可能要为客户设计最合适的物流系统，选择满足客户需要的运输方式，然后具体组织网络内部的运输作业，在规定的时间内将客户的商品运抵目的地。除了在交货点交货需要客户配合外，整个运输过程，包括最后的市内配送都应由第三方物流经营者完成，以尽可能方便客户。

2. 储存服务

物流中心的主要设施之一就是仓库及附属设备。需要注意的是，物流服务提供商的目的不是要在物流中心的仓库中储存商品，而是要通过仓储保证物流服务业务的开展，同时尽可能降低库存占压的资金，减少储存成本。因此，提供社会化物流服务的公共型物流中心需要配备高效率的分拣、传送、储存、拣选设备，目的是尽量减少实物库存水平但并不降低供货服务水平。

3. 装卸搬运服务

这是为了加快商品的流通速度必须具备的功能，无论是传统的商务活动还是电子商务活动，都必须具备一定的装卸搬运能力，物流服务提供商应该提供更加专业化的装载、卸载、提升、运送、码垛等装卸搬运机械，以提高装卸搬运作业效率，降低订货周期，减少作业对商品造成的破损。

4. 包装服务

物流的包装作业目的不是要改变商品的销售包装，而在于通过对销售包装进行组合、拼配、加固来形成适于物流和配送的组合包装单元。

5. 流通加工服务

主要目的是方便生产或销售，专业化的物流中心常常与固定的制造商或分销商进行长期合作，为制造商或分销商完成一定的加工作业，比如贴标签、制作并粘贴条形码等。

6. 物流系统设计及网络化物流服务

在以提高顾客满意程度为主要目标的综合物流服务中，应把客户的需求作为一个整体，在把一个方面综合绩效最佳作为目标时，牺牲某部分局部利益是必要的。物流服务商要能够为客户设计物流系统，代替其选择和评价运输商、仓储商及其他物流服务提供商，为企业提供多种物流管理和决策服务，创造新的赢利机会。随着经济全球化的发展，企业所有的活动都在全球市场进行，所以现代物流服务活动也必须实现网络化，全方位地为企业提供物流活动。

7. 信息咨询

物流信息系统是现代物流作业的支柱。现代物流是物流服务功能的集成，管理和控制这些功能必然反映到对物流信息的整合上来。物流服务商要靠网络的货主跟踪系统、电子订货系统、运价咨询系统等进行信息的采集、运输业务的管理、客户查询及业务跟踪，有效减少物流的中间环节和费用，大幅度提高服务水平。

（三）电子商务下的增值性物流服务（Value - Added Logistics Services）

以上是普通商务活动中典型的物流服务内容，电子商务的物流也应该具备这些功能。除了传统的物流服务外，电子商务还需要增值性的物流服务。

1. 增加便利性的服务

一切能够简化手续和操作的服务都是增值性服务。在提供电子商务的物流服务时，推行一条龙门到门服务、提供完备的操作或作业提示、免培训、免维护、省力化设计或安装、代办业务、一张面孔接待客户、24 小时营业、自动订货、传递信息和转帐（利用 EOS EDI、EFT）、物流全过程追踪等都是对电子商务销售有用的增值性服务。

2. 加快反应速度的服务

快速反应（Quick Response）已经成为物流发展的动力之一。传统观点和做法将加快反应速度变成单纯的对快速运输的一种要求，但在需求方对速度的要求越来越高的情况下，它也变成了一种约束。因此，必须想其他的办法来提高速度。所以第二种办法，也是具有重大推广价值的增值性物流服务方案，应该是优化电子商务系统的配送中心、物流中心网络，重新设计适合电子商务的流通渠道，以此来减少物流环节、简化物流过程，提高物流系统的快速反应性能。

3. 降低成本的服务

电子商务发展的前期，物流成本将会高居不下，有些企业可能会因为根本承受不了这种高成本而退出电子商务领域，或者是选择性地将电子商务的物流服务外包出去，这是很自然的事情。因此发展电子商务，一开始就应该寻找能够降低物流成本的物流方案。企业可以考虑的方案包括：采取物流共同化计划，同时，如果具有一定的商务规模，比如，珠穆朗玛和亚马逊这些具有一定销售量的电子商务企业，可以通过采用比较实用但投资比较少的物流技术和设施设备，或推行物流管理技术，如运筹学中的管理技术、单品管理技术、条形码技术和信息技术等，提高物流的效率和效益，降低物流成本。

4. 延伸服务

向上可以延伸到市场调查与预测、采购及订单处理，向下可以延伸到配送、物流咨询、物流方案的选择与规划、库存控制决策建议、货款回收与结算、教育与培训、物流系统设计与规划方案的制作等。关于结算功能，物流的结算不仅仅只是物流费用的结算，在从事代理、配送的情况下，物流服务商还要替货主向收货人结算货款等。关于需求预测功能，物流服务商应该根据物流中心商品进货、出货信息来预测未来一段时间内的商品进出库量，进而预测市场对商品的需求，从而指导订货。关于物流系统设计咨询功能，第三方物流服务商要充当电子商务经营者的物流专家，因而必须为电子商务经营者设计物流系统，代替它选择和评价运输商、仓储商及其他物流服务供应商。国内有些专业物流公司正在进行这项尝试。关于物流的教育与培训功能，物流系统的运作需要电子商务经营者的支持与理解，通过向电子商务经营者提供培训服务，可以培养物流中心经营管理者对它的认同感，可以提高电子商务经营者的物流管理水平，可以将物流中心经营管理者的要求传达给电子商务经营者，也便于确立物流作业标准。

以上这些延伸服务最具有增值性，但也是最难提供的服务，能否提供此类增值服务现在已成为衡量一个物流企业是否真正具有竞争力的标准。

三、物流服务的性质

（一）从属性

工商企业的物流需求是以商流的发生为前提的，伴随着商流而发生，因此，物流服务必须从属于工商企业的物流系统，具体表现在物流服务要按货主的要求提供合适的时间、合适的地点、合适的数量、合适的质量、具有合适价格的物品，提供相对应的服务。

（二）即时性

物流服务提供的无形产品是伴随销售、生产、消费同时发生的即时服务。

（三）移动性和分散性

物流服务的针对性决定了其具有这一特性，它服务的对象分布广泛，大多数是不固定的，所以，其具有移动性以及面广、分散的特性。

（四）需求波动性

由于物流服务是以数量多而又不固定的顾客为对象的，他们的需求在方式上和数量上是多变的，因此具有较强的波动性。

（五）可替代性

由于一般企业都可能具有自营运输、保管等自营物流的能力，使得物流服务从供给能力方面看具有可替代性。

四、物流服务的本质

物流服务的本质是满足顾客的需求，包括：

（1）持有顾客需要的商品（保证有货）；

（2）保证可以在顾客需要的时间内送达（保证送到）；

（3）能够达到顾客要求的质量（保证质量）。

五、物流服务水平的确定

确定合适的物流服务水平后将竞争对手的服务水平作为标杆的同时，还要通过详尽的顾客调查来很好地把握、了解顾客的需求，并集中力量于正确的物流服务要素。通过两者的结合弥补，既能应对竞争又能够揭示各种物流服务要素的重要性，有助于消除顾客需求与企业运营状况之间的差距。确定物流服务水平有多种方法，以下四种最具参考价值：

（一）根据顾客对缺货的反应确定物流服务水平

生产商的顾客包括各种中间商和产品的最终用户，而产品通常是从零售商处转销到顾客手中。因此，生产商往往难以判断缺货对最终顾客的影响有多大。例如，生产商的成品仓库中某种产品缺货并不一定意味着零售商也同时缺货。零售环节的物流服务水平对销售影响很大，为此，必须明确最终顾客对缺货的反应模式。某种产品缺货时，顾客可能购买同种品牌不同规格的产品，也可能购买另一品牌的同类产品，或者干脆换一家商店看看。在产品同质化倾向日益明显的今天，顾客“非买它不可”的现象已经越来越罕见，除非顾客坚定地认为该种产品在质量或价格上明显优于其替代品种。

生产商的物流服务战略中的重要一点是保证最终顾客能方便及时地了解和购买到其所需的商品。对零售环节的关注使生产商调整订货周期、供货满足率、运输方式等，尽量避免零售环节缺货现象的发生。

顾客对不同产品的购买在时间要求上也有所不同。对绝大多数产品来说，顾客希望在作出购买决策时就能够拿到，但也有特殊的情况，比如选购大型家具时，顾客在展示厅选中样品并订购以后，往往愿意等待一段时间在家中收货。20 世纪 70 年代，美国的西尔斯百货公司与惠尔浦家电公司进行的一项顾客调查发现，当时的顾客对大型家电并不要求在订货的当天就将商品运回家，除非有特别紧急的情况，否则他们愿意等上 5 ~ 7 天时间。这一调查结果对西尔斯与惠尔浦的物流系统影响很大。西尔斯公司只需在营业厅里摆放样品供顾客挑选，其配送中心里的存货也不多。惠尔浦公司的产成品被运至位于俄亥俄州马利恩的大型仓库，西尔斯公司将收到的顾客订单发送给惠尔浦公司，相应的产品随即从马利恩仓库被分送到西尔斯位于各地的配送中心，然后从配送中心直接用卡车分送到顾客家中。从顾客下订单到送货上门的时间被控制在 48 ~ 72 小时。

（二）成本与收益的权衡

一般来讲，物流服务是以一个物流系统作为基础的，高水平的物流服务必由高物流成本所支撑。因此，在加强物流服务管理的同时，应明确相应的服务成本，从而保持成本和服务之间的一种均衡关系。实施集成的物流管理时的成本权衡，其目标是在市场组合四要素之间合理分配资源以获得最大的长期收益，也就是以最低的物流总成本实现给定的物流服务水平。

例如，一个百货连锁集团如果希望将零售供货率提高到 98% 的水平，则需要获取每个商店及每种商品的实时销售数据。为此，需在各分店配置条形码扫描器及其他软、硬件设施，同时，为尽可能地利用这些数据，集团还希望投资建设 EDI 系统，以便与供应商进行快速双向的信息交流。估计平均每家分店需投入 20 万元，于是，管理层面临着成本与收益的权衡。对信息技术的投入能提高物流服务水平，但同时也会增加成本。假设该公司的销售毛利是 20%，每家分店为收回 20 万元的新增投资，至少要增加 100 万元的销售额。如果实际的销售增长超过了 100 万元，则企业在提高物流服务水平的同时也增加了净收益。对这一决策的评估还需考虑各分店当前的销售额水平。若各分店当前的年销售额是 1 000 万元，则收回这笔投资比年销售额只有 400 万元要快得多。

（三）ABC 分析与帕累托定律

经济学家帕累托在研究财富的社会分配时曾得出一个重要结论，即 80% 的社会财富掌握在 20% 的人手中，或称为少数人掌握了社会的大部分财富，即关键的少数和次要的多数。后来，人们发现这一现象普遍存在于经济社会的各个领域，称之为帕累托定律。帕累托现象也出现在企业经营管理中，例如，80% 的物流系统中的瓶颈现象可能仅仅是由一辆送货汽车的不良运作而造成。这一概念通常也被称作 80/20 定律。企业在提供物流服务时就应分出主次，并根据不同的情况分别对待，突出重点。将不同顾客的重要性与不同产品的重要性联系起来考虑，以确定能给企业带来最大收益的物流服务水平。一般情况下将盈利能力（利润率）作为衡量顾客和产品重要性的指标，但应当注意，这一指标并不是绝对的。A 类产品利润率最高，以下为 B、C 类。在整个产品线中，A 类产品通常只占很小的比例，而利润率最低的 C 类产品在产品总数中则可能占 80%。管理人员可以使用一些方法对顾客—产品组合排序或打分，进行优先等级的排序，并实行不同的管理。

（四）物流服务审计

物流服务审计是评估企业物流服务水平的一种方法，也是企业对其物流服务策略作调整时产生的影响的评价标尺。审计的目标包括识别关键的物流服务要素、识别这些要素的控制机制及评估内部信息系统的质量和能力。物流服务审计包括四个阶段，即外部物流服务审计、内部物流服务审计、识别潜在的改进方法和机会以及确定物流服务水平。

1. 外部物流服务审计

外部物流服务审计是整个物流服务审计的起点，其主要目标是识别顾客在做购买决策时认为重要的物流服务要素和确定本企业与主要的竞争对手为顾客提供服务的市场比例。

（1）要确定哪些物流服务要素是顾客真正重视的

主要工作是对顾客进行调查与访谈。例如，某种普通消费品的零售商在衡量其供应商服务时主要考虑以下的物流服务要素：订货周期的稳定性，订货周期的绝对时间，是否使用 EDI，订单满足率，延期订货策略，单据处理程序以及回收政策等。

（2）对企业的有代表性的和统计有效的顾客群体进行问卷调查

确定了重要的物流服务因素之后，下一步就是对企业的有代表性的和统计有效的顾客群体进行问卷调查。问卷调查可以确定物流服务要素及其他市场组合要素的相对重要性，评估顾客对本企业及主要竞争对手各方面服务绩效的满意程度以及顾客的购买倾向。依据调查结果，企业加强顾客重视的服务要素。在考虑竞争对手的强势和不足的同时，发展顾客分类的战略。此外，问卷还能反映出顾客对关键服务要素的服务水平的期望值。

2. 内部物流服务审计

内部物流服务审计是审查企业当前的服务业务的运作状况，为评估物流服务水平发生变化时所产生的影响确立一个衡量标尺。内部物流服务审计的主要目的是检查企业的服务现状与顾客需求之间的差距。顾客实际接收到的企业物流服务水平也有必要进行测定，因为顾客的评价有时会偏离企业的实际运作状况。如果企业确实已经做得很出色，则应当注意通过引导和促销来改变顾客的看法，而不是进一步调整企业的服务水平。

内部物流服务审计的另一个重要内容是考察顾客与企业和企业内部的沟通渠道，包括服务业绩的评估和报告体系。沟通是理解与物流服务有关的问题的重要基础，缺乏良好的沟通，物流服务就会流于事后控制和不断地处理随时发生的问题，而难以实现良好的事前控制。

3. 识别潜在的改进方法

外部物流服务审计明确了企业在物流服务和市场营销战略方面的问题，结合内部审计，可以帮助管理层针对各个服务要素和细分市场调整上述战略，提高企业的赢利能力。管理层在借助内、外部物流服务审计提供的信息制定新的物流服务和市场营销战略时，需针对竞争对手做详细的对比分析。当顾客对本企业和各主要竞争者的服务业绩评价相比较并相互交流时，竞争性标尺在这时就显得更为重要了。

4. 确定物流服务水平

物流服务审计的最后一步是制定服务业绩标准和考核方法。管理层必须为各个细分领域（如不同的顾客类型，不同的地理区域，不同的分销渠道以及产品）详细制定目标服务水平，并将之切实传达到所有的相关部门及员工，同时辅之以必要的激励政策以激励员工努力实现企业的物流服务目标。此外，还要有一套正式的业务报告文本格式。

管理层必须定期地按上述步骤进行物流服务审计，以确保企业的物流服务政策与运作满足当前顾客的需求。

第二节　物流服务的作用

一、物流服务的对象

社会化的物流服务，其服务对象具体来讲是接受服务的客户，这些客户几乎可以遍布国民经济的各个领域。正是因为如此，物流服务对象才成为物流社会化的一个重要基础。

（一）工农业生产企业

几乎所有的工农业生产企业都有物流需求，这是一个非常庞大的物流服务对象群体。这些需求随着行业不同又有所区别：

1. 原材料生产企业

原材料生产企业的物流需求主要是原材料生产的基本原料的供应物流和原材料产品的销售物流。这种物流的主要特点是点对点的物流，物流渠道比较简单，物流批量比较大，因此比较多采用自营物流，也有一些选择社会物流服务。

2. 制造业

制造业物流需求，主要是零部件、原材料的配送物流和制成品的销售物流。

在经济全球化的趋势下，制造业的全球化趋势发展非常快，其物流需求向精细化、高服务水平化发展。供应链管理就是主要针对这个领域。

制造业也是社会化物流需求的主要领域。

（二）商业贸易企业

商业贸易企业是最先将物流需求社会化的领域。“商物分离”首先从商业贸易领域开始，工业化时期，这个领域的物流客户主要集中在批发业，网络经济时代，随着电子商务的出现，基本消费者大量进入了这一领域，成为物流服务的客户。

1. 国际商业贸易

国际商业贸易的物流需求是全方位的，其特殊需求是长距离海运、大陆桥运输、航空货运和通关物流。供应链也是这种物流需求的产物。

2. 批发企业

物流需求主要集中在储运和分销。社会化的物流服务，主要集中在大量货物的储运。

3. 零售业

物流服务的需求集中在对零售企业的商品配送和对消费者的配送两个方面。社会化的配送服务是这种需求最有效的服务形式。在这个领域，随着网络经济时代的到来，企业大幅度从自营物流转向社会物流需求。

此外，接受物流服务的客户还有：政府机关、学校、文化企业、军队、建筑企业以及本身就是物流行业的码头、车站、机场等。

二、物流服务的作用

成功的市场营销要求企业不断争取到顾客并留住他们，从而实现企业长期赢利和获得投资回报的目标。然而，许多企业仅仅注重赢得新顾客，片面地通过产品、价格、促销等要素来创造需求，忽视了市场组合中的地点要素以及与之相联系的物流服务。物流服务对市场需求有重要的影响，它决定着企业能否留住顾客。企业以盈利为目标，但在获得盈利之前，企业必须确定服务策略和计划方案以满足顾客的需要，并且以节省费用的方式来实现。特别是随着网络技术的发展，企业间的竞争已经突破了地域限制，其竞争的中心将是物流客户服务的竞争。物流服务对企业的作用主要体现在以下几方面：

（一）物流服务是企业实现差别化营销的重要方式和途径

当今市场需求的特征是多样化和分散化，企业只有不断地满足各种不同种类、不同层次的市场需求，实施差别化战略，迅速、有效地满足其欲望，才能使企业在激烈的市场竞争和市场变化中求得生存和发展。所以，作为差别化营销主要内容的物流服务也具有了战略上的意义。也就是说，物流服务是差别化营销的的重要方式和途径。

（二）物流服务水准的确立对经营绩效具有重大影响

物流服务水平的确定是构筑物流系统的前提条件，在开始成为经营战略中的重要一环时，物流服务越来越具有经济性的特征，即物流服务有随市场机制和价格机制变化的倾向，或者说，市场机制和价格机制的变动通过供求关系既决定了物流服务的价值，又决定了一定服务水准下的成本。所以，物流服务的供给不是无限制的，否则，过高的物流服务成本必然损害经营绩效，不利于企业收益的稳定性。因而，制定合理或企业预期的物流服务水准是企业战略的重要内容之一，特别是对于一些例外运输、紧急运输等物流活动需要考虑成本的适当化或各流通主体相互分担的问题。

（三）物流服务方式的选择对降低流通成本具有重要影响

低成本战略一直以来都是企业获取竞争优势的手段之一，而低成本往往涉及到商品生产、流通的全过程，除了原材料、零配件、人力成本等各种有形的影响因素外，物流服务方式等软性要素的选择对成本也具有相当大的影响。合理的物流方式不仅提高流通效率，而且能从根本上推动企业的发展，成为企业利润的重要来源。

（四）物流服务能有效连接供应商、厂商、批发商和零售商，创造超越单个企业的供应链价值

当前经济全球化、网络化的发展使现代企业的竞争体现为一种动态的网络竞争，竞争优势也体现为网络优势，而物流客户服务成为构造企业经营网络的主要方式之一。一方面，以商品为媒介，物流服务减少了供应商、生产商、批发商、零售商之间的隔阂，有效推动了商品从生产到消费全过程的顺利流动；另一方面，物流服务通过自身特有的系统设施（如POS、EOS等）不断将商品销售、库存等重要信息反馈给流通中的所有企业，并通过知识、经验等经营资源的积蓄，使整个流通过程能不断地适应市场变化，进而创造一种超越单个企业的竞争网络的供应链价值。

第三节　提高物流服务竞争力

一、物流服务竞争力概述

迈克尔．波特在他的《竞争优势》中这样描述企业竞争力：“竞争优势归根结底产生于企业为客户所能创造的价值，或者在提供同等效益时采取相对的低价格，或者其不同寻常的效益用于补偿溢价而有余。”物流服务是企业物流系统的产出，换句话说，从顾客角度看到的是企业提供的物流服务而不是抽象的物流管理。物流服务是支撑市场组合的地点要素，更重要的是，良好的物流服务有助于发展和保持顾客的忠诚度与持久的满意度，物流服务的诸要素在顾客心目中的重要程度甚至高过产品价格、质量及其他有关要素。

对于市场组合四要素而言，产品和价格较容易被竞争对手模仿，促销的努力也可能被竞

争者赶上。提供令顾客满意的服务，或处理顾客抱怨的高明手法则是企业区别于竞争对手、吸引顾客的重要途径。在短期内，企业物流服务不容易被对手模仿。根据专家的估计，企业65% 的销售来自于老顾客，而发展一个新顾客的费用平均是保留一个老顾客所需费用的六倍；从财务角度分析，用于物流服务的投资回报率要大大高于投资于促销和其他发展新顾客的活动。

二、物流服务获得竞争优势的战略

具体而言，物流服务帮助企业获得竞争优势的战略有以下几方面：

（一）总成本领先战略

成本领先优势来源于产品和服务的低成本。物流服务在提供具体服务项目如运输、仓储、包装等时，其成本在企业整个产品成本中占据相当大的比重。有资料显示，物流服务的费用占商品总成本的比重已超过 40%。由此可见，物流服务成本降低幅度的大小对整个企业费用的支出有很大的影响，通过对物流服务的合理管理可以降低企业成本支出，获取相对的竞争优势。

（二）差异化战略

在当前顾客消费追求个性化和时尚性的市场环境下，企业能否具有自己的与众不同之处和特色成为企业获得竞争优势的主要方面。对于企业而言，传统的获得竞争优势的途径是通过产品的价格，或通过产品的创新或营销手段的配合，在消费者心中树立与众不同的形象，为企业获得利益。但在全球化高度发展的今天，信息的共享及先进的科学技术配合国际资本巨大的融资能力，使大多数的价格、产品、营销手段很容易被仿制，利用这些手段突出企业特色的可能性变得越来越小。但良好的物流服务则可以帮企业创造特色和优势，在相同的硬件设施条件下，不同的服务人员所提供的服务质量可能大不相同，甚至相同的服务人员在不同的时间提供的服务也可能不同。在顾客方面，由于个性化需求和心理预期，也使得顾客对类似的服务产生不同的消费感受，从而给企业创造自己的独特之处。

（三）集中化战略

集中化战略是指企业服务特定客户群体的能力。从物流管理的发展历程看，一体化物流管理的重要核心是顾客至上，使用户满意一直是物流管理者奋斗的目标。物流服务强调有效的客户反应、快速反应，突出 7R 目标，同时针对客户的不同要求提出柔性化管理，适应用户的特殊要求，突出企业的竞争优势。

三、物流服务中的问题及对策

（一）只是把物流服务水平看作是一种销售竞争手段而不作出清晰的规定，批发商和零售商的要求必将升级，将致使企业无法应付

现在，批发商或零售商或是由于销售情况不稳定或是由于没有存放货物的地方，或是为

了避免商品过时，都在极力减少库存。如果他们无节制地要求多批次、小批量配送，或进行多批次的库存补充，物流工作量将大大增加，物流成本必然提高。为防止这种服务水平的升级，必须建立新的物流服务机制，进行物流服务决策。

（二）许多企业还在用同一水平的物流服务对待不同的顾客或不同的商品

企业应把服务当作是有限的经营资源，在决定分配时要调查顾客的需求，根据其对公司销售贡献的大小将顾客分成不同层次，按顾客的不同层次，决定不同的服务和不同的服务水平。

（三）物流部门应定期对物流服务进行评估

检查销售部门或顾客有没有索赔、误配、晚配、事故、破损等。通过征求顾客意见等办法了解服务水平是否已经达到标准、成本的合理化达到了何种程度以及是否有更合理的办法等。

（四）物流服务水平依据市场形势、竞争对手情况、商品特性和季节等因素作出变化

物流服务水平在不断变化，对物流服务来说，今后提供新信息的服务将日益重要。过去主要是提供交货日期、库存、再进货、到货日期、脱销等情况和运输中的商品信息与追踪信息，今后为适应特约商店、零售商店简化业务手续的需要，提供传票样式的统一商品接收总计表等信息服务将更为重要。物流部门应有掌握这种变化的情报系统。据说在美国，物流服务包括在对顾客的服务之中，负责这方面工作的部门和系统十分完备，日本现在也已具备条件建立提高物流服务质量、向顾客提供满意的物流服务的管理机构。

（五）销售部门大多认为，为了扩大销售应该无限制地接受顾客对于物流的要求，但这是物流系统无法承受的，物流系统应该确定一个从盈亏的角度考虑是否合算的范围

（六）物流服务要放在社会系统的大范围内来处理

企业需要认真考虑环保、节能、节约资源乃至废弃物回收等问题。目前已经到了企业要认真进行废弃物回收服务，而不能再将旧电视机和使用过的瓶罐等废弃物作为普通废弃物交给政府来处理的时候了。为减少交通混乱、道路拥挤等交通问题，厂家打破互相竞争的壁垒，推进共同配送的日子也即将到来。

（七）物流服务水平的确定应属于企业的重要决策

物流服务将作为社会系统的一环受到人们的评判。那么，物流服务要素及水平应当怎样确定呢？物流服务是向顾客服务的重要要素，是与顾客进行交易的条件之一。如何确定物流服务水平在销售战略上具有着重要意义。因此，物流服务水平的确定应属于企业的重要决策。

第四节 物流服务的实施

一、物流服务资源

物流服务资源是服务质量体系的物质、技术基础和条件，是服务质量体系赖以生存的根本，也是服务质量体系能有效运行的前提和手段。物流服务资源包括人力资源、物质资源和信息资源三部分。

（一）人力资源

人是服务企业最重要的资源，几乎所有的服务都要由服务企业的员工来提供。对顾客而言，服务人员是顾客评价服务质量的重要来源，他们往往把第一线的员工当作服务的化身。由于服务是一种心理情绪性较强的工作，管理好服务体系中的人力资源必须做到以下三点：

（1）聘用个性适宜并且能够提供良好服务的人。

（2）培训。

（3）适当的激励。

（二）物质资源

所有的服务企业提供客户服务，建立完善的服务质量体系都要对基础设施及设备建设投入大量的资金。

（三）信息资源

对信息资源的投资，就像对其他物质资源的投资一样，目的都是为了提高和加强服务企业的竞争优势。拥有优良信息基础的服务企业，可以根据自身的信息资源，为客户提供个性化的服务，针对客户的偏好适时调整服务，以提高服务的效率。

服务企业获得信息的途径主要包括以下几个方面：客户、企业第一线的员工、企业管理层、社会公众。服务企业可以针对不同来源设计的特别调查方式来获得与服务水平有关的信息资源。

二、保证具有竞争优势的物流服务水平

保证具有竞争优势的物流服务水平的步骤包括：

（1）弄清都有哪些服务项目。

（2）通过问卷调查、专访和座谈，收集有关物流服务的信息，了解顾客提出的服务要素是否重要，他们是否满意，与竞争对手相比自己是否具有优势等。

（3）根据顾客的不同需求，将其归纳成为不同的类型。由于顾客特点不同，需要也不同，进行分类时以什么样的特点作基准十分重要。因此，首先要找出那些影响核心服务的特

点，并要考虑能否做得到，而且还必须考虑其对本公司效益的贡献程度，以及顾客的潜在能力等企业经济原则。

（4）分析物流服务的满意程度，分析顾客对各个不同的服务项目是否满意。

（5）与相互竞争的其他公司相比，分析本公司的情况如何。了解本公司和竞争对手在物流需要上的满意程度，即为基准点分析。

（6）按顾客类型确定物流服务的形式。首先应依据顾客的不同类型制订基本方针。在制订方针时首先要对那些重要顾客给与重点照顾，同时要作盈亏分析。还不要忘记分析，在物流服务水平变更时成本会发生什么样的变化。

（7）建立物流机制，即为实现上述整套物流服务项目的机制。

（8）对物流机制进行追踪调查。定期检查已实施的物流服务的效果。

总之，要周而复始地进行“了解物流服务现状”、“对物流服务进行评估”、“确定物流服务形式”、“重新构筑物流系统”、“定期征求客户意见” 等工作。

三、制定物流服务标准

在明确了哪些物流服务要素最为重要以后，管理层须制定业务标准，员工也应经常向上级汇报工作情况。物流服务绩效可以从以下四方面来评价和控制：

（1）制定每一服务要素的绩效量化标准；

（2）评估每一服务要素的实际绩效；

（3）分析实际绩效与目标之间的差异；

（4）采取必要的纠正措施将实际绩效纳入目标水平。

企业所重视的服务要素同时也应当是其顾客所认为的重要要素，诸如存货可供率、送货日期、订货处理状态、订单跟踪以及延期订货状态等要素。由于许多企业在订货处理过程方面的技术落后，提高物流服务水平在这一领域大有潜力可挖。通过与顾客的计算机联网可以大大改进信息传递与交换的效率，顾客可以获取即时的库存信息，在缺货时可自主安排产品替代组合，还可得知较为准确的送货时间与收货日期。

四、提高物流服务绩效

企业通常可以通过以下四个活动来提高物流服务绩效：

（1）认真研究顾客的需求；

（2）在认真权衡成本与收益的基础上确定最优的物流服务水平；

（3）在订货处理系统中采用最先进的技术手段；

（4）考核和评价物流管理各环节的绩效。

有效的物流服务战略立足于深刻理解顾客对服务的需求。物流服务审计和调查研究必不可少，一旦明确了顾客对服务的需求，管理层必须制定合适的物流服务战略，以实现企业长期赢利和收回投资的目标。最优的物流服务水平能以最低的服务成本为企业留住最有价值的顾客群。

五、物流服务水平的衡量

对物流服务水平的衡量可以从物流服务意识、服务质量、响应速度、服务费用以及是否具有高科技的服务手段和高科技的信息技术等方面进行。其中，物流服务的质量、响应速度、服务费用应该是最基础的考核因素。客户对物流服务最基本的要求是商品适时、适地、按质、按量、低成本地送到，而国际物流或国内物流环节多，涉及面广，手续烦琐，时间性强，货物是否能够安全准时地送到目的地，是否能够保质、保量地存储，以及如何降低物流服务的成本和做到物流部门与客户的双赢都是对物流服务提出的挑战，也是物流服务水平最基本的体现。

另外，企业是否能够提供全方位的物流服务，是衡量企业服务水平的一个参数。企业应尽可能多地提供仓储、运输、报关、包装等业务的服务。这种一站式物流服务越来越受到客户的欢迎，这可以帮助客户减少中间环节，提高效率，提高安全性，降低成本。

物流服务质量是物流服务效果的集中反映，它可以用物流时间、物流费用、物流效率来衡量，其变化突出表现在减少物流时间、降低物流成本、提高物流效率等方面。

【个案分析】

物流服务的对比

1982 年，美国哈雷（Harley－Davidson）摩托车的主管前往日本本田摩托车设在俄亥俄州的工厂访问。当时，本田在美国重型摩托车市场拥有 40% 的占有率，是哈雷最强劲的对手。哈雷本想学学本田的科技，然而结果令他们大吃一惊。因为他们在本田厂内看不到电脑、机器人和特别的作业系统，而哈雷在整个制造过程中却使用电脑化管理。日本摩托车只有 5% 会在生产线末端被剔出，而哈雷却有五到六成，光是因为缺乏零件而被剔出的就比日本摩托车的总退件率高好几倍。问题出在哪？哈雷的主管们经过精心研究，对比了二者的生产过程和物流过程，终于发现问题出现在供应物流上。

哈雷的零配件供应流程是生产、储存、装配，本田的零配件供应流程是生产、装配。哈雷的零配件供应商一年只生产几次，每次生产一大批，大量零配件积压在哈雷的仓库里，许多零件因为库存时间过长，等到送上生产线时已经生锈，有时只因规格上的小小修正就使得零件变成废品。而本田的供应商每天只生产当天所需零件，实施即时制（JIT）生产和供应。公司每年因无库存而节省数百万美元的利息，没有零件会因储存而损耗，这样既节省了仓储空间，又简化了整个工厂的作业流程。如果发现不良零件，通常也只生产一两天，很容易更正。

哈雷找出问题之后潜心改进自己的物流过程，重整旗鼓，5 年之后它在美国重型摩托车市场的占有率从 23% 增长到 46%，销售额也达到了空前的 1 770 万美元。

问题讨论

结合该案例分析：为什么做好物流服务能提高企业的竞争力？

【关键名词】

物流服务　物流服务资源　帕累托定律　物流服务审计　运输服务　储存服务　包装服务　流通加工服务　物流服务水平　物流服务绩效

【讨论与思考】

1. 简述物流服务的概念及其组成要素。
2. 物流服务水平如何确定？
3. 物流服务的作用有哪些？
4. 如何提高物流服务的竞争力？
5. 物流服务在实施中需要注意的问题有哪些？

第三章

企业物流

课前准备

【学习目标】

本章主要讲授企业物流的构成等相关内容。通过学习，要求学生领会企业物流流程中的相关概念，了解企业生产物流的组织方式和采购程序，理解JIT采购的实施条件和提高销售物流服务的意义，掌握销售物流服务构成要素和实现供应物流合理化应做的工作。

【重点难点】

1. 实现供应物流合理化应做的工作；
2. 提高销售物流服务的意义；
3. JIT采购的实施条件。

学习内容

企业是为社会提供产品的经济实体，企业物流是企业生产经营的重要组成部分，也是社会大物流的基础。企业物流是围绕企业经营的物流活动，是具体的、微观的物流活动的典型领域。我国国家标准《物流术语》（GB/T 18354—2001）中对企业物流的定义为“企业内部的物品实体流动”。美国后勤管理协会认为企业物流“是研究对原材料、半成品、服务以及相关信息从供应始点到消费终点的流动与存储进行有效的计划、实施和控制，以满足客户需要的科学”。全面认识企业物流的内涵，对进行有效的物流管理，增强市场竞争力，提高企业的经济效益具有重要意义。本章按照企业物流流程分别对采购与供应物流、生产物流、销售物流、回收及废弃物流予以介绍。

第一节　企业物流概述

在商品社会中，只要有商品和服务的交易，就会有物流存在。因此物流活动涉及的领域和范围是十分广泛，包括社会的方方面面、各个行业和各个企业。虽然物流在各个不同领域的功能和作用都是为了完成将商品从生产者或商品的据点向消费者的转移，但是，不同的行业和不同类型的企业其进行的物流活动的运作方法和重点也是不同的。不同行业和企业的物流活动可以分成生产企业物流、商业企业物流和配送中心物流这三种典型的物流形式。下面将分别介绍生产企业物流和商业企业物流，配送中心物流将在第六章详细介绍。

一、生产企业物流

（一）生产企业物流活动的内容

生产企业物流可以进一步细分为采购物流、厂内物流、销售物流、退货物流和废弃物回收物流等物流活动。生产企业物流的结构如图 3－1 所示：

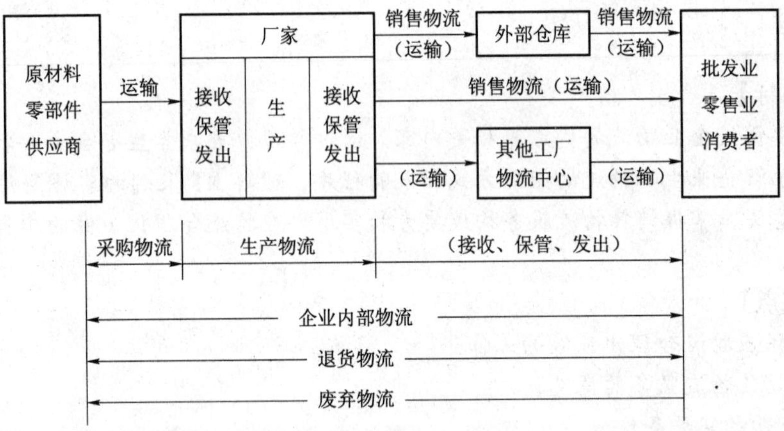

图 3－1　生产企业物流

1. 采购物流

采购物流是将为生产企业所需而从供应商处采购的原材料、零部件从供应商处运回厂内的物流活动。采购物流还包括从销售点回收或采购产品包装用的容器以及可以重复使用的材料的回收物流。

2. 厂内物流

厂内物流包括将所采购的原材料和零部件等存入仓库并加以妥善保管，在生产需要时及时出库送到生产现场；将工厂生产的商品运到物流中心、厂内或其他工厂的仓库入库；物流中心和工厂的仓库对商品进行必要的运输包装和流通加工等。

3. 销售物流

销售物流指将生产的商品从工厂、物流中心或外单位的仓库送到批发商、零售商或消费者的手中的运输或配送，包括将生产的商品送到外单位仓库的运输和配送。

4. 退货物流

退货物流是对已采购但验收不合格的原材料和零部件的退货，以及与已售出的商品的退货有关的运输、验收和保管的物流活动。

5. 废弃物与回收物流

废弃物与回收物流指工厂在生产过程中的废弃包装容器和材料、生产过程中产生的其他废弃物的运输、验收、保管和出库，以及企业对在生产过程中排放的无用物包括有害物质进行运输、装卸、处理等物流活动。

（二）生产企业物流活动分析

1. 企业采购物流

采购物流位于生产企业活动的开始，其作用的好坏将影响整个生产活动的结果。采购物流要保证本企业生产的连续性和正常的节奏，对生产所需要的原材料、零部件、燃料、辅助材料等进行组织和供应。采购物流活动对企业生产的正常运行有着重大作用，其目的不仅仅是保证企业生产所需原材料的供应，而且还必须考虑以最低的成本和最少的消耗，以及最准时的供应来保证企业的供应物流活动。企业采购物流所研究的主要问题包括企业生产的供应网络、供应方式和零库存（Just in time）等问题。企业竞争的关键在于如何最大限度地降低企业供应物流的成本，这是企业物流的最大难点，因此，企业采购物流十分重要。

2. 企业内部物流

企业内部物流，或者称为企业生产物流，是企业生产活动的中心环节，是贯穿在企业的整个生产过程中的物流活动，实际上是生产过程的一部分，企业生产物流的过程是从原料、零部件、燃料及其他辅助材料开始，被认为是进入到生产线的开始端，然后经过一个个的生产加工环节，并且本身被加工，同时产生一些废料、余料，直到生产加工的终结，到达成品仓库，才算完成了企业生产物流的全过程。企业生产物流将企业生产的全过程作为一个整体加以研究，在很大程度上降低了生产过程中物流活动与实际加工所占用的时间比，从而可以大大缩短企业产品的生产周期，提高了生产效率。

3. 企业销售物流

销售物流是企业为了保证本企业的经营效益所进行的销售活动，即将企业生产的产品所有权转给用户的物流活动。在市场经济中，企业销售物流活动十分强调以完善的服务来千方百计地满足买方的需求，以最终实现成功销售的目的。在这种情况下，销售活动往往是以将产品送达用户并经过售后服务才算终止。因此，企业销售物流的活动所涉及的空间范围很广，这也是销售物流的难度所在。企业销售物流的特点是通过产品的包装、送货、配送等一系列物流活动来实现销售，因此，企业销售物流所研究的问题包括产品的送货方式、包装形式、运输的最佳路线，采取少批量、多批次、定时、定量等特殊的物流方式进行配送等问题。由此可见，企业销售物流的研究领域是很广的。

4. 企业退货物流

企业在采购以后，入库验货不合格向供应商退货，或者企业生产的商品在销售后因为种种原因而被退货是不可避免的。企业的退货物流活动开展的好坏，一方面将直接影响企业的经济利益，另一方面将影响企业自己在客户群中的信任度。

5. 企业废弃物与回收物流

在一个企业中，产品在加工过程所产生的余料和废料是不可避免的，如果对上述回收物品处理不当，往往会影响企业的整个生产环境，例如要占用企业很大的场地和空间，造成浪费和不便，更严重的甚至会造成企业产品的质量问题，影响产品的销售。另外，许多生产企业在进行商品生产的过程中会产生各种无用甚至有害的物质，对这些物质处置的妥当与否将直接影响企业的正常生产，甚至会影响企业的生存环境和整个社会的大环境。因此，完善企业废弃物物流对企业来讲也是至关重要的。

二、商业企业物流

商业企业的物流活动具体包括商品采购物流、企业内部物流、销售物流和商品退货物流。商业企业物流的结构如图3－2所示：

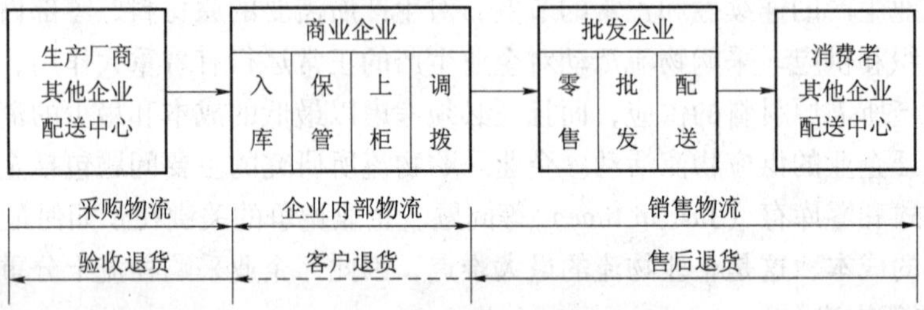

图3－2　商业企业物流

（一）商业企业物流活动的内容

1. 商品采购物流

采购物流将本企业所经营的商品以及销售商品所需的其他物品从生产厂家或其他商品据点运回公司，其中商业企业采购的商品有时由商品的生产厂家或配送中心负责运输。当商品运到时，企业的有关人员需要对所采购的商品进行验收，合格的商品入库，不合格的则需要组织退货。

2. 商业企业内部物流

商业企业内部物流包括商品出库运输到本店的销售现场或分店及连锁店进行销售，以及从本店向其他商业企业的调拨运输。另外，企业的内部物流还包括对库存的商品进行合理的保管，以及对采购来的商品进行必要的拆包、分档和再包装等加工。

3. 商业企业的销售物流

商业企业的销售物流包括通过零售、批发以及配送将商品送到消费者或购货单位手中。

4. 商业企业的退货物流

商业企业的退货物流包括在采购的商品进货验收时发现商品不合格以及在商品销售后客户发现所购商品存在质量问题所发生的退货，退货的商品由商业企业暂存并运到生产厂家或其他的进货点。

（二）商业企业物流活动分析

商业企业在商品经营中的物流活动包括商品的进、销、调、存、退各个不同的阶段，其物流活动的重点和目的也各不相同。

1. 商品采购物流

商业企业主要完成的是将商品从生产者到消费者之间的流通，商业企业在此过程中获取利润和效益。对于商业企业来讲，所销售商品的进货与销售之间的差价形成了企业经营的基本利润，因此，尽可能降低商品的采购和进货成本及其相关的费用就会给企业带来更高的利润。另外，做好商品采购物流可以保证商店正常销售的商品供应不致脱销，又能够使商品有一个尽可能低的安全库存量，从而减少企业的库存资金，加快资金周转，使企业能够获得更多的经济效益。

2. 企业内部物流

商业企业的内部物流的主要作用是保证商品的正常销售，包括将商品及时送到销售现场，保证商品的持续上柜以避免脱销造成的不良影响，加强对库存商品的合理保管，以降低或避免因管理不善而造成商品的损坏、变质而引起的损失。因此，做好企业内部物流可以大大降低企业的经营费用，这对企业来说是十分重要的。

3. 企业销售物流

商业企业的重点是进行商品的销售，企业通过零售、批发等各种销售方式完成商品的出售，并以销售物流活动将客户购买的商品送到客户的手中。销售物流使商品的交易活动得以完成，并通过良好的销售活动维系企业与客户之间的关系，做好对客户的售后服务。因此，销售物流对于商业企业的重要性是不言而喻的。

4. 退货物流

商业企业的商品采购活动在进货验收时，不可避免地会发生所采购的商品在品种、数量等方面与要求不符，以及质量方面不合格等情况；另外，商店的商品在售出后，也经常会发生客户因商品的质量等问题而退货。企业的退货物流完成的则是向商品的采购据点的退货。做好退货物流，一方面可以减少企业的采购成本，另一方面可以提高企业的服务信誉，这对企业也是相当重要的。

第二节　企业采购与供应物流

一、供应物流概述

（一）供应物流的概念

为生产企业提供原材料、零部件或其他物品时，物品在提供者与需求者之间的实体流动称为供应物流。

供应物流是企业在提供原材料、零部件或其他物料时所发生的物流活动，是从原材料、外协件等的订货、购买开始，通过运输等中间环节，直到收货人收货入库为止的物流过程，它是企业物流过程的起始阶段。

（二）供应物流的地位与作用

供应物流是生产过程物流的外延部分，供应物流在企业物流中有着十分重要的地位和作用。企业产品质量的好坏、产品成本的高低、生产节奏能否正常运转、能否及时为用户供货等都取决于供应物流的好坏。产成品的质量不仅取决于管理者的素质、员工的素质和设备质量，还取决于原材料的质量。

供应物流的基本作用表现在以下两个方面。

（1）供应物流是保证企业顺利进行生产经营活动的先决条件。企业供应物流的作用，首先就是为企业提供生产所需的各种物资。

（2）加强供应物流的科学管理是保证完成企业各项技术经济指标、取得良好经济效果的重要环节。

（三）供应物流系统

供应物流包括原材料等一切生产资料的采购、进货、运输、库存管理、用料管理和供料管理。它是企业物流系统中独立性相对较强的子系统。供应物流系统主要包括以下内容，如下图 3－3 所示。

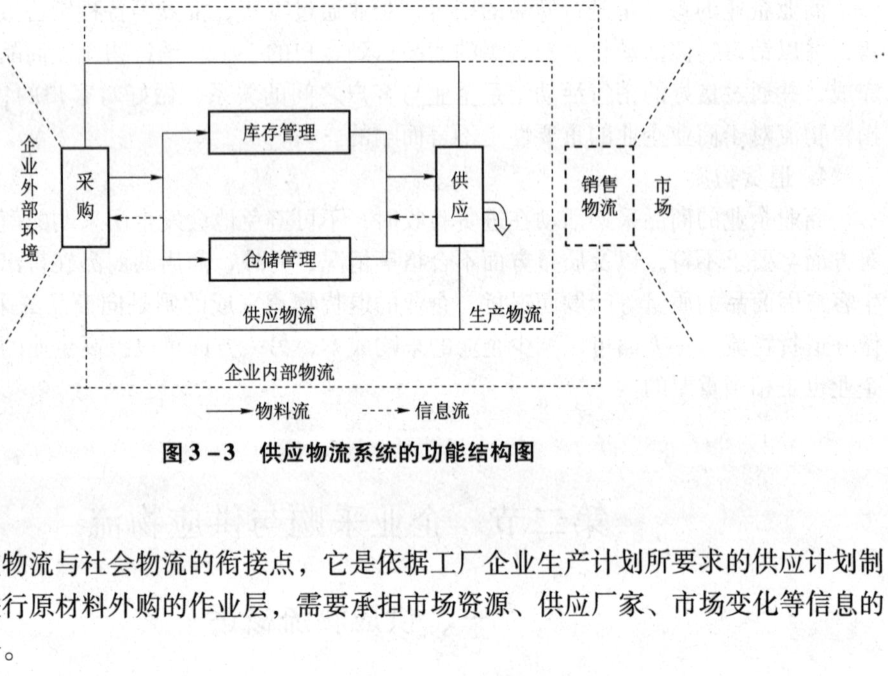

图 3－3　供应物流系统的功能结构图

1. 采购

采购是供应物流与社会物流的衔接点，它是依据工厂企业生产计划所要求的供应计划制定采购计划并进行原材料外购的作业层，需要承担市场资源、供应厂家、市场变化等信息的采集和反馈任务。

2. 供应

它是供应物流与生产物流的衔接点，是依据供应计划，即消耗定额进行生产资料供给的作业层，负责原材料消耗的控制。厂内供应方式有两种基本形式：一种是用料单位到供应部门领料，另一种是供应部门按时按量送料。

3. 库存管理

它是供应物流的核心部分。它依据企业生产计划的要求和库存状况制定采购计划，并负责制订库存控制策略及计划的执行与反馈情况。

4. 仓储管理

它是供应物流的转折点，它负责购入生产资料的接货和生产供应的发货以及物料保管工作。

二、供应物流的合理化

原材料及零部件购入的费用在生产成本中具有重要的地位，一般达到销售额的30%左右，而其中直接运输费用约为采购成本的30%～50%。因此，供应物流合理化可为企业创造相当可观的经济效益。

合理组织供应物流的基本工作包括：

（一）准确预测需求

这里所指的需求，是以工厂生产计划对各类物资的需求为依据而制定出的物资供应需求量，生产计划是根据市场对该产品的需求量来制定的，而供应计划则依据生产计划下达的产品品种、结构、数量的需求、各种原材料的消耗定额和生产工艺来制定。供应计划要做到对各种原材料、购入件的需求量和供货日期的准确预测，只有这样才能保证生产正常进行，加速资金周转，提高企业的经济效益。因此，制订切实可行的生产计划和确定合理的物资消耗定额是做到准确预测需求的关键。

（二）合理控制库存

供应物流中断将使生产陷于停顿，所以必须有一定数量的储备以保证生产的正常进行。这种储备包括两个方面：一方面是正常储存，因采购是批量进行的，而生产是连续进行的，由于这种节奏的不一致，要保证生产，则必须有正常的库存；另一方面是安全库存，为了防止发生意外情况和受不可知因素的影响，供应活动受到阻碍时，需要有安全库存，以保证生产的正常进行。库存控制的内容包括库存控制策略、库存计划及库存控制动态的调整。库存控制是实现合理储存的重要手段，运用这种手段来解决物资供应计划中的合理数量问题将改变物流供应状态。

（三）科学采购

科学采购是从源头上对物流实施合理化管理的重要方面，其关键是做好采购决策。采购决策包括：市场资源调查、市场信息的采集和反馈、供应商的选择、确定进货批量及进货时间间隔等内容。科学采购要求：

（1）深入开展市场调查，掌握市场信息。要对所需原材料的资源分布、数量、质量和市场供需等情况进行调查，将其作为制定长远的采购计划的依据；同时，要及时掌握市场变化的信息，并对采购计划进行调整、补充。

（2）慎重选择供货商。根据企业的生产需求，对供货厂商的供给能力、原材料的质量、价格、供货时间、供货方式和运输方式等多项因素进行比较，选定合适的供应商。同时要建立供应商档案，作为评价供应商的重要依据。

（3）制定正确的采购策略。确定正确的采购批量和进货时间间隔，控制库存，既使企业生产不受影响，同时又使费用最省。

（四）强化供应保障

强化供应保障包括运输、仓储管理、服务等方面。

（五）逐步提高供应物流水平

从我国的实际情况来看，提高供应物流水平要有计划、有步骤地进行。

第一阶段，在各供货单位分别送货的情况下，依靠调整送货批量、时间间隔等措施降低物流费用。

第二阶段，从更广泛的角度将厂内的在制品和产成品的输送、配送中心与营业场所间的输送（国外购进的原材料也包含在内）统筹规划，建立综合供应物流体系。

三、企业采购管理

（一）采购的概念

采购是选择和购买物品的过程，包括了解需求、选择供应商、协议价格、签订合同、选择运输方案、跟踪订单、货物验收入库等作业事项。采购既是一个商流活动，又是一个物流活动。

对于生产企业而言，为销售而生产，为生产而采购是一个环环相扣的物料输入输出的动态过程。采购是企业物流管理的起点，最初的采购活动成功与否直接影响到企业生产、销售最终产品的定价情况和整个供应链的最终获利情况。因此，企业采购在物流管理中的龙头作用不可轻视。

（二）采购的功能和一般业务流程

1. 采购的功能

采购的功能是选择企业各部门所需要的适当物料。即从适当的来源，以适当的价格和适当的送货方式（包括时间地点）获取适当数量的原材料。

2. 采购的一般流程

采购流程由以下 8 个步骤组成：

（1）采购申请：根据生产或客户的需要以及现有库存量，在对所需物品的品种、数量、安全库存量等进行科学的计算后提出采购申请，并经主管人员审核批准后执行。

（2）选择供应商：寻找供应商，调查其在产品数量、质量、价格、信誉等方面的情况后慎重选择供应商。

（3）价格谈判：由采购部门负责进行价格谈判。正确运用谈判策略，尽量从供应商处获得优惠的价格。

（4）签发采购订单：采购订单是买方提出的购买文件，是具有法律效力的合同。要求购货方仔细推敲并认真填写每项条款，确保供应商能够准确地按客户提出的性能指标进行生产和供货。

（5）跟踪订单：为了确保货物符合规定并按时进库，采购部门应监督供应商按时送货，防止发生对方违约的事件，保证订单的顺利执行。

（6）接收货物：由收货部门按照订单条款，对收到的货物进行验收，以确保收到货物的质量、数量和选购的要求相符。

（7）核对供应商的支付发票并划拨货款：收到供应商的发票时，须将采购订单、货物验收单、发票3件凭证进行核对。对于确认已履行的订单进行结算并划拨款项。

（8）评价采购工作：定期对采购管理工作进行评价，寻求高效率的采购流程模式。

（三）采购管理

1. 采购管理的概念和目标

所谓采购管理是指为了维护企业利益、实现企业目标而对采购工作所进行的计划、组织、协调和控制。实施采购管理旨在实现以下目标：

（1）正确计划用料，加强对用料的控制，预防呆滞废料的产生。

（2）适当的存量管理。通过强化重点管理（如ABC管理），改善库存结构，降低库存量，减少库存资金的占用。

（3）按照适价、适质、适时、适地的原则做好采购工作，降低采购成本。

（4）发挥储存运输功能，确保物品品质、规范收发作业、维护仓储安全。

（5）加强供应商关系管理。与供应商建立一种能促使其不断降低成本、提高质量的长期合作关系。

2. 采购管理策略

实现采购管理的目标应当正确地运用采购管理策略，具体体现在：

（1）通过选择可靠的供应商来确保采购质量。

（2）采用ABC分类法等科学方法进行采购，降低库存量，减少库存资金。科学确定订购批量与订购时间，降低采购成本。

（3）采取分类管理策略，管理与供应商的关系。

四、与MRP系统配合的采购与供应物流

（一）MRP系统简介

MRP（物料需求计划）系统是一种以物料需求计划为核心的生产管理系统。它是针对多品种、小批量生产物流类型中，由于产品结构和物料清单对物料（采购品）在品种、数量、交货期（生产提前期）等方面要求的细化所带来的管理复杂度提高而开发的一种计算机信息管理系统。在MRP中，定义了每个物料的期量标准，把销、产、供这企业的3项主要业务信息集成起来，同步地将生产计划和采购计划一次生成。如果需求有了变化，通过系统运算，很快就能把上千种物料的采购计划进行重新编排。

（二）MRP系统中的采购和供应物流的特点

（1）通过物料快速分类查询，对每一类物料，按需用的频度规定优选原则。在简化采购物流的品种规格基础上，能够保持一定批量以争取优惠，从而对降低采购成本起到一系列

的保证作用。

（2）编制可以延续到未来某个任意日期的周密计划，这样既可以做到按需采购，又可以保证足够的采购提前期和采购预算，防止因突发性采购而增加额外的采购费用。

（3）通过控制采购权限严格控制成本从而规范采购管理。即在系统中设置每一个采购员采购物料的范围和支付权限，同时规定超过限额的审批层次和权限等内容，以规范采购管理。

（4）控制库存量以便管理人员采取纠正措施。

（5）建立供应商文件和认证目标，以保证每个材料的质量。

（6）通过提供多种查询途径（如从采购单编号、物料号、供应商号、采购员代码、交货日期等），跟踪采购订单以及采购合同的执行情况。

（7）严格控制付款程序。付款前系统将自动进行一系列的对比，如物料规格性能、合格数量、交货日期是否与采购单一致，报价单与发票金额是否一致。必须几方面都相符才能执行付款程序，严格控制不良资金的流出。

（8）MRP 系统对采购供应部门的员工素质也提出了更高的要求。采购人员的主要精力将放在同企业内部人员和供应商一起研究如何降低成本、提高采购质量上，具体包括：参与零件设计的价值分析，以最低成本满足功能需求；编制、审定采购预算和采购权限；确定每个采购件的合理批量、安全储存量，控制库存资金占用；指导供应商改进外购件的性能质量，研究降低成本的措施；通过 EDI/因特网/内联网跟踪采购订单的进度，共同协调运输，保证及时供应。

总之，MRP 系统对采购物流与供应物流的管理提供了一系列的规范化流程，以利于简化采购计划与调配，同时又可以形成批量采购，简化运输管理，减少库存，从而控制质量、降低成本，使采购物流系统的整体效率得到提高。

五、与 JIT 方式配合的采购与供应物流

（一）JIT 生产与 JIT 采购

JIT（Just In Time）生产一般译为准时制生产或准时生产制，是在日本丰田公司生产方式的基础上发展起来的一种先进的管理模式。JIT 的理念是，在需要的时候（既不提前也不推迟），按照需要的数量和质量送到需要的地点。体现在生产系统中就是准时进货、准时生产、准时销售。

JIT 采购是指，只在需要的时候，按照需要的品质和质量，订购企业所需要的原材料和外购件。它强调恰时、恰量的进货，否则进货太早会增加企业库存，太迟又会影响生产进度。

（二）JIT 采购与供应物流的特点

传统上，企业物品采购的目的是以最低的成本费用获取所需要的原材料和外购件。但在 JIT 环境下，采购功能发生了深刻的变化。二者的区别详见表 3－1。

表 3-1 准时采购方式与传统采购方式的对比

比较因素	传统采购	准时采购
供应商的选择	采用较多的供应商，协调关系工作量大，质量不稳定	采用较少的供应商，关系稳定，质量稳定
供应商评价	合同履行能力	合同履行能力、生产设计能力、物料配送能力、产品研发能力等
交货方式	由采购商安排，按合同交货	由供应商安排，确保交货准时性
进货检验	每次进货检查	由于质量得到保证，无进货检查
信息交流	信息不对称，容易暗箱操作	采购、供应双方高度共享准确实时信息，快速、可靠、易建立信任
采购批量与运输	大批量采购，配送频率低，运输次数相对少	小批量采购，供应商配送频率高，运输次数多

JIT 采购与供应物流的特点是：

（1）单源供应。单源供应即减少供应商的数量。最理想的情况是，对某种原材料和外购件只从一个供应商处采购，这种做法称为单源供应。这是 JIT 采购的基本特征之一。单源供应的优点在于企业与供应商之间增加了依赖性，有利于建立长期互利合作的伙伴关系。另一方面，单源供应使供应商获得长期稳定的订货，从而又可使购买的原材料和外购件价格降低。在日本，有 98% 的 JIT 企业采用单源供应。但在实际操作时，一些企业常采用同一原材料或外购件有两个供应商供货的方法，其中一个供应商为主，另一个供应商为辅。

（2）小批量采购。这是 JIT 采购的又一个基本特征。由于 JIT 采购旨在消除原材料或外购件的库存，采购必然是小批量的。采购批量小将使送货频率增加，从而引起运输资费的上升，因此，必须相应改善物流系统。

（3）合理选择供应商。由于实行单源供应，选择合格的供应商是能否成功实施 JIT 的关键。选择的因素包括产品的质量、交货期、价格、技术能力、应变能力、批量柔性、交货期与价格的均衡、批量与价格的均衡、地理位置等，而不能再象传统采购那样把价格作为唯一因素。

（4）从根源上保证质量。实施 JIT 采购策略后，企业的原材料和外购件库存极少，以至于接近于零，因此必须保证所采购物资的质量。这种保证不是由购货企业的物资采购部门负责，而是由供应商来负责。为此，要求供应商必须参与制造商的产品设计过程，同时制造商也要帮助供应商提高技术能力和管理水平。

（5）可靠的送货。由于消除了缓冲库存，供应商交货的失误和送货的延误将导致企业生产线的停工待料。因此，可靠的送货是实施 JIT 的前提条件。送货的可靠性主要取决于供应商的生产能力、运输条件和应变能力。

（6）对包装有特定要求。良好的包装不仅可以减少装货、卸货对人力的要求，而且使原材料、外购件的运输和接收更为便利。最理想的情况是，对每一种材料和外购件采用标准规格且可重复使用的包装容器，这样既可提高运输效率，又能保证准确交货。

（7）有效的信息交换。供需双方可靠而快速的双向信息交流是准时按量供货的重要保证。实施JIT采购，做到相互信任、相互支持、共同获利。其次，要注意基础设施建设。良好的交通运输和通讯条件是实施JIT采购策略的重要保证。企业间通用标准的采用对JIT采购的推行也至关重要。第三，JIT采购离不开供应商的积极参与。供应商的参与不仅体现在准时、按质按量供应所需的原材料和外购件上，而且还体现在积极参与制造商的产品开发设计过程。与此同时，制造商有义务帮助供应商改善产品质量、提高劳动生产率、降低成本。第四，成立实施JIT采购策略的组织。企业必须成立包括采购、产品设计、生产车间、质量管理、财务等部门人员参与的JIT采购组织，制定实施方案，组织实施，对实施效果进行评价，并进行持续不断的改进。第五，重视教育与培训。通过教育与培训，使制造商和供应商充分认识到实施JIT采购的意义，掌握JIT采购的技术和标准。最后，加强信息技术的应用。加强对信息技术，特别是电子数据交换技术的应用投资，以更加有效地推行JIT采购策略。

（三）实施JIT采购与供应物流管理的效益

JIT采购与供应物流管理策略是关于物品采购、供应的一种全新的思路。企业实施JIT采购与供应管理后取得显著的效益体现在：

（1）大幅度减少了原材料和外购件的库存。根据国外实施JIT采购的企业测算，原材料和外购件的库存可降低40%~85%。这对于减少企业流动资金占用、加快资金周转，以及降低库存成本都有重要意义。

（2）降低了原材料和外购件的采购价格。由于供需双方密切合作以及内部规模效益与长期订货，加上消除了采购过程的一些环节从而使外购件的价格降低。

（3）保证了所购原材料和外购件的质量。这样既减少了采购的直接损失，又保证了生产正常有序地进行。

此外，推行JIT采购与供应管理策略，缩短了交货的时间，节约了采购过程所需的资源，提高了企业的劳动生产率，增强了企业的适应能力。

第三节　企业生产物流

一、企业生产物流概述

（一）生产物流概念

企业生产物流是指伴随企业内部生产过程的物流活动。这种物流活动是与整个生产工艺过程伴生的，实际上已经构成了生产工艺过程的一部分。过去人们在研究生产活动时，主要关注一个又一个的生产加工过程，而忽视了将每一个生产加工过程串在一起的、并且又和每一个生产加工过程同时出现的物流活动。例如，不断离开上一工序，进入下一工序，便会不断发生搬上搬下、向前运动、暂时停止等物流活动。实际上，一个生产周期，物流活动所用的时间远多于实际加工的时间。所以，对企业生产物流来说，其研究的潜力、时间节约的潜力、劳动节约的潜力是非常大的。

（二）生产物流过程

企业生产物流的过程大体为：原材料、零部件、燃料等辅助材料从企业仓库和企业的“门口”开始进入到生产线开始端，再进一步随生产加工过程各个环节运动，在运动过程中，本身被加工，同时产生一些废料、余料，直到生产加工终结，再运动至成品仓库便完成了企业生产物流过程。图 3-4 是生产物流中的物流和信息流的示意图。

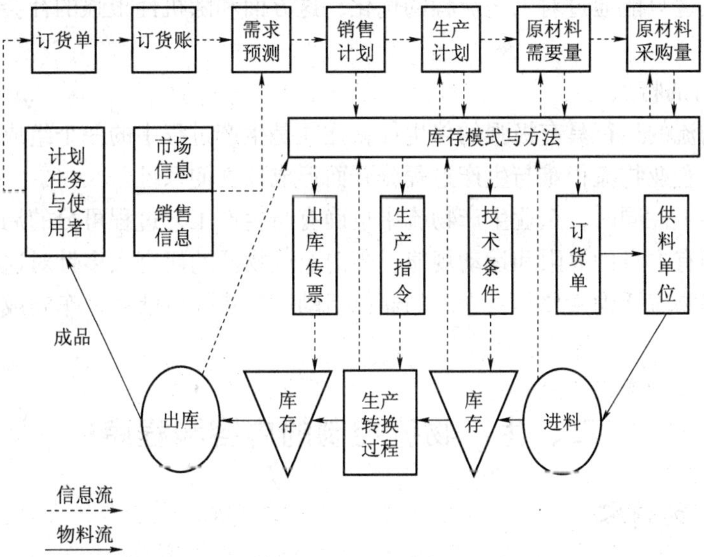

图 3-4 生产物流中的物流和信息流的示意图

（三）生产物流的特点

1. 实现价值的特点

企业生产物流和社会物流的一个本质不同之处，也即企业物流最本质的特点，主要不是实现时间价值和空间价值的经济活动，而主要是实现加工附加价值的经济活动。

企业生产物流一般是在企业的小范围内完成，当然，这不包括在全国或者世界范围内布局的巨型企业。因此，空间距离的变化不大，在企业内部的储存和社会储存的目的也不相同，这种储存是对生产的保证，而不是一种追求利润的独立功能，因此，时间价值不高。

企业生产物流伴随加工活动而发生，实现加工附加价值，也即实现企业主要目的。所以，虽然物流空间和时间价值的潜力不高，但加工附加价值却很高。

2. 主要功能要素的特点

企业生产物流的主要功能要素也不同于社会物流。一般物流功能的主要要素是运输和储存，其他是作为辅助性或次要功能或强化性功能要素出现的。企业生产物流的主要功能要素则是搬运活动。

许多生产企业的生产过程，实际上是物料不停的搬运过程，在不停的搬运过程中，物料得到了加工，改变了形态。

即使是配送企业和批发企业的企业内部物流，实际也是不断搬运的过程，通过搬运，商品完成了分货、拣选、配货工作，完成了大改小、小集大的换装工作，从而使商品形成了可配送或可批发的形态。

3. 物流过程的特点

企业生产物流是一种工艺过程性物流，一旦企业生产工艺、生产装备及生产流程确定，企业物流也因而成了一种稳定性的物流，物流便成了工艺流程的重要组成部分。由于这种稳定性，企业物流的可控性、计划性便很强，一旦进入这一物流过程，选择性及可变性便很小。对物流的改进只能通过对工艺流程的优化，这方面和随机性很强的社会物流也有很大的不同。

4. 物流运行的特点

企业生产物流的运行具有极强的伴生性，往往是生产过程中的一个组成部分或一个伴生部分，这决定了企业物流很难与生产过程分开而形成独立的系统。

在总体的伴生性同时，企业生产物流中也确有与生产工艺过程可分的局部物流活动，这些局部物流活动有本身的界限和运动规律，当前企业物流的研究大多针对这些局部物流活动而言。这些局部物流活动主要是：仓库的储存活动、接货物流活动、车间或分厂之间的运输活动等。

二、生产物流控制的内容和程序

（一）控制的内容

1. 生产物流控制的具体内容如下：

（1）进度控制。物流控制的核心是进度控制，即物料在生产过程中的流入、流出控制以及物流量的控制。

（2）在制品管理。在生产过程中对在制品进行静态、动态控制以及占有量的控制。在制品控制包括在制品实物控制和信息控制。有效地控制在制品对及时完成作业计划和减少在制品积压均有重要意义。

（3）偏差的测定和处理。在进行作业的过程中，按预定的时间及顺序检测执行计划的结果，掌握计划量与实际量的差距，根据发生差距的原因、差距的内容及严重程度，采取不同的处理方法。首先，要预测差距的发生，事先规划消除差距的措施，如动用库存、组织外协调等；其次，为及时调整产生差距后的生产计划，要及时将差距信息向生产计划部门反馈；再次，为了使本期计划不做或少做修改，将差距的信息向计划部门反馈，作为下期调整的依据。

2. 完成上述控制内容的系统可以采取不同的形式和结构，但都具有一些共同的要素。

（1）强制控制和弹性控制的程度。即通过有关期量标准、严格监督等手段所进行的强制控制或自觉控制。

（2）目标控制和程序控制。即控制系统是核查生产实际结果还是对生产程序、生产方式进行核查。

（3）管理控制和作业控制。管理控制的对象是全局，是指为使系统整体达到最佳效益而按照总体计划来调节各个环节、各个部门的生产活动。作业控制是对某项作业进行的控制，是局部的，其目的是保证其具体计划或目标的实现。

（二）控制的程序

通常，生产物流控制的程序对不同类型的生产方式来说基本上都是一样的。与控制内容相适应，生产物流控制的程序一般包括以下几个步骤：

（1）制定期量标准。物流控制从制定期量标准开始，所制定的标准要保持先进合理的水平，随着生产条件的变化，标准要定期和不定期地进行修订。

（2）制定计划。依据生产计划制定相应的物流计划，并保持生产系统正常运转。

（3）物流信息的收集、传送、处理。

（4）短期调整。为了保证生产的正常进行，及时调整偏差，保证计划顺利完成。

（5）长期调整及其有效性的评估。

三、企业生产物流的组织方式

（一）以推进控制原理为理论指导的生产物流组织方式

以推进控制原理为理论指导的生产物流组织方式包括：物料需求计划（MRP）和制造资源计划（MRPII）、企业资源计划（ERP）。

1. 物料需求计划

（1）物料需求计划概念。

物料需求计划简称 MRP，它以市场营销计划为依据确定企业的主生产进度计划（MRS）；再根据产品结构各层次物品的从属和数量关系，以每个物品为计划对象，逐层逐次地求出各种零件的需要量和需求时间，从而实现按需要的准时生产。它是运用推进式生产物流控制原理的典型方法。

（2）MRP 原理。

对于庞大而复杂的生产系统，MRP 计划的制定与执行具有很高的难度，必须有强有力的计算机软件、硬件系统实行集中控制才能达到预想的效果。MRP 的逻辑原理如图 3－5 所示。

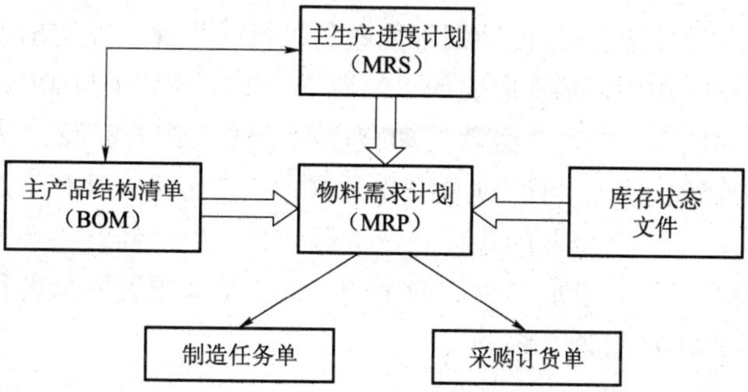

图 3－5 MRP 逻辑原理图

① 主生产进度计划（MPS）。根据销售合同、市场预测和其他生产需求、产品结构文件

（BOM）和工艺规程决定成品出厂时间和各种零部件的制造进度。它决定了产成品、零部件在各个时间段内的生产量，包括产出时间、数量或装配时间和数量等。

② 产品结构文件（BOM）。它反映了产品的层次结构，即所有零部件的结构关系和数量组成。根据 BOM 可以确定该产品所有零部件的需要数量、需要时间以及相互关系。

③ 产品库存文件。包括原材料、零部件和产成品的库存量、已订未到量和已分配但还没有提取的数量。根据物料需求计划计算最终所需的物料量，首先应考虑仓库现有存量，不足部分再进行采购。

从 MRP 逻辑原理图中可以看出，由物料需求计划产生制造计划和采购计划，生成制造任务单和采购订货单，再据此组织产品的生产和物资的采购。

（3）MRP 的特点。

① 需求的相关性。在生产系统中，需求具有相关性。例如，根据订单确定所需产品的数量之后，由产品结构文件即可推算出各种零部件和原材料的数量。这种根据逻辑关系推算出来的物料数量称为相关需求。不但品种数量有相关性，需求时间和生产工艺过程的决定也是相关的。

② 需求的确定性。MRP 的需求都是根据主生产进度计划、产品结构文件和库存文件精确计算出来的，品种、数量和需求时间都有严格的要求，不可改变。

③ 计划的复杂性。MRP 计划要根据产品主生产计划、产品结构文件和库存文件、生产时间和采购时间，把主产品的所有零部件需要数量、时间、先后关系等精确计算出来。当产品结构复杂、零部件数量特别多时，其计算工作量非常庞大，人力根本无法胜任，必须依靠计算机实施这项工程。

（4）实施 MRP 的意义。

实施 MRP 之后，由于所有需要的物资都按照精密的计划适时适量地供应，一般不会产生超量库存，对于在制品还可以实现零库存。这样可以大大节约库存费用，降低生产成本。此外，实施 MRP 还有利于提高企业素质，因为运行 MRP 要求输入信息多、操作规范、时间观念强、系统协调性好，这样企业必须加强系统化、信息化、规范化管理，提高企业的管理水平。

2. 制造资源计划（MRPII）

（1）制造资源计划的概念。

MRP 只产生物料需求计划，而没有考虑完成这个计划的能力，在执行中可能会产生能力短缺与闲置浪费并存的情况，致使计划不能顺利执行。为此，发展出了制造资源计划。

制造资源计划是以 MRP 为基础形成的，简称 MRPII。MRPII 与 MRP 有很大不同，它已经是一个把 MRP 和所有其他与生产经营活动直接相关的工作、资源、财务计划等连成一体所形成的全面的生产管理系统。可以对 MRPII 下这样一个定义：MRPII 是从整体最优化的角度出发，运用科学的方法，对企业的各种制造资源和企业生产经营各环节实行合理有效的计划、组织、控制和协调，达到既能连续均衡生产，又能最大限度降低各种物品的库存量，进而提高企业经济效益的生产管理系统。

（2）MRPII 的原理。

① 增加了对生产能力资源的管理。生产能力包括人力、物力、财力，体现为工时、机时或台时等。MRP 输出的生产任务必须有足够的生产能力才能保证其实施，MRPII 增加了生产能力与生产需求之间平衡的处理功能。

② 增加了车间管理。其主要功能是接受 MRP 投放的生产任务单，制定能力需求计划，安排落实生产任务。

③ 增加了仓库管理。MRPII 不仅管理物资，还增加了订货管理和供应商管理功能。

④ 增加了成本管理功能。MRPII 在考虑每一道工序时，同时也计算出加工成本，最终计算出产品成本。这就可以进行成本的监督与控制，进行资金预算与使用的管理。

⑤ 形成闭合的信息反馈系统。由于 MRPII 增加了生产管理和库存管理功能，物料需求计划执行结果的信息可以反馈到系统，从而为系统提供了信息支撑。总之，MRPII 以 MRP 为核心扩展了许多功能，进一步增强了对物流进行管理的能力。

（3）MRPII 的特点。

① MRPII 实现了企业内部信息的集成。MRPII 将企业的经营计划、销售计划、主生产计划、物料需求计划和生产能力计划、资金流动计划以及物料需求和生产能力需求计划的实施执行等通过计算机有机地结合起来，形成一个各功能子系统有机结合的一体化信息系统，使各子系统在统一的数据环境下运行。

② 运用管理会计概念，用货币形式说明企业物料计划带来的效益，便于实时作出决策。MRPII 通过计算机模拟功能，将系统输出的按实物量表示的业务活动计划和货币表示的财务报表集成，保证了“资金流”同“物流”的同步一致，从而改变了资金信息滞后于物料信息的状况，便于实时作出决策。

3. 企业资源计划

（1）ERP 的概念。

ERP 是由美国加特纳公司在 20 世纪 90 年代初首先提出的。其核心管理思想是供应链管理。即在 MRPII 的基础上将物流与信息流、资金流、客户需求和企业内部的生产活动以及供应商的制造资源整合在一起，体现完全按用户需求制造的一种供应链管理思想的功能网络结构模式。它强调通过企业间的合作，强调对市场需求快速反应，采用高度柔性的战略管理以及降低风险成本、实现高收益目标等优势，从集成化的角度管理供应链问题。

（2）ERP 的特征。

① ERP 是一个面向供应链管理的管理信息集成。ERP 除了包括传统的 MRPII 系统的制造、供销、财务功能外，在功能上还增加了：支持物料流通体系的运输管理、仓库管理；支持在线分析处理的售货服务及质量反馈，以实时准确地掌握市场需求情况；支持生产保障体系的质量管理、实验室管理、设备维修和备品备件管理；支持跨国经营的多国家地区、多工厂、多语种、多币值需求；支持多种生产类型或混合型制造企业，汇合了离散型生产、流水作业生产和流程型生产的特点；支持远程通信、WEB/因特网、内联网/外联网、电子商务、电子数据交换；支持工作流动态模型变化与信息处理程序命令的集成。

② ERP 采用了网络通信技术。ERP 系统除了已经普遍采用的诸如图形用户界面技术、SQL 结构化查询语言、关系数据库管理系统、面向对象技术、第四代语言/计算机辅助软件工程、客户机/服务器和分布式数据处理系统等技术之外，还要实现更为开放的不同平台操作，采用适用于网络技术的编程软件，加强了用户自定义的灵活性和可配置性功能，以适应不同行业用户的需要。

③ ERP 系统同企业的业务流程重组密切相关。企业业务流程重组是为适应由信息技术的发展所带来的业务量的增加，为了确保信息量敏捷畅通，企业必须进行信息的实时处理、

及时决策而进行的一项包括业务流程、信息流程和组织机构的变革。ERP 系统要求应用程序使用的技术和操作必须能够随着企业业务流程的变化而相应地调整。因此，ERP 与企业业务流程重组密切相关。

④ 随着 IT 的飞速发展，网络通信技术的应用，使 ERP 系统得以实现对整个供应链信息进行集成管理。

（二）以拉引控制原理为理论指导的生产物流组织

1. 准时生产的概念

（1）我国对 JIT 所下的定义是：在精确测定生产各环节作业效率的前提下，按订单准确地作出计划，以消除一切无效作业和浪费为目标的一种管理模式。

（2）JIT 的基本思想是：旨在需要的时候，按需要的量生产所需要的产品。

（3）JIT 与传统制造系统中物流从零件到组装再到总装的做法相反，主张从反方向来看物流，即从装配到组装再到零件。在生产过程中由需方起主导作用，需方决定供应物流的品种、数量、到达时间和地点，供方只能按需方的指令供应物料。

2. 准时制生产的目标

JIT 的中心思想是彻底消除一切无效劳动和浪费。它的具体目标有以下几点：

（1）实现最大的节约。在 JIT 中，生产指令是由生产线终端开始，根据订单依次向前一工序出发的，因而在各个环节不会产生多余的库存。

（2）库存量最低（零库存）。传统的观点认为，在制品库存和产成品库存都是资产，代表系统中已积累的增值。JIT 的思想认为，任何库存都是浪费，必须予以消除。库存是生产系统设计不合理、生产过程不协调、生产操作不良的证明。

（3）废品量最低（零废品）。传统的生产管理认为一定数量的不合格产品是不可避免的，而 JIT 的目标是消除各种引起不合格品的因素，在加工过程中，每一道工序都力求达到最好水平，使每个需方都拒绝接受废品，让废品只能停留在供方，不让其继续流动而损害后面的工序。

（4）使生产提前期最短。JIT 是短的生产提前期与小批量结合的系统，应变能力强、柔性好。

（5）减少零件搬运，使搬运量降低。

3. JIT 系统的特点

JIT 系统采用拉引式控制方式，其“取料式”的方法使后道工序根据市场需要的产品品种、数量、时间和质量进行生产，一环一环地“拉动”各个前道工序。对于本工序在制品短缺的量，则是从前道工序取相同的在制品量，从而消除生产过程中的一切“松弛点”，实现产品“无多余库存”以至“零库存”，最大限度地提高生产过程的有效性。JIT 系统上下工序之间是市场供求关系，下道工序用客户的眼光来检查上一道工序的零件，而这恰恰是实行全面质量管理的有效前提。

4. 实施 JIT 的条件

JIT 的原理虽然简单，但对于物流控制的要求很高，实施具有一定的难度。它要求：

（1）整个生产均衡化。即合理组织，使生产物流在各作业之间、生产线之间、供需之间、工厂之间均衡地流动。

（2）尽量按照产品专业化的要求布置生产设备。减少排队时间、运输时间和准备时间。

（3）实行全面质量管理。必须建立质量保证体系，消除各环节的不合格品，消除可能引起不合格品的根源，从根本上保证产品质量。

（4）合理设计产品。使产品与市场需求相一致，并且易生产、易装配。

（5）采用强制性方法解决生产中存在的不足。由于库存已降到最低状态，生产无法容忍任何中断，所以整个生产过程必须精心组织安排，以避免任何可能出现的问题。

5. JIT 的应用——看板系统简介

JIT 的实施方法多种多样，无论采用何种方法都要贯穿及时物流的思想，即在一个物流系统中，原材料准确（适量）无误（及时）地提供给加工单位（或加工线），零部件准确无误地提供给装配线。

（1）看板的概念。

所谓看板方式就是一张卡片，用它来传递信息，协调生产过程以及生产过程的每个环节，使生产过程同步。看板的样式和内容也多种多样，但最基本的内容应当包括需求物资的品种规格、需求数量、需求时间和送达地点等。

（2）看板的种类。

① 拿取看板。它用于向前一道工序取货，应标明拿取的产品的种类和数量。

② 生产订货看板。它是生产加工的指令，应标明前一道工序所生产的产品的种类和数量。

③ 外协看板。它用于向供应商取货。

④ 信号看板和其他特种看板。

（3）看板使用规则。

① 下道工序必须准时到前道工序取适量的零件；

② 前道工序必须及时适量地生产后道工序所需的产品；

③ 决不允许将废品次品送给下道工序；

④ 看板的数量必须减少并控制到最少；

⑤ 看板应具有微调作用。

（三）以约束理论为指导的生产物流管理

1. 约束理论的基本思想及核心内容

约束理论（TOC）把企业看作是一个完整的系统，认为任何一种生产体制至少都会有一个约束因素。犹如链条中最薄弱的那一环，决定着整个链条的作用一样。正是各种各样的制约（瓶颈）因素限制了企业出产产品的数量和利润的增长。因此，企业通过逐个识别和消除这些约束，使得企业的改进方向和改进策略明确化，才能实现“有效产出”的目标。

为了达到这个目标，约束理论强调：首先在能力管理和现场作业管理方面寻找约束因素；其次，应该把重点放在瓶颈工序上，保证瓶颈工序不发生停工待料，提高瓶颈工作中心的利用率，从而得到最大的有效产出；第三，根据不同的产品结构类型、工艺流程和物料流动的总体情况，设定管理的控制点。

2. 运用 TOC 理论组织生产物流的要点

（1）识别企业的真正约束点。这是控制物流的关键。找出瓶颈之后，可以把企业中所有的加工设备计划分为关键资源和非关键资源。

（2）依据瓶颈约束，建立产品产出计划。建立产品产出计划的前提是使受瓶颈约束的物流达到最优化。为此，需要按有限能力法来进行生产安排，使瓶颈机器最大限度地工作。对于非约束资源安排作业计划，则按无限能力倒排法，使其与约束资源上的工序保持同步。

（3）在所有瓶颈和总装工序前设置“缓冲器”，保证瓶颈资源得以充分利用，防止出现等待任务的情况，从而实现企业最大的产出。

（4）对企业物流进行平衡，使得进入非瓶颈的物料应被瓶颈的产出率所控制。

（四）对企业三种物流组织方式的评价

TOC 与 MRPII、JIT 是在不同时代、不同的经济与社会环境下产生的不同的企业管理方式。但从组织生产物流的角度看，三者在以下方面各有所长。

1. 在生产运营条件与生产物流专业化技术方面

MRPII 是为了适应西方消费者对产品式样、规格多样化、交货期缩短的要求而基于 MRP 发展起来的运用计算机对不同的产品的物料需求进行详尽管理的系统，生产专业化程度较高。初期适用于产品种类、结构变化不大和生产流程较稳定的环境，后来随着 MRPII 向 ERP 的拓展，也逐渐面临产品变化多，特别是多配置项的生产与市场要求，对专业化依赖性减弱。

JIT 产生于社会需求基本为多品种、中小批量且资源缺乏，难以建立高度专业化的生产线时期。其出发点是把制造过程中的浪费降到最低限度。

频繁多变的市场波动使得企业内部生产能力不平衡现象尤为突出，TOC 正是基于这样的背景。它迫使企业生产中的每道工序的库存水平、批量大小、提前期等各项指标都要适应这种动态的变化，多应用于离散型生产环境。

2. 在生产物流管理手段方面

（1）从制造生产物流的计划方式看。

MRPII 采用集中式的物料计划方式，计算机系统首先建立一套规范并准确的零件、产品结构及加工工序等数据系统，系统中拥有准确的库存、订单等供需数据，MRPII 据此按照无限能力计划法，集中展开对各级生产单元以及供应单元的生产与供应指令。

JIT 采用看板管理方式，按照有限能力计划，逐道工序地倒序传递生产中的取货指令和生产指令，各级生产单元依据所满足的上一级的需求组织生产。

TOC 先安排约束环节上关键件的生产进度计划，以约束环节为基础，把约束环节之前、之间、之后的工序分别拉动。按照工艺顺序、推动的方式排定，并进行一定的优化，然后再编制非关键件的作业计划。

（2）从平衡生产能力的方式看。

MRPII 提供能力计划功能。由于 MRPII 在展开计划的同时将工作指令落实在具体的生产单元上，因此要求实现物料与生产能力的相对平衡。

JIT 在计划展开时基本不对能力的平衡做太多，企业以密切协作的方式保持需求的适当稳定，并以高柔性的生产设备来保证生产线上能力的相对平衡。对于总体能力的平衡一般作为一个长期的规划问题来处理。

TOC 首先按照能力负荷比把资源分为约束资源和非约束资源，通过前述四大核心步骤来消除“约束”，改善企业链条上的薄弱环节。

（3）从物料采购与供应的方式看。

MRPII 的采购与供应系统主要根据由计划系统下达的物料需求指令进行采购决策，并负责完成与供应商之间的联系与交易。

JIT 将采购与物料供应视为生产链的延伸部分。在实际生产中，由于企业间多已建立密切的合作关系，所以供应商一般也根据提出的需求组织生产，保证生产链的紧密衔接。在此情况下，采购的供应部门更像协作管理部门。

TOC 具体运行需要大量的数据支持，如产品结构文件、加工工艺文件、加工时间、调整准备时间、最小批量、最大库存、替代设备等方面的数据。物料采购提前期不事先固定，而由上述数据共同决定。物料的供应与投放则按照一个详细作业计划来实现。

（4）从物料质量的管理方式看。

MRPII 对出现的物料质量问题认为是概率性问题，允许一定的废品，在最终环节加以控制。

JIT 在每道工序中控制物料质量，并以生产中的质量控制来代替最终检验，消除废品。

TOC 一方面在约束环节前设置质检，以避免前道工序的波动对约束环节的影响；另一方面当质量管理因素成为一个无形约束时，要通过核心步骤来找到突破点，以避免质量问题波及到约束环节。

（5）从物料库存的方式看。

MRPII 一般设有各级库存，强调对库存管理的明细化、准确化。

JIT 在生产过程中一般不设在制品库存，只有当需求期到达时才供应物料，所以基本没有库存。生产直接面对客户，追求零库存，消灭一切浪费。

TOC 强调要合理设置“时间缓冲”和“库存缓冲”，以防止随机波动，使约束环节不至于出现等待任务的情况。

总之，MRPII 的目标是有效合理地利用资源，改善计划，压缩库存，JIT 的目标是追求尽善尽美，而 TOC 认为企业的目标是在现在和将来赚更多的钱，因此必须增加有效产出，降低库存降低运行费用。

第四节　企业销售物流

一、销售物流概述

销售物流是指生产企业、流通企业出售商品时，物品在供方与需方之间的实体流动。它是生产者至用户或消费者之间的物流，包括产成品的库存管理、仓储、发货运输、订单处理与客户服务等活动。

销售物流是企业物流与社会物流的又一个衔接点，它与企业销售系统相配合共同完成产品的销售任务。

二、企业物流和销售的关系

任何企业都有输入和输出两种物流，与企业营销工作有关的是输出物流，即实物配送。它的高水平运作是促进和发展销售的一项积极因素，能为企业产品销售占有市场优势创造机会。将物流管理纳入市场营销的范畴，可以说是激烈竞争的市场环境对于企业发展的必然要求。二者之间具有不可分的关系。

（一）二者都以市场为起点

顾客对产品的需求是形成物流需求的核心和动力，如果没有市场对产品的需求，物流就失去了递送服务的对象。

（二）物流服务对企业的销售具有重要影响

物流服务对企业销售的重要影响表现在：

（1）物流服务与营销定价有关。物流费用是产品价格的重要组成部分，对企业产品定价有重要影响。

（2）物流与促销工作密切联系。企业采取各种手段促销，增加产品销售，要求物流部门在实物配送、保证供应方面给予积极配合。

（3）物流是新产品发展应考虑的重要因素。在新产品设计、开发时要考虑包装规格、运输、装卸搬运的便利和储存方法的特殊要求。

（4）物流是市场营销部门确定客户服务政策和标准的重要依据，同时也是实现良好服务的重要保证。图3-6显示了物流部门应具有的营销服务素质。

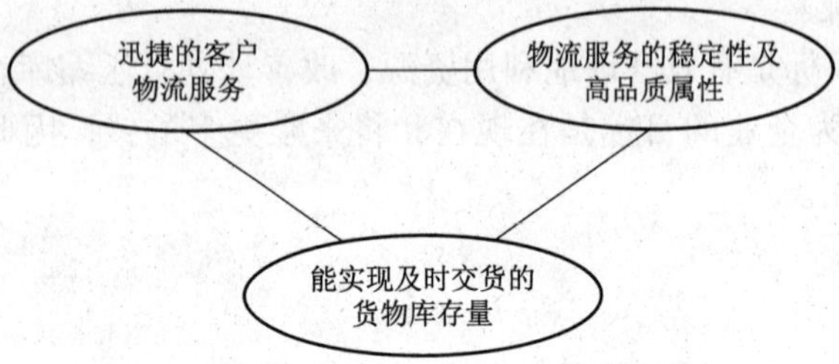

图3-6　物流部门应具有的三种营销服务素质

由于物流管理对销售工作日益重要。因此，企业物流管理部门要以市场为起点，以顾客满意为原则与销售部门协调目标、统一策略，根据企业营销的需要来组织好物流。

三、企业销售物流系统的构成

（一）产成品包装

包装是生产的终点，同时又是销售物流的起点。企业应结合生产后的物流系统情况来考虑包装。

（二）产成品储存

它包括仓储作业、商品保管和养护、库存控制等。

（三）订单服务

订单服务是指按客户的订单将货物装运发出直到送到客户手中的服务过程，它是企业销售物流工作中最重要的内容之一。订单服务包括订单传递服务、订单处理服务、订单分拣和集合服务三部分内容。订单传递指从接受订货到发运交货（包括受理客户收到货物后的反映意见）的处理单据的过程，包括确认交易、下达发运指令、备货整装、制单等主要工作。订单分拣与集合服务包括填制文件、组织货物分拣及装车发运等内容。上述三个部分紧密结合，形成了完整的订单服务过程。

随着计算机和现代化通讯设备的广泛应用，电子订货方式被广泛采用。企业建立电子订货服务系统，已成为扩大销售、改善物流服务质量的重要内容。

（四）选择销售渠道

销售渠道有两种结构形态：

1. 生活资料商品的销售渠道结构

生活资料商品的销售渠道结构一般有五种形态，它们分别是：

（1）生产者→最终消费者；

（2）生产者→零售商→最终消费者；

（3）生产者→批发商→零售商→最终消费者；

（4）生产者→代埋商→零售商→最终消费者；

（5）生产者→代理商→批发商→零售商→最终消费者。

2. 生产资料商品销售渠道结构

生产资料商品销售渠道结构一般有四种类型，它们分别是：

（1）生产者→最终消费者；

（2）生产者→批发商→最终消费者；

（3）生产者→代理商→零售商→最终消费者；

（4）生产者→代理商→批发商→零售商→最终消费者。

销售渠道的选择结果，直接影响着物流过程组织和物流途径。企业结合自身产品的特点，通过对影响销售渠道的各种因素的组合选择最佳销售渠道。

（五）产成品的发送

根据产成品的批量、运送距离、地理条件、时间、费用、运输质量要求以及运输工具情况制定运输、配送方案，组织产成品的发运。

（六）装卸搬运

它包括对产品进行装卸、搬运等作业活动，重视装卸搬运质量，避免把货物弄脏或损坏，从而影响产品销售。

（七）信息处理

流通中的信息，包括物流信息和商流信息两类。商流信息中的交易、合同等信息，不仅提供了交易的结果，也提供了物流的依据。物流信息中的库存量信息，不仅是物流的结果，也是商流的依据。二者紧密相联、相互交叉。这就要求企业建立和完善销售系统和物流系统的信息网络，加强二者协作的深度和广度，并建立与社会物流沟通和联系的信息渠道。

四、企业销售物流服务

（一）销售物流服务及其构成要素

销售物流服务即销售物流中的客户服务，它包括时间、可靠性、通信和方便性四个要素。

（1）时间。时间要素通常是指订货周期，是从客户确定对某种产品有需求到需求被满足之间的时间间隔，也称提前期。时间要素主要受订单传达时间、订单处理时间、订货准备时间及订货装运时间等几个变量的影响。客户订货周期的缩短标志着企业销售物流管理水平的提高。

（2）可靠性。可靠性是指根据客户订单的要求，按照预定的提前期，安全地将订货送达客户指定的地点。它包括提前期的可靠性、安全交货的可靠性、正确供货的可靠性等内容。可靠性的提前期能使客户的库存、缺货、订单处理和生产计划的总成本最小化。安全准时交货可以降低库存量，减少缺货损失，降低库存成本。正确供货可以避免给客户造成失销或停工待料的损失。

（3）通信。与客户通信是监控客户服务的可靠性的关键手段。设计客户服务水平必须包括客户通信，通信渠道应对所有客户开放，这是销售物流外部约束信息的来源。没有与客户之间的联系，管理者就不能提供有效经济的服务。

（4）方便性。方便性是指服务水平具有灵活性，它体现在根据客户不同的要求以及根据客户的具体情况为他们提供适宜的服务水平。只有这样才可以使管理者针对不同客户以最经济的方式满足其需求。

（二）提高销售物流服务的意义

销售物流服务的重要性表现在以下三个方面：

（1）增加销售收入。销售物流服务是企业物流的重要因素，它直接关系到企业的市场营销。服务是产生差异性的重要手段，搞好销售物流服务可以“区别”在客户印象里没有区别的产品。一般来说，提高客户服务水平可以增加企业销售收入并提高市场占有率。

（2）提高客户满意度。对于消费者来说，他关心的是所购买的全部产品，即不仅有产品的实物特点，还有产品附加价值。而销售物流服务就是提供产品附加价值的活动，它能增加购买者所获得的效用。良好的销售物流服务会提高产品价值和客户的满意度。因此，许多企业都将销售物流作为企业物流的一项重要功能。

（3）留住客户。研究表明，同开发新客户相比，留住现有客户成本低，而且满意的客户会提供中介并且愿意支付溢价。相反，一个对服务提供者感到不满的客户将被竞争对手所获得。留住客户目前已成为企业的战略问题。物流领域的高水平客户服务是吸引并留住客户的重要手段。

总之，提高销售物流客户服务水平是提高企业竞争优势的重要途径，企业的销售物流服务与产品质量具有同等重要性，需要引起企业管理者的高度重视。

五、企业销售物流计划与控制

（一）DRP 的概念

DRP 是配送需求计划（又称分销需求计划）的简称。它是一种既保证有效地满足市场需求又使得物流资源配置用量最省的计划方法，是 MRP 原理在流通领域的应用。

（二）DRP 的适用范围

DRP 主要解决分销商品的供应计划和调度问题。DRP 在两类企业中得到应用，一类是流通企业，如储运公司、配送中心、物流中心、流通中心等。这些企业的基本特征是不一定搞销售，但一定具备储存和运输业务，其目标是在满足用户需要的原则下，追求有效地利用资源（如车辆），使得总费用最省；另一类是大型生产企业，它们有自己的销售网络和销售物流系统，具体组织储、运、销活动。这两类企业的共同之处是：

（1）以满足社会需求为自己的宗旨；

（2）依靠一定的物流能力（储运、包装、装卸搬运能力等）来满足社会的需求；

（3）从制造企业或物资资源市场组织商品资源。

（三）DRP 的原理

DRP 的原理如图 3－7 所示，它输入 3 个文件，输出 2 个计划。现分别说明如下：

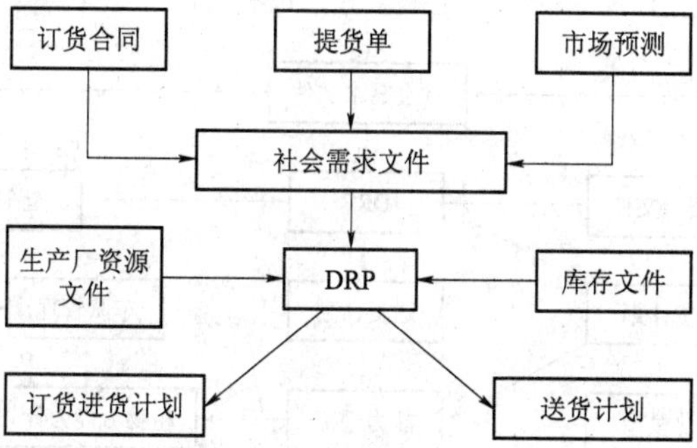

图 3－7　DRP 原理

1. 输入文件

（1）社会需求文件。它包括所有用户的订货单、提货单和供货合同，以及下属子公司、企业的订货单，此外，它还要进行市场预测，确定一部分需求量。所有需求要按品种和需求时间进行统计，整理成社会需求文件。

（2）库存文件。它对自有库存商品进行统计列表，以便针对社会需求量确定必要的进货量；

（3）生产厂资源文件。它包括可供应的品种和生产厂的地理位置等，其中地理位置和订货期有关。

2. 输出文件

（1）送货计划。这里是指对用户的送货计划。为了保证货物按时送达，要考虑作业时间和路程远近，提前一定时间开始作业。对于大批量需求可实行直送，而对于数量众多的小批量需求可以进行配送。

（2）订货、进货计划。它是指从生产厂订货、进货的计划。对于需求商品，如果仓库内无货或者库存不足，则需要向生产厂订货。当然，也要考虑一定的订货提前期。

这两个文件是 DRP 的输出结果，是组织物流的指导文件。

（四）实施 DRP 的意义

应用 DRP 的潜在经济效益很大，据一些成功实施 DRP 的企业总结，实施 DRP 以后，客户服务水平从 85% 提高到 97%；物流系统库存量减少 25%；物流成本减少 15%；库存积压物资减少 80%。更为重要的是，实施 DRP 还能为企业带来难以用数字描述的、更为广泛的潜在效益。

（五）DRP 的发展——DRPⅡ

1. DRPⅡ的原理

DRP 和 MRP 一样，只提出了需求，而没有考虑执行计划的能力问题。因此，在 DRP 的基础上，又产生了 DRPⅡ。它是在 DRP 的基础上，增加物流能力计划而形成的一个集成、闭环的商品资源配置系统，其原理如图 3－8 所示：

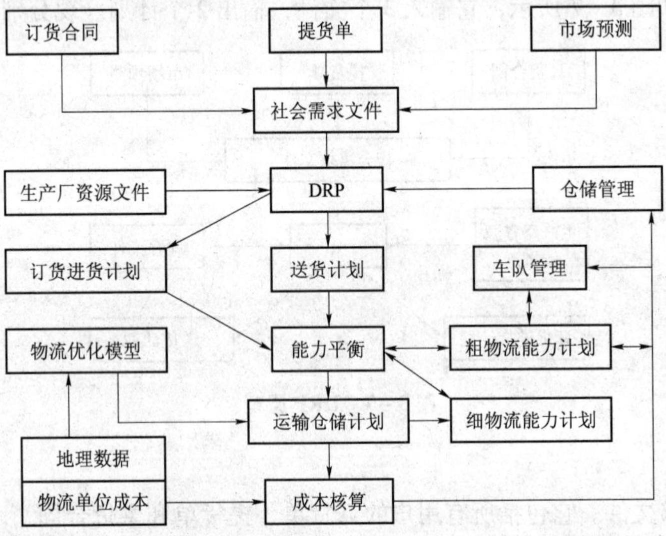

图 3－8　DRPⅡ的原理

2. DRPⅡ的特点

DRPⅡ具有以下主要特点：

（1）在功能方面，DRPⅡ除了对商品进、销、存管理外，还具有对车辆、仓库的配置利用及成本利润核算等功能。此外，还有物流优化、管理决策等功能。

（2）在内容上，DRPⅡ增加了车辆管理、仓储管理、物流能力计划、物流优化辅助决策系统和成本核算系统。

（3）具有闭环性。DRPⅡ是一个自我适应的闭环系统。信息系统也是一个闭环反馈系统，订货信息和送货信息都反馈到仓库和车队。

第五节　回收与废弃物流

一、回收物流

（一）回收物流的概念

回收是指对排放物处理时将其中有再利用价值的部分加以分拣、加工、分解，使其成为有用的物资重新进入生产和消费领域。例如，废纸被加工成纸浆，又成为造纸的原材料，废钢被分拣加工后又进入冶炼炉变成新的钢材，废水经净化后又被循环使用等，被称为回收。这类物质的流动形成回收物流。

（二）企业再生资源的回收和利用

众所周知，排放物的一部分可以回收并再生利用，这种资源被称为再生资源。自然界的物资不是无限的，森林的采伐、矿山的开采都是有一定限度的，在资源已日渐枯竭的今天，人类社会越来越重视通过回收物流将可以利用的废弃物收集、加工并重新补充到生产、消费系统中去。如图 3－9 所示。

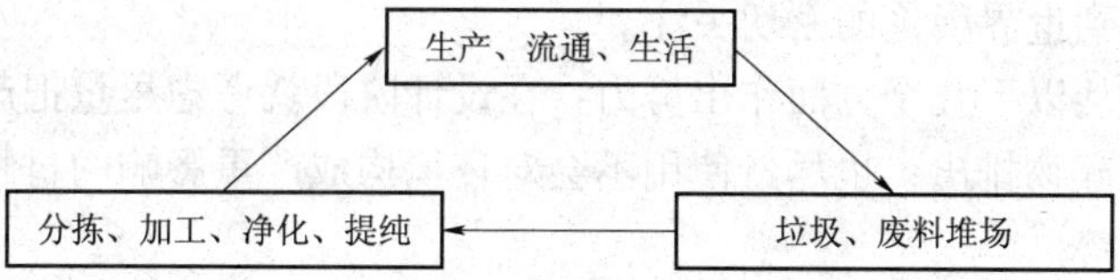

图 3－9　再生资源回收利用循环图

再生资源的回收对于整个社会有着十分重要的意义。利用再生资源，不仅可以解决资源紧缺问题，减少成本，增加收益，而且对于解决环境污染问题，减少流通费用也起着十分积极的作用。例如，废纸回收已成为造纸业原料供应不可缺少的一环，1987 年，我国回收废纸达 60 万吨。据统计，钢铁产量有近 1/3 来自回收的废钢铁。在日本，每年报废的汽车达 600 万辆，其中半数以上被分解成废钢、橡胶和玻璃而回收利用。城市垃圾中的一些成分也可以加工成肥料或燃料，甚至有些废物、废材经过适当加工，可以直接成为商品进入消费领域。

（三）企业废旧包装的回收和利用

企业在流通过程中也会产生排放物。流通也是产业部门，需要消耗燃料、动力与资源，这些都会产生废弃物。流通部门最典型的废弃物是被捆包的物体解捆后所产生的废弃捆包材料，如木箱、编织袋、纸箱、纸带、捆带、捆绳等。上述这些废旧包装如果只进行一次使用，势必会造成资源浪费，并且会产生大量的垃圾。对于这些废旧包装可以进行二次使用，但需经过必要的技术处理，并且不能影响其再次使用。处理按以下流程进行：废旧包装——统一回收——综合利用技术——验收——复用。

二、废弃物物流

废弃物物流指将经济活动或人民生活中失去原有使用价值的物品根据实际需要进行收集、分类、加工、包装、搬运、储存等，并分送到专门处理场所的物流活动。对于已丧失再利用价值的排放物，从环境保护的目的出发将其焚烧，或送到指定地点堆放或掩埋，对含有放射性物质或有毒物质的工业废物还要采取特殊的处理方法。其工作流程如图 3－10 所示。

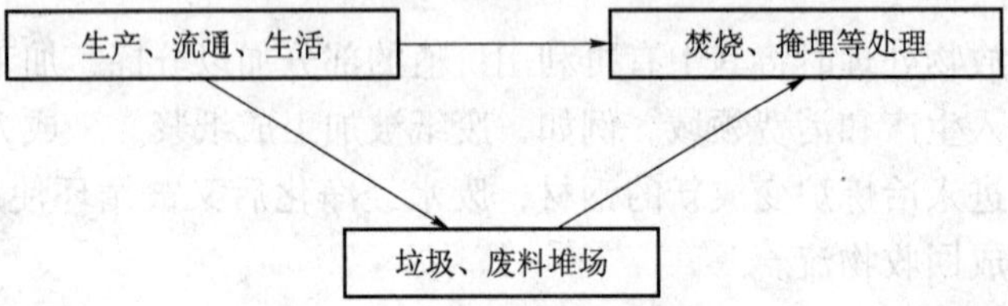

图 3－10　废弃物物流流程图

由于废弃物的大量产生严重地影响人类赖以生存的环境，并且由于产生的垃圾数量巨大，每天必须有环卫队伍耗费巨资进行收集、搬运和处理。当前社会最关切的问题之一就是环境问题，而环境污染的根本问题是废弃物造成的。造纸厂和化工厂的废水流入自然界的水源中，将污染河流、海洋，不仅危害人类，水生动植物也将受到致命打击。核废料的处理已成为国际问题并受到世界舆论的密切关注。

现在社会正在从以下几个方面作出努力：在设计阶段就考虑尽量把产品设计成不排出废弃物的；即使有废弃物排出，也尽量使用不会对环境构成严重影响的材料；采取可提高运输效率的模件化设计等。

【个案分析】

海尔现代物流中的准时采购

海尔现代物流的起点是订单。企业把订单作为企业运行的驱动力，作为业务流程的源头，完全按订单组织采购。海尔物流通过三个 JIT，即 JIT 采购、JIT 配送、JIT 分拨物流来实现同步流程。同步模式的实现得益于海尔的现代集成化信息平台。海尔用 CRM 与 BBP 电子商务架起了与全部用户资源网、全球供应链资源网沟通的桥梁，从而实现了与用户的零距离接触，提高了海尔对订单的响应速度。

海尔的 BBP 采购平台由网上订单管理平台、网上支付平台、网上招标竞价平台和网上信息交流平台组成。网上订单管理平台使海尔 100% 的采购订单从网上直接下达，同步的采购计划和订单提高了订单的准确性与可执行性，使海尔的采购周期由原来的 10 天减少到了 3 天，同时供应商可以在网上查询库存，根据订单和库存情况及时补货。网上支付平台则有效提高了销售环节的工作效率，支付准确率和及时率达到了 100%，为海尔节约了近 1 000 万的差旅费，同时降低了供应链管理成本。目前海尔网上支付已达到总支付额的 20%。网上招标竞价平台通过网上招标，不仅使得竞价、价格信息管理准确化，而且防止了暗箱操作，降低了供应商管理成本。网上信息交流平台使海尔与供应商在网上就可以进行信息互动交流，实现信息共享，强化合作伙伴关系。除此之外，海尔的 ERP 系统还建立了内部信息高速公路，实现了将用户信息同步转化为企业内部的信息，实现以信息替代库存和零资金占用。

在采购 JIT 环节上，海尔实现了信息同步、采购与备料同步和距离同步，大大降低了采购环节的费用。信息同步保障了信息的准确性，实现了准时采购；采购、备料同步，使供应链上原材料的库存周期大大缩减；与供应商、分供方的距离同步，有力地保障了海尔的 JIT 采购与配送。

由于海尔实行了以订单信息流为中心的准时采购，从而构建了海尔“一流三网”的物流新模式，使得海尔物流成为了企业的核心竞争力。

问题讨论

1. 什么叫 JIT 采购？
2. 结合案例分析 JIT 采购与供应物流有何特征？
3. 海尔实施 JIT 采购有何重要意义？

【关键名词】

生产企业物流　商业企业物流　准时制生产　物料需求计划　制造资源计划　企业资源计划　配送需求计划

【讨论与思考】

1. 什么是生产企业物流？什么是商业企业物流？
2. 生产企业物流与商业企业物流有何区别？
3. 企业生产物流有哪些组织方式？
4. JIT 实施的条件有哪些？
5. 提高销售物流服务的意义何在？
6. 销售物流服务的构成要素有哪些？
7. 实施物流供应合理化的措施有哪些？

第四章

物流活动

课前准备

【学习目标】

本章主要学习物流储存、保管、包装、装卸搬运、流通加工、物流信息等。通过学习，要求学生了解主要的包装技法和装卸搬运的分类，熟悉实现储存和流通加工的合理化内容，掌握物流信息技术的应用。

【重点难点】

1. 物流信息技术的应用；
2. 储存合理化；
3. 流通加工的合理化。

学习内容

物流活动由物资流通活动和信息流通活动两部分组成，前者是物流的基本活动，而后者则是前者实现系统化和效率化不可或缺的活动。可以说，物流活动是指物流运输、储存、保管、包装、装卸搬运、流通加工、配送、物流信息等诸功能的实施与管理过程。其中运输与配送的内容较多，将在第五章和第六章分别介绍。

第一节　包　　装

一、包装的概念和分类

（一）包装的概念

包装是人类在生产活动及生活需要中对物资提出的客观要求，是满足物资输送、保管等活动的必要手段。随着人类的进步、生产的发展，包装从无到有、从简到繁，如今已经成为人们生产和生活中不可分割的一项活动了。

包装是指在流通过程中为保护产品、方便储运、促进销售，按一定技术方法而采用的容器、材料及辅助物等的总称。也指为了达到上述目的而采用容器、材料和辅助物的过程，并在其过程中施加一定技术方法的操作活动。包装是生产物流的终点，也是社会物流的起点。包装是包装物及包装操作的总称。

（二）包装的分类

（1）按物资包装的功能分类，包装可分为运输包装和商业包装两个大类。商业包装是以促进销售为主要目的的包装，这种包装的特点是外形美观，有必要的装潢，包装单位适于顾客的购买以及商店陈设的要求。

运输包装是指以强化输送、保护产品为目的的包装。运输包装的一个重要特点是在满足物流要求的基础上使包装费用越低越好。因此，运输包装必须在包装费用和物流损失之间寻找最佳的效果。

（2）按包装的保护技术可分为防潮包装、防锈包装、防虫包装、防腐包装、防震包装、危险品包装等。

（3）按包装层次不同，包装可分为内包装、中包装、外包装。

（4）按包装容器质地不同，包装可分为硬包装、半硬包装和软包装。

（5）按包装使用范围，包装可分为专用包装和通用包装。

（6）按包装使用的次数，包装可分为一次用包装、多次用包装和周转用包装。

（7）按产品的经营习惯，包装可分为内销商品包装、出口商品包装和特殊商品包装。

二、包装在物流中的地位

在现代物流观念形成以前，包装被天经地义地看成生产的终点，一直是生产领域的活动，包装的设计往往主要从生产终结的要求出发，因而常常不能满足流通的要求。对物流的研究认为，包装与物流的关系，比之与生产的关系要密切得多，作为物流始点的意义比作为生产终点的意义要大得多。因此，在现代物流的观念里，包装属于物流系统的范畴。

三、包装的特性与功能

（一）包装的特性

包装具有三大特性：保护性、单位集中性及便利性。

（二）包装的功能

1. 保护功能

保护功能即物品不受损伤的功能，它体现了包装的主要目的。

（1）防止物资的破损变形。为了防止物资的破损变形，物资包装必须能承受在装卸、运输、保管等过程中的各种冲击、振动、颠簸、压缩、摩擦等外力的作用，形成对外力的防护，而且具有一定的强度。在搬运装卸作业中，由于操作不慎货物跌落，造成落下冲击；仓库储存堆码，使最底层货物承受极大的压力；由于运输和其他物流环节的冲击震动，货物跳起后又落回等，诸多情形都要求包装有足够的强度。

（2）防止物资发生化学反应。为防止物资发生受潮、发霉、变质、生锈等化学变化，物资包装必须能在一定程度上起到阻隔水分、潮气、光线以及空气中各种有害气体的作用，避免受到外界不良因素的影响。

（3）防止有害生物对物资的影响。鼠、虫及其他有害生物对物资有很大的破坏性。包装封闭不严，会给细菌、虫类造成侵入之机，导致变质、腐败，特别是对食品危害性更大。鼠、白蚁等生物会直接吞蚀纸张、木材等物资。

（4）防止异物混入、污物污染、丢失、散失。

2. 方便功能

物资包装具有方便流通、方便消费的功能。在物流的全过程中，在物资所经过的流转环节，合理的包装会提供巨大的方便，从而提高了物流的效果。物资包装的方便功能可体现在以下几个方面：

（1）方便物资的储存。从搬运、装卸角度看，商品出入库时，包装的规格尺寸、重量、形态上适合仓库内的作业，为仓库提供了搬运、装卸的方便。从物资保管角度上看，物资的包装为保管工作提供了方便条件，便于维护物资本身的原有使用价值。包装物的各种标志，使仓库的管理者易于识别、易于存取、易于盘点，有特殊要求的物资易于引起注意。从物资的验收角度上看，易于开包，便于重新打包的包装方式为验收提供了方便性。包装的集合方法、定量件对于节约验收时间和加快验收速度也会起到十分重要的作用。

（2）方便物资的装卸。物资经适当的包装后为装卸作业提供了方便，物资的包装便于各种装卸搬运机械的使用，有利于提高装卸搬运机械的生产效率，包装的规格尺寸标准化后为集合包装提供了条件，从而能极大地提高装卸效率。

（3）方便运输。包装的规格、形状、重量等与货物运输关系密切。包装尺寸与运输车辆、船只、飞机等运输工具的箱或仓的容积相吻合，方便了运输，提高了运输效率。

3. 销售功能

销售功能是包装促进物资销售的功能。在商业交易中促进物资销售的手段很多，其中包装的装潢设计占有重要地位。包装的外部形态是商品很好的宣传品，优美的包装能唤起人们的购买欲望。

综上所述，包装的保护功能和方便功能是与物流密切相关的两大功能。改进包装的不合理性，发挥包装的作用，是促进物流合理化的重要方面，是物流工作者日益重视的一个十分重要的领域。

四、包装材料及容器

（一）包装材料

包装材料可采用纸及纸制品、塑料及塑料制品、金属制品、玻璃、陶瓷、复合材料等。

例如纸及纸制品有牛皮纸、玻璃纸、植物羊皮纸、沥青纸、板纸、瓦楞纸板等，塑料及塑料制品有聚乙烯、聚丙烯、聚苯乙烯、聚氯乙烯、钙塑材料等，金属制品有镀锡薄板、涂料铁、铝合金等。

（二）包装容器技术

1. 包装袋

包装袋是柔性包装中的重要技术，包装袋的材料是挠性材料，有较高的韧性、抗拉强度和耐磨性。一般包装袋的结构是筒管状结构，一端预先封死，在包装结束后再封装另一端，包装操作一般采用充填操作。包装袋广泛适用于运输包装、商业包装、内装、外装，因而使用较为广泛。包装袋一般分成以下三种类型：

（1）集装袋。这是一种大容积的运输包装袋，盛装重量在1t以上。集装袋的顶部一般装有金属吊架或吊环等，便于铲车或起重机的吊装、搬运；卸货时打开位于底部的卸货孔，卸货很方便。集装袋适于装运颗粒状、粉状的货物。集装袋一般多用聚丙烯、聚乙烯等聚酯纤维纺织而成。由于集装袋装卸货物、搬运都很方便，装卸效率高，近年来发展很快。

（2）一般运输包装袋。这类包装袋的盛装重量是0.5～100kg，大部分是由植物纤维或合成树脂纤维纺织而成的织物袋，或者是由数层挠性材料构成的多层材料制成的包装袋。例如麻袋、草袋等。主要包装粉状、粒状和个体小的货物。

（3）小型包装袋（或称普通包装袋）。这类包装袋盛装重量较少，通常用单层材料或双层材料制成。对某些具有特殊要求的包装袋也有用多层不同材料复合而成。包装范围较广，液状、粉状、块状和异型物等可采用这种包装。

上述几种包装袋中，集装袋适于运输包装，一般运输包装袋适于外包装及运输包装，小型包装袋适于内装、个体包装及商业包装。

2. 包装盒

包装盒是介于刚性和柔性包装之间的包装技术。包装材料具有一定的挠性，不易变形，有较高的抗压强度，刚性高于袋装材料。包装结构是规则几何形状的立方体，也可以裁制成其他形状，如圆盒状、尖角状等形状。包装盒一般容量较小，有开闭装置。包装盒一般采用码入式或装填式，然后将开闭装置闭合。包装盒整体强度不大，包装量也不大，不适合做运输包装，适合做商业包装、内包装，适合包装块状及各种异形物品。

3. 包装箱

包装箱是刚性包装技术中的重要一类。包装材料为刚性或半刚性材料，有较高强度且不易变形。包装结构和包装盒相同，只是容积、外形都大于包装盒，两者通常以10L为分界。包装操作主要为码放，然后将开闭装置闭合或将一端固定封死。包装箱整体强度较高，抗变形能力强，包装量也较大，适合做运输包装、外包装，包装范围较广，主要用于固体杂货包装。

包装箱主要有：

（1）瓦楞纸箱。瓦楞纸箱是用瓦楞纸板制成的箱形容器。按构成瓦楞纸箱体的材料来分类，有瓦楞纸箱和钙塑瓦楞箱。瓦楞纸箱的外型结构分类有折叠式瓦楞纸箱、固定式瓦楞纸箱和异形瓦楞纸箱三种。

（2）木箱。木箱是流通领域中常用的一种包装容器，其用量仅次于瓦楞纸箱。木箱主要有木板箱、框板箱、框架箱三种。① 木板箱。木板箱一般用作小型运输包装容器，能装载多种性质不同的物品。木板箱作为运输包装容器具有很多优点：有抗拒碰裂、溃散、戳穿的性能，有较大的耐压强度，能承受较大负荷，制作方便等。但木板箱的箱体较重，体积也较大，其本身没有防水性。② 框板箱。框板箱是先由条木与人造板材制成箱框板，再经钉合装配而成。③ 框架箱。框架箱是由一定截面的条木构成箱体的骨架，根据需要也可在骨架外面加木板覆盖。这类框架箱有两种形式，无木板覆盖的敞开式框架箱，有木板覆盖的覆盖式框架箱。框架箱由于有坚固的骨架结构，因此具有较好的抗震和抗扭力，有较大的耐压能力，且装载量大。

（3）塑料箱。一般用做小型运输包装容器，其优点是，自重轻，耐蚀性好、可装载多种商品，整体性强，强度和耐用性能满足反复使用的要求，可制成多种色彩以对装载物分类，手握搬运方便。

（4）集装箱。由钢材或铝材制成的大容积物流装运设备，从包装角度看，也属一种大型包装箱，可归属于运输包装的类别之中，也是反复使用的周转型包装。详见第二节。

4. 包装瓶

包装瓶是瓶颈尺寸有较大差别的小型容器，是刚性包装中的一种，包装材料有较高的抗变形能力，刚性、韧性要求一般也较高，个别包装瓶介于刚性与柔性材料之间，瓶的形状在受外力时虽可发生一定程度变形，外力一旦撤除，仍可恢复原来的瓶形。包装瓶结构是瓶颈口径远小于瓶身，且在瓶颈顶部开口；包装操作先采用填灌操作，再将瓶口用瓶盖封闭。包装瓶包装量一般不大，便于美化、装璜设计，主要做商业包装、内包装使用，并且主要包装液体、粉状物品。包装瓶按外形可分为圆瓶、方瓶、高瓶、矮瓶、异形瓶等若干种。瓶口与瓶盖的封盖方式有螺纹式、凸耳式、齿冠式、包封式等。

5. 包装罐（筒）

包装罐是罐身各处横截面形状大致相同，罐颈短，罐颈内径比罐身内颈稍小或无罐颈的一种包装容器，是刚性包装的一种。包装材料强度较高，罐体抗变形能力强。包装操作是装填操作，然后将罐口封闭，可做运输包装、外包装，也可做商业包装、内包装用。包装罐（筒）主要有三种：

（1）小型包装罐。这是典型的罐体，用金属材料或非金属材料制造，容量不大，一般是做销售包装、内包装，罐体可采用各种方式进行装潢美化。

（2）中型包装罐。外型也是典型罐体，容量较大，一般做化工原材料、土特产的外包装，起运输包装作用。

（3）集装罐。这是一种大型罐体，外形有圆柱形、圆球形、椭球形等，卧式、立式都有，其罐体大而罐颈小，采取灌填式作业，灌进作业和排出作业往往不在同一罐口进行，另外设有卸货出口，集装罐是典型的运输包装，适合包装液状、粉状及颗粒状货物。

五、包装技法

（一）包装的保护技术

1. 防震包装

防震包装又称缓冲包装。产品从生产出来到开始使用要经过一系列的运输、保管、堆码和装卸过程，在任何环境中都会有外力作用在产品之上，并使产品发生机械性损坏。为了防止产品遭受损坏，就要设法减小外力的影响。所以，防震包装是指为减缓包装的内装物受到冲击和振动，保护其免受损坏所采取的具有一定防护措施的包装。

防震包装主要有以下三种方法：

（1）部分防震包装方法。对于整体性好的产品和有内装容器的产品，仅在产品或内包装的拐角或局部地方使用防震材料进行衬垫即可满足防震的要求，所用包装材料主要有泡沫塑料防震垫、充气型塑料薄膜防震垫、橡胶弹簧等。

（2）全面防震包装方法。全面防震包装方法是指包装的内装物和外包装之间全部用防震材料填满进行防震的包装方法。

（3）悬浮式防震包装方法。对于某些贵重易损的物品，为了有效地保证其在流通过程中不被损坏，其外包装容器一般都比较坚固，采用绳、带、弹簧等将被装物悬吊在包装容器内，不与包装容器发生碰撞，从而减少损坏。

2. 防破损保护技术

缓冲包装有较强的防破损能力，因而是防破损包装技术中有效的一类。此外还可以采取的几种防破损保护技术有：

（1）捆扎及裹紧技术。捆扎及裹紧是使杂货、散货形成一个牢固整体，以增加整体性，便于处理及防止散堆来减少破损。

（2）集装技术。利用集装，减少与货体的接触，从而防止破损。

（3）选择高强保护材料。通过外包装材料的高强度来防止内装物受外力作用破损。

3. 防锈包装技术

（1）防锈油（黄油）防锈蚀包装技术。大气锈蚀是空气中的氧、水蒸气及其他有害气体等作用于金属表面而引起电化学作用的结果。如果使金属表面与引起大气锈蚀的各种因素隔绝，即将金属表面保护起来，就可达到防止大气锈蚀的目的。防锈油包装技术就是根据这一原理将在金属表面上涂覆防锈油（俗称黄油），使金属表面与空气和水隔绝，以达到防锈的目的。用防锈油封装金属制品，要求油层要有一定厚度，涂层完整。不同类型的防锈油要采用不同的方法进行涂覆。

（2）气相防锈包装技术。气相防锈包装技术就是用气相缓蚀剂（挥发性缓蚀剂），在密封包装容器中对金属制品进行防锈处理的技术。气相缓蚀剂是一种能减慢或完全停止金属在侵蚀性介质中的破坏过程的物质，它在常温下具有挥发性。气相缓蚀剂在密封包装容器中于很短的时间内挥发或升华出的缓蚀气体就能充满整个包装容器内的每个角落和缝隙，同时吸附在金属制品的表面上，从而起到抑制大气对金属锈蚀的作用。

气相防锈包装材料（简称 VCI）及防锈方法已越来越引起人们的关注。气相防锈包装材料是将牛皮纸、塑料膜等包装材料，经气相防锈剂特殊处理而成。它利用自身可持续产生的抗腐蚀性气体将包装物或包装的封闭空间内的锈蚀反应机能予以抑制，以此保护包装材料内的金属制品。此外，这种防锈方法的特殊优点是可以针对不同的防锈对象材料和不同的防锈期要求，采取不同的方法实现弹性作业。比如，对于防锈期限要求仅为 1 周到 1 个月的材料，可以使用防锈液喷涂的方法，方便、快速地实现防锈处理，而且不需要对材料进行包装即可达到防锈的目的；对于防锈期限要求在 1 至 2 年的器件，可以进行一般的密封包装；对于防锈期限长达 10 年的器件，则可采用特殊的防锈剂配方并加之铝箔复合膜袋密封包装即可。传统方法在使用需要防锈处理的材料时，要先除去材料表面的防锈油，而使用这种方法，无论采用上述的何种方式处理，均可立即去除包装使用，且简便洁净、安全、无污染，用后还可重复进行防锈包装使用。

4. 防霉、防腐包装技术

在运输包装内装运食品和其他有机碳水化合物货物时，货物表面可能生长霉菌，在流通过程中如遇合适的温度，霉菌生长繁殖极快，甚至到达货物内部，使其腐烂、发霉、变质，因此要采取特别防护措施，通常是采用冷冻包装、真空包装或高温灭菌方法来防霉烂。冷冻包装的原理是减慢细菌活动和化学变化的过程，以延长储存期，但不能完全消除食品的变质；高温杀菌法可消灭引起食品腐烂的微生物，可以在包装过程中采用高温处理防霉。有些经干燥处理的食品包装，应防止水汽浸入，做到防霉、防腐，可选择防水汽和气密性好的包装材料，采取真空和充气包装。真空包装法也称减压包装法或排气包装法。这种包装可阻挡外界的水汽进入包装容器内，也可防止在密闭着的防潮包装内部因为存有潮湿空气而在气温下降时结露。采用真空包装法要注意避免过高的真空度，以免包装容器内、外的压力差过大而损伤包装材料。防止包装内货物发霉，还可使用防霉剂、干燥剂等，防霉剂、干燥剂的种类甚多，用于食品包装的必须选用无毒的。机电产品的大型封闭箱，可采取酌情开设通风孔、窗等措施防霉。

5. 防虫包装技术

防虫包装技术，常用的是驱虫剂，即在包装中放入有一定毒性和臭味的药物，利用药物在包装中挥发气体杀灭和驱除各种害虫。常用驱虫剂有茶、对位二氯化苯、樟脑精等。也可采用真空包装、充气包装、脱氧包装等技术，使害虫无生存环境，从而防止虫害。该技术不适合于食品类的物品包装。

6. 危险品包装技术

危险品有上千种，按其危险性质，交通运输及公安消防部门将其分为十大类，即爆炸性物品、氧化剂、压缩气体和液化气体、自燃物品、遇水燃烧物品、易燃液体、易燃固体、毒害品、腐蚀性物品、放射性物品等。有些物品同时具有两种以上危险性能，因而要有针对性地采取措施。对有毒商品的包装要明显地标明有毒的标志。防毒包装的主要措施是包装严密且不透气。对有腐蚀性的商品，要防止商品与包装容器的材质发生化学变化。金属类的包装容器，要在容器内壁涂上涂料，防止腐蚀性商品对容器的腐蚀。

7. 特种包装技术

（1）充气包装。充气包装是采用二氧化碳气体或氮气等不活泼气体置换包装容器中的空气的一种包装技术方法，因此也称为气体置换包装。这种包装方法的根据是：好氧性微生物需要氧代谢，在密封的包装容器中改变气体的组成成分，降低氧气的浓度，可以抑制微生物的生理活动、酶的活性和鲜活商品的呼吸强度，达到防霉、防腐和保鲜的目的。

（2）真空包装。真空包装是将物品装入气密性容器后，在容器封口之前抽真空，使密封后的容器内基本没有空气的一种包装方法。一般的肉类商品、谷物加工商品以及某些容易氧化变质的商品都可以采用真空包装，真空包装不但可以避免或减少脂肪氧化，而且抑制了某些霉菌和细菌的生长。同时在对其进行加热杀菌时，由于容器内部气体已排除，因此加速了热量的传导。不仅提高了高温杀菌效率，也避免了加热杀菌时由于气体的膨胀而使包装容器破裂。

（3）收缩包装。收缩包装就是采用收缩薄膜物品（或内包装件）进行裹包，然后对薄膜进行适当加热处理，使薄膜收缩而紧贴于物品（或内包装件）的包装技术方法。

（4）拉伸包装。拉伸包装是 20 世纪 70 年代开始采用的一种新包装技术，它是由收缩包装发展而来的。拉伸包装是依靠机械装置在常温下将弹性薄膜围绕被包装件拉伸、紧裹，并在其末端进行封合的一种包装方法。由于拉伸包装不需进行加热，所以消耗的能源只有收缩包装的 1/20。拉伸包装可以用于捆、包单件物品，也可用于托盘的集合包装。

（5）脱氧包装。脱氧包装是在密封的包装容器中，使用能与氧气起化学作用的脱氧剂，从而除去包装容器中的氧气，以达到保护包装内物品的目的。脱氧包装方法适用于某些对氧气特别敏感的物品和那些即使有微量氧气也会促使食品品质发生变化的食品包装中。

（二）国际物流的运输包装的标志

运输包装的标志的主要作用是在储运过程中易于识别货物，便于合理操作。运输包装的标志按其用途可分成运输标志（Shipping Mark）、指示性标志（Indicative Mark）、警告性标志（Warning Mark）、重量体积标志和产地标志。

（1）运输标志、又称唛头，是一种识别标志。按国际标准化组织（ISO）的建议，包括四项内容：① 收货人名称的英文缩写或简称；② 参考号，如订单、发票或运单号码；③ 目的地；④ 件号。

例如，ABCCO 为收货人名称

SC9750 为合同号码

LONDON 为目的港

No. 4—20 为件号（顺序号和总件数）

商品以集装箱方式运输时，运输标志可被集装箱号码和封口号码取代。

（2）指示性标志。是一种操作注意标志，以图形和文字表达，如小心轻放、由此起吊、禁止翻滚等。

（3）警告性标志。又称危险品标志，用以说明商品是易燃、易爆、有毒、具有腐蚀性或放射性的危险性货物，以图形及文字表达。对危险性货物的包装储运，各国政府制订有专门的法规，应严格遵照执行。

（4）重量体积标志和产地标志。① 重量体积标志：运输包装外通常都标明包装的体积和毛重，以方便储、运过程中安排装卸作业和舱位。② 产地标志：商品产地是海关统计和征税的重要依据，由产地证说明。商品一般在内外包装上均会注明产地，它是商品说明的一个重要内容。

六、实现包装合理化的基本措施

实现包装合理化的主要措施有：包装的轻薄化、包装的单纯化、集装的单元化和标准化、包装的机械化与自动化、与其他环节的配合、包装要有利于环保。

追求绿色包装管理是可持续发展的要求。绿色包装是指采用节约资源、保护环境的包装。使用绿色包装的途径主要有：促进生产部门采用尽量简化的以及由可降解材料制成的包装；在流通过程中，应采取措施实现包装的合理化与现代化。绿色包装管理可从以下 4 方面考虑。

（1）包装模数化：确定包装基础尺寸的标准，即包装模数化。包装模数标准确定以后，各种进入流通领域的产品便需要按模数规定的尺寸包装。模数化包装利于小包装的集合，利用集装箱及托盘装箱、装盘。

（2）包装的大型化和集装化：有利于物流系统在装卸、搬迁、保管、运输等过程的机械化，加快这些环节的作业速度，有利于减少单位包装，节约包装材料和包装费用，有利于保护货体。如采用集装箱、集装袋、托盘等集装方式。

（3）包装多次、反复使用和废弃包装的处理：采用通用包装，不用专门安排回返使用；采用周转包装，可多次反复使用，如饮料、啤酒瓶等；梯级利用，一次使用后的包装物，用毕转作它用或简单处理后转作它用；对废弃包装物经再生处理后转为其他用途或制作新材料。

（4）开发新的包装材料和包装器具：其发展趋势是包装物的高功能化，用较少的材料实现多种包装功能。

第二节　装卸搬运

一、装卸搬运的概念和分类

（一）装卸搬运的概念

中国物流术语标准（GB/T 18354—2001）对装卸的定义是，物品在指定的地点以人力或机械装入运输设备或卸下；对搬运的定义是，在同一场所内以对物品进行水平移动为主的物流作业。

在使用中，物流领域（如铁路运输）常将装卸搬运这一整体活动称为“货物装卸”；在生产领域中常将这一整体活动称为“物料搬运”。实际上，活动内容都是一样的，只是领域不同而已。

在实际操作中，装卸与搬运是密不可分的，两者是伴随在一起发生的。因此，在物流科学中并不过分强调两者的差别，而是作为一种活动来对待。

搬运的“运”与运输的“运”的区别在于，搬运是在同一地域的小范围内发生的，而运输则是在较大范围内发生的；两者是量变到质变的关系，中间并无一个绝对的界限。

（二）装卸搬运的基本方法

装卸搬运的基本方法，可以分别从作业对象、作业手段、装卸设备作业原理、作业方式的角度进行划分。

（1）按作业对象（货物形态）可分为：① 单件作业法。即单件逐件货物作业。② 集装作业法。指将货物集零为整（集装化）后再行装卸搬运的方法。这种方法又可按集装化方式不同，分为集装箱作业法、托盘作业法、货捆作业法、滑板作业法、挂车作业法（驮背式运输）。③ 散装作业法。是指对诸如煤炭、矿石、建材等大宗货物通常采用的散装、散卸方法，以及近来随着粮食、食糖、水泥、化肥、化工原料等的作业量增大，为提高装卸效率，降低成本而趋向采用散装、散卸的方法。散装、散卸方法主要分为：重力法（利用货物的位能完成装卸）；倾翻法（利用运输工具的载货部分倾翻完成卸货）；机械法（利用各种抓、铲、舀等机器完成装卸）；气力输送法（利用风机在管道内形成有压力差的气流，依靠气体的动能或压差输送货物）。

（2）按作业手段及组织水平可分为人工作业法、机械化作业法、综合机械化作业法。

（3）按装卸设备作业原理可分为间歇式作业法（如包装货件、笨重货物等的装卸搬运是断续、间歇、重复、循环进行的）和连续性作业法。

（4）按作业方式，可分为吊装吊卸法（也称垂直装卸法）和滚装滚卸法（也称水平装卸法）。

二、装卸搬运在物流中的作用

装卸搬运在物流中的作用有以下几方面：

（1）装卸搬运在物流活动转换中起承上启下的联结作用，决定了物流速度。装卸搬运活动的基本动作包括装车（船）、卸车（船）、堆垛、入库、出库以及连接上述各项动作的短程输送，是随运输和保管等活动而产生的必要活动。

（2）装卸搬运在物流成本中占有重要地位。装卸搬运活动所消耗的人力也很多，所以装卸搬运费用在物流成本中所占的比重也较高。以我国为例，铁路运输的始发和到达的装卸作业费大致占运费的20%左右，在船运中占40%左右。因此，为了降低物流费用，装卸搬运是个重要环节。尽可能地减少装卸搬运次数和节约物流费用，可以获得较好的经济效益。

（3）装卸搬运影响物流活动的质量。进行装卸搬运操作时往往需要接触货物，因此，它是在物流过程中造成货物破损、散失、损耗、混合等损失的主要环节。例如，袋装水泥纸袋破损和水泥散失主要发生在装卸搬运过程中，玻璃、机械、器皿、煤炭等产品在装卸搬运时最容易造成损失。

（4）装卸搬运是提高物流系统效率的关键。在物流过程中，装卸搬运活动是不断出现和反复进行的，它出现的频率高于其他各项物流活动，每次装卸活动都要花费很长时间，所以它往往成为决定物流速度的关键。

三、装卸搬运的特点

（1）装卸搬运是一种附属性、伴生性的活动。装卸搬运是物流的每一项活动开始及结束时必然发生的活动，有时常被人忽视，有时又被看做其他操作不可缺少的组成部分。例如，对于汽车运输而言，实际就包含了相随的装卸搬运；仓库中泛指的保管活动，也含有装卸搬运活动。

（2）装卸搬运是衔接性的活动。任何其他物流活动互相之间过渡时，都是以装卸搬运来进行衔接的，因而，装卸搬运成为整个物流的“瓶颈”，是物流的各功能之间能否形成有机联系和紧密衔接的关键，建立一个有效的物流系统，关键看这一衔接是否有效。联合运输方式就是为着力解决这种衔接而出现的。

（3）装卸搬运是一种支持性、保障性和服务性活动。装卸搬运对其他物流活动有一定决定性。装卸搬运会影响其他物流活动的质量和速度，例如，装车不当，会引起运输过程中的损失；卸货、放置不当，会引起货物进行下一步活动的困难。许多物流活动只有在有效的装卸搬运支持下才能实现高水平。

四、实现装卸搬运合理化的基本措施

装卸搬运作业合理化可以从以下几方面考虑：

（1）省力化原则。首先要考虑尽量不装卸搬运或尽量减少装卸搬运的次数。集装化装卸、多式联运、集装箱化运输、托盘一贯制物流等都是有效的做法；利用货物本身的重量和落差原理，如装卸搬运作业中用滑槽、滑板等工具；减少从下往上的搬运，多采用斜坡式，以减轻负重；水平装卸搬运，如仓库的作业台与卡车车箱处于同一高度，手推车直接进出；卡车后面带升降机、仓库作业月台设装卸货升降装置等。总之，省力化装卸搬运的原则是，能往下则不往上，能直行则不拐弯，能用机械则不用人力，能水平则不要上斜、能滑动则不摩擦，能连续则不间断，能集装则不分散。

装卸搬运作业机械化可减轻劳动强度，提高作业效率。装卸机械化程度一般分为三个阶段：第一个阶段是用简单的装卸器具的阶段，第二个阶段是使用专用高效的装卸机具阶段，第三个阶段是依靠电子计算机实现的自动化阶段。

（2）短距离化原则。即以最短的距离完成装卸搬运作业，不仅省力、省能，又能使作业快速、高效。如转动式吊车就是短距化装卸搬运机械。

（3）活性化原则。这里所说的活性化是指“从物的静止状态转变为装卸状态的难易程度。”如果容易或适于下一步装卸搬运作业，则活性化高。如仓库中的货物乱七八槽，与整齐堆码的差别；散乱状态与放在托盘上的差别等。此外，在装卸机械灵活化方面的工具有义车、铲车、带轨道的吊车、能转动360°的吊车和带轮子及履带的吊车等。

（4）顺畅化原则。货物装卸搬运的顺畅化是保证作业安全、提高作业效率的重要方面。所谓顺畅化，就是作业场所无障碍，作业不间断，作业通道畅通。如叉车在仓库中作业，应留有安全作业空间，转弯、后退等动作不应受面积和空间限制；人工进行货物搬运，要有合理的通道，脚下不能有障碍物，头顶留有空间，不会人撞人、人挤人；用手推车搬运货物时，地面不能坑坑洼洼，不应有电线、工具等杂物影响小车行走；人工操作电葫芦吊车，地面防滑、行走通道两侧的障碍等问题均与作业顺畅与否相关。机械化、自动化作业途中停电、线路故障、作业事故的防止等都是确保装卸搬运作业顺畅和安全的因素。

（5）推广单元组合化装卸搬运。大力推行使用托盘和集装箱，将一定数量的货物汇集起来成为大件货物，形成单元货载系统，有利于机械搬运、运输、存储。进行集装处理，实现单元组合化装卸搬运，可以充分利用机械进行操作，它是提高装卸搬运效率的有效方法，可以通过集装箱、托盘等单元化设备的利用等。

（6）连续化原则，保持物流的均衡顺畅，使流程不受阻滞。最为理想的是使物品不间断地连续作业。连续化装卸搬运的例子很多，如输油、输气管道、气力输送设备、皮带传送机、辊道输送机、旋转货架等都是连续化装卸搬运的有力证明。

（7）人格化原则。装卸搬运是重体力劳动，很容易超过人的承受限度。如果不考虑人的因素或不够尊重人格，容易发生野蛮装卸、乱扔乱摔等现象。搬运的东西在包装和捆包时应考虑人的正常能力和抓拿的方便性，也要注重安全性和防污染性等。

（8）系统合理化，提高综合效果。物流活动由运输、储存、包装、流通加工等活动组成，应把这些活动视为一个系统进行处理，以求其合理化来提高综合效果。装卸搬运在物流系统中的连接作用，可以提高整个物流系统的效率。

五、集　　装

（一）集装

集装也称之为组合化和单元化，它是指将一定数量的散装或零星成件物资组合在一起，这样在装卸、保管、运输等物流环节中可将其作为一个整件进行技术上和业务上处理的一种包装方式。

被集装的货物称为单元货物，用于集装货物的工具称为集装单元器具。集装单元器具的设计和选用是实现物流集装化的关键。集装器具的设计原则是要便于机械化作业，既可叉取，又能吊装，不仅能够提高装卸作业效率，还可以减轻工人的劳动强度。集装器具的设计应实现“标准化、通用化、系列化”。集装器具具备使用多种运输工具的灵活性，要尽量拓宽使用范围和提高使用效率。集装器具尽量采用可折叠、可堆垛的结构形式，便于空容器的返空，提高运输车辆的装载效率。集装器具少用或者不用型钢，以减轻集装器具的自重。同时，要合理选择和确定集装器具的堆垛结构形式。集装器具要符合人体工程学的要求。集装单元器具的设计应尽量满足物流管理的需要，如具有过目知数、条形码、编码、放置看板卡片等。集装器具应能保护零件，防止磕碰、划伤。

（二）集装单元化的类型

集装单元化的类型有捆扎型、台车类、托盘类、集装箱系统和其他容器。

六、集装箱的基本知识

（一）集装箱

集装箱是指采用海、陆、空等不同运输方式进行联运时用以装运货物的一种容器。香港称之为“货箱”，台湾称之为“货柜”。国际标准化组织对集装箱定义如下：集装箱是一种运输设备；具有足够的强度，可长期反复使用；为便于商品运送而专门设计的，在一种或多种运输方式下运输时，无需中途换装；具有快速装卸和搬运的装置，特别是从一种运输方式转移到另一种运输方式时。集装箱便于货物装满或卸空，具有 $1m^3$ 及以上的容积。

（二）集装箱的分类与用途

（1）按规格、尺寸分类。集装箱的规格尺寸由国际标准化组织 104 技术委员会统一制定，共分 3 个系列、12 种箱型。目前国际上通用的是 1A、1B、1C、1D 和 1AA 等五种。

（2）按使用材料分类。一般分为三类：① 铝合金集装箱，主要优点是重量轻、外表美观、防腐蚀。② 钢制集装箱，主要优点是强度大、结构牢、焊接性好、水密性好、价格便宜，其缺点是防腐性差。③ 玻璃钢制集装箱，主要优点是强度高、刚性好，能承受压力。

（3）按结构分类。一般分为内柱式与外柱式集装箱、折叠式集装箱和薄壳式集装箱三种。

（4）按用途分类（箱内所装货物）。一般分为：① 通用干货集装箱，又叫杂货集装箱，用来运输无需控制温度的件杂货。② 保温集装箱，用于运输需要冷藏或保温的货物。③ 罐式集装箱，专用以装运酒类、油类（如动植物油）、液体食品以及化学品等液体货物的集装箱。④ 台架式集装箱，是只有底板和四个角柱的集装箱。可以从前后、左右及上方进行装卸作业，适合装载长大件和重货件，如重型机械、钢材、钢管、木材、钢锭等。台架式的集装箱没有水密性，装运怕水湿的货物需用帆布遮盖装运。⑤ 平台集装箱，平台的长度及宽度与国际标准集装箱的箱底尺寸相同，可使用与其他集装箱相同的紧固件和起吊装置。⑥ 敞顶集装箱，是一种没有刚性箱顶的集装箱，由可折叠式或可折式顶梁支撑的帆布、塑料布或涂塑布制成顶篷。适于装载大型货物和重货，如钢铁、木材，特别是像玻璃板等易碎的重货，利用吊车从顶部吊入箱内，而且也便于货物在箱内固定。⑦ 汽车集装箱，是在简易箱底上装一个钢制框架。这种集装箱分为单层和双层两种。汽车集装箱一般不是国际标准集装箱。⑧ 动物集装箱，这是一种装运鸡、鸭、鹅等活家禽和牛、马、羊、猪等活家畜用的集装箱。⑨ 服装集装箱，其箱内上侧梁上装有许多根横杆，每根横杆上垂下若干条皮带扣、尼龙带扣或绳索，成衣可以利用衣架上的钩，直接挂在带扣或绳索上。

（三）集装箱的标记

国际标准化组织制定了《集装箱的代号、识别和标记》（ISO 6346 —1981（E）），规定集装箱的标记有必备标记和自选标记两类，每一类标记中又分识别标记和作业标记。具体来说，集装箱上有箱主代号、箱号（或顺序号）、核对号、集装箱尺寸及类型代号。

七、托　　盘

1. 托盘的概念

所谓托盘，是指一种便于装卸、运输、保管、使用的可以盛载单位数量物品的负荷面和铲车插口构成的装卸用垫板。因为它像盘子可以托起物品，所以形象地称之为“托盘”。现代托盘是随着集装箱和集合包装而出现的一种新的物流技术。它最初是作为叉车的附属装卸工具与叉车配套使用，以便实现机械化作业，后来逐渐成为一种储存工具，现在托盘已成为一种不可少的运输工具和销售工具。目前，托盘已渗透到整个物流过程，而成为一种物流工具，是实现物流合理化的一个重要条件。

2. 使用托盘的主要优点

（1）可以有效地保护商品，减少物品的破损。（2）可以适应港口、货物机械化作业的要求，加快装卸、运输速度，减轻工人的劳动强度。（3）可以节省包装材料，降低包装成本，节约运输费用。（4）可以促进国际和国内港口作业的机械化，加快包装向规格化、标准化和系列化迈进的步伐。

3. 托盘的分类

托盘按照不同的标志可以进行不同的分类，如按使用范围、使用寿命、制作材料等。这里主要介绍按托盘的结构进行分类，一般分为平托盘、柱式托盘、箱式托盘和轮式托盘等。

（1）平托盘。平托盘主要以木制为主，也有钢制、塑料、复合材料等制作的平盘，它的应用范围最广。分为单面使用、双面使用、两向进叉、四向进叉四种。

（2）柱式托盘。它是在平托盘上安装四个柱的托盘。安装立柱的目的是在无货架多层堆码时保护最下层货物不受损害。立柱一般可卸下，高度为1.2米。立柱常采用钢制材料，可负荷3吨货物。

（3）箱式托盘。是在平托盘上安装上部构造物（平板状、网状构造物等），制成箱式设备。箱式托盘分为可卸式、固定式和折叠式三种。这种托盘适用于不规则的货物集装，如装载蔬菜、瓜果、薯类等农产品。

（4）轮式托盘。是一种在平托盘下面安装四个小轮子的托盘。适用于行包、邮件的装卸搬运作业。

第三节　储　　存

一、储存的概念

在物流中，经常涉及库存、储备和储存几个概念，而且这几个概念经常被人们混淆。其实，这三个概念虽有共同之处，但仍有区别。认识其中的区别有助于理解物流中“储存”的含义，有利于以后对“零库存”概念的把握。

（一）库存

库存有广义和狭义之分，狭义的库存是指仓库中处于暂时停滞状态的物资，广义的库存还包括处于制造加工状态和运输状态的物品。我们经常提到的库存及本书后继内容中涉及到的库存都是指狭义的库存。

理解狭义库存这个概念要明确两点：第一，物资所停滞的位置，不是在生产线上，不是在车间里，也不是在仓库以外的任何位置，如汽车站、火车站等类型的流通节点上，而是在仓库中；第二，物资的停滞状态可能由任何原因引起，而不一定是某种特殊的停滞，这些原因可能是能动的各种形态的储备，也可能是被动的各种形态的超储、完全的积压等。

（二）储备

储备是指将物品储存起来，是一种有目的储存物资的行为，储备有当年储备、长期储备、战略储备之分。储备的目的是保证社会再生产连续不断地、有效地进行。因此，储备是一种能动的储存形式，或者说是生产领域和流通领域中物资的有目的的暂时停滞，尤其是指在生产与再生产、生产与消费之间的那种暂时停滞。

储备和库存的本质区别在于：

（1）库存明确了停滞的位置，而储备这种停滞所处的地理位置远比库存广泛得多。储备的位置可能在生产及流通中的任何节点上，可能是在仓库中的储备，也可能是其他形式的储备。

（2）储备是有目的的、能动的、主动的行为，而库存有可能不是有目的的，有可能是完全盲目的。

（三）储存

储存是指保护、管理、贮藏物品，是包含库存和储备在内的、一切社会形态都存在的经济现象。在任何社会形态中，不论什么原因形成停滞的物资，也不论是什么种类的物资，在没有进入生产加工、消费、运输等活动之前或在活动结束之后，总是要存放起来，这就是储存。这种储存不一定在仓库中，也不一定具有储备的要素，而是在任何位置，也有可能永远进入不了再生产和消费领域。但在一般情况下，对储存、储备两个概念是不作区分的。

总之，物流中的“储存”是一个非常广泛的概念，物流学要研究的就是包括储备、库存在内的广义的储存概念。

二、储存的功能

（一）储存应具有以下功能

1. 调节功能

储存在物流中起着“蓄水池”的作用，一方面储存可以调节生产与消费的关系，如销售与消费的关系，使它们在时间和空间上得到协调，保证社会再生产的顺利进行；另一方面，还可以实现对运输的调节。因为产品从生产地向销售地的流转主要依靠运输完成，但不同的运输方式在运向、运程、运量及运输线路和运输时间上存在着差距，一种运输方式一般不能直达目的地，需要在中途改变运输方式、运输路线、运输规模、运输方法和运输工具，以及为协调运输时间和完成产品倒装、转运、分装、集装等物流作业时还需要在产品运输的中途停留，即储存。

2. 检验功能

在物流过程中，为了保障商品的数量和质量准确无误，分清责任事故，维护各方面的经济利益，要求必须对商品及有关事项进行严格的检验，以满足生产、运输、销售以及用户的要求，储存为组织检验提供了场所和条件。

3. 集散功能

储存把生产单位的产品汇集起来，形成规模，然后根据需要分散、发送到消费地去。通过一集一散，衔接产需，均衡运输，提高物流速度。

4. 配送功能

根据用户的需要，对商品进行分拣、组配、包装和配发等作业，并将配好的商品送货上门。储存配送功能是储存保管功能的外延，提高储存的社会服务效能，就是要确保储存商品的安全，最大限度地保持商品在储存中的使用价值，减少保管损失。

（二）仓储的基本经济功能

1. 整合

装运整合是仓储的一个经济利益，可能实现最低的运输费率，并减少在顾客的收货站台处发生拥塞。仓库可以把从制造商到仓库的内向转移和从仓库到顾客的外向转移都整合成更大的装运。为了提供有效的整合装运，每一个制造工厂必须把该仓库作为货运储备地点或用作产品分类和组装设施。整合仓库可以由单独一家厂商使用，也可以由几家厂商联合起来采用出租方式进行使用的整合服务。通过这种整合方案的利用，每一个单独的制造商或托运人都能够享受到物流的总成本低于其各自分别直接装运的成本。

2. 分类和交叉站台

除了不对产品进行储存外，分类和交叉站台的仓库作业与整合仓库作业相类似。分类作业指接收来自制造商的组合订货，再把它们装运到个别的顾客处。分类仓库或分类站把组合订货分类或分割成个别的订货，并安排当地的运输部门负责递送。由于长距离运输转移的是大批量装运，所以运输成本比较低，进行跟踪也不太困难。

零售连锁店广泛采用交叉站台来补充快速转移的商店存货。在这种情况下，交叉站台先从多个制造商处运来整车的货物。收到产品后，如果有标签的，就按顾客进行分类。如果没有标签的，则按地点进行分配。然后，产品就穿过站台，装上指定的拖车。一旦该拖车装满了来自多个制造商的组合产品后，它就被放行运往零售店。可见，交叉站台的经济利益中包括从制造商到仓库的拖车的满载运输，以及从仓库到顾客的满载运输。由于产品不需要储存，降低了在交叉站台设施处的搬运成本。此外，由于所有的车辆都进行了充分装载，更有效地利用了站台设施，使站台装载利用率达到了最大。

3. 加工/延期

仓库还可以通过承担加工或参与少量的制造活动，被用来延期或延迟生产。具有包装能力或加标签能力的仓库可以把产品的最后一道生产工序一直推迟到知道该产品的需求时为止。加工/延期提供了两个基本经济利益：一是风险最小化，最后的包装要等到敲定具体的订购标签和收到包装材料时才完成；二是通过对基本产品（如上光罐头）使用各种标签和包装配置来降低存货水平。于是，降低风险与降低存货水平相结合，能够降低物流系统的总成本。

4. 堆存

对于所选择的业务来说，堆存是至关重要的。堆存提供了存货缓冲，使生产活动在受到材料来源和顾客需求的限制条件下提高效率。

三、自动化仓库

自动化仓库是指由电子计算机进行管理和控制，不需人工搬运而实现收发作业的仓库。

（一）自动化立体仓库

自动化立体仓库系统是现代物流技术的典型代表，它主要由货架、传输设备、存储设备、堆垛机械、控制系统、通讯系统、计算管理监控系统等部分组成。自动化立体仓库系统能够按照指令自动完成货物的存取，并能对库存货物进行自动管理，完全实现自动化作业。该系统具有提升物流管理水平与物流运作效率、操作简单、能与 ERP 系统进行信息集成、节省占地面积、维护方便快捷等诸多优点。自动化立体仓库根据自动控制的方式可以分为：

（1）单机设定，自动运转；

（2）单机设定，红外通讯，自动运转；

（3）计算机遥控设定多台单机，自动运转；

（4）计算机脱机、联机、实时自动控制。

自动化立体仓库根据高层货架与建筑物之间的关系不同，可以分为：

（1）整体式自动仓库。由货架顶部支撑建筑屋架，在货架的边侧上安装墙围，货架与建筑物成一整体。建筑费用低，抗震，尤其适用于 15m 以上的大型自动仓库。

（2）分离式自动仓库。货架与建筑无关，呈独立、分离状态。适用于车间仓库、旧仓库技术改造和中小型自动仓库。

（二）托盘单元式自动仓库

托盘单元式自动仓库是采用托盘集装单元方式来保管物料的自动仓库，是自动仓库最广泛的使用形式。通常所说的“自动仓库”，指的就是托盘单元式自动仓库。它一般由巷道堆垛起重机、高层货架、入库出库输送机系统、自动控制系统、周边设备和计算机仓库管理系统等组成。

四、储存合理化

（一）储存合理化的概念

储存合理化的含义是用最经济的办法实现储存的功能。储存的功能是对需要的满足，实现被储物的“时间价值”，也就是说，物的储存是有一定储量并满足储期内的质量要求。但是，储存的不合理又往往表现在对储存功能的过分强调，因而过分投入储存力量和其他储存劳动。所以，合理储存的实质是在保证储存功能实现的前提下的尽量少的投入，即储存合理化是一个投入与产出的问题。

（二）储存合理化的主要标志

1. 质量标志

保证被储存物的质量是完成储存功能的根本要求。只有这样，商品的使用价值才能通过物流之后得以最终实现。在储存中增加了多少时间价值或是得到了多少利润，都是以保证质量为前提的。所以，储存合理化的主要标志中首要的应当是反映使用价值的质量。现代物流系统已经拥有很有效的维护物资质量、保证物资价值的技术手段和管理手段，也正在探索物流系统的全面质量管理问题，即通过物流过程的控制以及通过工作质量来保证储存物的质量。

2. 数量标志

在保证功能实现的前提下有一个合理的数量范围。目前，管理科学的方法已能在各种约束条件的情况下对合理数量范围作出决策，但是较为实用的还是在消耗稳定、资源及运输可控的约束条件下所形成的储存数量控制方法。

3. 时间标志

在保证功能实现的前提下寻求一个合理的储存时间，这是和数量有关的问题，储存量越大而消耗速率越慢，则储存的时间必然长，相反则必然短。通常用周转速度指标来反映时间标志，如周转天数、周转次数等。在总时间一定的前提下，个别被储物的储存时间也能反映合理程度。如果少量被储物长期储存，成了呆滞物或其储存期过长，这虽反映不到宏观周转指标中去，但也标志着储存存在着不合理。

4. 结构标志

从被储物不同品种、不同规格、不同花色的储存数量的比例关系对储存的合理性进行判断，尤其是相关性很强的各种物资之间的比例关系更能反映储存合理与否。由于这些物资之间相关性很强，只要有一种物资出现耗尽，即使其他种物资仍有一定数量，也无法投入使用。不合理的结构其影响面不仅仅局限在某一种物资身上，而是有扩展性。结构标志的重要性也可由此确定。

5. 分布标志

分布标志指不同地区储存的数量比例关系，以此判断当地的需求比以及对需求的保障程度。分布标志也可以判断其对整个物流的影响。

6. 费用标志

仓租费、维护费、保管费、损失费、资金占用利息支出等都能从实际费用上判断储存的合理与否。

（三）储存合理化的主要方法

1. 在自建仓库和租用公共仓库之间作出合理的选择，找到最优解决方案

自建仓库对于企业来说，可以使企业更大程度地控制库存，并且它拥有更大的灵活性——企业可以根据自己的需要对仓储作出合理的调整。当进行长期的存储时，一般来说，仓储的费用比较低。因为租用公共仓库使得企业无需为建造仓库投入大量资金，可节省企业宝贵的资金。租用公共仓库可以减少企业的风险，当商品在储存期间出现问题时，仓库会予以解决。所以，在短期看来，公共仓库因为其规模性租金比较低廉。企业在租用公共仓库的时候，可以根据待储存商品的数量决定储存的规模，这样也防止了资金的浪费。因此，企业应根据自身的特点，在自建仓库和租用公共仓库之间作出合理的选择。一般来说，当企业的存货量较大、对商品的需求比较稳定且市场密度比较大时，可以考虑自建仓库，反之，则应选择租用公共仓库。

2. 注重应用合同仓储，也就是第三方仓储的应用

合同仓储因为具有专业性、高质量、低成本等优点，可以给企业提供优质的服务。合同仓储可以有效地利用仓储资源，扩大市场的地理范围以及降低运输的成本。

3. 进行储存物的 ABC 分类法，并在 ABC 分类的基础上实施重点管理

ABC 分类管理方法就是将库存物资按重要程度分为特别重要的库存（A 类）、一般重要的库存（B 类）和不重要的库存（C 类）三个等级，然后针对不同等级分别进行管理和控制。ABC 分类管理法是实施储存合理化的基础，在此基础上可以进一步解决各类的结构关

系、储存量、重点管理和技术措施等合理化问题。通过在 ABC 分析的基础上实施重点管理，可以决定各种物品的合理库存储备数量及经济地保有合理储备的办法，乃至实施零库存。

4. 追求经济规模，适当集中库存

所谓适度集中库存是利用储存规模优势，以适度集中储存代替分散的小规模储存来实现合理化。集中储存是面对储存费、运输费两个制约因素在一定范围内取得的优势的办法。适度集中储存是合理化的重要内容，集中储存易于调度，可以降低储存总量；过分集中储存，储存点与用户之间的距离则会拉长，储存总量虽然可以降低，但运输距离拉长，运费支出加大，在途时间长，又迫使周转储备增加。所以，适度集中的含义是主要在这两方面取得最优集中程度。

适度集中库存除在总储存费及运输费之间取得最优之外，还有一系列其他好处：对单个用户的保证能力提高，有利于采用机械化、自动化方式，有利于形成一定批量的干线运输，有利于成为支线运输的始发站。适度集中库存也是“零库存”这种合理化形式的前提条件之一。

5. 加速总的周转，提高单位产出

储存现代化的重要课题是将静态储存变为动态储存，周转速度的增快会带来一系列的合理化好处：资金周转快、资本效益高、货损小、仓库吞吐能力增加、成本下降等。具体做法如采用单元集装存储、建立快速分拣系统等都有利于实现快进快出、大进大出。

6. 采用有效的“先进先出”方式，保证每个被储物的储存期不全过长

“先进先出”是一种有效的方式，也是储存管理的准则之一。有效的先进先出方式主要有：

（1）贯通式货架系统。利用货架的每层形成贯通的通道，从一端存入物品，从另一端取出物品，物品在通道中自行按先后顺序排队，不会出现越位等现象。贯通式货架系统能非常有效地保证先进先出。

（2）“双仓法”储存。给每种被储物资都准备两个仓位或货位，轮换进行存取，再配以必须在一个货位中取光才可补充的规定，则可以保证实现“先进先出”。

（3）计算机存取系统。采用计算机管理，计算机输入时间记录，编入一个简单的按时间顺序输出的程序，取货时计算机就能按时间给予指示，以保证“先进先出”。这种计算机存取系统还能将不超长时间的储存和快进快出结合起来，即在保证先进先出的前提下，将周转快的物资随机存放在便于存储之处，以加快周转和减少劳动消耗。

7. 提高储存密度和仓容利用率

其主要目的是减少对储存设施的投资。提高单位存储面积的利用率，可以降低成本、减少土地占用。提高储存密度和仓容利用率有 3 类方法：

（1）采取高垛的方法增加储存的高度。如采用高层货架仓库、采用集装箱等都可比一般堆存方法大大增加储存高度。

（2）缩小库内通道宽度以增加储存的有效面积，具体有采用窄巷道式通道配以轨道式装卸车辆，以减少车辆运行宽度要求，采用侧叉车、推拉式叉车以减少叉车转弯所需的宽度。

（3）减少库内通道数量以增加储存的有效面积。具体方法有采用密集型货架、采用可进车的可卸式货架、采用各种贯通式货架、采用不依靠通道的桥式吊车装卸技术等。

8. 采用有效的储存定位系统

储存定位的含义是对被储物位置的确定。如果定位系统有效，能大大节约寻找、存放、取出的时间，节约不少物化劳动及活劳动，而且能防止差错，便于清点及实行订货点的管理。储存定位系统可采取先进的计算机管理，也可采取一般人工管理，行之有效的方式主要有：

（1）“四号定位”方式。用一组四位数字来确定存取位置。四号定位方法是我国手工管理中采用的科学方法。这四个号码是序号、架号、层号、位号。这就使每一个货位都有一个组号，在物资入库时，按规划要求，对物资编号，记录在帐卡上，提货时按四位数字的指示，很容易将货物拣选出来。这种定位方式可对仓库存货区事先作出规划，并能很快地存取货物，有利于提高速度、减少差错。

（2）电子计算机定位系统。在入库时，将存放货位输入计算机，出库时向计算机发出指令，并按计算机的指示人工或自动寻址，进行存放货或拣选取货。一般采取自由货位方式，计算机指示入库货物存放在就近并易于存取之处，或根据人库货物的存放时间和特点指示合适的货位，取货时也可就近就便。这种方式可以充分利用每一个货位，而不需专位待货，有利于提高仓库的储存能力。当吞吐量相同时，它的仓库面积比一般仓库的建筑面积要少。

9. 采用有效的监测清点方式

对储存物资数量和质量的监测可以科学库存控制。在实际工作中，只要稍有差错，就会使账、物不符，因此，必须及时且准确地掌握实际储存情况，经常与账卡核对，这无论是对人工管理或是计算机管理来说都是必不可少的。此外，经常的监测也是掌握被存物的质量状况的重要工作。监测清点的有效方式主要有：

（1）“五五化”堆码。它是我国手工管理中采用的一种科学方法。储存物堆垛时，以“五”为基本计数单位，堆成总量为“五”的倍数的垛形，如梅花五、重迭五等，堆码后，有经验者可过目成数，大大加快了人工点数的速度，而且差错较少。

（2）光电识别系统。在货位上设置光电识别装置，该装置对被存物扫描，并将准确数目自动显示出来。这种方式不需人工清点就能准确掌握库存的实有数量。

（3）电子计算机监控系统。用电子计算机指示存取，可以防止人工存取时易于出现的差错，如果在被存物上采用条形码认寻技术，使识别计数和计算机联接，每次存、取一件物品时，识别装置自动将条形码识别并将其输入计算机，计算机会自动作出存取记录。这样只需通过计算机进行查询，就可了解所存物品的准确情况，而不需要再建立一套对实有数的监测系统。

10. 采用现代储存保养技术

利用现代技术是储存合理化的重要方面。

（1）气幕隔潮。在潮湿地区或雨季，室外湿度高且持续时间长，仓库内若想保持较低的湿度，就必须防止室内外空气的频繁交换。在库门上方安装鼓风设施，在门口处形成一道气流，由于这道气流有较高压力和流速，在门口便形成了一道气墙，可有效阻止库内外空气交换，防止湿气浸入，但不会阻止人和设备出入。此外，气幕还可起到保持室内温度的隔热作用。

（2）气调储存。调节和改变环境的空气成分，抑制被储物的化学变化和生物变化，抑制害虫生存及微生物活动，从而达到保持被储物质量的目的。调节和改变空气成分有许多方法，如可以在密封环境中更换配好的气体，也可以充入含有某种成分的气体，还可以除去或降低具有某种成分的气体等。气调方法对于有新陈代谢作用的水果、蔬菜、粮食等物品的长期、保质、保鲜储存有很有效的作用。例如，气调储存可长期储存粮食，苹果可储存三个月。气调储存对防止生产资料在储存期发生有害化学反应也很有效。

（3）塑料薄膜封闭。塑料薄膜虽不完全隔绝气体，但能隔水隔潮，用塑料薄膜封垛、封袋、封箱，可有效地造就封闭小环境，阻隔、减缓内外空气交换，完全隔绝水分。若在封闭环境内再注入某种气体，内部长期保持该种气体的浓度，则会长期形成一个稳定的小环境。可以用这个方法来进行气调储存，它比气调仓储要简便易行且成本较低，也可以用这个办法对水泥、化工产品、钢材等做防水封装，以防变质和锈蚀。热缩性塑料薄膜在对托盘货物封装后再经热缩处理，则可基本排除封闭体内部的空气。塑料膜缩贴到被封装物上，不但有效与外部环境隔绝，而且还起到紧固作用，防止塌垛、散垛。

11. 采用集装箱、集装袋、托盘等运储装备一体化的方式

集装箱等集装设施的出现，也给储存带来了新观念。采用集装箱后，其本身便是一栋仓库，不需要再有传统意义的库房，在物流过程中，可省去了入库、验收、清点、堆垛、保管、出库等一系列储存作业，对改变传统储存作业有很重要的意义，是储存合理化的一种有效方式。

第四节　流 通 加 工

一、流通加工的概念和类型

（一）流通加工的概念

流通与加工本属于两个不同范畴。加工作为形成一定产品的活动，改变物资的性质或形状；流通则改变物资的空间与时间状态。所以，流通加工是流通中的一种特殊形式。

流通加工是指在物品从生产领域向消费领域流动的过程中，为促进销售、维护产品质量和提高物流效率，根据需要施加包装、分割、计量、分拣、刷标志、拴标签、组装等简单作业的总称。

（二）流通加工的类型

1. 为保存产品而进行的流通加工

商品在物流过程中直到用户使用前都存在对产品的保护问题。为防止产品在运输、储存、装卸、搬运、包装等过程中遭到损失而进行的加工有：为了水产品、蛋产品、肉产品的保鲜、保质而进行的冷冻加工、冷藏加工、防腐加工；丝、麻、棉、毛织品的防虫、防霉加工；木材的防腐、防干裂加工；为防止金属材料锈蚀而进行的喷漆、涂防锈油、运用手工或机械方法除锈；水泥的防潮、防湿加工。

2. 为适应客户的要求，促进销售的流通加工

这种流通加工可能不改变“物”的本体，只进行简单改装的加工，也有许多是组装、

分块等深加工，它可以从某些方面起到促进销售的作用。例如将过大包装或散装物（这是提高物流效率所要求的）分装成适合一次销售的小包装的分装加工；将原以保护产品为主的运输包装改换成以促进销售为主的装潢性包装，以起到吸引消费者、指导消费的作用。它可以满足消费者的不同要求。

3. 为方便运输、衔接不同目的的运输而进行的流通加工

把散装水泥装袋，便于水泥的运输、储存；水果装箱；鸡蛋装在托盘内再装入纸箱中。在干线运输及支线运输的节点设置流通加工环节，可以有效解决大批量、低成本、长距离干线运输与多品种、少批量、多批次末端运输和集散运输之间的衔接问题。在流通加工点与大生产企业间形成大批量、定点运输的渠道，又以流通加工中心为核心组织对多用户的配送，也可在流通加工点将运输包装转换为销售包装，从而有效衔接不同目的的运输方式。

4. 综合型流通加工

流通加工利用其综合性强、用户多的特点，可以实行合理规划、合理套裁、集中下料的办法，这就能有效提高原材料的利用率，减少损失和浪费。例如将生产企业直接运来的整包装、标准化产品分割成适合用户需要的规格、尺寸或包装的物品。又如钢板裁剪，薄板厂生产的薄板为60t一卷，其运输、吊装、储存都方便；运到金属公司后，用户的需求各不相同，有的用户仅需几米，金属公司采用切板机将钢板切割成用户需要的形状和尺寸，既满足了用户的需求，又便于用户运输和使用，也方便了销售。此外，诸如木材的锯板、钢筋切断也都具有这样的作用。

二、流通加工的地位及作用

（一）流通加工在市场上的地位

商流是物流的前提，物流是商流的保证。在商流与物流的联系中，流通加工表现得最为直接（除不经任何加工即可消费的产品外）。流通加工的最根本的目的是市场销售，与之相联系的运输方式、储存手段、配送形式等只能看作为流通加工所具有的多样化目的。流通加工在社会再生产中处于生产和消费之间，与其他流通环节共同构成了生产和消费的桥梁和纽带。

流通加工与其他流通环节相比其差别具体表现为：

（1）流通加工的目的和结果是以消费者为导向的，它比其他物流功能更接近消费领域和生产企业。

（2）流通加工与物流的包装、储存、运输等环节相比，它改变了流通客体的物理形态，甚至化学性能。

（3）流通加工与商流的采购、销售相比具有明显的生产特征。

（4）流通加工的不断发展和在不同领域的深化，形成了“流通加工产业”，例如“净菜”及“冷冻、冷藏食品”产业。

（二）流通加工的作用

流通加工的作用主要包括以下几个方面：

（1）方便流通，包括方便运输、方便储存、方便销售、方便客户。例如流通加工的集中下料，是将生产企业直接运来的整包装、标准化产品分割成适合用户需要的规格、尺寸或包装的物品。例如钢板剪裁，薄板厂生产出来的薄板 60t 一卷，运输、吊装、储存都非常方便。运到销售公司销售给用户时，有的用户只买几米，为了方便销售、方便用户，就需要销售公司用切板机将钢板切割、裁剪成适合用户需要的形状尺寸，用户买回去就可以直接使用，因此钢板裁剪这种流通加工就起到了方便流通、方便运输、方便储存、方便销售、方便用户的作用。

（2）提高了生产效益，也提高了流通效益。由于采用流通加工，生产企业可以进行标准化、整包装生产，这样做可以适应大生产的特点，不仅提高了生产效率、节省了包装费用和运输费用，还降低了成本；流通企业可以促进销售，增加销售收入，也提高了流通效益。

（3）流通加工不但方便了用户购买和使用，还降低了用户的成本。用量小或临时需要的用户，缺乏进行高效率初级加工的能力，依靠流通加工可使用户省去进行初级加工所需的机器设备的投资及人力，降低了成本。目前发展较快的初级加工有净裁加工、将水泥加工成混泥土、将原木或方材加工成门窗、冷拉钢筋及冲制异形零件、钢板预处理、整形、打孔等。

（4）提高加工效率及设备利用率。建立集中加工点可以采用效率高、技术先进、加工量大的专用机具和设备。这样做的好处，一是提高了加工质量，二是提高了设备利用率，三是提高了加工效率，其结果是降低了加工费用及原材料成本。例如，一般的使用部门在对钢板下料时采用气割的方法，需要留出较大的加工余量，不但出材率低，而且由于热加工容易改变钢的组织，加工质量不好。集中加工后可采用高效率的剪切设备，在一定的程度上防止了上述缺点。

（5）充分发挥各种输送手段的最高效率。流通加工环节将实物的流通加工分成两个阶段。一般来说，由于流通加工环境设置在消费地，从生产企业到流通加工的输送距离长，可以采用船舶、火车等大运量输送手段；而从流通加工到消费环节的输送距离短，主要是利用汽车和其他小型车辆来配送经过流通加工后的多规格、小批量、多用户的产品。这样可以充分发挥各种输送手段的最高效率，加快输送速度，节省运力及运费。

（6）可实现废物再生、物资的充分和综合利用，提高物资利用率。例如，集中下料可以优材优用、大材小用、合理套裁，具有明显提高原材料利用率的效果。再比如，北京、济南、丹东等城市曾对平板玻璃进行流通加工（集中裁制、开片供应），玻璃利用率从 60% 左右提高到 85%~95%。其他如木屑压制成木板、边角废料改制等流通加工都可以实现废物的再生利用，提高物资的利用率。

（7）改变功能，增加商品价值，提高收益。在流通过程中进行一些改变产品某些功能的简单加工，可以提高产品销售的经济效益。例如，内地的许多制成品（如洋娃娃玩具、时装、轻工纺织产品、工艺美术品等）在深圳进行简单的装潢加工后，改变了产品的外观，仅此一项就使产品售价提高 20% 以上。流通加工成为提高物资附加价值的活动。

三、流通加工与生产加工的区别

（1）流通加工的对象是进人流通过程的商品，其具有商品的属性；而生产加工的对象不是最终产品，而是原材料、零配件、半成品。

（2）在加工程度方面流通加工大多是简单加工，而不是复杂加工，对生产加工是一种辅助及补充，而绝不是对生产加工的取消或代替。

（3）从价值观点方面看，生产加工的目的在于创造价值及使用价值，而流通加工则在于完善其使用价值，并在不做大的改变下提高价值。

（4）从加工组织方面看，流通加工的组织者是从事流通工作的人，其能密切结合流通的需要进行这种加工活动；从加工单位来看，流通加工由商业或物资流通企业完成，而生产加工则由生产企业完成。

（5）流通加工有时候是以自身流通为目的、为流通创造条件而进行的加工，与直接为消费进行的加工是区别的，这是流通加工不同于一般生产的特殊之处。

四、流通加工的合理化

流通加工合理化的含义是实现流通加工的最优配置，不仅做到避免各种不合理，使流通加工具有存在价值，而且做到最优。为避免各种不合理现象，对是否设置流通加工环节、在什么地点设置、选择什么类型的加工、采用什么样的技术装备等，需要作出正确抉择。实现流通加工合理化可以从以下几方面进行考虑：

（1）加工和配送结合。将流通加工设置在配送点中，一方面按配送的需要进行加工，另一方面加工又是配送业务流程中分货、拣货、配货中的一个环节，加工后的产品直接投入配货作业，这就省去了一个加工的中间环节，使流通加工有别于独立的生产，而使流通加工与中转流通巧妙地结合在一起。同时，由于配送之前进行加工，可使配送服务水平大大提高。这是当前流通加工的重要形式，在煤炭、水泥等产品的流通中已表现出较大的优势。

（2）加工和配套结合。在对配套要求较高的流通中，配套的主体来自各个生产单位，但是有时无法全部依靠现有的生产单位完全配套，而进行适当的流通加工则可以有效地促成配套，大大提高流通的桥梁与纽带的能力。

（3）加工和合理运输结合。利用流通加工，在支线运输转干线运输或干线运输转支线运输这本来就必须停顿的环节，按干线或支线运输的合理要求进行适当加工，从而大大提高运输及运输转载水平。

（4）加工和合理商流相结合。例如通过简单地改变包装加工形成方便的购买量和通过组装加工解除用户使用前进行组装、调试的难处，都是有效促进商流的例子。

（5）加工和节约相结合。节约能源、节约设备、节约人力、节约耗费是流通加工合理化中重要的考虑因素，也是目前我国设置流通加工并考虑其合理化的较普遍形式。

对于流通加工是否合理化的最终判断，主要是看其是否能实现社会和企业本身的效益，而且是否取得了最优效益。对流通加工企业而言，它与一般生产企业的一个重要不同之处是，流通加工企业更应树立社会效益第一的观念，其只有在补充完善为己任的前提下才有生存的价值。

第五节　物 流 信 息

物流信息是指伴随着物流业务活动而发生的，以及在物流业务活动以外发生的但对物流业务有影响的一切信息。物流信息是反映物流各种活动内容的知识、资料、图像、数据、文件的总称。物流信息系统总是在物流系统中伴随着其他物流职能的运行而产生，又不断地对其他物流职能起支持保障作用的。

现代物流的重要特征就是物流的信息化，现代物流也可以看作是物资实体流通与信息流通的结合。在现代物流的运作过程中，计算机技术、通信技术、网络技术等技术手段的使用，大大加快了物流信息的处理和传递速度，从而使物流活动的效率和快速反应能力得到了提高。建立和完善物流信息系统对于构筑物流系统和开展现代物流活动是极其重要的一项工作内容。

物流信息主要是物流数量、物流地区、物流费用等信息。物流信息除具有真实性、滞后性、局部性等特点外，物流信息还具有以下特点：① 物流信息来源广，信息量大；② 物流信息动态性强，信息的价值衰减速度快；③ 物流信息种类多，来自不同系统与不同环节之中；④ 物流信息与物流、生产流、商流等有着紧密的关系。所以，对于物流信息进行分类、研究、筛选等是一个复杂的过程，操作难度大。

物流信息与商流信息的关系主要表现为，商流信息主要包括进行交易的有关信息，如货源信息、物价信息、市场信息、资金信息、合同信息、付款结算信息等。商流中的交易、合同等信息，不但提供了交易的结果，也提供了物流的依据，是两种信息流的主要交汇点；物流信息中的库存量信息，不但是物流的结果，也是商流的依据。

一、物流信息处理的主要内容

（一）订货信息处理

（1）计划阶段：选定订货方法，选定订货信息的传递手段。

（2）实施阶段：订货处理，核对库存，核对装卸能力，核对配送能力，制作出货单，制作进货单，迟进货物的管理。

（3）评价阶段：订货统计分析，退货处理，进货管理。

（二）库存管理中的信息处理

（1）计划阶段：决定库存地点的数量，商品库存的合理配置，设定库存预算，拟订标准的库存周转率。

（2）实施阶段：进出库处理，移送处理，仓库货架处理。

（3）评价阶段：库存预算与库存实绩的对比，标准库存周转率与实际周转率的对比，分析过剩库存，分析缺货库存，分析商品的恶化和破损，计算保管费，计算保险费。

（三）进货信息处理

（1）计划阶段：选定进货方法，选定订货信息的传递手段。

（2）实施阶段；进货，掌握和督促未进仓库的商品。

（3）评价阶段：分析进货统计。

（四）仓库管理中的信息

（1）计划阶段：租用储运公司的仓库或使用自有仓库的决定，决定仓库容积和设备的设计，保管形式的设计，仓库设备投资的经济核算。

（2）实施阶段：自动仓库的经营，容纳场所的指示，故障对策，完善仓库的安全设备，安置管理。

（3）评价阶段：分析仓库设备的调动，故障分析，计算修理费用，计算保安设施费用。

（五）装卸信息处理

（1）计划阶段：装卸方法的设定，装卸机械投资的经济核算。

（2）实施阶段：装卸作业指示，商品检查。

（3）评价阶段：装卸费用分析，装卸机械调动分析。

（六）包装信息处理

（1）计划阶段：决定包装形式，决定运输货物的形态，拟订包装标准，设计自动包装。

（2）实施阶段；包装材料的管理，包装工程的管理，不同包装种类的指示货盘管理，空集装箱的管理。

（3）评价阶段：包装费用的分析，事故统计。

（七）运输信息处理

（1）计划阶段：运输工具的选定，运输路线的选定，运送大宗货物的决定。

（2）实施阶段：调配车辆，货物装载指示，货物跟踪管理。

（3）评价阶段：运费计算，装载效率分析，车辆调动分析，迂回运输分析，事故分析。

（八）配送信息处理

（1）计划阶段：配送中心的数量及位置的确定，配送区域的决定。

（2）实施阶段：配送指示，与配送的货物抵达点的联络，货物跟踪管理。

（3）评价阶段：运费计算，装载效率分析，车辆调动分析，退货的运费分析，误差分析。

（九）综合系统信息处理

（1）计划阶段：物流综合系统的设计，需求的预测。

（2）实施阶段：订货处理的流向跟踪。

（3）评价阶段：综合实绩的掌握和分析，综合流通费用的分析，服务时间和服务效率的分析。

二、主要物流信息装备和技术介绍

（一）条形码技术

1. 条形码（Bar code）

条形码简称为条码，是由一组按一定编码规则排列的条、空符号，用以表示一定的字符、数字及符号组成的信息。

2. 商品代码的编制

商品代码的编制原则：商品代码具有唯一性、永久性和无含义。① 唯一性：同种规格同种产品对应同一个产品代码，同种产品不同规格应对应不同的产品代码。根据产品的不同性质，如重量、包装、规格、气味、颜色、形状等，赋予不同的商品代码。② 永久性：产品代码一经分配，就不再更改，并且是终身的。当此种产品不再生产时，其对应的产品代码只能搁置起来，不得重复起用并且再分配给其他的商品。③ 无含义：为了保证代码有足够的容量以适应产品频繁的更新换代的需要，最好采用无含义的顺序码。

条码编码方式（码制）有一维条码和二维条码。目前国际广泛使用的一维条码的种类有 EAN 码、UPC 码商品条码，其中，EAN 码是当今世界上广为使用的商品条码，已成为电子数据交换（EDI）的基础；UPC 码主要在美国和加拿大使用。

中国商品条码是国际通用条码在我国的具体表现形式，通用于世界各国。中国商品条码有 13 位数字，即由 3 位国家代码、4 位厂商代码、5 位商品代码和 1 位校验码构成。① 国家代码由国际物品编码协会（国际条码组织）分配，目前，国际物品编码协会已分配给中国的国家代码为 690、691、692，随着中国条码系统成员数量的增加，还将分配新的国家代码。② 厂商代码由中国物品编码中心分配，占 4 位数字。③ 商品项目代码占 5 位数字，代表单项商品，由厂家编定。④ 校验项目代码占 1 位数字，是为防止误读设置的。

3. 商品条码使用流程

① 申请厂商代号：需采用商品条码的厂商向编码中心申请厂商代号。② 核发厂商代号：编码中心对申请者的申请表单及文件进行审核后，发放登记证书、厂商代号以及印制条码的相关技术资料。③ 设定商品代号：申请厂商可依商品代号设定原则自由设定商品代号，再求得检核码，于是就完成了商品条码之编号工作。④ 印刷：厂商依印制商品条码的有关规定，与印刷厂商进行沟通后，将条码符号印制于包装材料上。⑤ 出货：商品条码的应用与交易体系中的零售商、批发商均有密切的关系，因此制造商应将含有条码编号的商品基本资料一览表分发有关业者备查。

4. 条码符号位置

条码符号位置的选择应以符号不变形且便于识读、便于操作为原则，具体表现为：① 首先应选在商品包装主显示面的右侧。② 可选在与商品包装主显示面相连的平面。③ 也可选在商品包装主显示面的背面。

在有曲面的商品上，条码符号的条应与曲面的母线垂直。条与印刷方向平行且平行于母线时，条码符号表面曲度不可超过 30°。若包装直径太小，条码符号应旋转 90°。曲面上条码符号的放大系数与曲面直径有关。箱型包装的条码符号最好印在箱底面，尽量避免印在正中央。长方型包装的条码符号最好印在底面长边的中央。罐装、瓶装的条码符号最好印在标纸的一侧下方。桶型包装的条码符号最好印在包装的侧面，侧面无法印制时，可印在桶型包装的盖子上，但盖子深度不可超过12mm。如果内装为易泄漏的液体，条码符号不可印在盖子上。袋型包装有底而且底面足够大时，条码符号应印在底面上，否则可印在背面下方的中央。体积大的袋包装，条码符号印在背面右侧下方，但应避免印在过低的位置，以防条码符号扭曲。没有底的小塑料袋或纸袋，条码符号印在背面下方的中央。如背面中央有接缝，则应印在右下方，或印在填充后不起皱折、不变形处。吸塑包装的条码符号最好印在纸板正面，且凸出包装距纸板的高度不得超过12mm。当凸出包装距纸板的高度大于12mm时，条码符号应离凸出包装尽量远些。有些商品条码符号可印在挂牌上。

5. 条码识别装置

条码识别采用各种光电扫描设备，主要有以下几种：① 光笔扫描器。类似笔形的手持小型扫描器。② 台式扫描器。固定的扫描装置，手持带有条码的卡片或证件在扫描器上移动，完成扫描。③ 手持式扫描器。能手持使用和移动使用的较大的扫描器，用于静态物品扫描。(4) 固定式光电及激光快速扫描器。由光学扫描器和光电转换器组成，是现在物流领域应用较多的固定式扫描设备，安装在物品运动的通道边，对物品进行逐个扫描。

各种扫描设备都和后续的电光转换、信息信号放大及与计算机联机形成完整的扫描阅读系统，完成了电子信息的采集。

6. 条码技术在物流中的应用

条码技术已广泛应用于商业仓储、交通运输、生产控制、金融、海关、邮政、医疗卫生、票证管理、质量跟踪等领域。在我国，条码技术已作为一种成熟的识别技术被广泛应用在商品流通领域，而且在物流及生产控制过程等方面的应用也在不断发展。

条码在物流中得到广泛的应用，主要表现在以下几方面：① 库存系统。在库存物资上应用条码技术，尤其对于规格包装、集装、托盘货物来说，入库时自动扫描并输入计算机，由计算机处理后形成库存信息，并输出入库区位、货架、货位的指令，出库程序则和POS系统的条码应用一样。② 销售信息系统（POS系统）。在商品上贴上条码就能快速、准确地利用计算机进行销售和配送管理。其过程为：对销售商品进行结算时，通过光电扫描读取并将信息输入计算机，然后输进收款机，收款后开出收据，同时，通过计算机处理，掌握进、销、存的数据。③ 分货、拣选系统。在配送和仓库出货时，采用分货、拣选方式，需要快速处理大量的货物，利用条码技术便可自动进行分货、拣选，并实现有关的管理。其过程如下：一个配送中心接到若干个配送订货要求，将若干个订货要求汇总，每一品种汇总成批后，按批发出所在条码的拣货标签，拣货人员到库中将标签帖于每件商品上并取出，用自动分拣机分货，分货机始端的扫描器对处于运动状态的分货机上的货物进行扫描，一是确认所拣出货物是否正确，另一方面识读条码上的用户标记，指令商品在确定的分支分流中到达各用户的配送货位，完成分货拣选作业。④ 条码技术在物流配送中心的应用。配送中心所用到的条码中，除了商品的条码外，还有货位条码、装卸台条码、运输车条码等。配送中心在业务处理中的订货、收货、入库、理货、在库管理、配货、补货等作业流程中都大量应用了条码技术，条码应用几乎出现在整个配送中心作业流程中的所有环节。

（二）EDI 技术

电子数据交换（Electronic data interchange）简称 EDI，是指通过电子方式，采用标准化的格式，利用计算机网络进行结构化数据的传输和交换。EDI 是信息技术向商贸领域渗透并与国际商贸实务相结合的产物。

1. EDI 的概念

EDI 应用计算机代替人工处理交易信息，提高了数据的处理速度和准确性。为使商业运作各方的计算机能够处理这些交易信息，各方的信息必须按照事先规定的统一标准进行格式化，才能被各方的计算机识别和处理。因此，可以将 EDI 的概念概括为：EDI 是参加商业运作的双方或多方按照协议，对具有一定结构的标准商业信息，通过数据通信网络在参与方计算机之间所进行传输和自动处理。

2. EDI 系统的组成

EDI 系统由通信模块、格式转换模式、联系模块、消息生成和处理模块等 4 个基本功能模块组成。数据标准化、EDI 软件硬件和通信网络是构成 EDI 系统的三要素。

（1）数据标准：EDI 标准是由各企业、各地区代表共同讨论、制订的电子数据交换共同标准，可以使各组织之间的不同文件格式，通过共同的标准获得彼此之间文件交换的目的。

（2）EDI 软件及硬件：实现 EDI，需要配备相应的 EDI 软件和硬件。EDI 软件具有将用户数据库系统中的信息译成 EDI 的标准格式以供传输交换的能力。EDI 软件由转换软件、翻译软件、通信软件组成。EDI 所需的硬件设备有计算机、调制解调器及电话线。由于使用 EDI 进行电子数据交换需通过通信网络，目前采用电话网络进行通信是很普遍的方法，因此 Modem 是必备的硬件设备。此外，如果传输时效及资料传输量上有较高要求，可以考虑租用专线。

（3）通信网络：通信网络是实现 EDI 的手段。EDI 通信方式有多种，第一种是点对点，这种方式只有在贸易伙伴数量较少的情况下使用。随着贸易伙伴数目的增多，当多家企业直接电脑通信时，会出现由于计算机厂家不同、通信协议相异以及工作时间不易配合等问题。为了克服这些问题，许多公司逐渐采用第三方网络，即增值网络方式。它类似于邮局，为发送者与接收者维护邮箱并提供存储转送、记忆保管、格式转换、安全管制等功能。因此，通过增值网络传送 EDI 文件，可以大幅度降低公司之间相互传送资料的复杂度和困难度，提高 EDI 的效率。

（三）RF 技术

RF 技术即计算机无线射频（Radio Frequency，简称 RF）数据通讯信息技术。

1. RF 的组成

计算机无线射频数据通讯技术是以无线信道作为传输媒体，以商品条码技术为核心，充分应用无线网络通讯技术、地理信息系统和无线手持电脑终端，结合 C/S 和 B/S 体系结构而建立的自动化实时仓储管理系统。无线网络可以分成局域网和广域网。在一定的空间范围内建立起基于有线网络构架的无线局域网，可将信息网络延伸到以前不可能到达的地方，再配置以适当的无线终端设备和应用软件，使得信息处理更加方便和快捷。

2. 仓储系统应用 RF 技术，必须满足以下条件：

（1）实时数据采集。流动着的操作人员必须采用无线网络技术和无线手持电脑终端。（2）商品条码化。条码是商品的唯一标识。（3）货位管理规范化、条码化。

3. 计算机无线射频数据通讯技术的功能

（1）应用 RF 技术可以在信息网络不能连接到的地方处理物流业务。如仓库收发物品、业务数据必须由记录的单据传递到有线网络节点处，再由用户将数据录入到信息系统中，信息系统与业务活动发生地之间的信息链是暂时断开的，这样无论查询还是传送，数据都只能做到事后执行，即使你看到了条形码，也无法立即让应用系统知道应该对什么物品做处理，条形码的用途就打了折扣。而无线网络技术的推广保证了信息链的完整，使实时数据交换成为可能，为进一步实现条形码业务管理提供了必要的技术保障。

（2）实时货位查询和货位动态分配。通过扫描商品的条形码可以实时查询其存储的货位，同时基于货位库存信息分配货位或动态定义货位。

（3）人力物力资源动态综合分配。可以基于出入库商品的批量动态地分配人力、物力资源，充分利用资源，提高系统的运行效率，减少资源的浪费。

（4）仓库系统综合盘点功能。可以定期对整个仓库系统地进行全面的盘点，产生差异表，便于复盘验证。仓库内部随机抽查盘点功能：可以分仓库、分区、分货位进行随机抽查，也可以针对特定类抽查。

（5）内外数据交换链接，针对一般的企业信息系统而言，RF 系统很好的提供了外部接口，能与其他的信息系统实现内外数据交换的功能。RF 系统的手持终端在现场工作时和其他的信息系统或 ERP 系统是离线的，在现场进行数据采集后，一般不进行任何问题或错误验证，然后通过和计算机连接的通讯将采集的数据上传至计算机系统中。

（四）GPS 技术

全球定位系统（Global Positioning System）简称 GPS，是具有在海、陆、空进行全方位实时三维导航与定位能力的新一代卫星导航与定位系统。经使用表明，GPS 以全天候、高精度、自动化、高效益等显著特点，成功地应用于大地测量、工程测量、航空摄影测量、运载工具导航和管制、地壳运动监测、工程变形监测、资源勘察、地球动力学等多种学科，近年来在物流领域得到广泛应用。

1. GPS 系统组成

GPS 系统包括三大部分：空间部分——GPS 卫星星座，地面控制部分——地面监控系统，用户设备部分——GPS 信号接收机。

2. GPS 系统的主要功能

（1）GPS 全球卫星实时定位功能：物流管理调度中心可对装有 GPS 车载终端的特殊或所有车辆进行呼叫，透过 GPRS 网络上传到调度中心，上传数据按相应的格式进行处理后得出精确的位置、时间、速度、运行方向等信息，通过成熟的地理信息平台直接体现在调度中心。物流人员就可以在互联网上实时查看到货物信息，掌握货物在途中的状态及运输时间，以此来提前安排货物的接收、停放以及销售等环节，使货物的销售链提前完成，从而提高工作效率。

（2）智能中央门控锁：系统与中央门控锁智能结合，使中央门控锁与防盗系统一体化。

(3) 全功能防盗报警功能：当物流车辆出现被非法侵入或被非法拆除电源等异常情况时，车载终端的报警装置会触发，此信息通过控制电路被发送到调度中心，直接显示在电子地图上，产生声光提示报警，从而有效地对一些不法行为加以制止。

(4) 远程控制功能：调度中心在了解车辆目前的运行状况和所处的地理位置后，通过调度中心对车辆实施远程合理调度。调度中心可以对车辆的运行设定边界或对速度进行限制，当车辆超过此限制值时，车载设备将自动向调度中心报警。调度中心还可以向指定车辆发出设置或解除强制熄火及区域警戒。

(5) 自主查询功能：货主可实时拨打车载电话，查询车辆位置、行驶方向和速度等车辆实况；或通过互联网方式，经物流中心授权验证，实时了解货物、路线及目地的、时间等信息，使管理更透明，更快捷。

3. GPS 的应用

GPS 系统在物流中的应用，体现在对车辆行使状态的管理以及货物流动的查询。用户只需在每辆长途运输车辆上安装 GPS 接收设备，便可实现实时跟踪、管理、记录等功能。运输公司可以通过 GPS 调度中心或互联网了解车辆工作状态，货物的委托用户，可以通过网上查询，及时了解货物的运转状态。GPS 防暴、反劫的功能，将为货主、运输公司提供了更多的安全保障，尤其对贵重物品和特殊物品的运输管理，不仅提高了货物运输的工作效率，节省了管理费用，还保护了货物及司机的安全。

三、物流信息标准化的作用

物流信息标准化是物流标准化的关键。

现代物流与传统物流的最根本的区别就是信息技术的支持。信息技术是构成现代物流体系的重要组成部分，也是提高物流效率的重要技术保障。物流系统的业务流程要靠信息技术的发展来支持，许多新的业务手段只是在相应的信息技术发展后才成为可能。它可使企业实现内部资源配置的优化，又可使供应链上的贸易伙伴实现物流信息的共享，从而对物流环节进行实时跟踪、有效控制与全程管理，并最终实现一体化物流。例如，对于商业趋势的预测在理论上早已取得了相当的成就，但是只有在计算机进入到企业的方方面面，同时信息技术的数据库等得到相应发展时，这种预测才能真正成为现实。

另一方面，信息技术也不能脱离真实的物流系统运作流程。闭门造车形成的最终结果只能是失败的信息系统，或者是失败的物流系统。同时，国内的许多经验也证实，如果管理上存在的问题得不到纠正，单纯计算机化对企业不会有太大的帮助，幻想仅仅通过计算机来摆脱管理困境是不现实的。

信息技术在现代物流中的作用至关重要，而在现代物流的整个过程中，信息的采集、处理和传递一定要以标准化为基础。若在系统的开发和建设过程中，只重视系统硬件设备的配置，而忽视对信息内容的标准化，就会增加信息系统的开发成本，降低信息系统的运行效率和经济效益。有些信息自动化管理系统在建成了若干个数据库之后才发现，由于对信息的命名、描述、分类和编码不一致，同类信息之间的工作以及信息资源得不到充分的开发和利用。

一个个彼此孤立的封闭系统，就如一个个信息孤岛。而这与当今信息时代各信息系统之间信息互换的要求相违背，因为实现信息传输和交换的前提是参与传输和交换信息的各信息系统对每一信息的名称、描述、分类和代码要一致。信息分类编码标准化起着为信息的传输和交换提供同一语言的作用。

目前，企业要在物流管理中建立物流管理信息系统、货物跟踪和信息交换系统，迫切需要建立物流标识系统、物流数据采集系统、物流信息交换系统等方面的标准，而我国尚没有完整的该类标准。

【个案分析】

美国通用汽车制造公司的自动化仓库

美国通用汽车制造公司实行的是准时制库存与生产管理制度（JIT），所以需要快速的卡车运输，并且实施十分严格的按时送货方式。公司在北美有30多个制造厂，10多个主要供货商。这些供货商要把零部件准时运送到各工厂，由于工作复杂，费用又高，而且常误期，因此，公司决定设立一个中转站，接收和集中各供货厂商送来的零部件，重新组合后立即发送到各制造工厂，以满足他们准时完成生产计划的需要。

基于很多方面的考虑，美国通用汽车制造公司为很好地执行中转功能建立了一个新型的自动化配件仓库。其基本的运作流程是：① 货物入库验收。当运货卡车进入停车场，保卫人员记录下拖车车号；当集装箱从拖车上卸下时，通过扫描，确认其是否与供货厂商电传的货物清单相符。② 货物入库处理。中央计算机对安装在叉车上的终端传达命令，指示操作人员如何处理卸下的集装箱货物，因为有60%以上的入库集装箱货物在几分钟或几小时要重新发运，而不是储存起来。在一个3万平方米的仓库，有2/3的空间用作为中转储存作业区。那些待发运的货物经扫描后被搬运到计算机所规定的储存区。在储存区，另外的叉车操作人员对集装箱再次扫描并从终端获悉存放集装箱的确切位置。一旦集装箱进入"定位"，会再一次扫描，使计算机确认其储存位置。当需要该零部件时，能及时在其储存位置取出。③ 货物出库操作。在零部件装车发运之后，计算机系统将卡车或火车装运的货物清单通知目的地的公司装配工厂。

美国通用汽车制造公司建造自动化仓库后，取得了极好的效果。自动化仓库的运作提高了零部件从供货厂商到装配工厂的流转速率，减少了多余库存，为公司和它的供货厂商节约了约800万美元。

问题讨论

试结合案例分析

1. 美国通用汽车制造公司采取自建自动化配件仓库后，给公司带来了什么改变？
2. 美国通用汽车制造公司为了实行准时库存与生产管理制度，采取了哪些措施？

【关键名词】

包装　装卸搬运　托盘　先进先出　流通加工　物流信息　条形码　EDI技术

【讨论与思考】

1. 简述常用的包装材料和包装容器技术有哪些?
2. 实现包装合理化的基本措施有哪些?
3. 简述装卸搬运在物流中的作用。
4. 简述实现装卸搬运合理化的基本措施。
5. 简述流通加工的类型。
6. 有效的先进先出方式主要有哪些?
7. 现代储存保养技术有哪些?
8. 储存合理化的主要方法有哪些?
9. 实现流通加工合理化应考虑哪些?
10. 物流信息系统有哪些基本功能?
11. 何为条形码与条码系统?
12. 简述 EDI 的概念及 EDI 系统的组成。
13. 简述 RF 技术。
14. 简述 GPS 系统组成。

第五章

物流运输

课前准备

【学习目标】

本章主要学习物流运输方式和几种专业运输模式等内容。通过学习，要求学生了解运输的地位与功能，理解各种运输方式的技术经济特点，熟悉复合一贯制运输的特点和集装箱运输的优点，掌握实现合理运输的措施。

【重点难点】

1. 运输的合理化；
2. 复合一贯制运输的特点和集装箱运输的特点；
3. 运输方式的选择。

学习内容

运输是物流中最重要、最基本的活动之一。运输创造空间价值。供需之间的空间差异要靠物流运输来解决。物资运输活动可分为两类：一类是作为具体生产过程的有机组成部分的生产内部的运输，另一类是作为物质生产部门的专门运输业从事的运输活动，上述两类运输都是物流的基本构成要素，本章讨论后者。

第一节　运 输 概 述

一、运输的概念

（一）何谓运输

运输是人和物的载运及输送。本书中专指“物”的载运及输送。它是在不同地域范围间（如两个城市、两个工厂之间，或一个大企业内相距较远的两个车间之间），以改变“物”的空间位置为目的的活动，对“物”进行空间位移。运输和搬运的区别在于，运输是较大范围的活动，而搬运是在同一地域之内的活动。

（二）运输的产生和发展

现代运输的发展，可划分为水运阶段、铁路运输阶段、新运输方式的发展阶段、综合运输阶段和集装箱运输阶段。

1. 水运阶段

水运是古老而又现代化的运输方式。在18～19世纪，资本主义早期的工业发展大多沿通航水道设立工厂，对水运的依赖性很大。

2. 铁路运输阶段

从19世纪初铁路投入使用后，工业发达国家相继筑路。铁路运输现已成为占货运量比重最大的运输方式。

3. 新运输方式的发展阶段

进入20世纪30年代，汽车、航空、管道运输相继崛起，发展迅速，至今方兴未艾。

4. 综合运输阶段

对综合运输问题的认识始于20世纪50年代，其核心在于调整铁路、公路、内河水运、管道运输的分工配合，形成均衡、衔接、协调的现代化运输体系。

5. 集装箱运输阶段

20世纪50年代中期，集装箱运输开始在海、陆出现并得到发展。特别是20世纪80年代后，集装箱运输发展得尤为迅速，这种现代运输方式由公路、铁路、水路推及到航空领域。集装箱运输逐步形成了世界性的集装箱运输体系。

二、运输在物流中的地位和作用

（一）运输在物流中的地位

运输将生产与消费所处的不同空间连接起来，为实现从生产到消费的移动起到了决定性的作用。运输在整个物流过程中具有举足轻重的特殊地位，它表现在以下几个方面：

（1）运输是实现物资实物转移的关键。

（2）物资运输对技术、组织等工作有特殊的要求。

（3）运输费用在物流成本中占有较大的比例。

（4）运输对社会产品的需求有其特殊地位。

（二）运输在物流中的作用

在物流活动中，运输是基本的活动。运输主要有两大功能：产品转移和产品储存。通过考察运输的功能，可以更深入地理解运输在物流中的作用。运输的作用主要体现在以下四个方面：

（1）运输是物流的最基本的一项运动，是物流的主要功能之一。根据物流的概念，物流是“物”的物理性运动，任何实物的空间位移都要靠实实在在的运输来实现。运输是改变空间状态的主要手段，运输再配以装卸搬运、配送等活动，就能圆满完成改变空间状态的任务。

（2）运输是社会物质生产的必要条件之一。运输是国民经济的基础和保障。虽然运输活动本身并不创造新的物质产品，而只改变物的空间位置，但它能保证生产继续下去，使社会再生产不断推进。因此，运输是社会物质生产的必要条件之一。

（3）运输能够创造“空间效用”。通过运输，将“物”运送到它的空间效用最高的地方，就能使“物”的潜力得到最大化的发挥，在整个社会范围内实现资源的优化配置。从这个意义上来说，相当于通过运输提高了“物”的使用价值，因此运输具有增值的作用。

（4）运输是“第三利润源”的主要源泉。物流是“第三利润源”，而运输是物流的支柱之一。运输承担大跨度空间转移任务，时间长、距离长、消耗也大。消耗的绝对数量大，其节约的潜力也就大。通过综合分析计算社会的物流费用可知，运输费在其中占接近 50% 的比例，有些产品运费则高于产品的生产费。通过体制改革和运输合理化可大大缩短运输吨公里数，从而获得比较大的利润。

三、运输作业的关键因素

从物流系统的观点来看，成本、速度和一致性是运输作业的三个至关重要的因素：

1. 运输成本

运输成本是指为两个地理位置间的运输所支付的款项，以及管理和维持转移中的存货的有关费用。物流系统的设计应该利用能把系统总成本降低到最低限度的运输，但最低费用的运输并不一定会导致最低的物流总成本。

2. 运输速度

运输速度是指为完成特定的运输作业所需花费的时间。运输速度和成本的关系，主要表现在以下两个方面：① 运输商提供的服务越是快速，他实际需要收取的费用也就越高。② 运输成本越低，转移中的存货就越少，可利用的运输间隔时间就越短。因此，在选择最合理的运输方式时，重要的问题就是如何平衡其服务的速度和成本。

3. 运输的一致性

运输的一致性是指在若干次装运中履行某一特定的运输所需的时间与原定时间或与前几次运输所需时间的一致性。运输的一致性是高质量运输的最重要的特征。如果给定的一项运输作业第一次花费了 2 天时间，而第二次却花费了 6 天时间，这种意想不到的变化就会使物流作业产生严重的问题。如果运输作业缺乏一致性，就需要增加安全储备存货，以防措手不及的服务故障。运输一致性会影响买卖双方承担的存货义务和有关风险。

第二节　五种基本的运输方式

按运输设备及运输工具不同分类，运输分为铁路运输、公路运输、水运、航空运输和管道运输。

一、铁路运输

铁路运输是利用铁路设施、设备运送货物的一种运输方式。铁路运输分为车皮运输和集装箱运输。在铁路运输中，完成向货车上的装货、卸货、收集、发送等工作，是铁路运输部门根据托运人的需要进行的，故称为铁路托运。

（一）铁路货物运输的种类与特点

铁路货物运输的种类分为整车、零担、混装运输和集装箱运输，具体根据托运货物的数量、性质、包装、体积、形状和运送条件等确定的。

（1）整车运输。一批货物按照它的重量或体积需要单独使用30t以上的一辆或超过一辆的货车装运，或者虽然不能装满一辆货车，但是由于货物的性质、形状或运送条件等原因，必须单独使用一辆货车装运时，以整车的方式运输。整车运输以棚车、敞车、平车、罐车为主。

（2）零担运输。如果按照货物的性质、形状、运送条件等可以与其他几批货物拼装一辆货车运送时，则以零担的方式运输。

（3）混装运输。混装运输是小件货物的装载运输。一般对同一到达地点的若干小件物资可分装在一个货车上。不同的物资分装在同一个集装箱中也是一种混装运输。

（4）集装箱运输。集装箱运输是铁路和公路联运的一种复合型直达运输，其特征是送货到门，可以由一个据点直达另一据点。适用于化工产品、食品、农产品等许多货种的运输。

（二）铁路货物运输的设施

（1）铁路机车。铁路机车是牵引列车和在车站进行调车作业的基本动力，机车按用途分为速度较高的客运机车、牵引力较大的货运机车和机动灵活的调节机车。按原动力的不同可分为内燃机车、电力机车以及蒸汽机车。

（2）车辆。铁路车辆是装运货物、运送旅客的运载工具。根据运输的需要，可分为客车、货车两大类。货车的种类有敞车、棚车、平车、罐车、长大货物车、保温车、漏斗车、自翻车和家畜车等。货车的主要技术参数包括：

① 货车的尺寸参数有车辆长度、车辆的定距、转向架固定轴距、车体长宽高、最大宽度和最大高度、车钩高、地板面高等。

② 货车的性能参数有自重、载重、自重系数、容重系数、构造速度、轴重、通过最小曲线半径等。

（三）铁路货物运输的基本程序

铁路货物运输的基本程序如图5－1所示。

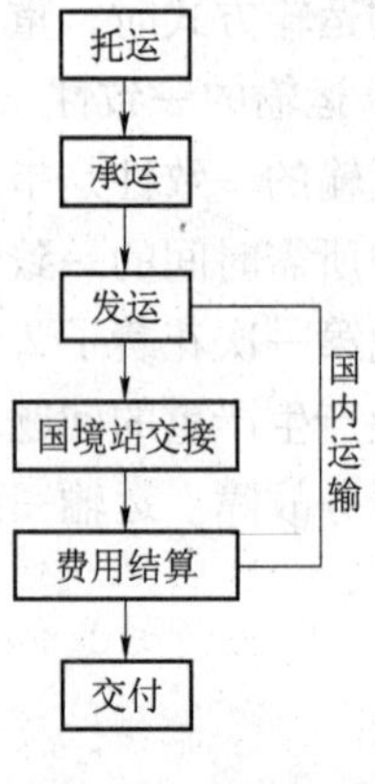

图5－1　铁路货物运输的基本程序示意图

二、公路运输

1. 公路

公路按使用性质可分为：国家公路、省公路、县公路和乡公路（简称为国、省、乡道）以及专用公路五个行政等级。干线是指国道和省道，而县道和乡道则称为支线。关于公路等级，则根据使用任务、功能和适应的交通量分为高速公路、一级公路、二级公路、三级公路、四级公路五个等级。

公路的主要组成部分有路基、路面、桥梁、涵洞、渡口码头、隧道、绿化、通讯、照明等设备及其他沿线设施。路面是用各种筑路材料分层铺筑在公路路基上供车辆行驶的层状构造物。它能承受行车和各种自然因素如风、霜、雨、雪、日照等的共同作用，使之能有足够的强度、稳定性、平整度和粗糙度，以保证车辆在路上安全、舒适、快速行驶。常用的路面有沥青路面、水泥混凝土结构路面。

2. 汽车

汽车是公路运输的主要工具，主要用于载运人员和（或）货物，牵引载运人员和（或）货物的运输。

载货汽车按设计用途可分为载重汽车、自卸车、越野汽车、客车、特殊用途专用车、牵引汽车、挂车、半挂车及专用车等；按汽车发动机所使用的燃油分类，可分为柴油汽车和汽油汽车。

（1）载重汽车（货车）是用来运载货物的汽车，按其质量又可分为微型货车、轻型货车、中型货车、重型货车。微型货车的总质量$\leqslant 1.8t$；轻型货车的总质量$=1.8t \sim 3t$为120系列，总质量$=3t \sim 6t$的为130系列；中型货车总质量$=6t \sim 14t$；重型货车的总质量$\geqslant 14t$。

（2）自卸车。其车箱可以向后或向一侧倾斜，使货物自动卸载。自卸车按其装载质量分为轻型自卸车、中型自卸车、重型自卸车、工矿自卸车。

（3）挂车结构汽车有半挂结构汽车、全挂结构汽车、双挂结构汽车。半挂车是承载货物的平台或容器，自身无动力，通过与牵引车连接后形成一个整体，在货物运输抵达目的地或转运时，可以通过交换半挂车或直接交付完成。它减少了传统的交卸货工序，提高运输效率。其中，甩挂运输是用一辆牵引车牵引着多辆半挂结构汽车；而区段运输是指半挂结构汽车到达指定区段站，半挂车换上另外一辆牵引车后继续向目的地前进。

3. 公路货物运输组织

（1）种类：整车运输，零担运输，集装箱运输。

（2）运输合同：托运单载明了托运货物名称、规格、件数、包装、质量、体积、货物保险价、发收货人姓名和地址、货物装卸地点以及承托双方有关货运事项等。

（3）基本作业：货运过程一般包括货物装运前的准备工作、装车、运送、卸车、保管和交付等环节。发送工作主要由受理托运、组织装车和核算制票等三部分组成，途中工作主要包括中途货物交接、货物整理或换装等内容，到达工作主要包括货运票据的交接、货物卸车、保管和交付等内容。

4. 公路特种货物运输技术

（1）危险货物：凡具有燃烧爆炸腐蚀、毒害、放射线等性质，在运输过程中能使人身伤亡、人民财产受到毁损的货物。

（2）鲜活货物：在运输中，需要采取相应的保鲜、活措施，并需在规定期限内运抵目的地的货物。

（3）长大笨重货物：汽车运输的货物具有长大或笨重特点，甚至几者皆有之的货物，简称大件。

5. 公路运输业务运作程序

公路运输业务程序如图5-2所示。

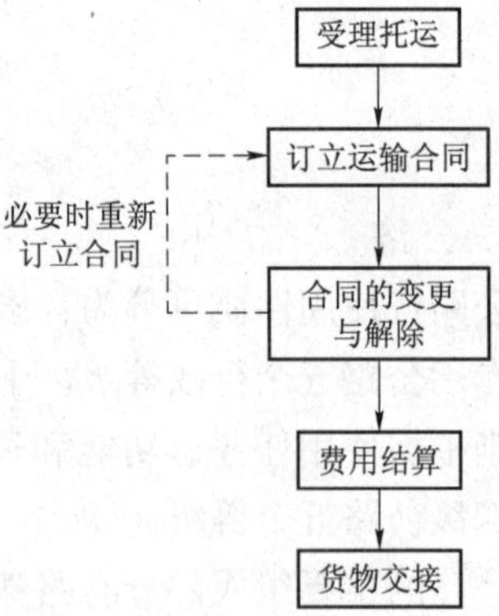

图5-2　公路运输业务运作程序

三、水上运输

（一）水上运输的概念

水上运输简称水运，是使用船舶运送客、货的一种运输方式。水运主要承担大数量、长距离的水上运输，是在干线运输中起主力作用的运输形式。在内河及沿海，水运也常作为小型运输工具使用，担任补充及衔接大批量干线运输的任务。水路运输由船舶、航道和港口组成。海上运输是历史悠久的运输方式。

水运的主要优点是运输能力大、运输成本低、投资省、劳动生产率高，能进行低成本、大批量、远距离的运输。水运的缺点主要是运输速度慢，受港口、水位、季节、气候影响较大，因而一年中中断运输的时间较长。

（二）水路运输方式

（1）国际航运。国际航运的方式有班轮运输、租船运输。

（2）航线营运方式。航线营运方式也称航线形式，即在固定的港口之间，为完成一定的运输任务配备一定数量的船舶，并按一定的程序组织船舶运行活动。

（3）航次运营方式。航次运营方式是指船舶的运行没有固定的出发港和目的港，船舶仅为完成某一特定的运输任务按照预先安排的航次计划运行。

（4）顶推（拖带）运营方式。这是一种内河运输方式。

（5）客货船运营形式，这是一种客运和货运同船的运输形式。

（6）多式联运。多式联运是指以集装箱为媒介，把铁路、水路、公路和航空等单一的运输方式有机的结合起来、组成一个连贯的运输系统的运输方式。

（三）船舶的经济技术特征

1. 船舶的经济技术指标

船舶的经济技术指标有船舶的航行性能、船舶的排水量和载重量、船舶的货舱容积和登记吨位、船舶的装卸性能等。

2. 船舶的种类

船舶的种类主要有客货船、杂货船、散装船、冷藏船、油船、液化气船、滚装船、载驳船、集装箱船、内河货船。

（四）港口的经济技术特点

港口是海上运输和内陆运输之间的重要联系枢纽。船舶的装卸、修理以及货物的集、散都要在港口进行。现代化港口的条件是拥有大量的泊位，具有深水航道和深水港区，具有高效率的专业化装卸设备，具有畅通的集、疏、运设施及其他设施。港口物流的类型属于信息资源型物流，即港口通过物流信息网络开展电子商务，并发展成电子物流，形成离岸贸易和远程物流，虽然货物没有经过本港，但实际上通过其他口岸和其他地区的物流企业完成异地物流服务。

（五）物流海运业务运作基本程序

物流海运业务运作基本程序如图 5－3 所示。

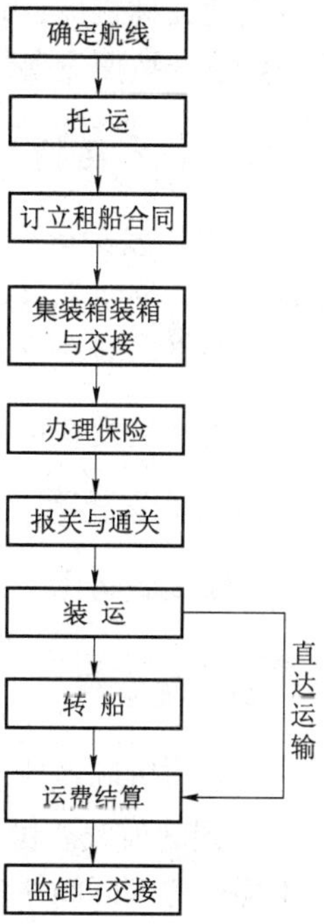

图 5－3　海运业务程序图

四、航空运输

（一）航空运输的方式

使用飞机运送货物的方式称为航空运输，简称空运。航空运输分客机、客货混载和运输机三种。客机将旅客的随身行李放在飞机的下部，余地用来装运一般货物。客、货混载机则将客舱的一部分用作货舱，适合用于运送地区性货物。运输机把飞机上部和下部均作为货舱，一般上部装运工业化货物，下部装运散货。

航空运输主要经营方式包括班机运输、包机运输、集中托运、航空快递。

（二）航空运输的特点

航空运输的速度快，一般在 800～900 公里/小时左右；飞机的机动性能好，几乎可以飞越各种天然障碍，可以到达其他运输方式难以到达的地方；货物损坏少，适合于时间性强、小批量货物或贵重货物的运输。

航空运输的缺点是：飞机造价高、能耗大、运输能力小、成本很高、技术复杂。因此，只适宜长途旅客运输和体积小、价值高的物资以及鲜活产品及邮件等货物的运输。

（三）航空运输的设施

1. 空运货物的集装单元规格

空运货物的集装单元是在托盘上装载与机舱断面一致的货物，再用网固定。

2. 航空集装箱

航空集装箱用铝合金制成，能放在飞机的货舱中。

3. 运输机

按飞机航程距离，运输机可分为远程飞机、中程飞机、近程飞机和短程飞机 4 类。远程飞机的航程在 8 000km 以上，起飞质量在 150 000kg 以上，主要用于洲际飞行。中程飞机的航程约在 3 000 ~ 5 000km，起飞质量在 100 000kg 以上，适用于洲内和主要航线的飞行。近程飞机的航程约在 3 000km 以下，最大起飞质量在 40 000kg 以上，适用于国内航线的飞行。短程飞机的航程约在 1 000km 以下，最大起飞质量在 40 000kg 以下，适用于地方支线和通勤运输的飞行。

目前世界上主要的运输机机型有波音系列（B –）、安系列（An –）、图系列（Tu –）、麦道系列（MD –）、伊尔系列（Π –）、空中客车系列（A –）、以及我国的运系列（Y –）、新舟 60、运输直升机系列等。

4. 航空港

航空港又称机场，是航空线的枢纽，它供执行客货运业务和保养维修飞机、起飞、降落使用。航空港按照设备情况可分为基本航空港和中途航空港。

（四）航空运输技术指标

1. 航站始发载运比率

航空运输把实际载运量与最大载运能力之比称为载运比率，它是指某航空港出港飞机实际运载与最大运载之比，即：

航站始发载运比率 = 实际运载/最大运载 × 100%

2. 航线载运比率

航线载运比率 = 实际总周转量/最大周转量 × 100%

（五）航空线

航空线有国际航线、国内航空干线和国内地方航运线。

（1）国际航线。国际航线是由两个或两个以上的国家共同开辟，主要担负国际间旅客、邮件、货物的运送。

（2）国内航空干线。航空干线的布局首先要为国家的政治、经济服务，其次是根据各种运输方式的合理分工，承担长途和边远地区的客、货运转任务。

（3）国内地方航运线。国内地方航运线一般是为省内政治、经济服务，主要在一些省区面积大而区内交通不发达的地区和边疆地区。

（六）物流空运业务程序

物流空运业务运作程序如图 5 – 4 所示。

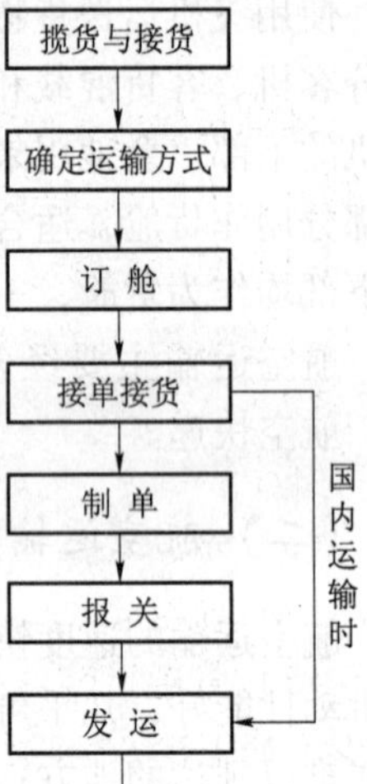

图 5 – 4　物流空运业务程序示意图

五、管道运输

使用管道设备、设施来完成物质资料运送的运输方式称为管道运输。较远距离地输送石油、天然气等，都可以使用管道运输。

管道有多种类型，按管道的材料分类，常用的管道有金属管道、塑料管道、玻璃钢管道和其他管道等；按管道的应用范围分类，管道包括输气管道、输原油管道、输成品油管道、水管道和海洋管道等。按管线的铺设方式，可以分为地下、地上和架空管道。

管道运输的优点是：① 运输量大。国外一条直径720mm的输煤管道，一年即可输送煤炭2 000万吨，几乎相当于一条单线铁路的单方向的输送能力。② 运输工程量小，占地少。管道运输只需要铺设管线，修建泵站，土石方工程量比修建铁路小得多。而且在平原地区管道大多埋在地下，不占农田。③ 能耗小。在各种运输方式中其能耗是最低的。④ 安全可靠，无污染，成本低。⑤ 不受气候影响，可以全天候运输，送达货物的可靠性高。⑥ 管道可以走捷径，运输距离短。⑦ 可以实现封闭、连续运输，损耗少。管道运输的缺点是：① 专用性强，只能运输石油、天然气及固体料浆（如煤炭等）。但它具有固定可靠的市场。② 管道起输量与最高运输量间的幅度小。③ 管道运输路线一般是固定的，管道设施的一次性投资也较大。因此，在油田开发初期，如果采用管道运输有困难的话，还要以公路、铁路、水陆运输作为过渡。

物料在管道运输过程中，其运输状态需要实时监控，发现问题要及时处理。

六、各种运输方式运营特征的比较

各种运输方式有其自身的特点，并且分别适合于运输不同距离、不同形式、不同运费负担能力、不同时间需求以及不同重量的物品。

（1）铁路运输：运输速度仅次于航空运输，陆地长距离运输，不受运输条件影响，可重载、高速运行及运输单位大。

（2）公路运输：空间时间自由，不受线路约束，可实现门到门直达输送，货物误送的可能性很小。

（3）水路运输：在大批量和远距离的运输中价格便宜，可以运送超大和超重型货物。

（4）航空运输：运输速度快，时间短，货物损失少，但运输费用高。适合保鲜物品的输送。

（5）管道运输：维修费便宜，输送大量物资不费人力，运输成本低，占地少，安全事故少，公害少。运输线路固定，输送地点和输送对象有局限性。

七、运输方式的选择

影响各种运输方式的技术经济因素主要包括运输速度、运输工具的容量及线路运输能力、运输成本、经济里程、环境保护等。

1. 运输速度

运输工具的最高技术速度决定于通常的地面道路交通环境下允许的安全操作速度。一般来说，航空运输速度快，铁路运输速度次之，水路最慢。但在短途运输中，公路运输灵活、快捷、方便。

2. 运输工具的容量及线路运输能力

由于技术及经济的原因，各种运输工具的容量大不相同，即各种运输方式的运输能力差异很大，可根据运输货物的具体情况选择运输工具。

3. 运输成本

运输成本主要由基础设施成本、运转设备成本、营运成本和作业成本构成。因为单项成本或全部成本在各种运输方式之间存在较大差异，所以各种运输方式的经济效益是不同的。

4. 经济里程

经济里程是指单位物流运输距离所支付的费用。不同的运输方式的运输距离与成本之间的关系存在较大差异，铁路的运输距离增加的幅度要大于成本上升的幅度，公路运输则相反。运输距离在300km以内选择公路运输，运输距离在300~500km内主要选择铁路运输，500km以上选择水路运输。

选择运输方式的原则是：研究这些因素，按照成本、方式、距离的最佳组合，充分发挥各种运输方式的作用，统筹兼顾，权衡利弊，对运输方式作出最佳选择。

第三节　几种专业运输模式

一、复合一贯制运输

（一）复合一贯制运输的概念

复合一贯制运输是指吸取铁路、汽车、船舶、飞机等基本运输方式的长处，把它们有机地结合起来，实行多环节、多区段、多运输工具相互衔接，从而进行商品运输的一种方式。这种运输方式以集装箱作为连结各种工具的通用媒介，起到复合直达运输的作用。

（二）复合一贯制运输方式

复合一贯制运输方式有：卡车——铁路——卡车、卡车——船舶——卡车、卡车——飞机——卡车、卡车——船舶——铁路——船舶——卡车、卡车——船舶——卡车——飞机——卡车等。

最近，作为综合一贯运输之一的卡车与铁路、卡车与船舶的联运特别受到重视。卡车和铁路与卡车和船舶的联合运输是指干线的货运由卡车改为用铁路或船舶来装运的复合一贯运输。

（三）复合一贯制运输的特点

（1）手续简便。发货单位在发货时，只要在起始地一次办理好运输手续，收货方在指定到达站即可提取运达的商品，它具有一次开票、手续简便、全程负责的优点。

（2）能实现门到门的运输。复合运输实现全程负责，综合使用多种运输方式，所以能很便利地实现门到门运输，这对保证供应链和产、销、物一体化管理目标的实现具有积极意义。

（3）运费低廉。按照交通运输部门的有关规定，凡交通部门直属运输企业，对复合运输的费用一律核减15%；地方经营船舶运输时，运费一律核减10%。

二、一贯托盘化运输

（一）单元载货系统的概念

单元载货系统是指从发货到将货物装上托盘或装入集装箱、敞车、棚车、容器，使一定数量的货物成为一个大件进行运输和保管的机制。托盘是单元载货系统的重要工具，一贯托盘化运输是指使用托盘的单元载货运输系统。

（二）实行一贯托盘化运输的必要性

一贯托盘化对于货主、运输业、社会均有好处，社会效益好。对于企业来说可以提高工作效率，促使搬运作业标准化、计划化、机械化，缓解劳动力不足，降低物流成本，提高社会效益。在我国，使用托盘化作业的企业还很少，实行一贯托盘运输对于提高整个运输业的经济效益将有更大的空间。

实行一贯托盘化运输必须做到托盘通用制，而实现托盘通用制则必须做到：① 行政机关实行有力的一元化领导；② 铁路运输、公路运输、水路运输等物流运输业的支持；③ 物流机具、车辆、包装等有关行业的规格标准与标准托盘规格须一致。

（三）推行一贯托盘化运输应注意的一些问题

（1）为使一贯托盘化运输取得成功，发货单位、收货单位、物流业者和托盘租赁业者必须齐心协力共同努力。

（2）公正地分配有关投资费用和收益。

（3）运输与装载时，采用防止货物散落、崩塌的对策（如不要把货物沿水平方向向外延伸，尽量使用防止货物散落的简易方法等），改进捆包的模式或改变交易单价，确立防止货物散落的对策。

（4）设立共同回收机构。采用以下方法提高托盘的回收率和使用效率：① 从托盘租赁公司租赁；② 在行业内部设立共同回收机构；③ 立即交换托盘（在收发之间使用同一种规格）；④ 行业内部托盘的共同利用；⑤ 使用押金制度。

（5）提高装载率。通过以下几点实施：① 使用标准托盘；② 提高总装载效率；③ 采用循环输配送系统；④ 缩短装卸时间，提高卡车的周转效率以抵补装载率的下降。

（6）实行标准化，促进一贯托盘化运输的推行。具体表现为：① 采用标准托盘；② 普及叉车，提高收货单位的作业效率，对于订货单位则要求他们使用托盘单元或面积单位订货；③ 促进运输车辆改变型号，使之适合标准托盘运输；④ 统一物流机器设备规格。

三、集装箱运输

（一）集装箱运输

1. 集装箱运输的定义

集装箱运输是将一定数量单位货物装入标准规格的集装箱，以集装箱作为集装、运送单位，利用多式联运等方式，将货物运送到目的地的现代化运输方式。

2. 集装箱运输的机构

（1）实际承运人。

是指拥有大量集装箱和集装箱船舶的轮船公司，如我国的中远、外运等。

（2）无船公共承运人。

集装箱运输通常是从一个国家的内陆点收货，然后启运至另一个国家的内陆点交货，大都为多式联运，中途要经过多次换装。这种复杂的运输方式，如果单独由海运或铁路或公路承运人负责全程运输会存在很大困难。无船公共承运人就是为了解决这一难题而产生的，它本身一般不具有运输工具，它一方面以承运人的身份向货主揽货，另一方面又以托运人的身份向实际承运人托运。

（3）集装箱码头经营人。

它是专门办理在码头的装卸、交接、保管的部门，它受托运人或其代理人以及承运人或其代理人的委托提供各种集装箱运输服务。

（4）集装箱货运站。

即在内陆交通比较便利的大中城市设立的供集装箱交接、中转或其他运输服务的专门场所。

（5）集装箱租赁公司。

这是随集装箱运输发展而兴起的一种新兴行业，它专门经营集装箱的出租业务。

（6）联运保、赔协会。

一种由轮船公司互保的保险组织，对集装箱运输中可能遭受的一切损害进行全面统一的保险。这是集装箱运输发展后所产生的新的保险组织。

3. 现代集装化应当遵循的基本原则

集装化是实现物流标准化和批量化的前提和基础。发展集装化有利于实现运输和装卸的机械化和快速化，加快物资周转。所以，要实现物资包装集装化就应遵守以下基本原则：① 通用化。实行集装化，必须使之与物流系统的设备与工艺相适应，各种集装工具之间要相互协调，以便在“门到门”运输过程中畅通无阻。② 标准化。它是指为了方便和流通，在集装工具的外形和重量、刚度和耐久性试验方法、从装卸搬运加固规则到编号及标准都要遵照国家标准、国际标准化组织的规定，以实现集装标准化。③ 系统化。集装化不仅针对集装工具，它还是一个包括成套物流设施、工艺和管理，联系生产与生产、生产与消费在内的动态系统。

4. 集装箱运输方式

集装箱运输方式有海上集装箱运输、公路集装箱运输、铁路集装箱运输与航空集装箱运输。

海上国际集装箱运输是指采用集装箱运输船舶装载的国际货物经由一个国家或地区运至另一个国家或地区的国际运输。海上国际集装箱运输的有关部门有托运人和收货人、内地承运人、装箱人和拆箱人、船舶代理人、外轮理货公司、银行、保险和外汇管理部门、仲裁部门和集装箱经营人。

海上集装箱运输使用的集装箱船型有：① 全集装箱船：这是一种专门用于装运集装箱，为在海上能安全、经济、快速和有效地大量运输集装箱而设计和建造的专用船舶。这种运输船舶的全部船舱和甲板都用于装载集装箱，故称之为集装箱专用船舶。② 半集装箱船：这种集装箱船的主要特点是船的一部分被设计成为永久性装载集装箱的专用货舱，其他船舱为装载其他货物的货舱。③ 可变换集装箱船：这种集装箱船的主要特点是，船舶所有的船舱既可装载普通货物，又可以装运集装箱。④ 滚装船和载驳船：滚装船的主要特征体现在船体结构上，载驳船又称子母船。

公路集装箱运输是指从运输货物之前的准备工作开始，直至将集装箱货物送到目的地为止的全过程。公路集装箱运输经常表现为海上国际集装箱运输的继续。

（二）集装箱交接方式和交接地点

1. 整箱收/整箱交

（1）门到门交接（Door/Door）。此种交接形式习惯上只有一个发货人、收货人，由承运人负责内陆运输。门到门交接的货物为整箱货。

（2）门到场交接（Door/CY）。门到场的交接形式是在发货人的工厂或仓库接收货箱后，由承运人负责运至卸船港集装箱码头堆场交货，目的地的内陆运输则由收货人自己负责安排。

（3）场到门交接（CY/Door）。是指在装船港集装箱码头堆场接收货箱，由承运人负责运至收货人工厂或仓库交货的交接方式，即整箱接收、整箱交付。

（4）场到场交接（CY/CY）。这是一种在装船港码头堆场接收货箱，并将其运至卸船港码头堆场的交接方式。

2. 整箱收/拆箱交

集装箱具体的交接地点有以下两种情况：

（1）门到站交接（Door/CFS）。门到站交接形式是在发货人的工厂或仓库接收货箱后，由承运人负责运至目的地集装箱货运站交货，即整箱货接收、拼箱货交付。

（2）场到站交接（CY/CFS）。这是一种在装船港的集装箱码头堆放场接收货箱，并将其运至目的地集装箱货运站的交接方式。

3. 拼箱收/拆箱交

在这种交接方式下，集装箱的具体交接地点只有一种情况，即站到站（CFS to CFS）。这是指发货人将货物送往起运地或集装箱货运站，货运站将货物拼装后交承运人，承运人负责运至目的地或卸箱港集装箱货运站进行拆箱，当地的货运站将其交到0各个有关收货人。

4. 拼箱收/整箱交

（1）站到场交接（CFS/CY）。这是一种发货人在起运地集装箱货运站接收货箱后，承运人负责运至卸船港集装箱码头堆场，整箱交给收货人的交接方式。

（2）站到门交接（CFS/Door）。这是一种发货人在起运地集装箱货运站接收货箱后，并将其运至收货工厂或仓库的交接方式。

（三）集装箱运输的特点

集装箱运输与传统运输方式相比，具有以下特点：

（1）以集装箱为媒介进行货物的全程运输，并可以从一种运输方式直接换装到另一种运输方式，而不需要重新进行掏箱和装箱。

（2）集装箱运输不仅装卸快、效率高，且货运质量在一定程度上也能得到保证。

（3）货物可在发货人的工厂或仓库装箱，通过多种运输方式可一直运至收货人的工厂或仓库里进行掏箱，实行“门到门”的运输。

（4）集装箱运输便利货物运输，简化了营运手续，加快了运输速度，减少了营运费用，降低了运输成本。据国际航运业报道，集装箱运费要比普通件杂货运费低5%~10%。

第四节　运输的合理化

一、影响运输合理化的五要素

由于运输是物流中最重要的功能要素之一，物流合理化在很大程度上依赖于运输合理化。运输合理化的影响因素很多，起决定性作用的有五方面的因素，它们被称作影响运输合理化的“五要素”：

（1）运输距离。在运输时，运输时间、运输货损、运费、车辆或船舶周转等运输的若干技术经济指标都与运输距离有一定比例关系，运输距离长短是衡量运输是否合理的一个最基本因素。

（2）运输环节。减少运输环节，尤其是减少同类运输工具的环节，对合理运输有促进作用。

（3）运输工具。对运输工具进行优化选择，按运输工具特点进行装卸运输作业，最大限度地发挥所用运输工具的作用，是运输合理化的重要一环。

（4）运输时间。运输时间的缩短对整个流通时间的缩短有决定性的作用。此外，运输时间短有利于运输工具的加速周转，具有充分发挥运力的作用，有利于货主资金的周转，有利于运输线路通过能力的提高，对运输合理化有很大贡献。

（5）运输费用。运费高低在很大程度决定整个物流系统的竞争能力，它是运输合理化的一个重要指标。

二、不合理运输的八种形式

不合理运输是指在现有条件下可以达到的运输水平但未达到，从而造成了运力浪费、运输时间增加、运费超支等问题的运输形式。目前，我国存在的不合理运输形式主要有：

1. 返程或起程空驶

空车无货行驶，可以说是不合理运输的最严重形式。在实际的运输组织中，有时候必须调运空车，从管理上不能将其看成不合理运输。但是，因调运不当、货源计划不周、不采用运输社会化而形成的空驶是不合理运输的表现。造成空驶的不合理运输主要有以下几种原因：① 能利用社会化的运输体系而不利用，却依靠自备车送货提货，这往往出现单程重车、单程空驶的不合理运输。② 由于工作失误或计划不周造成货源不实，车辆空去空回，形成双程空驶。③ 由于车辆过分专用，无法搭运回程货，只能单程实车，单程回空周转。

2. 对流运输

对流运输又叫“相向运输”、“交错运输”，指同一种货物或彼此间可以相互代用的货物而又不影响管理、技术及效益的货物，在同一运输线路上或平行运输线路上作相对方向的不合理运输方式，其与对方运程的全部或一部分发生重迭或交错。已经制定了合理流向图的产品，一般必须按合理流向的方向运输，如果与合理流向图指定的方向相反，也属对流运输。在判断对流运输时需注意的是，有的对流运输是不很明显的隐敝对流，简称为隐含的对流运输。例如，不同时间的相向运输，从发生运输的那个时间看，并无对流出现，由此可能作出错误的判断，所以要注意隐蔽的对流运输。

3. 重复运输

重复运输的一种形式是本来可以直接将货物运到目的地，但是在未达目的地之处，或目的地之外的其他场所将货卸下，再重复装运送达目的地。物流仓库设置不当或计划不周，可能造成重复运输。

4. 迂回运输

这是一种舍近取远的运输。可以选取短距离进行运输而不选，却选择路程较长的路线进行运输的一种不合理形式。迂回运输有一定复杂性，不能简单处之，只有当计划不周、地理情况不熟悉、组织不当而发生的迂回才属于不合理运输。如果最短距离有交通阻塞、道路情况不好或有对噪音、排气等特殊限制而不能使用时发生的迂回，不能称为不合理运输。

5. 倒流运输

这是指货物从销地或中转地向产地或起运地回流的一种运输现象。倒流运输的不合理程度要超过对流运输，其原因在于，往返两程的运输都是不必要的，形成了双程的浪费。倒流运输也可以看成是隐蔽对流的一种特殊形式。

6. 过远运输

过远运输是指调运物资舍近求远，近处有资源不调而从远处调，这就拉长了货物运输距离而造成浪费。过远运输占用运力时间长、运输工具周转慢、物资占压资金时间长，还易出现货损，增加了费用支出。

7. 托运方式选择不当

对于货主而言，可以选择最好的托运方式而未选择，造成运力浪费及费用支出加大的一种不合理运输。例如，应选择整车而未选择，反而采取零担托运；应当直达而选择了中转运输；应当中转运输而选择了直达运输等都属于这一类型的不合理运输。

8. 运力选择不当

因为不正确地利用运输工具和运输方式造成的不合理现象，常见的有以下几种形式：① 弃水走陆。在同时可以利用水运及陆运时，不利用成本较低的水运或水陆联运，而选择成本较高的铁路运输或汽车运输，使水运优势不能发挥。② 运输工具承载能力选择不当。不根据承运货物数量及重量进行选择，而盲目决定运输工具，造成过分超载、损坏车辆及货物不满载、浪费运力的现象，尤其是“大马拉小车”的现象。由于装货量小，单位货物运输成本必然增加。③ 铁路、大型船舶的过近运输。不是铁路及大型船舶的经济运行里程却利用这些运力进行运输。主要不合理之处在于，火车及大型船舶起运及到达目的地的准备、装卸时间长，且机动灵活性不足，在过近距离中利用，发挥不了其运输方式及运速快的优势。相反，由于装卸时间长，反而会延长运输时间。另外，和小型运输设备比较，火车及大型船舶装卸难度大、费用也较高。

三、实现运输合理化的基本措施

长期以来，我国在生产实践中探索和创立了不少运输合理化的措施，在一定时期内、一定条件下取得了效果，现汇集如下：

1. 提高运输工具实载率

实载率有两个含义：一是单车实际载重与运距之乘积和标定载重与行驶里程之乘积的比率，这在安排单车、单船运输时，是作为判断装载合理与否的重要指标；二是车船的统计指标，即一定时期内车船实际完成的货物周转量（以吨公里计）占车船载重吨位与行驶公里之乘积的百分比。在计算时，车船行驶的公里数不但包括载货行驶，也包括空驶。提高实载率的意义在于充分利用运输工具的额定能力，减少车船不满载行驶和空驶的时间，减少浪费，以求得运输的合理化。

配载运输是充分利用运输工具、载重量和容积，合理安排装载的货物及载运方法，以求得合理化的一种运输方式。配载运输也是提高运输工具实载率的一种有效形式。配载运输往往是轻重商品的混合配载。即在以运输重质货物为主的情况下，同时搭载轻泡货物。例如海运矿石、黄沙等重质货物时，再捎运木材、毛竹等；铁路运矿石、钢材等重物时，在上面搭运轻泡农、副产品等；在基本不增加运力投入的情况下，在基本不减少重质货物运输的情况下，解决了轻泡货的搭运，效果显著。

又如在铁路运输上提倡“满载超轴”，其中“满载”的含义就是充分利用货车的容积和载重量，多载货，不空驶，从而达到合理化的目的。国内外开展的“配送”形式，将多家需要的货和一家需要的多种货物实行配装，以达到容积和载重的充分合理运用，比起以往自家提货或一家送货车辆大部空驶的状况，是运输合理化的一个进步。在铁路运输中，采用整车运输、合装整车、整车分卸及整车零卸等具体措施，都是提高实载率的有效措施。

2. 采取减少动力投入、增加运输能力的有效措施以求得合理化

运输合理化要走少投入、多产出的高效益之路。运输的投入主要是能耗和基础设施的建设，在设施建设已定型和完成的情况下，尽量减少能源投入、节约运费、降低单位货物的运输成本，达到合理化的目的。

国内外在运输方面的有效措施有：① 如前文已提到的“满载超轴”，其中“超轴”的含义就是在机车能力允许的情况下，多加挂车皮。我国在客运紧张时，也采取加长列车、多挂车皮等办法，在不增加机车情况下增加运输量。② 水运拖排和拖带法。竹、木等物资的运输，利用竹、木本身浮力，不用运输工具载运，采取拖带法运输，可省去运输工具本身的动力消耗从而求得合理；将无动力驳船编成一定队形，一般是“纵列”，用拖轮拖带行驶，比船舶载乘运输的运量大，而求得合理化。③ 顶推法。是我国内河货运采取的一种有效方法。将内河驳船编成一定队形，由机动船顶推前进的航行方法。其优点是航行阻力小，顶推量大，速度较快，运输成本很低。④ 汽车挂车。汽车挂车的原理和船舶拖带、火车加挂基本相同，都是在充分利用动力能力的基础上，增加运输能力。

3. 发展社会化的运输体系

运输社会化的含义是发展运输的大生产优势，实行专业分工，打破一家一户自成运输体

系的状况。实行运输社会化，可以统一安排运输工具，避免对流、倒流、空驶、运力不当等多种不合理形式，追求组织效益和规模效益。

4. 开展中、短距离铁路公路分流，“以公代铁”的运输

在公路运输经济里程范围内，或者经过论证，超出通常平均经济里程范围，也尽量利用公路。这种运输合理化的表现主要有两点：一是对于比较紧张的铁路运输，用公路分流后，其紧张程度可以得到一定程度的缓解，该区段的运输通过能力会加大；二是充分利用公路门到门和在中途运输中速度快且灵活机动的优势，实现铁路运输服务难以达到的水平。

5. 配载运输

配载运输是充分利用运输工具、载重量和容积、连排装载的货物及载运方法，以求得合理化的一种运输方式。配载运输也是提高运输工具实载率的一种有效形式。配载运输往往是轻重商品的混合配载。即在以运输重质货物为主的情况下，同时搭载轻泡货物。例如，在海运中装载矿石、黄沙等重质货物时，在舱面捎运木材、毛竹等；铁路运输中，矿石、钢材等重物上面搭运轻便农、副产品等。在基本不增加运力并且不减少重质货物运量的情况下，配载运输解决了轻泡货的运输，因而效果显著。

6. 发展直达运输

直达运输是追求运输合理化的重要形式，其对合理化的追求要点是，通过减少中转换载而提高运输速度，省却装卸费用，降低中转货损。直达的优势尤其是在一次运输批量和用户一次需求量达到了整车时表现得最为突出。此外，在生产资料、生活资料的运输中，通过直达建立稳定的产销关系和运输系统，也有利于提高运输的计划水平，从而大大提高运输效率。

7. “四就”直拨运输

“四就”直拨是减少中转运输环节，力求以最少的中转次数完成运输任务的一种形式。一般批量到站或到港的货物，首先要进分配部门或批发部门的仓库，再按程序分拨或销售给用户。这样一来，往往会出现不合理运输。“四就”直拨，首先是由管理机构预先筹划，然后就厂或就站（码头）、就库、就车（船）将货物分送给用户，而无须再入库了。“四就”运输一般来说批量小、运输距离短，适用于各方相互合作主动、互惠互利的情况。

8. 发展特殊运输技术和运输工具

依靠科技进步是运输合理化的重要途径。例如，专用罐车解决了粉状、液状物运输损耗大、安全性差等问题；大型半挂车解决了大型设备整体运输问题；“滚装船”解决了车载货的运输问题，集装箱船比一般的货船更能容纳箱体，采用集装箱高速直达车船，加快了运输速度。以上这些运输技术和运输工具都是通过采用先进的科学技术来实现运输合理化的。

9. 通过流通加工，使运输合理化

有不少产品，由于产品本身形态及特性问题，很难实现运输的合理化，如果进行适当加工，就能够有效解决合理运输问题，例如轻泡产品预先捆紧、包装成规定的尺寸，装车就容易提高装载量；水产品及肉类预先冷冻，就可提高车辆装载率并降低运输损耗。

【个案分析】

逐步完善物流基础设施，提升物流装备水平

佛山市的公路、铁路、航空和水运齐备的现代化立体交通网络已初步形成。广珠、广

湛、广肇公路和广佛、佛开、广三高速公路穿越佛山市。2001 年，全市公路通车总里程 3 965.6km，公路密度 103.97km/100km^2。广湛铁路通过本市与全国铁路网联结，佛山机场开通了北京、杭州、南京等 20 多个国内大中城市的航班。全市有对外口岸 17 个，其中一类口岸 4 个（顺德港、南海港、高明港和佛山火车站），集装箱码头 11 个。在信息通讯方面，全市已形成以程控交换为主体，大容量光纤、数字微波传输为主，有线与无线通信相结合、基本业务与增值业务相互促进的现代化通信网络。电讯传输网、计算机数据网和有线电视网这三大基础网络覆盖全市城乡，实现了农村光缆到村、市区光缆到楼。2001 年，信息化综合指数达 55.5%，城乡固定电话交换机总容量 176.01 万门，移动电话总容量 377.4 万门，已有固定电话 136 万户，移动电话 235 万户。

佛山市的物流装备工具发展初具规模，装备水平得到了进一步提升。全市普通载货汽车拥有量 11.63 万辆，占民用汽车拥有量的 54.5%，净载重量 37.92 万吨位；民用运输船 1 465 艘，净载重量 28.62 万吨位。在物流企业信息应用及有关硬件设备方面，正在努力完善。如吉宝物流（佛山）有限公司在原有以海运系统、集装箱管理系统和财务系统为核心的局域网平台基础上，投入 700 万元对系统进行全面升级，建立了一个基于互联网的、适应电子商务需要的综合物流信息平台，系统现已运行。

问题讨论

结合该案例分析：为什么说运输合理化的实施与物流基础设施、物流装备水平密切相关？

【关键名词】

运输　复合一贯制运输　一贯托盘化运输　集装箱运输　对流运输　迂回运输　倒流运输　“四就”运输

【讨论与思考】

1. 简述运输在物流中的作用。
2. 简述运输在物流中的地位。
3. 运输作业的关键因素有哪些？
4. 基本的运输方式有哪些？
5. 确定运输方式时应考虑哪些因素？
6. 简述复合一贯制运输方式。
7. 推行一贯托盘化运输应注意哪些问题？
8. 复合一贯制运输有哪些特点？
9. 简述集装箱运输的特点。
10. 简述运输合理化的途径和方法。

第六章

物流配送

课前准备

【学习目标】

本章主要讲授物流配送的相关理论。通过学习，要求学生了解配送概念及运作模式，理解配送中心的构成、特征及其功能，熟悉配送中心的作业流程和不合理配送的表现形式，掌握配送的合理化。

【重点难点】

1. 配送的合理化；
2. 配送中心的作业流程；
3. 配送中心的选址。

学习内容

物流配送是目前发达国家普遍采用的合理高效的现代物流方式。配送的基本含义就是流通主体单位按照生产企业的要求和生产进程，在流通据点对生产企业所需物资的品种、数量、规格进行配置、加工、备齐，并按最经济的运输方式定点、定时、定量送交生产企业。配送的目的在于最大限度地压缩流通时间、降低流通费用，实现生产企业少库存甚至“零库存”，以降低社会生产的总成本。

第一节　配 送 简 介

一、配送的概念

从物流角度来讲，配送几乎包括了所有的物流功能要素，是物流的一个缩影或在某个小范围中全部物流活动的体现。一般的配送集装卸搬运、包装、仓储、运输于一身，并通过这一系列活动的完成将货物送达目的地。特殊的配送则还要以加工活动为支撑，所以包括的方面更广。但是，配送的主体活动与一般物流不同。一般物流是运输及保管，而配送则是运输及分拣配货。分拣配货是配送的独特要求，也是配送中特有的活动，而以送货为目的的运输则是最后实现配送的主要手段。从这一主要手段出发，配送通常可以简化地看成运输中的一种。

从商流角度来讲，配送和物流的不同之处在于，物流是商物分离的产物，而配送则是商物合一的产物，配送本身就是一种商业形式。虽然配送在具体实施时，也有以商物分离形式实现的，但从配送的发展趋势看，商流与物流越来越紧密地结合是配送成功的重要保障。

所谓配送，就是指在经济的合理区域范围内，根据用户的要求对物品进行拣选、加工、包装、分割、组配等作业，并按时送达指定地点的物流活动。

从配送的概念可知，它包含了以下几层含义：

（1）配送的实质是送货。配送虽是一种送货，但它和一般送货有区别——一般送货是一种偶然行为，而配送有固定的形式，甚至以某种制度的形式进行。所以配送是一种高水平的送货形式。

（2）配送是“配”和“送”有机结合的形式。配送需利用有效地对物品进行拣选、加工、包装、分割、组配等配货作业，使这种送货能达到一定的规模，以便利用一定的规模优势获得较低的送货成本。如果不进行拣选、组配等作业，而是有一件送一件，需要一点送一点的话，就会大大增加劳动的消耗，并不会为企业带来多大优势。所以，为追求整个配送的优势，“配”与“送”须有机结合。

（3）配送应以用户的要求为出发点。该概念强调了“根据用户要求”、“并按时送达指定地点”，明确了用户的主导地位。配送是从用户的利益出发、按用户要求进行的一种活动，因此，我们从观念上必须明确“用户第一”、“服务第一”的指导思想。而配送企业的地位是服务地位而不是主导地位，因此我们不能从本企业利益出发而应从用户利益出发，在满足用户利益的基础上才能争取本企业的利益。

（4）配送应是在经济合理区域内进行的。研究表明，一旦配送超出合理区域，则配送活动就不可能为企业带来效益，并会使企业利益受损。从顾客来讲，如果配送者的配送超过了合理范围，此种配送服务也不会给顾客带来太多的方便。因此，进行配送时应注意确定其合理的配送区域。

二、配送的要素构成

（一）集货

将分散的或小批量的物品集中起来，是配送的准备工作或基础工作，也是配送的优势之一，即集中客户的需求进行一定规模的集货。

（二）分拣

将物品按品种、出入库先后顺序的需求进行分门别类堆放的作业。分拣是配送不同于其他物流形式的功能要素，也是配送成败的重点。

（三）配货

使用各种拣选设备和传输装置，将存放的物品按客户要求分拣出来并配备齐全，送入指定发货地点。

（四）配装

在单个客户配送数量不能达到车辆有效载荷时，应集中不同客户的货物进行搭配装载，以充分利用运能。

（五）配送与运输

配送运输是较短距离、较小规模、额度较高的运输形式，属支线运输、末端运输，一般以汽车做运输工具。

（六）送达服务

实现顺利交货，到达用户手中。

（七）配送加工

按照配送客户的要求所进行的流通加工。

三、配送的类型

配送中心按不同的标志有各种各样的分类方法，以下是几种常用的分类方法：

（一）按配送对象分类

配送的供给与需求的双方是由实行配送的企业和接受配送服务的用户所构成的，按配送对象可分为：

1. 企业对企业配送

企业对企业的配送是指企业与企业之间的配送。作为配送需求方，基本上有两种情况：第一种是企业作为最终的需求方，第二种是企业在接受配送服务后还要对产品进行销售，这种配送一般称为“分销配送”。

2. 企业内部配送

企业内部配送大多发生在大型企业中，有两种情况：一是连锁型配送，即各连锁商店经营的商品、经营方式、服务水平、价格水平相同，配送的作用是支持连锁经营商店经营，这种配送形式称为连锁型配送。连锁型配送的主要优势是随机因素较小，计划性比较强，因此容易实现低成本的、精细的配送。二是企业的内部配送，即由高层主管统一进行采购，实行集中库存，按门店的销售计划组织配送，这种方式是现在许多企业采用的“供应配送”

3. 企业对消费者配送

企业对消费者配送是指企业把商品直接送达消费者的过程。消费者是一个经常变换的群体，需求的随机性较大，要求的服务水平非常高，所以这是配送和供给与配送需求之间最难协调的一种类型，最典型的是与B2C型电子商务相配套的配送服务。

（二）按商品的种类和数量分类

1. 少品种、大批量配送

少品种、大批量配送的方式由于配送的商品品种少，所以配送机构内部的组织、计划等管理工作较为简单，而且由于输送量大，易于配装和合理使用车辆，多数可以采取直送方式，配送成本较低。这种方式常见于为生产企业配送和批发商配送。

2. 多品种、少批量配送

多品种、少批量式的配送是按用户的要求，将其所需要的多种商品通过集货、分拣、配货、流通加工等环节，少量而多次地配送给顾客。这种配送方式相对来说作业难度较大、技术要求高、使用设备特别是分拣设备复杂，为实现预期的服务目标，必须制定严格的作业标准和管理制度。目前在国内经济较发达地区，这种方式较常见于生产制造企业零配件的配送和商业连锁体系商品的配送，生产制造企业的多品种少批量或多品种小体积零配件的需求通常由专业化配送企业代理，而零售商场商品的配送特别是商业连锁体系的配送则多由自有型配送中心来完成。

3. 配套（成套）型配送

配套（成套）型配送是按顾客的要求，将其所需要的多种商品（配套产品）配备齐全后直接运送到生产企业、建设工地或其他顾客。例如，对生产制造企业生产的某一台产品或某一个部件，将其所需的全部零件配齐，再按生产计划的要求在一定时间送达指定地点，以使生产企业即时装配。这种配送方式强化了物流的服务功能，有利于生产企业实行“准时制”生产。

（三）按配送时间和数量分类

1. 定时配送

定时配送即按事先约定的时间间隔进行配送，每次配送的品种及数量可预先计划，也可以临时根据客户的需求调整。这种方式时间固定，双方均易于安排作业计划，但也可能由于配送品种和数量的临时性变化而增加管理和作业的难度。

定时配送又可以分为以下几种：

（1）小时配。小时配即接到客户订货要求后，在1小时之内将商品送达。这种方式适用于一般消费者突发的个性化需求所产生的配送要求，也经常用做配送系统中应急的配送方式。

（2）日配。日配即在接到客户订货要求后，在24小时之内将商品送达。日配是定时配送中实行得较为广泛的配送方式。一般而言，日配的时间要求大体上是上午的配送订货下午可送达，下午的配送订货第二天早上送达，这样就可以使用户获得在实际需要的前半天得到送货服务的保障。

日配方式特别适合以下一些情况：

① 消费者追求的新鲜的食品，如水果、点心、肉类、蛋类、蔬菜等。

② 客户是小型商店，随进随销，需要采取日配形式快速周转。

③ 受客户条件限制，不可能保持较长时间的库存，如已采用零库存方式的生产企业和缺乏储存设施（如冷冻设施）的客户。

④ 临时出现的要求。

（3）准时配送。准时配送是使配送供货与生产企业生产保持同步的一种方式。这种方式比日配方式和一般定时方式更为精细和准确。配送每天至少一次，甚至几次，以保证企业在生产时，货物不需要在客户仓库中停留，而是直接运往生产场地，或在指定的时间直接送到指定的工位，可以绝对地实现零库存。

这种配送方式对生产企业而言即是供应商管理库存（VMI），由于对时间和数量要求严格，因此，供需双方应建立起战略合作伙伴关系。

2. 定量配送

定量配送是按规定的批量在一个指定的时间范围内进行配送。定量配送由于配送品种和数量相对固定，备货工作相对简单，而且时间没有严格限制，所以，可以将不同客户所需的商品拼凑整车，并且对配送线路进行合理优化，以节约运力、降低配送成本。

3. 定时定量配送

定时定量配送是按规定的时间、规定的商品品种和数量进行的配送。这种方式兼有定时配送和定量配送两种方式的特点，对配送企业的服务要求比较高，管理和作业的难度较大。由于其配送计划性强、准确度较高，所以，相对来说比较适合于生产和销售稳定、产品批量较大的生产制造企业或大型连锁商场的部分商品的配送。

4. 即时配送

即时配送是根据客户提出的时间要求和商品品种及数量要求及时地将商品送达指定的地点。即时配送可以满足用户的临时性急需，对配送速度、时间要求严格，因此，通常只有配送设施完备、具有较高管理和服务水平及作业组织能力和应变能力的专业化配送机构才能较广泛地开展即时配送业务。完善而稳定的即时配送服务可以使客户保持较低的库存水准，真正实现“准时制”生产和经营。

5. 定时定路线配送

定时定路线配送是通过对客户分布状况的分析设计出合理的配送运输路线，根据运输路线安排到达站点的时刻表，按照时刻表沿着规定的运行路线进行配送。这种配送方式一般由客户事先提出商品需求计划，然后按规定的时间和在确定的站点接收商品，它易于有计划地安排运送和接货工作，比较适应于消费者集中的地区。

6. 定时定量定点配送

定时定量定点配送是指按照确定的周期、确定的商品品种和数量、确定的客户进行配送。这种配送形式一般事先由配送中心与客户签订协议，双方严格按协议执行。它有利于保证重点需要和降低企业库存，主要适用于重点企业和重点项目。

（四）按配送的组织形式分类

1. 集中配送

就是由专门从事配送业务的配送中心对多个用户开展配送业务。集中配送的品种多、数量大，一次可同时对同一线路中的几家用户进行配送，其配送的经济效益明显，是配送的主要形式。

2. 共同配送

为了提高车辆装载率，有效地进行配送，几个配送中心联合起来共同制定计划，共同对某一地区用户进行配送，具体执行时共同使用配送车辆，称共同配送。

例如多个进货业主设立共同配送中心，并从该中心进货，然后配送中心将所进商品汇总、分类后统一进行配送。

据统计，日本大多数零售业利用共同配送方式，共同配送采用率为55.4%。

3. 分散配送

是由商业零售网点对小量、零星商品或临时需要的商品进行的配送业务。这种配送适合于近距离、多品种、少批量的商品的配送。

4. 加工配送

在配送中心进行必要的加工，这种将流通加工和配送一体化的配送方式使加工更有计划性、配送服务更趋完善。

许多材料都指出配送中心的加工职能，但是加工配送中心的实例目前见到的不多。我国上海市和其他城市已开展的配煤配送、上海六家船厂联建的船板处理配送中心以及原物资部北京剪板厂都属于这一类型的中心。

四、配送在物流中的作用

配送实质上是物流体系中一种特殊的、综合的活动形式，它是商流与物流的紧密结合，包含了商流活动与物流活动，也包含了物流中若干功能要素的形式。

（一）配送有利于促进物流的社会化、合理化

社会化大生产要求社会化大流通与之相匹配。商品流通的社会化自然要求物流的社会化。社会化是以行业、技术的分工和全社会的广泛协作为基础的。商品经济的发展和现代化生产的建立在客观上要求社会提高分工协作水平。

从我国流通业目前的情况来看，仓储业和运输业的社会化程度都处于一个较低的层次。从运输业来看，发展配送可以大大减少企业的自有车辆，实现车辆的专营化，从而减少不合理运输造成的运力浪费和交通紧张，不仅为企业卸下了一个沉重的包袱，还为生产企业和销售企业节约了物流成本。从仓储业来看，通过开展配送，通过为生产企业、销售企业配送，借助于配送商品的对象品种不同，可以打破行业、地区的条块分割。尤其是共同配送，把各储运企业联合在一起，统筹计划、共同送货，取代了一家一户的“取货制”，打破了层层设库和户户储运的分散的物流格局。配送所实行的集中社会库存、集中配送等大生产形式，对于从根本上结束小生产方式的商品流通，改变其分散的、低效率的运行状态，从而实现与社会化大生产相适应的流通的社会化，都具有战略意义。

（二）配送有利于促进物流设施和设备的技术进步

发展配送有利于促进物流设施和装备的技术进步，这具体表现在三个方面：

(1) 促进了信息技术的进步。随着配送业务的开展，处理的信息量将越来越多，原始的手工处理信息速度慢且容易出错，已适应不了配送工作的要求，这就必然要求大量应用电

子计算机这一现代化的信息处理技术。

（2）促进物流处理技术的进步，从而提高物流速度，缩短物流时间，降低物流成本，减少物流损耗，提高物流服务质量。配送业务的发展必然伴随着自动化立体仓库、自动化分拣装置、无人搬运车、托盘化、集装箱化等现代化物流技术的应用。

（3）推动物流规划技术的开发与应用。随着配送业务的开展，配送货主越来越多，随之而来就会产生配送路线的合理选择、配送中心选址、配送车辆的配置和配送效益的技术经济核算等问题。对于这些问题的研究解决必然会促进我国物流技术的发展，并使之达到一个新的阶段。

（三）配送使仓储的职能发生变化

开展配送业务后，现代仓储的作用已由储存、保管商品的使用价值向着集散商品、分送商品、加速商品流通速度等连为一体的动态储存转变。建立配送中心后，仓储业的经营活动将原来的储备型转为流通型。这不仅要保证商品的使用价值完好无损，而且要做到货源充足、品种齐全、供应及时、送货上门，其经营方式将从等客上门转为主动了解用户的需求状况以满足用户的各种要求。

（四）配送促进商物分离

未开展配送业务之前，各个商店都有自己的仓库，并各自进行物流活动，这叫作商物一致。开展配送业务以后，配送中心就可以充分发挥自己网络多、情报快、物流手段先进和物流设施齐全的优势，专门从事物流活动，而各商店只要保持较低水平的库存。这就大大改善了零售企业的外部环境，使零售企业有更多的资金和精力来专心从事商流活动，这就是商物分离。

（五）配送有利于提高物流的经济效益

通过配送中心开展“计划配送”、“共同配送”等形式，能够消除迂回运输、重复运输、交叉运输、空载运输等不合理运输；用大型卡车成批量地送到消费地配送中心，再用自用小型车从配送中心运给用户的方法，也可以从总体上节省费用；集中配送有利于集中库存、维持合理的库存水平，消除了分散库存造成的各种浪费；同时还能减少不必要的中转环节，缩短物流周转时间，减少商品的损耗。因此，配送有利于提高物流的综合经济效益。

五、物流配送系统

（一）物流配送系统的概念

物流配送系统遵循一般系统模式的原理，并构成了自己独特的物流配送系统模式。物流配送系统可分为作业子系统和信息子系统。这两大系统的机能是一个相互联系的有机整体，通过各要素的相互结合，利用必要的资源，开展物流配送服务，使商流得以有效、顺利、合理地进行，同时实现了降低成本、高效率地满足顾客需求的目标。其中，作业子系统包括了以上所说的配送的各功能要素，即配货、储存保管、分拣配货、包装、流通加工、输送等功能，以及为实现配送的各功能而采用的设施、设备、装置等。信息子系统包括了订货、发货、在库、出库管理、控制等功能，这些功能的实现利用了现代通讯技术、信息处理技术和信息处理终端如计算机、通讯网络等。

物流配送系统的输入部分内容包括顾客查询、订货、提供有关物流信息等。输出部分内容包括商品实体从卖方经配送过程送达买方手中、交齐各种单证、结算、收款、提供有关物流服务等。物流配送系统的转换部分包括备货、落实货源、商品加工整理、包装、贴标签、存储、运输、配送、制单等活动及现代化物流管理方法、手段和物流设施设备的介入。此外，物流配送系统常受许多外界不可控因素的干扰，如政策法令、经济、技术等环境因素的制约，使系统运行偏离原计划内容。

物流配送系统基本模式如图6－1。

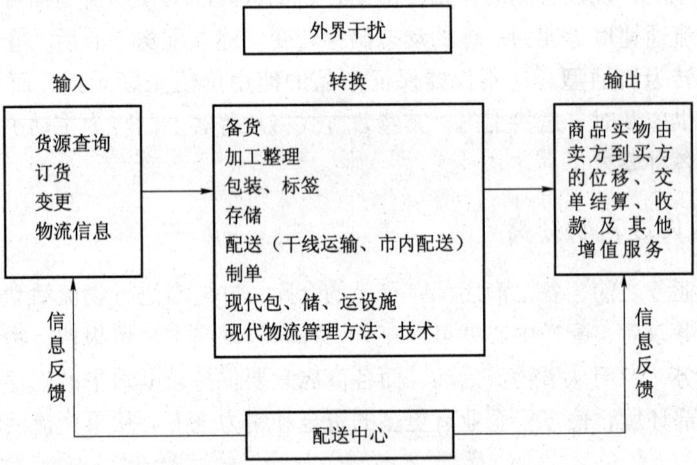

图6－1　物流配送系统

（二）物资配送系统的运行条件

物资配送系统作为物流系统的一个运行子系统是生产发展到一定阶段的产物，考虑到现阶段我国生产力发展水平，在适应外部经济环境的条件下，综合运用各种物流设施和设备，采用一定的物流技术，实施有效的物流配送活动，以达到用较小的成本提供顾客期望的服务水平的目的。建立和完善物资配送系统，涉及到系统内部与外部多方面的因素，要处理方方面面的关系，只有创造一定的条件，才能使系统正常的运行和发展。

1. 物资配送系统运行的主要外部条件

（1）要有稳定的资源渠道，要有能够满足用户多种需要的充足资源，能在物资品种、规格、数量及时间上给予保障。

（2）要有公平合理的市场竞争环境。

（3）交通条件要便利，只有这样，实行集中统一运送物资时才能及时将物资运送到用户。

（4）国家从经济政策上给予必要的扶持和支持，完善市场法规建设。

2. 物资配送系统运行的内部条件

（1）必须拥有配套的物流基础设施与机械设备，如仓储设施、理货设施、运输及装卸工具等。

（2）有足够的周转资金支持配送的规模化。

（3）具有专业人才，建立科学合理的配送制度。

（4）建立完整的信息系统。配送要通过广泛的信息支持才得以实现合理化、系统化，并向客户提供其所需的服务。

此外，配送网点布局的合理化及配送方案的选择也是配送系统得以高效运转的内部条件。

（三）配送作业的机械装备系统

配送作业主要的机械装备系统按照作业的性质主要包括装卸搬运、输送、检验、分货、储存、加工、包装作业机械等。

1. 装卸搬运机械系统

装卸搬运机械系统主要设置在进货场、配货发送场和仓库内。装卸搬运机械的主要任务有三项：第一，把物资从进货车辆上卸下，在进货场临时堆码；第二，在配货发送场把物资装上配送车辆；第三，在配送中心仓库内向货架上存取货物。

2. 输送机械系统

输送机械主要设置在进货场、检验场、分类场、配货发送场、仓库和流通加工车间之间。输送机械系统把配送中心的各个组成部分连成一个相互连贯的整体，它的主要任务是按照配送中心的配送计划输送各种物资。

3. 检测设备系统

进入配送中心的所有货物原则上都应进行检验验收，但是由于配送中心进货的品种多、批量大，故只能按照合同进行外观、数量、规格等方面的检验。

在重量检测方面的主要设备是台秤、吊钩电子称、地中衡等；在规格尺寸检测上，主要使用光电检测装置、激光检测装置等；对于粉料、液体等物资主要使用电子流量计等；成件包装或单元化货物则使用电子计数装置等。现代化的检测设备主要是以电子检测装置为主，它们可以与计算机连接并运行，随时记录检测结果。

4. 分货拣货装置系统

现代配送中心的分货工作大多由自动化分类系统来完成。自动分类系统由三种装置构成：

（1）设定装置。设定装置是在货物的包装上打印表明货物品种、规格、数量、货位、货主等信息的标签。根据标签上的代码（多为条形码），在货物入库时，它可以表明入库的货位；在输送货物的交叉处，可以正确引导货物的流向；货物出库时，它又可引导货物流向指定的输送机的分支上，以便集中发运。

（2）识别装置。识别装置是对标签上的代码进行识别，把识别的信息与计算机下达的指令对照，向自动分类机发出执行的信息。识别装置有磁头识别、光电识别和激光识别等多种类型。

（3）自动分类装置。自动分类装置即自动分类机则根据识别装置传来的指令对货物进行分类，把货物输送到按照货物的类型，或按货主、规格、重量等分送到输送分支上去，完成货物的分类输送。

配送中心的拣选作业大多采用人工方式。目前，自动拣选机正逐步投入使用。

5. 储存设备系统

配送中心对货物的储存大多采用各种类型的货架。货架的类型主要有普通货架、单元货架、托盘式货架、重力式货架、贯穿式货架等。不少物流发达国家使用各种旋转式货架，它可以有助于实现货到人前的拣选。

6. 流通加工机械系统

流通加工机械视被加工物资的类型、要求、加工方法不同而有所区别。流通加工一般为简单加工，使用的机械多为剪裁机、折弯机、拔丝机、钻孔机、组装机、分装机等。

7. 包装机械系统

集装的目的在于提高配送中心的配送效率。集装的机械主要有装箱机、捆扎机、装罐机等。分装的目的在于满足用户的小量化需要。分装的机械有小型的自动定量分装设备、热收缩包装机、拉伸包装机等。

第二节 配送中心

一、配送中心的概念

配送中心是以组织配送性销售或供应和以执行实物配送为主要职能的流通型结点。具体来说，配送中心是从供应者那里接受各种货物，经过倒装、分类、保管或流通加工等作业，然后根据用户的订货要求将货物配齐、装车，并送交收货人的配送设施。

二、配送中心的构成

配送中心的构成见表6－1。

表6－1 配送中心的构成

功能区域	管理区	是中心内部进行行政事务管理、信息处理、业务洽谈、订单处理以及指令发布的场所。一般位于配送中心的出入口
	进货区	收货、验货、卸货、搬运及货物暂停的场所
	理货区	对进货进行简单处理的场所。在这里，货物被区分为直接拣货配送、待加工、入库储存和不合格需清退的货物，并分别送往不同的功能区。在实行条形码管理的中心里，还要为货物贴上条形码
	储存区	对暂时不必配送或作为安全储备的货物进行保管和养护的场所，通常配有多层货架和用于集装单元化的托盘

续表

功能区域	加工区	进行必要的生产性和流通性加工（如分割、剪裁、改包装等）的场所
	分拣配货区	进行发货前的分拣、拣选和按订单配货
	发货区	对物品进行检验、发货、待运的场所
	退货处理区	存放进货时残损或不合格或需要重新确认、等待处理货物的场所
	废弃物处理区	对废弃包装物（塑料袋、纸袋、纸箱等）、破碎货物、变质货物、加工残屑等废料进行清理或回收利用的场所
	设备存放及维护区	存放叉车、托盘等设备及维护（充电、充气、紧固等）工具的场所
物流设备	仓储设备	包括储存货架、重力式货架、回转式货架、托盘、立体仓库等
	搬运设备	包括叉车、搬运车、连续输送机、垂直升降机等
	拣货设备	包括拣货车辆、拣货输送带、自动分拣机等
管理和信息系统	事务性管理	它是配送中心正常运转所必备的基本条件，如配送中心的各项管理制度、操作标准及作业流程等
	信息管理系统	包括订货系统、出入库管理系统、分拣系统、订单处理系统、信息反馈系统等
辅助设施		包括库外道路，停车场，站台和铁路专用线等

三、配送中心的分类

（一）专业配送中心

专业配送中心大体上有两个含义。第一个含义是配送对象、配送技术属于某一个专业范畴，在该专业范畴有一定的综合性，综合这一专业的多种物资进行配送，如多数制造业的销售配送中心。专业配送的第二个含义是以配送为专业化职能，基本上不从事经营的服务型配送中心。

（二）柔性配送中心

它是在某种程度上和专业配送中心相对立的配送中心。这种配送中心不朝固定化、专业化方向发展，而是能随时变化，对用户要求有很强的适应性，不固定供需关系，不断发展配送用户又不断改变配送用户。

（三）供应配送中心

指专门为某个或某些用户组织供应的配送中心。例如，为大型连锁超级市场组织供应的配送中心；代替零件加工厂送货的零件配送中心，使零件加工厂对装配厂的供应合理化。

（四）销售配送中心

这是一种以销售经验为目的、以配送为手段的配送中心。销售配送中心大体有三种类型：一种是生产企业为自身产品直接销售给消费者而建立的配送中心，另一种是流通企业作为自身经营的一种方式，建立配送中心以扩大销售；第三种是流通企业和生产企业联合的协作性配送中心。

（五）城市配送中心

指以城市为配送范围的配送中心。由于城市范围一般处于汽车运输的经济里程，主要采用汽车进行配送，这种配送中心可直接配送到最终用户。由于运距短、反应能力强，因而从事多品种、少批量、多用户的配送较有优势。

（六）区域配送中心

以较强的辐射能力和充足的库存准备，向省（州）际、全国乃至国际范围的用户配送的配送中心。这种配送中心配送规模大、用户多、配送批量大，既配送给下一级城市的配送中心，也配送给营业所、商店、批发商和企业用户，虽然也从事零星的配送，但后者并不是主要形式。这种类型的配送中心在国外十分普遍。

（七）储存型配送中心

指具备较强储存功能的配送中心。一般来讲，在买方市场下，企业成品销售需要有较大的库存支持，其配送中心具有较强的储存功能；在卖方市场下，企业原材料、零部件供应需要有较大库存支持，这种供应方面的配送中心也带有较强的储存功能。大范围配送的配送中心需要有较大库存，也可能是储存型配送中心。

（八）流通型配送中心

这是一种没有长期储存功能，仅以暂存或随进随出方式进行配货、送货的配送中心，这种配送中心的典型方式是大量货物整进并按一定批量零出，采用大型分货机，进货时直接进入分货机传送带，分送到各用户货位或直接分送到配送汽车上，货物在配送中心里仅作短暂停滞。

（九）加工配送中心

指在配送点兼有加工职能的配送中心。

四、电子商务下新型物流配送中心的特征

在电子商务时代，信息化、现代化、社会化的新型物流配送中心具有以下几个特征：

（一）物流配送反应速度快

电子商务下，新型的物流配送服务提供者对上游、下游的物流配送的需求的反应速度越来越快，前置时间越来越短，配送时间越来越短，物流配送速度越来越快，商品周转次数越

来越多，物流配送功能越来越集成化，新型物流配送着重于将物流与供应链的其他环节进行集成，包括物流渠道与商流渠道的集成、物流渠道之间的集成、物流功能的集成、物流环节与制造环节的集成等。

（二）物流配送服务系列化

电子商务下，新型的物流配送强调物流配送功能的恰当定位与完善化、系列化，除了传统的储存、运输、包装、流通加工等服务外，还在外延上扩展至市场调查与预测、采购及订单处理、物流咨询、物流配送方案的选择与规划、库存控制策略建议、货款回收与结算、教育培训等增值服务，在内涵上提高了以上服务对决策的支持作用。

（三）物流配送作业规范化

电子商务下的新型物流配送强调功能作业流程的标准化和程序化，使复杂的作业变成简单的、易于推广与考核的运作。

（四）物流配送目标系统化

新型的物流配送从系统的角度统筹规划一个公司整体的物流配送活动并处理好物流配送活动与商流活动及公司目标之间的关系，不求单个活动的最优化，但求整体活动的最优化。

（五）物流配送手段现代化

电子商务下的新型物流配送使用先进的技术、设备与管理为销售提供服务，生产、流通、销售规模越大、范围越广，物流配送技术、设备及管理越现代化。

（六）物流配送组织网络化

为了保证对产品促销提供快速、全方位的物流支持，新型的物流配送要有完善、健全的物流配送网络体系，网络上点与点之间的物流配送活动的系统性和一致性可以保证整个物流配送网络有最优的库存水平及库存分布，运输与配送快捷、机动。分散的物流配送单体只有形成网络才能满足现代生产与流通的需要。

（七）物流配送经营市场化

新型的物流配送的具体经营采用市场机制，无论是企业自己组织的物流配送，还是委托社会化物流配送企业承担物流配送任务，都以“服务—成本”的最佳配合为目标。

（八）物流配送流程自动化

物流配送流程自动化是指运送规格标准，仓储、货箱排列、装卸、搬运等按照自动化标准作业，商品按照最佳的路线配送等。

（九）物流配送管理法制化

宏观上，要有健全的法规、制度和规则；微观上，新型物流配送企业要依法办事、按章行事。

五、电子商务下新型物流配送中心应具备的条件

（一）高水平的企业管理

新型物流配送中心作为一种全新的流通模式和运作结构，其管理水平要求达到科学化和现代化。只有通过合理的科学管理制度、现代化的管理方法和手段才能确保物流配送中心基本功能和作用的发挥，从而保障相关企业和用户整体效益的实现。

（二）新型物流配送中心对人员的要求

新型物流配送中心能否充分发挥其各项功能和作用，完成其应承担的任务，人才的配置是关键。为此。新型物流配送中心必须配备数量合理、具有一定专业知识和较强组织能力的决策人员、管理人员、技术人员和操作人员，以确保新型物流配送中心的高效运转。新型物流配送中心的发展需要大量的各种专业人才，从事经营、管理、科研、仓储、配送、流通加工、通讯设备和计算机系统维护、贸易等业务。新型物流配送中心应造就大批符合知识时代要求的物流配送人才，利用各种先进的科学技术和科学方法，促进物流配送产业向知识密集型方向发展。

（三）新型物流配送中心对装备配置的要求

新型物流配送中心应配备现代化装备和应用管理系统，尤其是要强化计算机网络的运用，从而为用户提供更完美的服务，发挥多用户、多品种、少批量、高频度、准确、迅速、灵活的独特优势。

六、配送中心的功能

配送中心与传统的仓储、运输是不一样的，一般的仓库只重视商品的储存保管，一般的运输只是提供商品的空间位移而已，而配送中心具备商品流通的全方位功能，同时具有商品储存保管、流通行销、分拣配送、流通加工及信息提供等功能，如图 6－2 所示。

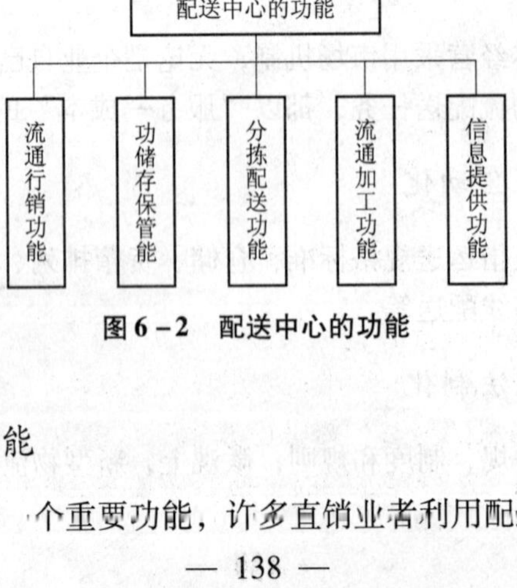

图 6－2　配送中心的功能

（一）流通行销的功能

流通行销是配送中心的 个重要功能，许多直销业者利用配送中心，通过有线电视或互

联网进行商品行销。此种商品行销方式可以大大降低购买成本，因此深受消费者喜爱。

（二）储存保管功能

商品的交易买卖达成之后，除了采用直配直送的方式外，商品均需入库、保管、流通加工、包装而后出库，因此配送中心具有储存保管的功能。在配送中心一般都有库存保管的储存区。

（三）分拣配送功能

配送中心是为了满足多品种、小批量的客户需求而发展起来的。因此，配送中心必须根据客户的要求进行分拣配货作业，并以最快的速度送达客户手中。配送中心的分拣配送效率是物流质量的集中体现，是配送中心最重要的功能。

（四）流通加工功能

配送中心的流通加工作业包含分类、磅秤、大包装拆箱改小包装、产品组合包装、商标、标签粘贴作业等。这些工作是提升配送中心服务品质的重要手段。

（五）信息提供功能

配送中心除了具有行销、配送、流通加工、储存保管等功能外，还能为配送中心本身及上下游企业提供各式各样的信息情报，以供配送中心营运管理政策制定、商品路线开发、商品销售推广提供参考。

七、物流配送的作业流程

如图 6－3 所示，物流配送的作业流程一般分为以下几个组成部分：

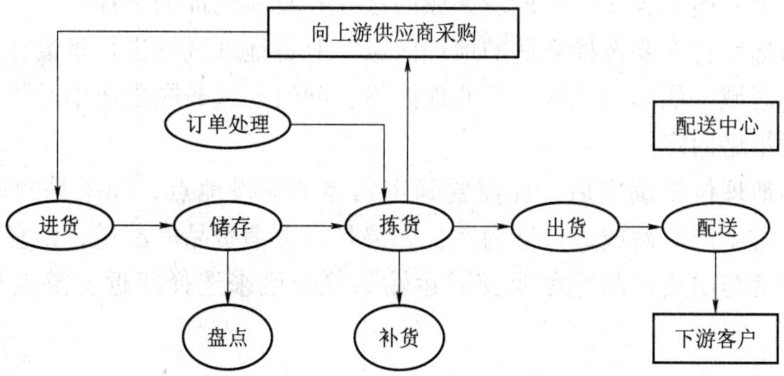

图 6－3　配送中心的基本流程

（1）进货。进货作业包括对货品进行实体上的接收，从货车上将货卸下，并核对该货品的数量及状态，然后记录货品必要信息或将其录入计算机。

（2）搬运。是将不同形态的散装、包装以及整体的原料、半成品或成品在平面或垂直方向加以提起、放下或移动，使货品能适时、适量地移至适当位置或场所存放。在配送中心的每个作业环节都包含着搬运作业。

(3) 储存。储存作业的主要任务是把将来要使用或者要出货的物料进行保存，且经常要做库存品的检查与控制。

(4) 盘点。货品因不断的进出库，在长期的累积下库存资料容易与实际数量不符，或者有些产品因存放过久致使品质功能受到影响，难以满足顾客的需求。为了有效地控制货品数量，需要对各储存场所进行盘点作业。

(5) 订单处理。由接到客户订货开始至准备着手拣货之间的作业阶段称为订单处理，包括有关客户订单的资料确认、存货查询、单据处理以及出货配发等。

(6) 拣货。客户订单中包含多种商品时，将这些不同种类的商品由配送中心取出集中在一起即所谓的拣货作业。拣货作业的目的在于正确且迅速地集合顾客所订购的商品。

(7) 补货。补货作业包括从保管区域将货品移到拣货区域，并做相应的信息处理。

(8) 出货。将拣取分类完成的货品做好出货检查，装入合适的容器，做好标示，根据车辆趟次或厂商等指示将物品运至出货准备区，最后装车配送。

(9) 配送作业。配送是指将被订购之物品使用卡车从配送中心运至顾客手中的活动。

八、配送中心选址

配送中心的位置关系到实际营运的效率与成本以及日后仓储规模的扩充与发展。因此企业在规划配送中心位置时，必须慎重考虑多种因素，并按适当步骤进行。通常，如果已经有预定地点或区位方案，应于系统规划前先行提出，并成为规划过程的限制因素。如果没有预定的地点，则可于系统规划方案成形后进行位置方案的选择，必要时得修正系统规划方案，以配合实际地点及区块面积的限制。

（一）选址决策

选址包含两个方面的含义——地理区域的选择和具体地址的选择。

配送中心的选址首先要选择合适的地理区域。对各地理区域进行审慎评估，选择一个合适范围为考虑的区域，如华南地区、华北地区等，同时还须兼顾配送中心物品特性、服务范围及企业的运营策略而定。

配送中心的地理位置确定后，还需要确定具体的建设地点，如果是制造商型的配送中心，应以接近上游生产厂商或进口港为宜；如果是日常消费品的配送，则宜接近居民生活社区。一般应以进货与出货产品类型及交通运输的复杂度来选择接近上游点和下游点的选址策略。

（二）影响选址的主要因素

配送中心选址时应该考虑的主要因素包括客户的分布、供应商的分布、交通条件、土地条件、自然条件等几种。以下针对这几种要点加以说明。

(1) 客户的分布。配送中心选址时首先要考虑的就是其所服务客户的分布，对于零售商型配送中心，其主要客户是超市和零售店，这些客户大部分分布在人口密集的地方或大城市，配送中心为了提高服务水平及降低配送成本多建在城市边缘接近客户分布的区域。

（2）供应商的分布。如果物流中心愈接近供应商，则其商品的安全库存可以控制在较低的水平，因而可以节约物流成本。

（3）交通条件。交通条件是影响物流配送成本及效率的重要因素之一，交通运输的不便将直接影响车辆配送的进行，因此，必须考虑对外交通的运输通路以及未来交通与临近地区的发展状况等因素。选取的地址宜紧临重要的运输线路，以方便配送运输作业的进行。考核交通方便程度的条件包括高速公路、国道、铁路、快速道路、港口、交通限制规定等几种。一般来说，配送中心应尽量选择在交通方便的高速公路、国道及快速道路附近。如果以铁路及轮船来做运输工具，则应考虑靠近火车站、港口等地。

（4）土地条件。对于土地的使用，必须符合相关法规及城市规划的限制，尽量选在物流园区或经济开发区。建设用地的形状、长度、面积与未来扩充的可能性和规划内容有密切的关系。因此在选择地址时，有必要参考规划方案中仓库的设计内容。在无法完全配合的情形下，必要时需修改规划方案的内容。另外，还要考虑土地大小与地价。在考虑现有地价及未来增值的情况下，配合未来可能的扩充需求程度来决定最合适的面积大小。

（5）自然条件。在物流用地的评估当中，自然条件也是必须考虑的，事先了解当地的自然环境有利于降低建设风险。

（6）人力资源条件。在仓储配送作业中，最主要的资源需求为人力资源。由于配送中心内部必须要有足够的作业人力，因此，在决定配送中心位置时必须考虑劳工的来源、技术水准、工作习惯、工资水准等因素。

人力资源的评估条件有附近人口、上班交通状况、薪资水准等几项。如果物流的选址位置附近人口不多且交通又不方便时，则基层作业人员不易招募；如果附近地区的薪资水准太高，也会影响到基层作业人员的招募。

（7）政策法律。政策环境条件也是物流选址评估的重点之一。政策环境条件包括企业优惠措施、城市规划、地区产业政策等。

九、配送中心的区域布置

配送中心的区域布置方法有两种，即流程性布置法和活动相关性布置法。流程性布置法是根据物流移动路线作为布置的主要依据，适用于物流作业区域的布置；活动相关性布置法是根据各区域的综合相关因素进行区域布置，一般用于整个厂区或辅助性区域的布置。

配送中心的区域布置可以用绘图方法直接绘成平面布置图；也可以将各功能区域按面积制成相应的卡片，在配送中心总面积图上进行摆放，以找出合理方案；还可以采用计算机辅助平面区域布置技术进行平面布置。平面布置可以作出几种方案，最后通过综合比较和评价选择一个最佳方案。配送中心区域布置的方法和步骤如下。

（一）物流作业区域的布置

（1）决定配送中心联外道路、进出口方位及厂区配置形式。

（2）决定配送中心厂房空间范围、大小及长宽比例。

（3）以配送中心内由进货到出货的主要物流路线形式决定其物流模式。配送中心内由进货到出货的主要物流路线形式也称动线，主要有四种形式，为别称为 I 型、L 型、U 型和

S型等，分别如图6－4、6－5、6－6、6－7所示。

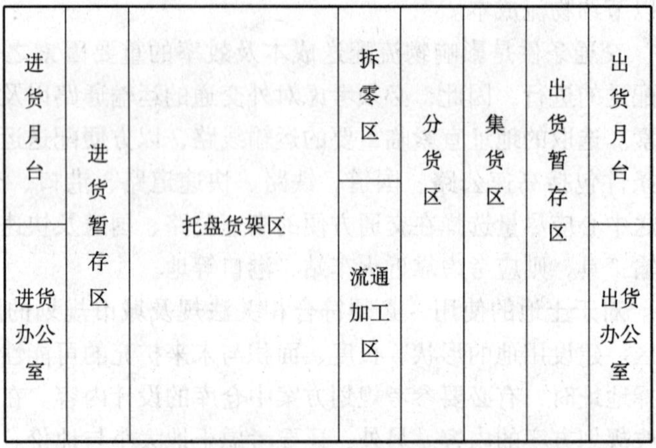

图6－4　配送中心I型动线平面示意图

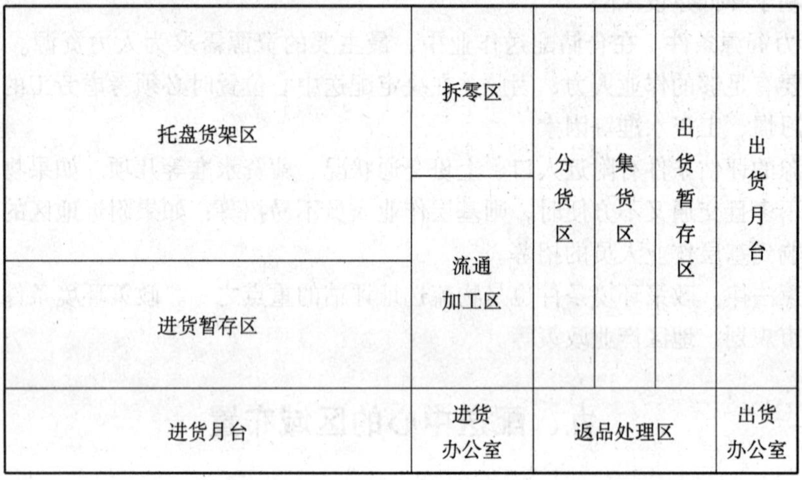

图6－5　配送中心L型动线平面示意图

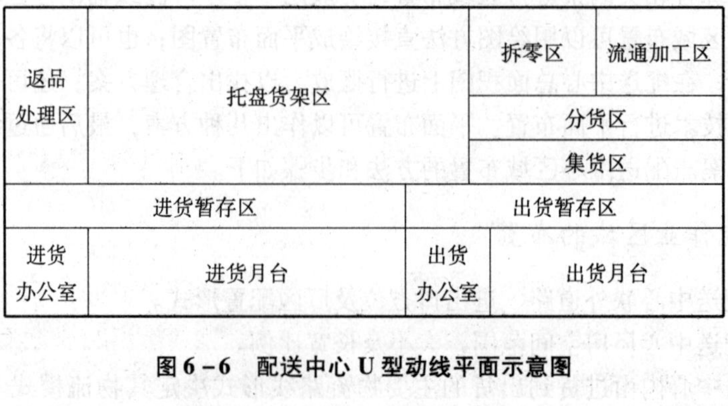

图6－6　配送中心U型动线平面示意图

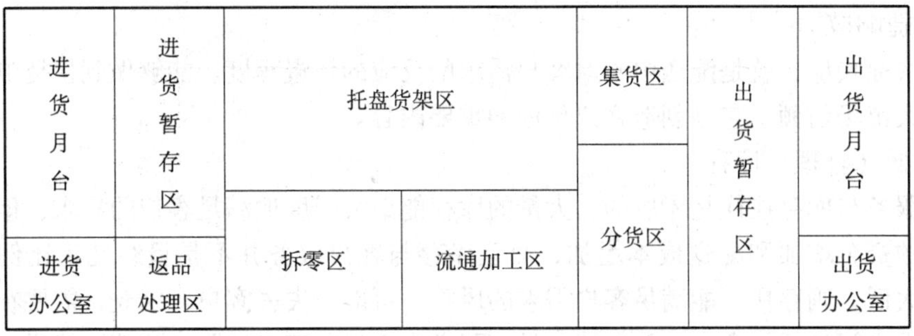

图6-7 配送中心S型动线平面示意图

（4）按物流相关表和物流路线配置各区域位置。首先将面积较大且长宽比例不易变动的区域先置入建筑平面内，如自动仓库、分类输送机等作业区；再按物流相关表中物流相关强度的大小安排其他区域的布置。

（二）行政活动区域的配置

一般配送中心行政办公区均采用集中式布置，并与物流仓储区分隔，但也应进行合理配置。由于配送中心仓储区大多采用立体化设备，其高度需求与办公区不同，故办公区布置应进一步考虑空间的有效利用，如采用多层楼办公室、单独利用某一楼层、利用进出货区上层的空间等方式。行政活动区域内的配置方法应首先考虑将与各部门活动相关性最高的部门区域先行置入规划范围内，再根据活动相关表按部门之间关系的重要程度把其他部门置入布置范围内。

（三）确定各种布置组合

根据物流相关表和活动相关表探讨各种可能的区域布置组合。根据以上方法，可以逐步完成各区域的概略配置，然后再将各区域的面积置入各区相对位置并作出适当调整，减少区域重叠或空隙，即可得到面积的相关配置图。最后再调整部分作业区域的面积或长宽比例后，即得到作业区域配置图。

十、配送中心的管理目标及配送绩效管理

配送中心的经营绩效主要是指在一定时期内（通常是一年）企业经营效益和经营者的业绩。经营效益主要表现在赢利能力、资产运营水平和可持续发展能力等方面；经营者的业绩主要指经营者在经营管理过程中，对企业的经营、发展所取得的成果和所作出的贡献。

（一）配送中心的管理目标

配送作业的总体目标可以简单地概括为7个恰当（Right），即在恰当的时间、恰当的地点和恰当的条件下，将恰当的产品以恰当的成本和方式提供给恰当的消费者。要达到7个恰当（7R），除了提高配送的服务质量和客户的满意度，降低配送成本，在实际的配送作业过程中，还要建立以下几个方面的配送目标。

1. 快捷响应

所谓快捷响应，就是配送中心对客户需求的反应的快慢程度。能够做到快捷响应，就能有效地扩大市场份额，它是创造客户价值的重要内容。

2. 最低（合理）库存

客户服务与库存往往是矛盾的，大量的库存能最大限度地满足客户的需求，但库存过大会使占用的资金增加和配送成本增加，而且库存与客户服务并不是呈线性正比例关系；反之，库存太低，则存在不能满足客户需求的风险，可能会失去客户。因此，需要在库存和客户服务水平之间进行权衡。一般的情况是，配送中心先制定客户服务政策，然后再确定最低库存。

3. 整合运输

运输成本占整个配送成本的比例相当大，是配送中心降低成本的重要内容，其考虑的因素主要有配送区域的合理划分、提高车辆的装载率、优化配送线路等，还可以实施联合配送或共同配送的模式，以有效地降低运输成本。

（二）配送中心主要绩效管理

1. 物流成本考核

配送成本是指产品在空间（含静止）过程中所耗费的各种活劳动和物化劳动的货币表现，具体表现在配送活动中和备货、拣货、包装、装卸搬运、储存、流通加工等过程中。

物流部门独立成为利润中心之后，物流的成本考核更为直接地与产品事业部或销售部门挂钩，考核产品事业部或销售部门所发生的物流成本，公司物流绩效的最直接的衡量指标便是物流成本率。

物流成本率 = 年物流成本总额/年销售额

这里的物流成本是完成特定物流活动所发生的真实成本。企业统计的物流成本是运输成本和配送中心的运营成本，由于没有标准的统计和成本划分，很多隐性的物流成本被划入生产成本和销售成本。科学的物流成本应该是以物流活动为基础的，所有与完成物流功能有关的成本都应该包括在以活动为基础的成本分类中。

2. 库存周转率

库存周转率 = 年销售量/平均库存水平

库存周转率数值越高则反应产品销售情况越好，库存占用资金越少，该指标主要说明商品存储时间的长短。配送中心的库存应是“暂存”，因此，时间越短越好。以食品企业为例，根据调查得到的国内食品企业 2002 年销量数据和库存数据可知企业的库存周转率在 50 次左右，取得了较高的周转水平。在未来的组织中，库存周转率主要考核的对象应该是产品事业部。

3. 顾客服务水平

顾客服务水平主要是针对产品事业部或销售部门的考核指标。

4. 订货的满足率

订货的满足率 = 现有库存能够满足订单的次数/顾客订货总次数

即对于顾客订单中所要的货物，现有的库存能够履行订单的比率。各配送中心的存货应该达到95%的满足率，而在通过调货来补充配送中心库存的情况下，达到这个比率较难。美智公司的调查结论反映，华东地区存货的平均可得性只达到80%，而这已经是在各个地区中运行得较好的，西部地区存货的平均可得性甚至不到50%。

5. 订单与交货的一致性

订单与交货的一致性无论在生产性的企业还是服务性企业中都被认为是最重要的因素。主要的作业指标是无误交货率。

无误交货率＝当月准确按照顾客订单发货次数/当月发货总次数

在实际操作中，应该保证能够正确地按照客户的订单来交货。在调研中我们也了解到顾客最关心的也是这一点，所以没有按照顾客的订单发货给企业的服务形象造成的损害是最大的。因此在发货前必须根据顾客的订单反复审核所发货物是否符合顾客的要求。从这个角度上说，企业在配送中心设立订单管理员这个职位非常有必要，有专人从源头来跟踪和保证订单的传输和准确，降低订单的出错概率将极大地提高公司的服务水平。

6. 交货的及时率

交货的及时率＝当月准时送达车数/当月送货车数

很多产品目前的交货时间可以达到短途次日交货。解决方案是通过设立区域配送中心进行针对重点城市和地区的有能力接整车的一级批发商和二级批发商进行直运，在大区内的其他省份设立二次分拨中心来支持县、乡、镇地区开展深度分销策略，进行更小批量的配送。

7. 货物的破损率

货物破损率＝当月破损商品价值/当月发送商品总价值

这个指标用来衡量在向顾客配送过程中货物的破损率，一般最高限额是5%。破损情况很多是在货物的装卸过程中发生的。在出货高峰期，由于没有足够的装卸力量而导致发货速度慢和较高的破损率，建议的解决方式是在销售旺季的出货高峰期，配送中心租用叉车来降低破损率、提高装卸速度。

8. 投诉次数

配送中心能否有效地提供配送服务对其有着重要的影响，在这一过程中应提供尽可能多的服务使客户满意，以提高顾客对企业的忠诚度。目前，配送中心收到顾客投诉最多的还是承运商在和顾客交接过程中的服务不到位。根据国外的经验，失去一个客户，将会失去潜在的9个客户，而发展新客户的成本往往比留住老客户的成本高得多。因此，以较高的配送服务提高客户的忠诚度是配送中心持续发展的重要保证。

第三节　配送的合理化

一、影响配送合理化的基本要素

从前面的分析可知，配送几乎包括了所有的物流功能要素，是物流的一个缩影或在某个小范围中物流活动的体现。因此，要想做到合理配送，必须做到配送的相关环节合理化，换句话说，影响配送合理化的基本因素就是配送的相关环节。

（1）备货。是配送的准备工作或基础工作，备货工作包括筹集货源、订货或购货、集货、进货及有关的质量检查、结算、交接等。配送的优势之一就是可以集中用户的需求进行一定规模的备货。备货是决定配送成败的初期工作，如果备货成本太高，会大大降低配送的效益。

（2）储存。配送中的储存有储备及暂存两种形态。

配送储备是按一定时期的配送经营要求形成的对配送资源的保证。这种类型的储备数量较大，储备结构也较完善，视货源及到货情况可以有计划地确定周转储备及保险储备的结构及数量。配送的储备保证有时在配送中心附近单独设库解决。

另一种储存形态是暂存，是具体执行日配送时，按分拣配货要求，在理货场地所做的少量储存准备。由于总体储存效益取决于储存总量，所以，这部分暂存数量只会对工作方便与否造成影响，而不会影响储存的总效益，因而在数量上控制并不严格。

还有另一种形式的暂存，即是分拣、配货之后形成的发送货载的暂存，这个暂存主要是调节配货与送货的节奏，暂存时间不长。

（3）分拣及配货。是配送不同于其他物流形式的有特点的功能要素，也是配送成败的一项重要支持性工作。分拣及配货是完善送货、支持送货的准备性工作，是不同配送企业在送货时进行竞争和提高自身经济效益的必然延伸。所以，它也可以说是送货向高级形式发展的必然要求。分拣及配货会大大提高送货服务水平，所以，分拣及配货是决定整个配送系统水平的关键要素。

（4）配装。在单个用户配送数量不能达到车辆的有效载运负荷时，就存在如何集中不同用户的配送货物进行搭配装载以充分利用运能、运力的问题，这时就需要配装。

和一般送货的不同之处在于，通过配装送货可以大大提高送货水平及降低送货成本，所以，配装也是配送系统中有现代特点的功能要素，也是现代配送不同于已往送货的重要区别之处。

（5）配送运输。配送运输属于运输中的末端运输、支线运输，和一般运输形态的主要区别在于，配送运输是较短距离、较小规模、频率较高的运输形式，一般使用汽车做运输工具。

如何组合成最佳路线、如何使配装和路线有效搭配等是配送运输的特点，也是难度较大的工作。

（6）送达服务。配好的货运输到用户还不算配送工作的完结，这是因为送达货和用户接货往往还会出现不协调，使配送前功尽弃。因此，要圆满地实现运到之货的移交，并有效地、方便地处理相关手续并完成结算，还应讲究卸货地点、卸货方式等。送达服务也是配送独具的特殊性。

（7）配送加工。在配送中，配送加工这一功能要素不具有普遍性，但是往往是有重要作用的功能要素。主要原因是通过配送加工可以大大提高用户的满意程度。配送加工是流通加工的一种，但配送加工有它不同于一般流通加工的特点，即配送加工一般只取决于用户要求，其加工的目的较为单一。

二、不合理配送的表现形式

（一）资源筹措的不合理

配送是利用大规模筹措资源的规模效益来降低资源筹措成本，使配送资源的筹措成本低于用户自己筹措资源的成本，从而取得竞争优势。如果不是集中多个用户需要进行批量筹措资源，而仅仅是为某一用户代购代筹，就不仅不能降低资源筹措费，相反却要支付配送企业的代筹代办费，因而是不合理的。

（二）库存决策不合理

配送应充分利用集中库存总量低于各用户分散库存总量，从而大大节约社会财富，同时降低用户平均分摊的实际库存负担。因此，配送企业必须依靠科学管理来实现最佳库存。配送企业库存决策不合理还表现在储存量不足，不能保证随机需求。

（三）价格不合理

总的来讲，配送价格应低于不实行配送时由用户自己进货的购买价加上自己提货、运输、进货的成本之和，如果配送价格普遍高于用户自己的进货价格，损伤了用户利益，则是不合理的配送价格；反之，配送价格过低，使配送企业处于无利或亏损状态，就会损害销售者的利益，也是不合理的。

（四）配送与直达的决策不合理

一般的配送往往增加了许多其他环节，如果用户使用批量大，可以直接通过社会物流系统进货，较之通过配送中转送货可能更节约费用。所以，在这种情况下，不直接进货而通过配送就是不合理的。

（五）配送中的不合理运输

配送与用户自行提货比较，尤其对于多个小用户来讲，可以集中配装一车送几家，这比一家一户自提可大大节省运力和运费。如果不能利用这一优势，仍然是一户一送，而车辆达不到满载，则属于不合理现象。

（六）经营观念的不合理

在配送运营中，由于经营观念不正确，不仅使配送优势无从发挥，相反却破坏了配送形象。如配送企业利用配送手段，向用户转嫁资金、库存压力。在库存过大时，强迫用户接货，以缓解自己的库存压力；而在资金紧张时，又长期占用用户资金等。这些都属于不合理配送。

三、实现配送合理化的基本措施

实现配送合理化的方法很多，目前，国内外为实现配送合理化，主要有以下具体措施：

（一）推行一定综合程度的专业化配送

主要是通过采用专业设备、设施及操作程序取得很好的配送效果并降低配送的难度，从而实现配送合理化。

（二）推行加工配送

主要是采用加工和配送结合的方法，充分利用本来应有的中转，而不增加新的中转来实现合理化。同时，加工借助于配送，会使加工目的更明确，和用户联系更紧密。这两者的结合，就可在不增加太多投入的前提下却追求两个优势、两个效益，是配送合理化的重要经验。

（三）推行共同配送

通过共同配送，可以以最近的路程、最低的配送成本完成配送，以实现合理化。

（四）实行送取结合

在配送时，将用户所需的物资送到，同时再将该用户生产的产品用同一车运回，这种产品也成了配送中心的配送产品之一，或者作为代存代储，免去了生产企业库存包袱，从而实现配送合理化。

（五）推行准时配送系统

准时配送是合理化的重要内容。配送做到了准时，需求才能及时满足，才可以放心地实施降低库存或零库存，才能有效地安排人力、物力，以追求最高效率的工作。另外，保证供应能力，也取决于准时供应。

（六）推行即时配送

这是最终解决用户担心缺供、大幅度提高供应保证能力的重要手段，也是配送企业快速反应能力的具体化。

【个案分析】

日本某连锁超市配送中心配送作业流程实例

日本某连锁超市配送中心在研究物流配送作业流程时，对经营的商品进行排队分析，将其分成三大类商品：

第一类：使用频率高的畅销商品

在流通过程中整批进货和储存，然后按客户的订货单配货送到零售店。由于这类商品进货批量大，所以采购价格较低，以零售价出售给消费者，既减少了流通环节，又使企业加倍获利。这类商品的储存本身是创利的。商品的配送流程为：

收货→储存→拣选→配送→零售店

第二类：一般商品

一般商品是配送中心将客户的订货单汇总后统一向工厂订货，收到货后，不需储存，直接进行分拣作业，再配送到零售店，这样可节省储存费用。这类商品的配送流程为：

收货→分拣→配送→零售店

第三类：保鲜商品

需要一定的保鲜要求，如牛奶、面包、豆腐等，商品通常是不经过配送中心直接从生产厂送往零售店，但商品进销全过程的信息由配送中心处理。

综合上述分析，加上信息处理系统，该配送中心的物流配送作业流程如下图所示。

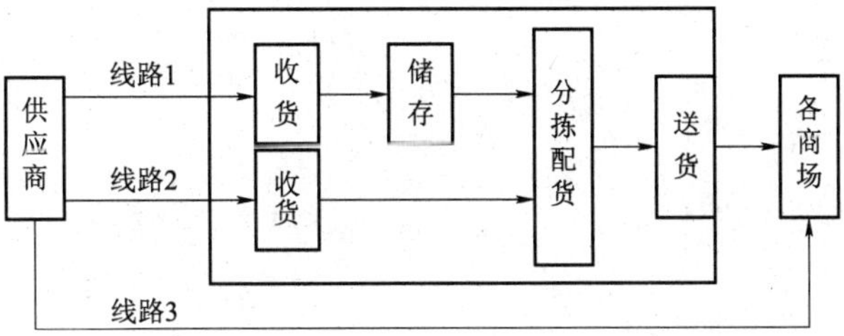

其中：

线路1：使用频度高的整批进货储存的商品（储存型配送）。

线路2：通过联机系统和商品信息订购的商品，整箱进货，分拣零送（中转型配送）。

线路3：从产地或国外进口后，不经配送中心直接送往商店（直送型配送）。

经过十多年的实际运转，该配送中心的配送工艺流程被证明是十分成功的，并获得了极好的经济效益。

【问题讨论】

分析本案例中的业务流程，为什么要将其划分成3个线路？

【关键名词】

配送　集货　分拣　配装　配送中心　柔性配送中心

【讨论与思考】

1. 什么是配送？其运作模式是怎样的？
2. 配送中心的构成要素有哪些？
3. 配送中心的特征与功能各有哪些？
4. 配送有哪些类型？
5. 描述配送中心的作业流程。
6. 配送不合理的表现形式有哪些？
7. 配送合理化可采取的措施有哪些？
8. 配送中心的选址要考虑哪些因素？

第七章

物流管理

课前准备

【学习目标】

本章主要讲授物流管理的相关内容。通过学习，要求学生了解物流管理的定义和物流管理的职能及其重要性，理解物流管理的主要内容和物流成本管理的主要方法，熟悉物流质量和物流标准化的定义，掌握库存管理的方法和提高物流服务质量的途径。

【重点难点】

1. 提高物流服务质量的途径；
2. 物流成本管理的主要方法；
3. 库存管理的方法。

学习内容

物流管理的形成被公认为是在第二次世界大战之中美国出于军事上的考虑对军用物资实行的管理活动。自此以后，物流管理很快地被应用到产业界，像对待生产一样，他们对物流采取了一系列管理手段，使物流呈现出新的水平。

20 世纪 60 年代后，物流管理得到了进一步的发展，美国管理学家彼·特拉卡认为，物流管理是“降低成本的最后边界”。1965 年以后，日本在提高物流技术的同时，将物流管理进一步综合化、系统化，使日本的物流管理水平跃升为世界领先地位。

第一节　物流管理概述

一、物流管理的定义与特征

所谓物流管理是指为了以最低的物流成本达到客户所满意的服务水平，对物流活动进行计划、组织、指挥、协调、控制和监督的活动。

物流管理主要有以下四个特征：① 以实现客户满意为第一目标；② 以企业整体最优为目的；③ 以信息为中心；④ 重效率，更重效果。

二、物流管理的职能及其重要性

物流管理同其他管理一样具有计划组织协调和控制的职能。

1. 计划职能

计划职能在物流管理职能中居于首要地位。计划具有指导性，是行动的指南。物流管理是对物流活动的管理，不仅涉及不断转移的物资实体，也涉及使物资实体发生运动的手段与所使用的设施设备的规划、设计、选择、使用以及与此有关的经济、技术、劳务等方面的问题。物流计划主要包括如物流量计划、采购计划、存储计划、装运计划等。

2. 组织职能

组织职能是指把物流企业经营活动的各个因素、各个环节、各个方面从劳动的分工和协作上、从纵横交错的相互关系上及从时间和空间的相互衔接上合理地组织起来，形成一个有机整体，从而有效地进行物流活动。

3. 协调职能

协调职能主要是指在物流管理过程中人与人的关系、事与事的关系及人与事的关系的协调，使企业的物流活动处在一个良好的运行机制下。

4. 控制职能

控制是实现物流活动高效性的一项重要职能，一般包括质量控制及成本控制。物流活动的高效性一方面体现在物资供应商—生产商—消费者之间的转移过程的高质量与快速度，另一方面体现在物流活动达到高质快速这一目标前提下的低成本。控制的功能是多方面的，主要包括监督、评价、指导、激励等。

三、物流管理的主要内容

1. 物流活动管理

主要对物流的各项活动，即运输、储存、包装、装卸、流通加工、配送、信息等的管理。物流活动管理构成了现代物流管理的基础，其他方面的物流管理，如服务管理、质量管理等都是建立在活动管理基础上的。

2. 物流费用管理

加强对物流费用的管理对降低物流成本、提高物流活动的经济效益具有非常重要的意义。所谓物流费用管理不是管理物流成本，而是通过费用的存在去管理和约束物流，或者说是以成本为手段的物流管理，通过对物流活动的管理降低物流费用。

3. 物流服务管理

物流企业在进行各项物流活动的同时，实际是在提供各种物流服务。服务的本质就是满足顾客的要求，而且现代物流管理以顾客满意为第一目标，物流服务管理已经成为现代物流管理中的一项重要内容。

4. 物流质量管理

物流质量管理的主要目的就是以最经济的手段提供满足用户要求的服务，并在两者之间找到一条优化的途径，同时满足这两个要求。要实现这个目标就应该对物流手段、物流方法的质量及工作质量和物流服务的质量进行管理，因此，物流质量管理可以说是一个全面的质量管理。

5. 物流信息管理

物流管理要实现供应链整体最优，就需要对物流信息进行合理化的管理，因为物流信息不仅能起到连接与整合从生产厂家经过批发商和零售商最后到消费者的整个供应链的作用，而且在应用现代信息技术的基础上能实现企业整个供应链活动的效率化。因此，物流信息在现代企业经营战略中占有越来越重要的位置，物流信息管理在现代物流管理中的作用也变得越来越重要。

四、物流管理的目标

实施物流管理的目的就是要在尽可能最低的成本条件下实现既定的客户服务目标，即寻求服务优势和成本优势的一种动态平衡，并由此创造企业在竞争中的战略优势。根据这个目标，物流管理要解决的基本问题，简单地说，就是把合适的产品以合适的数量和合适的价格在合适的时间和合适的地点提供给客户。

（一）快速反应

快速反应是关系到一个企业能否及时满足顾客的服务需求的能力。信息技术的发展为企业创造了在最短的时间内完成物流作业并尽快交付的条件。

（二）最小变异

变异是指任何想像不到的破坏物流系统表现的事件，它可以产生于任何一个领域的物流作业。在充分发挥信息作用的前提下，采取积极的物流控制手段可以把这些风险减少到最低限度，作为经济上的结果它可以提高物流的生产率。

（三）最低库存

保持最低库存的目标是把库存减少到与顾客服务目标相一致的最低水平，以实现最低的物流总成本。零库存是企业物流的理想目标，物流设计必须把资金占用和库存周转速度当成重点来控制和管理。

（四）物流质量

全面质量管理要求企业物流无论是对产品质量，还是对物流服务质量，都要做得更好。随着物流全球化、信息技术化、物流自动化的水平的提高，物流管理所面临的是“零缺陷”的物流质量的高要求，物流在质量上的挑战强化了物流的作业目标。

（五）产品所处不同生命周期的不同物流管理目标

产品生命周期包括引入、成长、饱和成熟和完全衰退四个阶段，物流对此应作出怎样的对策呢？

在新产品引入阶段，物流是在充分提供物流服务与回避过多支持和费用负担之间的平衡。在产品生命周期的成长阶段，产品取得了一定程度的市场认可，销售量骤增，物流活动的重点从不惜代价提供所需服务转变为平衡的服务和成本绩效。处于成长周期的企业具有较好的机会去设计物流作业并获取物流利润。此阶段是按不断增长的销量来出售产品，只要顾客愿意照价付款，几乎任何水准的物流服务都可能实现。

饱和成熟阶段具有激烈竞争的特点，物流活动会变得具有高度的选择性，而竞争对手之间会调整自己的基本服务承诺，以提供独特的服务取得顾客的青睐。成熟阶段的竞争状况增加了物流活动的复杂性和作业要求的灵活性。当一种产品进入完全衰退阶段时，企业所面临的抉择是低价出售产品或继续有限配送二者之间进行平衡。于是企业一方面将物流活动定位于继续相应的递送活动，另一方面要最大限度地降低物流风险。在两者中，后者相对来说更重要。

五、物流企业的组织管理

物流企业为了进行物流管理活动，实现企业目标，必须建立合理的企业组织。由于受行业特征、信息水平、企业规模等因素的影响，物流企业的组织结构各不相同。下面介绍几种典型的物流组织结构。

1. 直线式组织结构

这种组织结构的特点是企业各级行政领导按照直线从上到下进行垂直领导，不另设专业职能机构，对物流活动具有管理权和指挥权。它的优点是结构层次少、权力集中、命令统一、决策执行迅速、工作效率高。缺点是领导需要处理的事物太多，精力受牵制，不利于提高企业的经营管理水平。它适用于经营规模小、经营对象简单的小型物流企业。直线式组织结构如图 7－1 所示。

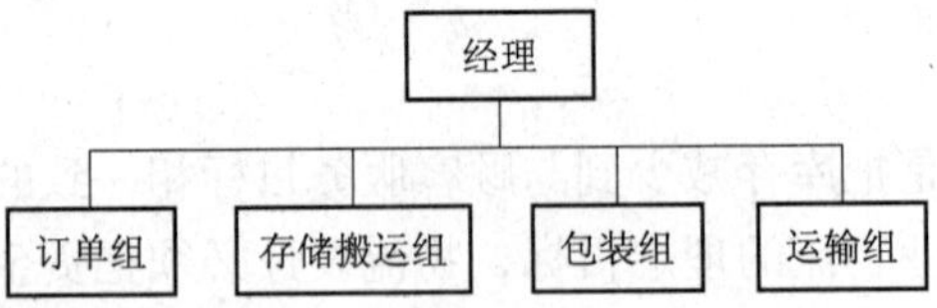

图 7－1　直线式结构示意图

2. 职能式组织结构

这种组织结构的特点是最高层领导者把专业管理的职责和权限交给相应的职能管理机构，由它们在专业管理活动上直接指挥经营业务机构的活动。它的优点是能够充分发挥职能机构专业管理的作用和专业管理人员的特长，加强了管理工作的专业化分工，提倡内行领导，以此实现管理工作的正确性和高效率。缺点是职能组织机构都有指挥权，易形成多头领导，相互协调比较困难，因此在实践中没有被多数企业所采用。职能式组织结构如图 7－2 所示。

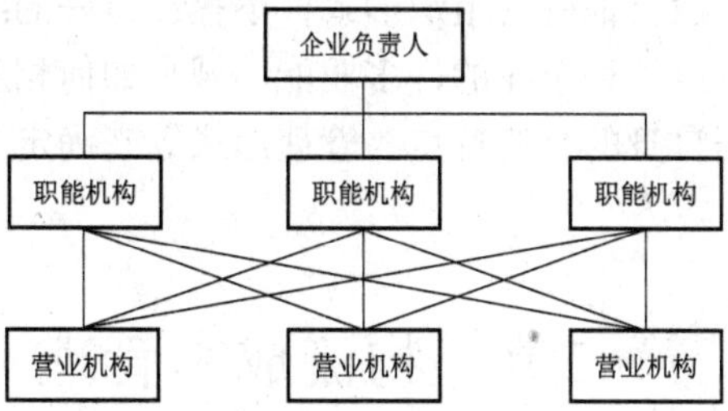

图 7-2 职能式组织结构示意图

3. 直线职能制形式

这种组织形式的特点是各管理层的负责人自上而下进行垂直领导，并设职能机构或职能人员协助负责人工作，上级职能机构或人员对下级单位不能下达指示命令，只能在业务上进行指导监督，下级负责人只受上一级负责人的领导。它的优点是吸取直线式和职能式两种形式之长，舍两者之短，是一种较好的形式，在实践中得到了广泛的动用。我国的大中型物流企业大都采用这种形式。直线职能制形式如图 7-3 所示。

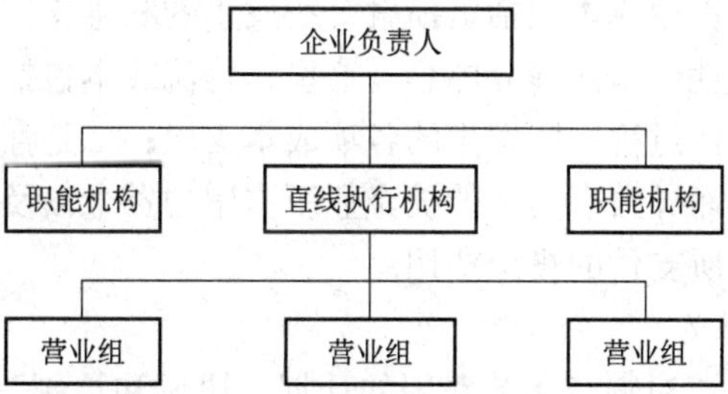

图 7-3 直线职能式组织结构示意图

4. 事业部式组织结构

这种组织结构的特点是企业按产品类别、经营业务或地区设若干个事业部，实行集中决策下的分散经营和分权管理。它的优点是有利于总公司摆脱日常的行政事务，集中精力进行决策；有利于事业部根据市场变化作出相应的经营决策；有利于组织专业化经营，提高效率。它的缺点是由于事业部是一个利益中心，往往只考虑自己的利益而影响相互之间的协作。它适用于规模大、商品种类多、分布面广的企业。事业部式组织结构如图 7-4 所示。

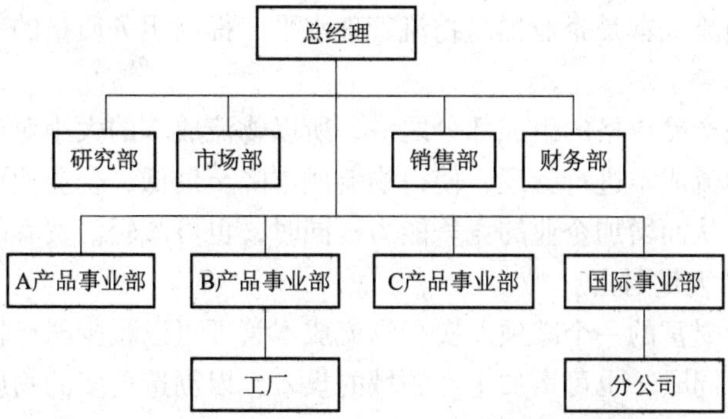

图 7-4 事业部式组织结构示意图

面向企业的物流活动，没有最好的组织形式，不存在最好的结构。作为纯粹的图形表示方式，组织结构图使人们可以了解企业的许多职能领域是如何相互联系和相互协调的。企业在确定其组织结构时应根据自身的行业特点、管理形式等来确定。

第二节　物流成本管理

一、物流成本概念及管理意义

1. 物流成本的概念

在中国，2006 年发布实施的国家标准《企业物流成本构成与计算》（GB/T 20523—2006）中，物流成本指企业物流活动中所消耗的物化劳动和活劳动的货币表现，包括货物在运输、储存、包装、装卸搬运、流通加工、物流信息、物流管理等过程中所耗费的人力、物力和财力的总和以及与存货有关的流动资金占用成本、存货风险成本和存货保险成本。其中与存货有关的流动资金占用成本包括负债融资所发生的利息支出即显性成本和占用自有资金所产生的机会成本即隐性成本两部分内容。这里，物流成本包括两部分内容，一是物流功能成本，体现的是物流运作过程中所发生的各项成本支出；二是存货相关成本，包含的是产品被锁闭在物流环节，从而导致事实上的被企业所占用的资金以及存货在物流活动中所发生的风险损失和为防止损失所支付的投保费用。

2. 物流成本管理的意义

物流成本管理指的是“对物流相关费用的计划、协调和控制”。实际上，对物流成本管理的工作要建立在物流成本计算的基础上，然后进行物流成本的计划与预算的编制，再对其计划与预算的运行进行测定，并用计划或预算目标去考核，即绩效评定，从而实现改进物流作业活动、控制物流成本、提高物流活动的经济效益的目的。实行物流成本管理，降低物流成本，提高效益，对国家与企业都具有现实与长远的意义。

其主要意义如下：

（1）改进企业的物流管理。

企业物流管理水平的高低，直接影响着物流耗费的大小。因此，企业要降低物流成本水平，就必须不断提高服务质量，不断改进物流管理的方法及技能。从某种程度上说，加强物流成本管理、降低物流成本是企业提高物流管理水平、提高服务质量的一个重要因素。

（2）降低产品价格。

因为物流成本是产品价格的组成部分之一，所以物流成本的大小对产品价格的高低就有重大影响。通过对物流成本进行管理，使得物流成本降至最低，企业便可在一个较大的幅度内降低其产品价格，从而增加企业的竞争能力；同时，也可减轻消费者的负担。

（3）为社会节约大量财富。

物流成本是社会财富的一个减项。实行物流成本管理可以减少财产损失和商品损耗，减少社会财富的浪费；同时，也可增加生产领域的投入，以创造更多的物质财富。

二、物流成本的构成与分类

按照美国学者的观点，物流成本包括库存费用、运输成本和物流管理费用三部分。库存费用是指花费在保存货物上的费用，除包括仓储、残损、人力费用及保险和税收外，还包括库存占压资金的利息。把库存占压资金的利息加入物流成本，这是现代物流与传统物流费用计算的最大区别，前者把降低物流成本与加速资金周转统一起来。运输成本包括公路运输和其他运输费用和货主费用，公路运输包括城市内运输与区域间卡车运输；其他运输方式包括铁路运输、国际国内运输、油气管道运输等；货主费用包括运输部门运作及装卸费用。物流管理费在美国是按照美国的历史情况由专家确定一个固定比例，再乘以库存费用和运输费用的总和得出来的。

2001 年美国商业物流系统的总成本如表 7－1 所示。

表 7－1　　2001 年美国商业物流系统总成本　　（单位：亿美元）

一、存货持有成本（全部商业存货价值 14 400 亿美元）	3 280
1. 利息	550
2. 税费、过时、贬值、保险	1 950
3. 仓储成本	780
二、运输成本	6 050
1. 公路运输	4 940
2. 城际卡车运输	3 330
3. 本地卡车运输	1 610
4. 铁路运输	380
5. 水路运输（国际 190，国内 90）	280
6. 油料管道运输	90
7. 航空运输（国际 70，国内 170）	240
8. 货运代理	70
9. 与发货人相关的成本	50
三、物流行政管理成本	370
四、全部物流成本	9 700

资料来源：Rosalyn Wilson & Robert V. Delaney, Understanding Inventory-Stay Curious, 13th Annual "State Of Logistics Report "（2002）.

物流成本按其所处的领域来看，可分为流通企业物流成本和生产企业物流成本。

1. 流通企业物流成本的构成和分类

（1）流通企业物流成本的构成。

在我国，物质资料的经营主要是由物流企业和商业企业共同承担的。流通企业物流成本是指在组织物品的购进、运输、保管、销售等一系列活动中所耗费的人力、物力和财力的货币表现，其基本构成包括企业员工工资及福利费，支付给有关部门的服务费，如运杂费、邮电费等，经营过程中的合理消耗，如商品损耗、固定资产折旧等，支付的贷款利息，经营过程中的各种管理成本，如办公费、差旅费等。

（2）流通企业物流成本的分类。

主要有如下几种分类：

① 按照成本的经济性质划分，可以为生产性流通成本和纯粹性流通成本；

② 按成本与商品流转额的不同，可分为可变成本和相对不变成本；

③ 按成本发生的流转环节划分，可分为进货成本、商品储存成本和销售成本。

2. 生产企业物流成本的构成和分类

（1）生产企业物流成本的构成。

生产企业的物流成本一般包括供应、销售人员的工资及福利费；

（2）生产企业物流成本的分类。

按物流成本支出的形式不同划分，可分为本企业支付的物流成本和他企业支付的物流成本两项；按物流活动构成划分，可分为物流环节费、信息流通费和物流管理费；按物流过程划分，可分为供应物流费、生产物流费、销售物流费、退货物流费、废品物流费等。

三、物流成本合理化管理

物流成本合理化管理主要包含以下内容：

（一）物流成本预测和计划

成本预测是对成本指标、计划指标事先进行测算平衡，寻求降低物流成本的有关技术经济措施，以指导成本计划的制定。物流成本计划是成本控制的主要依据。

（二）物流成本计算

物流成本计算是在计划开始执行后，对产生的生产耗资进行归纳，并以适当方法进行计算。

（三）物流成本控制

对日常的物流成本支出，采取各种方法进行严格的控制和管理，使物流成本减到最低限度，以达到预期的物流成本目标。

（四）物流成本分析

对计算结果进行分析，检查和考核成本计划的完成情况，找出影响成本升降的主客观因素，总结经验，发现问题。

（五）物流成本信息反馈

收集有关数据和资料并提供给决策部门，使其掌握情况、加强成本控制，并保证规定目标的实现。

（六）物流成本决策

根据信息反馈的结果采取能以最少耗费获得最大效果的最优方案指导今后的工作，以便更好地进入物流成本管理的下一个循环过程。

四、影响物流成本的因素及降低物流成本的途径

（一）影响物流成本的因素

1. 竞争性因素

企业所处的市场环境充满了竞争，企业之间的竞争除了产品的价格、性能、质量外，从某种意义上来讲，优质的客户服务是决定竞争成败的关键，而高效物流系统是提高客户服务水平的重要途径。如果企业能够及时可靠地提供产品和服务，则可以有效地提高客户服务水平，这一切都依赖于物流系统的合理化。而客户的服务水平又直接决定了物流成本的高低，因此物流成本在很大程度上是由于日趋激烈的竞争而不断发生变化的，企业必须对竞争作出反应。

2. 产品因素

产品的特征不同也会影响物流成本，主要有：

（1）产品价值。一般来讲，产品的价值越大，对其所需使用的运输工具要求越高，仓储和库存成本也随着主产品价值的增加而增加。高价值意味着存货中的高成本以及包装成本的增加。

（2）产品密度。产品密度越大，相同运输单位所装的货物越多，运输成本就越低。同理，在仓库中一定空间领域存放的货物越多，库存成本就会越低。

（3）易损性。物品的易损性对物流成本的影响是显而易见的，易损性的产品对物流各环节，如运输、包装、仓储等提出了更高的要求。

（4）特殊搬运。有些物品对搬运提出了特殊的要求，如对又长又大物品的搬运需要特殊的装载工具，有些物品在搬运过程中需要加热或制冷等，这些都会增加物流成本。

3. 环境因素

环境因素包括空间因素、地理位置、交通状况等。空间因素主要指物流系统中企业制造中心或仓储相对于目标市场或供货点的位置关系等。若企业距离目标市场太远、交通状况差，则必然增加运输、包装等方面的成本。若在目标市场建立或租用仓库，也会增加库存成本。可见环境因素对物流成本具有很大的影响。

4. 管理因素

管理成本与生产和流通没有直接的数量依存关系，但却直接影响物流成本的大小，节约办公费、水电费、差旅费等管理成本，相应地可以降低物流成本总水平。另外，企业利用贷款开展物流活动，必然要支付一定的利息（如果是自有资金，则存在机会成本），资金利用率的高低影响利息支出的大小，从而影响物流成本的高低。

（二）降低物流成本的途径

从长远的角度来看，降低物流成本可能通过以下几个途径加以实现。

1. 物流合理化

物流合理化就是使一切物流活动和物流设施趋于合理，以尽可能低的成本获得尽可能高的物流服务。物流合理化是降低企业物流成本的关键因素，它直接关系到企业的效益，也关系到物流管理追求的总目标。物流的合理化要根据实际的流程来设计、规划，不能单纯地强调某环节的合理、有效、节省成本，而更多的是要从整个系统上考虑。

2. 物流质量

加强物流质量管理也是降低物流成本的有效途径。这是因为只有不断提高物流质量，才能减少并最终消除各种差错或事故，降低各种不必要的费用支出，降低物流过程的消耗，从而保持良好的信誉，吸引更多的客户，形成规模化的集约经营，提高物流效率，从根本上降低物流成本。

3. 物流速度

提高物流速度可以减少资金占用，缩短物流周期，降低存储费用，从而节省物流成本。

提高物流速度可以通过加快采购物流、生产物流、销售物流的速度，来缩短整个物流周期并加大资金的利用率。

4. 物流人才

归根结底，21 世纪的竞争是人才的竞争。使物流合理化、提高物流服务质量及加快物流速度，这些都需要专业的人员去做，他们的技能，工作的方法、态度，都将间接影响企业物流成本的大小。我们要想发展物流，实现现代化物流，就必须重视物流人才的培养与培训，同时，还要制定出培养人才、留住人才、使用人才的人才管理办法，给这些人才创造一个良好的工作环境。

五、物流成本管理方法

要想准确地进行成本管理，必须掌握好物流成本的管理方法，一般来说它包括以下几种方法：

（一）比较分析法

一是横向比较，即把企业的供应物流、生产物流、销售物流、退货物流和废弃物流（有时包括流通加工和配送）等各部分物流费分别计算出来，然后进行横向比较，看哪个部门发生的物流费用最多。二是纵向比较，即把企业历年的各项物流费用与当年的物流费用加以比较，如果增加了，再分析一下为什么会增加，在哪个地方增加了，将增加的原因立即改正。三是计划与实际比较，即把企业当年实际开支的物流费与原来的物流预算进行比较，如果超支了，分析一下超支的原因以及在什么地方超支，这样便能掌握企业物流管理中存在的问题或薄弱环节。

（二）综合评价法

比如采用集装箱运输，一可以简化包装，节约包装费；二可以防盗、防火。但是，如果由于简化包装而降低了包装强度，货物不能在仓库保管时往高堆码，浪费了库房空间，降低了仓库保管能力。此外，简化包装还会影响货物的装卸搬运效率等。那么，利用集装箱运输是好还是坏呢？这就要用物流成本计算这一统一的尺度来综合评价。分别计算出上述各环节物流活动的费用，经过全面分析后得出结论，这就是物流成本管理。通过物流成本的综合效益研究，发现问题，解决问题，从而加强对物流的管理。

（三）排除法

在物流成本管理中有一种方法叫活动标准管理，英文简称 ABM（Activity Based Management）。其中一种做法就是把物流相关的活动划分成两类，一类是有附加价值的活动，如出入库、包装、装卸等与货主直接相关的活动，另一类是非附加价值的活动，如开会、改变工序、维修机械设备等与货主没有直接关系的活动。其实，在商品流通过程中，如果能采用直达送货，实现零库存，则不必设立仓库或配送中心，等于避免了物流中心的附加价值活动。如果将上述做附加价值的活动加以排除或尽量减少，就能节约物流费用，达到物流管理的目的。

（四）责任划分法

在生产企业，物流的责任究竟在哪个部门？是物流部门还是销售部门？客观地讲，物流本身的责任在物流部门，但现在的源头却是销售部门或生产部门。分清类似的责任有利于控制物流总成本，防止销售部门随意改变配送计划、堵住无意义且不产生任何附加价值的物流活动。这种通过划清物流责任的物流成本管理在生产企业中尤为重要。

第三节 物流质量管理

本节将主要介绍物流的质量管理，物流质量管理是物流管理的重要组成部分。

一、物流质量管理的概念

（一）物流质量管理的定义

物流质量管理是指以全面质量管理的思想，运用科学的管理方法和手段，对物流过程的质量及其影响因素进行计划、控制，使物流质量不断得以改善和提高的过程。

物流质量的概念既包括物流对象质量，又包括物流手段、物流方法的质量，还包含工作质量，因而是一种全面的质量观。

（二）物流质量管理的范围

物流质量内涵丰富，其主要内容大致包括：

1. 商品质量

物流的对象是具有一定质量的实体，即有合乎要求的等级、尺寸、规格、性质、外观。这些质量是在生产过程中形成的，物流过程在于转移和保护这些质量，最后实现对用户的质量保证。因此，对用户的质量保证既依赖于生产又依赖于流通。

现代物流过程不单是消极地保护和转移物流对象，还可以采用流通加工等手段改善和提高商品的质量，由此，物流过程在一定意义上说也是商品质量的“形式过程”。

2. 服务质量

物流业有极强的服务性质，可以说，整个物流的质量目标就是其服务质量。服务质量因不同用户而要求各异，这就需要掌握和了解用户的要求。具体要求包括商品狭义质量的保持程度，流通加工对商品质量的提高程度，批量及数量的满足程度，配送额度、间隔期及交货期的保证程度，配送、运输方式的满足程度，成本水平及物流费用的满足程度，相关服务（如信息提供、索赔及纠纷处理）的满足程度。

3. 工作质量

工作质量指的是物流各环节、各工种、各岗位的具体工作质量。工作质量和物流服务质量是两个有关联但又不大相同的概念。物流服务质量水平取决于各个工作质量的总和。所以，工作质量是物流服务质量的某种保证和基础。重点抓好工作质量，物流服务质量也就有了一定程度的保证。

4. 工程质量

物流质量不但取决于工作质量，而且取决于工程质量。在物流过程中，将对产品质量发生影响的各因素（人的因素、体制的因素、设备因素、工艺方法因素、计量与测试因素及环境因素等）统称为“工程”。很明显，提高工程质量是进行物流质量管理的基础工作，能提高工程质量，就能做到预防为主的质量管理。

因此，物流质量管理与一般商品质量管理的主要区别在于：它一方面要满足生产者的要求，使其产品能及时准确地转移给用户；另一方面要满足用户的要求，即按用户要求将其所需的商品递交，并使两者在经济效益上求得一致。

（三）物流质量管理的目标

物流质量管理的目标，就是在向用户提供满足要求的质量服务和以最经济的手段来提供两者之间找到一条优化的途径，并同时满足这两个要求。为此，必须全面了解生产者、消费者及流通者等各方面所提出的要求，从中分析出真正合理的、各方面都能接受的要求并将其作为管理的具体目标。

从这个意义上来讲，物流质量管理可以定义为“用经济的办法，向用户提供满足其要求的物流质量的手段体系。”

二、物流质量管理的特点

物流质量管理可以归纳为以下三个特点：

（一）管理对象的全面性

物流质量管理不仅管理物流对象本身，而且还管理工作质量和工程质量，最终对成本及交货期起到管理作用，具有很强的全面性。

（二）管理范围的全面性

物流质量管理对流通对象的包装、装卸搬运、储存、运输、配送及流通加工等若干过程进行全过程的质量管理，同时又是对产品在社会再生产全过程中进行全面质量管理的重要一环。在这一全过程中，必须一环不漏地进行全过程管理才能保证最终的物流质量和达到目标质量。

（三）全员参加管理

要保证物流质量就必须涉及到有关环节的所有部门和所有人员，它绝不是依靠哪个部门和少数人能搞好的，而必须依靠各个环节中各部门和广大职工的共同努力。物流管理的全员性正是由物流的综合性、物流质量问题的重要性和复杂性所决定的，它反映了质量管理的客观要求。

由于物流质量管理存在“三全”的特点，因此，全面质量管理的一些原则和方法（如PDCA循环），同样适用于物流质量管理。

三、物流服务过程的质量管理

物流服务过程的质量管理包括物流服务市场研究与开发、物流服务设计以及物流服务提供过程的质量管理。

（一）物流服务市场研究与开发的质量管理

企业物流服务市场研究与开发的职责是确定和提高对服务的需求，一般包括下列内容：

（1）对各种市场的确认和测量。

（2）对各种市场进行特征分析，包括客户对各种服务的需求、各种服务的功能分析、理想的服务特征、客户寻找服务的方法、客户的态度与活动、竞争状况、市场占有率、市场装备及竞争趋势等内容。

（3）对各种市场进行预估，包括成长或衰退的基本动力、客户需求的趋势与变迁、新竞争性服务业的类型、环境变迁（社会、经济、科技、政治等）等。

（4）在市场研究与开发新的服务中最大的困难莫过于如何确认、衡量以及分析该项服务的各个构成要素。对物流服务市场研究与开发进行质量控制，首先要求做到在识别市场研究与开发过程中对服务质量和客户满意有重要影响的关键活动，然后对这些确定的关键活动进行分析，明确其质量特性，对所选出的特征规定评价的方法，建立影响和控制特征的必要手段，通过对其进行测量和控制以保证服务质量。

（二）物流服务设计的质量管理

物流服务设计是决定物流服务质量的主要因素，物流服务质量设计管理包括如下内容：

1. 物流企业员工

员工不仅仅是一种“资源”，而且是服务的基本组成部分，同时也是服务质量的决定性因素。服务设计不仅仅根据体系和过程对员工有详细的要求，而且必须考虑员工个人和团队整体如何能对他们的工作作出最大贡献。服务体系是一个社会技术系统，全体员工处于中心地位，设计应包括人员选择、培训、教育、开发以及与激励系统相适应的对工作内容和工作设计的分析。

2. 物流客户

物流服务设计应考虑到物流客户在服务的不同时间内的作用和他们与体系中其他要素，以及其他客户接触的方式。服务体系需要仔细地设计，并且易被初次使用者理解。

3. 物流组织和管理结构

物流服务的组织和管理部门必须和服务体系的其他要素配合。首先通过清晰的服务概念授权和分配责任，确保在控制和自由之间达成平衡，这种平衡对于员工处理重要事件的能力和热情是至关重要的。其次是确保组织内的非正式结构（质量、质量项目组）和员工所在的部门之间自动协调。

4. 物流的有形环境与技术环境

客户往往对服务的有形环境首先产生印象。对客户而言，有形环境（如办公设备、技术系统和服务的价格）传递着关于质量的清晰的信息。高质量的有形环境与技术环境对员工和客户都是重要的，它们传递着无形服务的线索和信息，而且这些也是服务质量体系的一部分。

（三）物流服务提供过程的质量管理

物流服务提供过程是指将物流服务从服务提供者到服务消费者的流程。提供过程的质量管理主要包括如下方面：

1. 物流服务供方的评定

企业作为物流服务的供方要保证物流服务提供过程的质量，就要对是否遵守已规定的服务提供规范，并对是否符合服务规范进行监督，同时在出现偏差时对服务提供过程进行调查。

2. 物流客户评定

对客户满意方面的评定和测量应集中在服务说明、服务规范、服务提供过程等满足客户需要的范围内。

3. 不合格物流服务的补救

没有任何物流服务质量体系能绝对保证所有的物流服务都是可靠的、无缺陷的，不合格物流服务在企业仍是不可避免的。对不合格服务的识别和报告是企业内每个员工的义务和责任。在物流服务质量体系中应规定对不合格服务的纠正措施的职责和权限，并尽早识别潜在的不合格服务。

服务质量体系针对不合格服务的补救有识别不合格服务和处理不合格服务两个阶段。

四、提高物流服务质量的途径

物流服务应用在市场营销方面仍落后于生产制造。随着物流服务竞争日益激烈，更加需要提高物流服务质量以配合企业的市场营销。提高物流服务质量可从差别化经营、控制生产率以及依靠有形产品等途径来进行。

（一）开展差别化经营

物流服务提供者经常抱怨说，要想让他们的服务与竞争者之间的服务区分开来是件十分困难的事。物流企业经营范围日益缩小，这使得价格竞争愈演愈烈。许多客户只要能省钱，便不再忠诚于历史悠久、信誉卓著的物流企业。只要客户认为服务的差别不大，他们对提供者的关心程度便会小于对价格的关心。

解决价格竞争的办法是发展差别服务和建立差别形象。物流服务可增加革新特色以使其供应有别于他人。客户所期望的主要是所谓的一揽子服务，以及在此基础上增加次要的服务特色。在航空运输业，各运输企业已经实行了诸如机舱电影、高级座位、销售商品、空对地电话业务和常客奖励办法等革新，以扩大供应。美国布兰娜航空公司大量起用服务意识很强的空中小组，新加坡航空公司还增设了钢琴酒吧间。现在航空界正在谈论关于增加熨衣服和擦皮鞋业务、畅销书图书室、膝上计算机等。

企业也可以创造他们的差别形象，特别是通过符号象征和厂牌标记来达到目的。

（二）提高生产效率

企业承受提高服务效率的巨大压力。因为物流服务是高度劳动密集型的，成本一直在迅速增加。提高物流服务生产率有以下方法：

（1）服务提供者必须在报酬不变的情况下更加努力地工作或工作更加熟练。要求员工努力工作不一定是解决问题的唯一办法，但是通过改进或选择训练方法都可以提高他们工作的熟练程度。

（2）用在某种程度上降低服务质量的方法来增加服务数量。

① 通过增加设备和标准化生产来实现“服务工业化”。企业采取“制造业态度”来对待服务。这种方法就是如以麦当劳公司为代表的快餐零售业所采用的装配线方法，并最终体现在“工艺汉堡包”中。商用洗碗机、巨型喷气式客机、多元电影院都说明了工艺化的发展。

② 减少或淘汰某种服务需要并用发明一种产品的办法来满足这种服务需要。如电视机代替了户外娱乐，快干、免熨的衬衣减少了对商业洗衣店的需要，以及某些抗生素减少了对结核病疗养院的需求等就是采用了这种办法。

③ 设计更加有效的服务。戒烟诊疗所和慢跑锻炼可减少以后对费用浩大的医疗服务的需求，雇请辅助法律工作者可减少对费用昂贵的法律专业人员的需要。

④ 鼓励顾客以自己的劳动代替公司的劳动。例如，商业企业在将邮件送到邮政局以前先自行分拣，则所付邮费较低。

企业必须避免那种一味追求提高生产率而使感知质量下降的做法。有些提高生产率的手段可以使质量标准化从而提高客户满意程度。但是，也有许多提高生产率的手段则会导致过度标准化，因此使客户无法得到他们所要求的特殊服务。美国金·汉堡包公司成功地开展了“随便你挑”活动来向麦当劳公司挑战。这样，客户便可得到“定制”的汉堡包和三文治。即使这样做在某种程度上会降低金·汉堡包公司的生产率，但公司的整体效益仍会得到提高。

（三）提供有形产品及其服务

毫无疑问，提供高质量服务的企业会在业务经营上胜过不太重视以服务为导向的竞争者，高质量服务企业凭借其优等服务质量的实力可以做到收费较高、增长较快和可赚取较多利润的好处。显然，生产商必须周密思考其售前服务和售后服务的策略。

1. 售前服务策略

设备生产商设计的产品服务必须能够符合其目标客户的期望。生产商不可能达到客户心目中的设备运转快、成本低、永不发生故障和可永久使用下去的理想要求。在这些买方目标上，生产商只能承诺一定的效能水平。这种默认的效能水平就成为生产商与竞争者抗衡的定位策略。例如，美国卡特勒公司保证48小时内把各种零部件运交到世界任何地方——否则便把零部件白送给客户——从而取得了超越许多竞争者的领先地位。

2. 售后服务策略

设备生产商必须决定如何向客户提供他们可提供的售后服务，如维修服务、培训服务等。有三种可供选择的方法：

（1）生产商本身可提供这些服务；

（2）生产商可与配销商和经销商一起提供这些服务；

（3）生产商可让第三方提供这些服务。

五、物流质量考核

物流质量管理最直观、最关键的就是对物流运作系统的考核。对于物流质量管理的不同环境有不同的标准和考核指标。如对于运输环节，可以从运输效率、运输网络合理配置等指标来考核；在仓储环节，可以从库存管理水平、理货时间、准确率等方面考核；在包装环节，可以从包装的轻薄化、集装化和标准化等方面来考核；在配送环节，可以从配送及时性等方面来考核；在供应链方面可以从成本等方面来考核。以制造企业的销售物流为例，采取以下四个方面的指标可以全面监控反馈物流管理的质量。

一是运作指标，即衡量物流配送实物操作水平的指标。具体包括配送准时率、错误投递率、破损率、特殊情况服务水平、代收货款准时率、录单准确率。

二是仓储服务指标，即在仓储管理中对库存管理、理货操作等方面的监控指标。具体包括订单处理时间、库存正确率、装卸效率、安全指标、作业正确率、库存量。

三是信息指标，即对物流服务中心客户预约、信息跟踪反馈、签收单反馈等信息服务的监控。具体包括电话预约指标、信息反馈率、签收单反馈率、意外情况反馈及时率。

四是客户满意度监控指标，即关系到客户直观感受，由客户反馈的指标。具体包括客户满意度、客户投诉率（客户投诉订单数占全部订单数的比例）。

在指标设计过程中，还可以根据需要对每个指标按照物流运作每项工作的具体环节进行细分。在具体考核过程中，应根据物流运作的侧重点、对客户承诺水平的不同制定每个考核指标的标准，并选取相应的指标，通过对每项指标分配不同的权重形成指标组合体系，以此作为考核的依据。

第四节　物流库存管理

一、库存管理概述

库存控制系统是物流大系统中主要的子系统，是物流管理中的一个重要领域。确定库存的最佳数量，尽量减少人力、物力、财力，把库存管理好，获得最大的供给保障是很多企业家、经济学家追求的目标，也是企业间竞争生存的重要一环。

（一）库存的概念

库存是指为达到多种目的而维持的货物和物料的存货，它主要用于满足正常的需求。库存与保管不同，前者是从物流管理的角度强调合理化和经济化，后者是从物流作业的角度强调效率化。

（二）库存管理

库存管理是指在物流过程中对企业存货的计划、组织、协调与控制。库存管理的内容主要包括两个方面，即库存信息管理和在此基础上的决策与分析。库存信息管理既包括储存货物本身的信息，如存货的种类、名称、数量、质量等，也包括存货有关的业务信息，如存货的收发、盘点、运输等信息。存货决策包括存货购进和发出的时间、地点以及存货的种类、数量、质量等。

（三）库存管理的目标

库存管理的目标可以归纳为以下几点：

（1）有效地运用资金，节约库存费用；

（2）以最小的库存量保证生产和销售活动；

（3）及时掌握库存状况，把握适当的库存量；

（4）缩短采购时间；

（5）改善物料的搬运活动；

（6）防止陈腐化；

（7）有效使用工厂和仓库的面积等。

二、库存管理方法

要达到上述库存管理目标，就必须采用一定的方法进行控制和管理，以便做到库存的合理化。

（一）库存结构的管理——ABC 分类管理法

在现实世界中，许多社会现象和经济现象当中存在着“80 对 20”法则，如 80% 的结果是由 20% 的原因带来的，20% 的投入可以带来 80% 的产出等。于是，如果控制好了 20% 的部分，就可以收到 80% 的效果。在库存管理领域同样存在着“80 对 20”法则。

企业的库存物资种类繁多，每个品种的价格不同，而且库存量也不尽相等，有的物资品种不多但价值很大，而有的物资品种很多但价值不高。由于企业的资源有限，为使有限的时间、资金、人力和物力等资源能得到更有效地利用，应对库存物资进行分类，将管理的重点放在重要的库存物资上，进行分类管理和控制，即依据库存物资重要程度的不同对其分别进行不同的管理，这就是 ABC 分类方法的基本思想。

ABC 分类管理法又叫做重点管理法，是将物品按品种和占用资金的多少分为特别重要的库存（A 类）、一般重要的库存（B 类）和不重要的库存（C 类）三个等级，然后针对不同等级分别进行管理与控制。ABC 分类管理方法包括两大步骤：一是如何进行分类，二是如何进行管理。现列表说明如下：

（1）分类。对库存物资通常按库存物资所占总库存资金的比例和所占库存总品种数量的比例这两个指标来分类。表 7 – 2 反映了 A、B、C 三类物资占总库存资金和总库存品种数量比例的一般情况。

（2）管理。在上述重点分类的基础上，对不同级别的库存实行不同的管理和控制要求，如表 7 – 3 所示。

表 7 – 2　　ABC 分类的库存结构

类　别	所占总库存资金的比例（%）	所占总库存数量的比例（%）
A 类物资	60 ~ 80	5 ~ 15
B 类物资	20 ~ 30	20 ~ 30
C 类物资	5 ~ 15	60 ~ 80

表 7 – 3　　ABC 分类的库存管理

项目/级别	A 类库存	B 类库存	C 类库存
控制程度	严格控制	一般控制	简单控制
库存量计算	依库存模型详细计算	一般计算	简单计算或不计算
进出记录	详细记录	一般记录	简单记录
库存检查频率	密集	一般	较低
库存量	低	较大	大量

ABC 分类管理法用数量的研究方法来分析“关键的少数”，这就使人们更容易排除假象而认识到事物的本质，更容易排除主观随意性而客观地认识问题。由于采用了数量的研究方法，它使千百年来人们头脑中“主要与次要”、“关键与一般”、“纲与目”等认识转变成具

有较强科学性的现代管理方法。从实践看，在库存管理中应用 ABC 管理取得了以下成效：一是压缩了总库存量；二是大大减少了被占压的资金；三是使库存合理化；四是节约了管理资源。

（二）库存数量的管理

1. 库存数量控制方法

企业对库存数量的控制常用储存（储备）定额方法。储存（储备）定额是企业确定的经济合理的物资储备数量的标准。采用计算、估算、统计分析方法可以有效确定储备额，并以此为报警依据，超过此数额说明储存量已过高和储存数量的不合理。在实际管理中，可以用控制图直接观察储备的逐日变动情况，也可以将控制限额输入计算机中，由计算机进行报警处理或自动发出补充货物通知。

我国常用两种储备定额进行储存的数量控制，一个是保险储备定额，另一个是经常储备定额。其中，经常储备定额是储存物资的最高数额，是控制库存的上限。保险储备定额是发出再订货信息的报警线，是库存控制的下限。

2. 补充库存的方式

为了能有效地控制库存，需要采取科学的补充库存方式来补充库存。

（1）定量订货方式（又叫订货点法）。订货点是储存量下降到一定水准，所确定的订货点就发出一定数量订货或进货通知的方法。

订货点的确定是根据进货时间所制定的一个提前量，发出订货或进货通知后，原储存量继续降低到基本耗尽时，储存量正好得到补充。对于这种方式来说，进货量是一个不变值。

订货点是事先人为拟订，可采用人工标志、图表显示、计算机自动报警等各种警告方式。采用先进的系统管理手段，一旦到达订货点，计算机就可以自动发出订货或进货通知，进行自动补充储存量。

（2）定期订货方式（又叫定期订货法）。定期订货法是预先确定一个订货间隔（订货周期），每到这个时期就进行订货或通知进货的方式。这种方式的订货周期是固定的时间间隔，但到达此时间时储存量是不同的。所以，每次发出订货通知时都需要确定本次的进货量。进货量一般是高储存量（储备定额）与预计到达日储存量之差，也可根据消耗速度灵活确定，以保持平均储存量为一个较低的水准。

（3）经济订购批量（EOQ）。在运用上述控制存货数量的方法中，都有一个如何确定物资采购的经济批量问题。所谓经济订购批量是指库存总成本最小时的订货量。下面以理想状态下物资最佳订货批量模型为例说明经济订货批量的确定方法。

假设每次订货的订货量相同，订货提前期固定，需求率固定不变，在不允许缺货，也没有数量折扣等因素影响的情况下，则应有如下公式：

$$\text{库存物资的年度总费用(TC)} = \text{采购成本(DP)} + \text{订购成本(DC/Q)} + \text{库存保管费用(QK/2)}$$

若使 TC 最小，将上式对 Q 求导后令其等于零，得到经济订购批量的计算公式为：

$$EOQ = \sqrt{\frac{2DC}{K}} \text{或} \sqrt{\frac{2DC}{PF}}$$

式中：D——某库存物品的年需求量（件/年）

Q——每次订货批量

P——单位采购成本（元/件）

K，PF——单件库存平均年库存保管费用（元/件·年）

C——单位订货成本（元/件）

F——单件库存保管费用与单件库存平均成本之比

（三）准时制方法

现代库存管理一个最流行的方法是准时制方法。很多人认为，准时制起源于日本制造商，但其理念实际上始于20世纪20年代美国亨利·福特的综合生产和装配工厂。日本制造商，尤其是丰田汽车公司，完善了准时制方法，从而使采取准时制方法的企业能够获得超过竞争对手的明显优势。

从库存的角度看，准时制方法旨在通过减少（如果不是消除）安全库存以及要求所需数量的物料在需要的准确的时间达到生产地点。准时制方法把库存视为浪费，其重点是最大限度地减少库存，所以与库存管理密切相关，但其结果远远超出库存管理的范围，对物流及供应链效率都有重要的影响。

三、零库存管理

（一）零库存与零库存技术

零库存的含是以仓库储存形式的某种或某些物品数量为“零”，即不保存经常性库存。它是在物资有充分社会储备保证的前提下所采取的一种特殊供给方式。在生产与流通领域中按照准时制组织物资供应，使整个过程库存最小化的技术称为零库存技术。

（二）零库存的形式

1. 委托保管的方式

委托保管方式接受用户的委托，由受托方代存代管所有权属于用户的物资，从而使用户不再保有库存，甚至可以不再保有保险储备库存，从而实现零库存。这种零库存形式的优势在于，受托方利用其专业优势可以实现较高水平和较低费用的库存管理，用户不再设库，同时减去了仓库及库存管理的大量事务，可以集中力量进行生产经营。

2. 协作分包方式

协作分包方式主要是制造企业的一种产业结构形式，这种结构形式可以以若干分包企业的柔性生产进行准时供应，使主企业的供应库存为零；同时，主企业的集中销售库存使若干分包企业及销售企业的销售库存为零。

3. 轮动方式

轮动方式也称同步方式，是在对系统进行周密设计的前提下，使各个环节完全协调，从而在根本取消甚至是工位之间暂时停滞的一种零库存、零储备形式。这种方式是在传送带式生产基础上进行更大规模延伸而形成的一种生产与材料供应同步进行，通过传递系统供应从而实现零库存的形式。

4. 准时供应方式

准时方式是依靠有效的衔接和计划达到供应与生产之间的协调，从而实现零库存。相比较而言，轮动方式主要靠“硬件”，而准时供应系统则在很大程度上依靠“软件”。

5. 看板方式

看板方式是准时方式中一种简单有效的方式，也称传票卡制度或卡片制度，是日本丰田公司首先采用的。所谓的看板方式即在企业的各工序之间，或在企业之间，或在生产企业与供应者之间，采用固定格式的卡片作为凭证，由下一环节根据自己的节奏，逆生产流程方向，向上一环节指定供应，以协调关系，做到准时同步。采用看板方式可使供应库存实现零库存。

6. “水龙头方式”

这是一种像拧开自来水水管的水龙头就可以取水而无须自己保有库存的零库存形式，是日本索尼公司首先采用的。这种方式经过一定时间演进已发展成即时供应制度。用户可以随时提出购入要求，采取需要多少就购入多少的方式，供货者以自己的库存和有效供应系统承提即时供应的责任，从而使用户实现零库存。适于这种供应形式实现零库存的物资主要是工具及标准件。

7. 无库存储备

无库存的储备事实上仍然保有储备，但不采取库存形式，以此达到零库存。如有些国家将不易损失的铝这种战略物资作为隔音墙、路障等储备起来，以防万一，而在仓库中不再保有库存。

8. 配送方式

这是综合运用上述若干方式采取配送制度、保证供应从而使用户实现零库存。其基本原理是，充分利用社会供应系统承担外部和内部两重供应。直接将物资供应到车间或工位从而取代了原来由企业物资部门承担的工作，从而省去了企业内部的供应库存。由于配送企业的供应代替了企业内部供应，不依靠企业内部的供应库存也可以保证生产的持续正常进行，从而实现了零库存。

第五节　物流标准化

物流涉及不同国家、地区和不同行业的很多企业，如果每个企业都用自己的标准进行物流活动，则必然导致各个企业之间无法沟通，物流则很难实现国际化。要实现物流的国际化和通用化，必然要建立一个国际标准。本节将介绍物流标准化的相关内容。

一、物流标准化概述

（一）物流标准化的含义

标准化是对产品、工作、工程、服务等活动制订、发布和实施统一标准的过程。它是使系统保持统一性和一致性，对系统进行管理并提高系统运行效益的有效手段。

物流标准化是指物流为一个大系统制定系统内部设施、机械设备，其中包括专用工具等的技术标准，包装、仓储、装卸、运输等各类作业标准，以及作为现代物流突出特征的物流信息标准，并形成全国以及和国际接轨的标准化体系。

（二）物流标准化的内容

物流标准化包括以下三个方面的含义：

1. 总体性

从物流系统的整体出发，制定其各子系统的设施、设备、专用工具等的技术标准以及业务工作标准。

2. 配合性

研究各子系统技术标准和业务工作标准的配合性，按配合性要求，统一整个物流系统的标准。

3. 相关性

研究物流系统与相关其他系统的配合性，谋求物流大系统的标准统一。以上 3 个方面是分别从不同的物流层次上考虑物流的标准化。要实现物流系统与其他相关系统的沟通和交流，在物流系统和其他系统之间必须建立通用的标准。

首先要在物流系统内部建立物流系统自身的标准，而整个物流系统的标准的建立又必然包括物流各个子系统的标准。因此，物流要实现最终的标准化必然要实现以上 3 个方面的标准化。

（三）物流标准化的意义

物流标准化作为物流行业的一种基准，对物流业的发展有着深远的意义。

（1）物流标准化是实现物流管理现代化的重要手段和必要条件；

（2）物流标准化保证整个物流系统功能的发挥；

（3）物流标准化是物资在流通中的质量保证；

（4）物流标准化可消除贸易壁垒，促进国际贸易的发展；

（5）物流标准化可以降低物流成本，提高经济效益。

二、物流标准化的形式

制定物流标准化要通过以下形式：简化、统一化、系列化、通用化及组合化。

（一）简化

简化是指在一定范围内缩减物流标准化对象的类型数目，使之在一定时间内满足一般需要。如果对产品生产的多样化趋势不加限制地任其发展，就会出现多余、无用和低功能产品品种，造成社会资源和生产力的极大浪费。

（二）统一化

统一化是指同类事物的若干表现形式归并为一种或限定在一个范围内。统一化的目的是消除混乱。物流标准化要求对各种编码、符号、代号、标志、名称、单位、包装运输中机具的品种规格系列和使用特性等实现统一。

（三）系列化

系列化是指按照用途和结构把同类型产品归并在一起，使产品品种典型化；同时也把同类型的产品的主要参数、尺寸按优先数理论合理分级，以协调同类产品和配套产品及包装之间的关系。系列化是使某一类产品的系统结构、功能标准化形成的最佳形式。

系列化是改善物流、促进物流技术发展最为明智而有效的方法。比如按ISO标准制造的集装箱系列可广泛适用于各类货物，不仅大大提高了运输能力，还为计算船舶载运量、港口码头吞吐量和公路与桥梁的载荷能力等提供了依据。

（四）通用化

通用化是指在互相独立的系统中选择与确定具有功能互换性或尺寸互换性的子系统或功能单元的标准化形式。互换性是通用化的前提。通用程度越高，系统对市场的适应性越强。

（五）组合化

组合化是按照标准化原则设计制造若干组通用性较强的单元，再根据需要进行合并的标准化形式。对于物品编码系统和相应的计算机程序同样可通过组合化使之更加合理。

三、物流标准种类

（一）大系统配合性、统一性标准

1. 基础编码标准

基础编码标准是对物流对象的编码，并且按物流过程的要求将其转化成条形码，这是物流大系统能够实现衔接、配合的最基本的标准，也是采用信息技术对物流进行管理、组织、控制的技术标准。

2. 物流基础模数尺寸标准

物流基础模数尺寸指标准化的共同单位尺寸，或系统标准尺寸的最大公约尺寸。在基础模数尺寸确定之后，各个具体的尺寸标准都要以基础模数尺寸为依据，选取其整数倍数为规定的尺寸标准。物流基础模数尺寸的确定不但要考虑国内物流系统，而且要考虑到与国际物流系统的衔接，具有一定难度和复杂性。

3. 物流建筑基础模数尺寸

主要是物流系统中各种建筑物所使用的基础模数，它是以物流基础模数尺寸为依据确定的，也可选择共同的模数尺寸。

4. 集装模数尺寸

集装模数尺寸是在物流基础模数尺寸基础上推导出的各种集装设备的物流管理基础尺寸，以此尺寸作为设计集装设备三向尺寸的依据。

5. 物流专业名词标准

物流专业名词标准包括物流用语的统一化及定义的统一解释。

6. 物流单据、票证的标准化

物流单据、票证的标准化可以实现信息的录入和采集，不仅使管理工作规范化和标准化，也是应用计算机技术和通信网络进行数据交换和传递的基础标准。

7. 标示、图示和识别标准

物流中的物品、工具、机具都是在不断的运动中，因此，识别和区分便显得十分重要。对于物流中的物流对象，需要有易于识别的又易于区分的标识，有时需要自动识别，这就可以用复杂的条形码来代替用肉眼识别的标识。

8. 专业计量单位标准

计量单位除国家公布的统一计量标准外，物流系统还有许多专业的计量标准。因此，必须在国家及国际标准基础上确定本身专门的标准。

（二）分系统技术标准

分系统技术标准主要有运输车船标准、作业车辆标准、传输机具标准及仓库技术标准、包装、托盘、集装箱标准及其系列尺寸标准、包装物标准、货架储罐标准等。

四、物流标准化的基点

（一）集装是物流标准化的基点

物流是一个非常复杂的系统，涉及的面又很广泛。过去，构成物流这个大系统的许多组成部分也并非完全没有搞标准化，但是，往往只形成局部标准化或与物流某一局部有关的横向系统的标准化。

所以，不论是国际物流还是国内物流，都可以肯定地讲，集装系统是使物流全过程贯通而形成的体系，是物流各环节上使用的设备，是装置及机械之间整体性及配合性的核心。所以，集装系统是使物流过程连贯而建立标准化体系的基点。

（二）物流全系统标准化取决于各环节与集装的配合性

具体来讲，以集装系统为物流标准化的基点，这个基点的作用之一就是以此为准来解决全面的标准化。因此，必须实现集装与物流其他各个环节之间的配合性。

五、物流标准化的原则

（一）市场导向原则

物流标准化工作已从“行政需求”转向“市场需求”，有需求的标准才有价值。因此，标准的制定、颁布、实施都必须根据市场变化进行调整。

（二）一致性与协调性原则

必须考虑物流系统的配合性问题，具体包括物流各环节间的配合、物流设备、工具与场所的配合、国内物流工具与国际物流的配合、物流系统与其他系统的衔接与配合等。

（三）创新性原则

标准要根据市场变化及国际经济大环境的变化而改变，一方面要与国际接轨，另一方面要根据国内情况创新与制定一些新的标准并使之成为国际标准。

（四）导向性原则

标准的制定是用来约束企业或组织来按标准进行业务组织与管理，以淘汰不合格的业务运作模式，为企业的发展起到一个导向性作用，以规范物流市场与物流服务。

六、企业实现物流标准化的好处

1. 物流标准化是物流系统设计的前提

物流标准化是物流系统统一性、一致性的保证，是几个环节有机联系的必要前提。例如，集装箱标准化可以实现不同运输方式之间的无缝连接，对于发展广泛的水陆联运及提高物流作业效率都有重要意义。

2. 物流标准化对物流成本和效益有重大决定作用

物流标准化的实现贯通了全系统，实现了“一贯到户”式的物流，其效益由速度加快、中间装卸、搬运、暂存费用较低、中间损失降低获得，从而使物流成本大大降低。

3. 物流标准化可以加快物流管理的发展进程

物流标准化可以加快物流系统建设，是迅速提高物流管理水平的捷径。物流系统的建立涉及面广，难度非常大，推行物流标准化可以少走很多弯路，加快推行物流管理现代化的进程。

4. 物流标准化为物流系统与外系统的结合创造了条件

物流系统不是孤立的，为了使物流外系统与物流系统更好地衔接，进行物流标准化的简化和统一衔接点是非常重要的。

七、标准化组织简介

目前，世界上约有近300个国际和区域性组织在制定标准和技术规则，其中最大的是国际标准化组织（ISO）、国际电工委员会（IEC）、国际电信联盟（ITU）、国际物品编码协会（EAN）与美国统一代码委员会（UCC）联盟等，与物流相关的主要是国际标准化组织和国际物品编码协会。

（一）国际标准化组织

目前，国际标准化组织/国际电工委员会下设了多个物流标准化的技术委员会来负责全球的物流相关标准的制定、修订工作，已经制定了200多项与物流设施、运作模式与管理、基础模数、物流标志、数据信息交换相关的标准。在国际标准化组织现有的标准体系中，与物流相关的标准约有2 000条左右，其中运输181条、包装42条、流通2条、仓储93条、配送53条、信息1 605条。

（二）EAN·UCC

国际物品编码协会就是管理除北美以外的对货物、运输、服务和位置进行唯一有效编码并推动其应用的国际组织，是国际上从事物流信息标准化的重要国际组织，而美国统一代码委员会则是北美地区与国际物品编码协会对应的组织。近几年来，两个组织加强合作，达成了EAN·UCC联盟，以共同管理和推广EAN·UCC系统，意在全球范围内推广物流信息标准化。

【个案分析】

上海通用——利用“牛奶取货”方式，有效降低物流成本

上海通用2003年有四种车型。不包括其中的一种刚刚上市的车型在内，另外三种车型零部件总量有5 400多种。上海通用在国内外还拥有180家供应商，还有北美和巴西两大进口零部件基地。那么，上海通用是怎么提高供应链效率、减少新产品的导入和上市时间并降低物流成本的呢？

通用的部分零件，有些是本地供应商所生产的，这些零件会根据生产的要求，在指定的时间直接送到生产线上去生产。这样，因为不进入原材料库存，所以保持了很低或接近于“零”的库存，省去了大量的资金占用，大大降低了库存成本。有些用量很少的零部件，为了不浪费运输车辆的运能，充分节约运输成本，上海通用使用了叫做“牛奶圈”的小技巧。每天早晨，上海通用的汽车从厂家出发，到第一个供应商那里装上准备好的原材料，然后到第二家、第三家，依次类推，直到装上所有的材料，然后再返回。这样做的好处是，省去了所有供应商空车返回的浪费。

传统的汽车厂，以前的做法是要么有自己的运输队，要么找运输公司把零件送到公司，这种方式并不是根据需要来供给，它存在的缺点是，有的零件根据体积或数量的不同，并不一定正好能装满一卡车。但为了节省物流成本，他们经常装满一卡车才送货，这样就造成了库存高、占地面积大。

通用利用“牛奶取货”或者是“循环取货”的方式解决了不同供应商的送货缺乏统一的标准化的管理难题。通过循环取货，上海通用的零部件运输成本可以下降30%以上。这种做法的优点是非常显而易见的，同时这也体现了上海通用的一贯思想，即把低附加价值的东西外包出去，集中精力做好制造、销售汽车的主营业务，即精干主业。

问题讨论

1. 何谓“零”库存？
2. 上海通用采取了哪些途径来降低物流成本？

【关键名词】

物流管理　物流质量　物流服务质量　物流成本　库存　零库存　库存管理　物流标准化　ABC 分类管理法

【讨论与思考】

1. 试述物流管理的含义及其职能。
2. 物流管理的内容和目标有哪些?
3. 什么是物流成本管理? 物流成本合理化管理主要包括哪些内容?
4. 试述物流成本管理的主要方法。
5. 试述提高物流服务质量的途径。
6. 何为“零”库存? 零库存的形式有哪些?
7. 试述库存管理的方法。
8. 简述物流标准化的意义。

第八章 供应链管理

课前准备

【学习目标】

本章主要讲授供应链管理的内容。通过学习，要求学生了解供应链管理的概念与特点，供应链的设计原则，掌握基于产品的供应链一体化方案设计，理解供应链管理的主要职能、内容和目标，理解供应链管理的基本方法，熟悉供应链管理的战略。

【重点难点】

1. 基于产品的供应链一体化方案设计；
2. 供应链管理的主要职能、内容和目标；
3. 供应链管理的战略；
4. 供应链管理的基本方法。

学习内容

物流管理在20世纪80年代以来经历了空前的飞速发展，特别是在经济全球化、市场竞争更加激烈、产品寿命周期的缩短以及顾客期望提高的形势下，企业不得不关注其传统企业物流之外的整个供应链的效率。通信技术和运输技术的发展，使供应链管理技术不断得以发展。从对产品物流的整合开始，供应链管理的理念成为物流管理中的新发展。供应链管理的实质就是在更大的系统中，考虑实体流、信息流与资金流的协调与配合，以便在更高的层次上、更大的范围内提高物流过程的效率与效益。

第一节　供应链管理的基本理论

一、供应链的概念

供应链目前尚未形成统一的定义，许多学者从不同的角度出发给出了许多不同的定义。

早期的观点认为供应链是制造企业中的一个内部过程，它是指把从企业外部采购的原材料和零部件通过生产转换和销售等活动传递到零售商和用户的一个过程。传统的供应链概念局限于企业的内部操作层上，注重企业自身的资源利用。而到了最近，供应链的概念更加注重围绕核心企业的网链关系，如核心企业与供应商、供应商的供应商乃至与一切前向的关系，与用户、用户的用户及一切后向的关系。此时人们对供应链的认识形成了一个网链的概念，像丰田、耐克、尼桑、麦当劳和苹果等公司的供应链管理都从网链的角度来实施。

在研究分析的基础上，我们给出了供应链的定义：供应链是围绕核心企业，通过对信息流、物流、资金流的控制，从采购原材料开始，到制成中间产品以及最终产品，最后由销售网络把产品送到消费者手中的将供应商、制造商、分销商、零售商直到最终用户连成一个整体的功能网链结构模式。它是一个范围更广的企业结构模式，它包含所有加盟的节点企业，从原材料的供应开始，经过链中不同企业的制造加工、组装、分销等过程直到最终用户。它不仅是一条连接供应商到用户的物料链、信息链、资金链，而且是一条增值链，物料在供应链上因加工、包装、运输等过程而增加了价值，给相关企业带来了收益。以戴尔为例：当客户在网上定购戴尔电脑时，这时的供应链便包括了客户、接受订单的网页、戴尔的装配厂、所有戴尔的供应商以及这些供应商的下级供应商。网页为客户提供了关于产品价格、产品种类和哪些产品有货的信息。在决定购买之后，客户进入订货信息栏并付款。客户可能日后还会浏览网页，看一下订单的现状。客户订货的信息在供应链中层层上传，直至订单完成。这一过程需要供应链各个阶段之间的信息流动、产品流动和资金流动。

根据以上供应链的定义，其结构可以简单地归纳为如图 8－1 所示的模型。

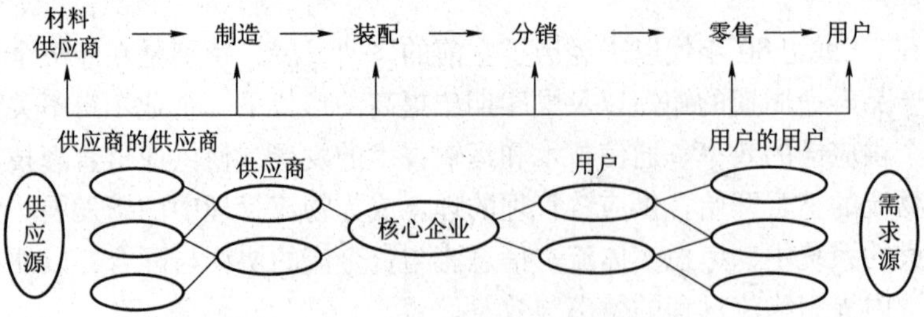

图 8－1　供应链的网链结构模型

从图 8－1 中可以看出，供应链由所有加盟的节点企业组成，其中一般有一个核心企业（可以是产品制造企业，也可以是大型零售企业，如美国的沃尔玛等），节点企业在需求信息的驱动下，通过供应链的职能分工与合作（生产、分销、零售等），以资金流、物流或/和服务流为媒介实现整个供应链的不断增值。

二、供应链的特征

从供应链的结构模型可以看出，供应链是一个网链结构，由围绕核心企业的供应商、供应商的供应商和用户以及用户的用户组成。一个企业是一个节点，节点企业和节点企业之间是一种需求与供应关系。供应链主要具有以下特征：

（一）复杂性

因为供应链节点企业组成的跨度（层次）不同，供应链往往由多个、多类型甚至多国企业构成，所以供应链结构模式比一般单个企业的结构模式更为复杂。

（二）动态性

供应链管理因企业战略和适应市场需求变化的需要，其中节点企业需要动态地更新，这就使得供应链具有明显的动态性。

（三）面向用户需求

供应链的形成、存在、重构都是基于一定的市场需求而发生，并且在供应链的运作过程中，用户的需求是供应链中信息流、产品/服务流、资金流运作的驱动源。

（四）交叉性

节点企业可以是这个供应链的成员，同时又是另一个供应链的成员，众多的供应链形成交叉结构，增加了协调管理的难度。

（五）增值性

供应链的特征还表现在其是增值的和有利可图的，否则就没有存在的必要。所有的生产运营系统都是将一些资源进行转换和组合，增加适当的价值，然后把产品“分送”到那些在产品的各传送阶段可能考虑到也可能被忽视的顾客手中。

三、供应链的类型

根据不同的划分标准，我们可以将供应链分为以下几种类型。

（一）稳定的供应链和动态的供应链

根据供应链存在的稳定性划分，可以将供应链分为稳定的和动态的供应链。基于相对稳定、单一的市场需求而组成的供应链稳定性较强，而基于相对频繁变化、复杂的需求而组成的供应链动态性较高。在实际管理运作中，需要根据不断变化的需求相应地改变供应链的组成。

（二）平衡的供应链和倾斜的供应链

根据供应链容量与用户需求的关系可以将供应链划分为平衡的供应链和倾斜的供应链。一个供应链具有一定的、相对稳定的设备容量和生产能力（所有节点企业能力的综合，包括供应商、制造商、运输商、分销商、零售商等），但用户需求处于不断变化的过程中，当供应链的容量能满足用户需求时，供应链处于平衡状态，而当市场变化加剧，造成供应链成本增加、库存增加、浪费增加等现象时，企业不是在最优状态下运作，供应链则处于倾斜状态。平衡的供应链可以实现各主要职能（采购/低采购成本、生产/规模效益、分销/低运输成本、市场/产品多样化和财务/资金运转快）之间的均衡。

（三）有效性供应链和反应性供应链

根据供应链的功能模式（物理功能和市场中介功能）可以把供应链划分为有效性供应链（Efficient Supply Chain）和反应性供应链（Responsive Supply Chain）。有效性供应链主要体现供应链的物理功能，即以最低的成本将原材料转化成零部件、半成品、产品以及在供应链中的运输等；反应性供应链主要体现供应链的市场中介的功能，即把产品分配到满足用户需求的市场，对未预知的需求作出快速反应等。

（四）推动式供应链和拉动式供应链

"推动"模式是传统的供应链模式，是指根据商品的库存情况有计划地将商品推销给客户。而当前更多的是"拉动"模式，顾名思义，该供应链模式源于客户需求，客户是供应链中一切业务的源动力。

推动式供应链模式的缺点是分销商和零售商处于被动地位，企业间信息沟通少，协调差，提前期长，库存量大，对市场作出快速反应的能力弱，且会产生牛鞭效应。其优点是能够利用制造效应和规模效应为供应链上的企业带来规模经济的好处，还能利用库存来平衡供需之间的不平衡现象。

在拉动模式中，零售商通过POS系统采集客户所购商品的确切信息，数据在分销仓库中经汇总分析后又传给制造商。这样，制造商就可以为下一次向分销仓库补货提前做准备，同时调整交货计划和采购计划，更新生产计划。原材料供应商也可以改变他们相应的交货计划。这种模式的缺点是生产批量小，作业更换频繁，设备的利用率不高，管理复杂，难以获得规模经济。其优点是制造部门可以根据客户来生产定制化的产品，可以降低库存量，缩短提前期，能更好地满足客户个性化的需求。

四、供应链管理的概念、特征和意义

供应链管理的概念和应用的历史远短于供应链的历史，供应链随着商品经济的出现而产生萌芽，而供应链管理从概念的出现到实践应用只有几十年的时间，但其发展却是十分迅速的，其应用的领域日益扩大，应用技术和组织形势也有了长足的发展。

对于供应链管理，有许多不同的定义和称呼，如有效用户反应（Efficient Consumer Response，ECR）、快速反应（Quick Response，QR）、虚拟物流（Virtual Logistics，VL）或

连续补充（Continuous Replenishment），等等。这些称呼因考虑的层次、角度的不同而不同，但都通过计划和控制实现企业内部和外部之间的合作，实质上它们在一定程度上都集成了供应链和增值链两个方面的内容。

（一）供应链管理的概念

计算机网络的发展进一步推动了制造业的全球化、网络化过程。虚拟制造、动态联盟等制造模式的出现，更加迫切需要新的管理模式与之相适应。传统的企业组织中的采购（物资供应）、加工制造（生产）、销售等看似是一个整体，但却是缺乏系统性和综合性的企业运作模式，已经无法适应新的制造模式发展的需要，而那种“大而全、小而全”的企业自我封闭的管理体制，更无法适应网络化竞争的社会发展的需要。因此，“供应链”的概念和传统的销售链是不同的，它已跨越了企业界限，从建立合作制造或战略伙伴关系的新思维出发，从产品生命线的“源”头开始，一直到产品的消费市场，从全局和整体的角度考虑产品的竞争力，使供应链从一种运作性的竞争工具上升为一种管理性的方法体系，这就是供应链管理提出的实际背景。

供应链管理是一种集成的管理思想和方法，它执行供应链中从供应商到最终用户的物流的计划和控制等职能。目前，国际上还没有公认的供应链管理的定义，国内外的不同学者对此有着不同的看法。例如，伊文斯（Evens）认为：“供应链管理是通过前馈的信息流和反馈的物料流及信息流，将供应商、制造商、分销商、零售商直到最终用户连成一个整体的管理模式”。菲利浦（Phillip）则认为供应链管理不是供应商管理的别称，而是一种新的管理策略，它把不同企业集成起来以增加整个供应链的效率，注重企业之间的合作。最早人们把供应链管理的重点放在管理库存上，作为平衡有限的生产能力和适应用户需求变化的缓冲手段，它通过各种协调手段，寻求把产品迅速、可靠地送到用户手中所需要的费用与生产、库存管理费用之间的平衡点，从而确定最佳的库存投资额。因此，其主要的工作任务是管理库存和运输。现在的供应链管理则把供应链上的各个企业作为一个不可分割的整体，使供应链上各企业分担的采购、生产、分销和销售的职能成为一个协调发展的有机体。

综合国内外众多观点，供应链管理是对从最终用户到原始供应商的关键业务流程的集成，它为客户和其他有关者提供价值增值的产品、服务和信息。供应链管理主要是对企业群之间的信息流、资金流以及物流的控制，其成功的关键是企业之间的协同战略关系。

（二）供应链管理的特征

供应链管理与传统的物料控制及储运管理有很大的不同，主要表现在以下四个方面：一是将供应链看成一个整体，而不是将供应链看成是由采购、制造、分销、与销售等构成的一些分离的功能块；二是要求并最终依靠对整个供应链进行战略决策，“供应”是整个供应链上各个功能部门的共同目标，坚持这一点具有战略意义，因为它对整个供应链的成本及供应链的市场份额有重大影响；三是供应链管理对库存有不同的看法，从供应链角度来看，库存不一定是必需的，它只是起平衡作用的一种工具；四是供应链管理要求采用系统的、集成化的管理方法来统筹整个供应链的各个功能。为了确保达成共同目标，高层管理部门采取一定办法消除供应链内各部门之间的目标冲突是十分重要的。供应链管理同时具备如下特征：

1. 管理目标呈现多元化特征和超常的性质

在传统的管理活动中，管理目标一般是针对现有问题来制定的，设计的管理行为主要着力于最终解决问题，因此管理的目标比较单一，以最终能解决问题为目标；供应链管理的目标则较复杂，它不仅追求问题的最终解决，而且还关注解决问题的方式，要求以最快的速度、最优的方式、最佳的途径解决问题，这就使得管理的目标既有时间方面的要求，也有成本方面的要求，同时还有效果的追求。例如，“在最合适的时间，将合适的产品，以最低的价格送到合适的消费者手中”正说明了供应链管理目标的多元化。在供应链管理的各项目标中，有些目标以常规眼光来看是相互矛盾和冲突的。传统管理目标的定位主要是建立在企业自身可以利用的资源基础之上，即企业在确定管理目标时是以当前现有的资源条件作为决策依据，强调目标的现实可行性，但在供应链管理中，企业的管理目标却往往较少受到自身资源实力的限制。这是因为通过内外资源的集成使用，企业可以超越自身实力来进行管理目标的定位，从而延伸企业的目标，使其显示出超常的性质。

2. 管理视野极大拓宽

管理视野代表管理主体行为的活动范围。管理视野越窄，管理行为就越受限制，管理的影响力度也就必然越小。在集成思想指导下，供应链管理的视野得到极大地拓宽，过去那种围绕企业内某具体部门，或某个企业，或某个行业的点、线或面式的管理疆域，现在已被一种更加开放的全方位、立体式的管理空间所取代。在这里，管理的触角从一个部门伸到了另外一个部门，从企业内伸到了企业外，从本行业伸到了其他相关的诸多行业。总之，管理视野是全方位的、立体的，从而为供应链管理提供了完全自由的运作空间。

3. 管理要素更加多样，包容度大大增加

在过去的管理活动中，人、财、物是基本的管理要素。随着社会科技的进步，一方面，上述管理要素的内容不断演化更新；另一方面，各种新的管理要素也大量涌现，各种管理要素的重要性也相继发生转换。由于科技已上升为经济增长的主要推动力量，因而它在管理中的地位也变得至关重要。在供应链管理中，管理要素的种类和范围都比以往有更大的拓展。从人、财、物到信息、知识、策略等，管理对象无所不包，几乎涵盖了所有的软、硬资源要素，因而使得管理者的选择余地大大增加，同时管理难度也进一步加大。尤其应引起管理人员注意的是，软性要素在供应链管理中的作用日渐重要，由于供应链管理中知识、智力的含量大大增加，在许多情况下，信息、策略和科技等软性要素常常是决定供应链管理成败的关键。

4. 管理系统的复杂度增加、系统边界日益模糊

从本质上来看，企业供应链管理行为既是由企业内在本质所决定的并受企业支配的各项活动的总和，又是随着外界环境的变化而变化并受外在环境刺激所作出的各种决策和对策的反应。供应链管理行为所涵盖的不只是企业内部的技术行为，而是涉及一系列广泛而又复杂的社会经济行为。它融合了宏观与微观、纵向与横向、外部环境与内部要素的交互作用，并且彼此之间形成一个密切相关的、动态的、开放的有机整体。而且，其中的各项要素之间又交织成相互依赖、相互制约、相互促进的关系链，从而使得供应链管理行为极其复杂，难以把握。另外，由于供应链管理打破了传统管理系统的边界限制，追求企业内外资源要素的优化整合，即企业的内部资源、功能及优势与外界的可以相互转化、相互协调、相互利用，形成一种“内部优势外在化、外部资源内在化”的态势，从而使管理的系统边界越来越难以

确定。因此，在供应链管理中，必须运用非常规的分析方法才有可能较好地把握管理系统的内在本质。

（三）供应链管理的意义

供应链管理是通过对供应链中的物流、信息流和资金流进行设计、规划、控制与优化，即行使管理的一般职能，进行计划、组织、协调与控制，以寻求建立供、产、销企业以及客户间的战略伙伴关系，最大程度地减少内耗与浪费，实现供应链整体效率的最优化并保证供应链中的成员取得相应的绩效来满足顾客需求的一个管理过程。它涵盖了从供应商到客户的客户的全部过程。供应链管理的意义可以概括为以下几个方面。

1. 供应链管理能有效地消除重复、浪费与不确定性，减少库存总量，创造竞争的成本优势

企业通过实施供应链管理可以有效地减少供应链成员企业之间的重复工作，剔除流程中的多余步骤，从而使供应链流程简单化、高效化、低成本。同时，通过建立共享的电子数据交换系统，又可以有效地减少因信息交换不充分所带来的重复与浪费，有效消除“需求放大”效应。此外，供应链成员企业之间实现了全流程的“无缝”作业，可以大大提高接口工作效率，减少失误与浪费。

不确定性是库存存在的根本原因，过多的库存经常是由于需求或供应的时间、数量或质量的不确定造成的。许多组织长期接受这种不确定性，并用人力、物力或其他资源来允许不确定性存在。而且，这种不确定性不仅存在于物流过程中，同时也存在于信息流过程中。供应链管理通过对组织外部业务流程的重构，与各成员企业建立战略合作伙伴关系，实现信息共享，物流畅通，提高客户反应速度，从而有效地、连续不断地消除不确定性，并使获得的共同利益呈指数增长。而且供应链通过整体合作与协调，在加快物流速度的同时，减少了各个环节的库存量，避免了许多不必要的库存成本的消耗。供应链的建立消除了传统交易合作关系中上下游企业之间的成本转嫁，从整体意义上减少了库存总量，大幅度削减了总库存成本。

2. 供应链管理能优化供应链成员组合，快速响应客户，创造竞争的时间和空间优势

供应链通过在全球范围内优化选择链上成员企业，既可以实现相互间的优势互补，更重要的是能够最大限度地减少销售产品、提供服务的空间距离和时间距离，使其成员企业能够实时获取并处理外部信息及链上信息，从而提高整个供应链对客户需求的快速反应能力，实现供应链各环节即时销售、即时制造、即时供应。也就是说，通过供应链各成员企业的优化组合，使需求信息获取与随后作出的反应尽量实时地接近最终客户，并将客户需求的提前期减少到最低限度，从而获取市场竞争的时间和空间优势。

3. 供应链管理通过建立成员企业之间战略合作伙伴关系，充分发挥链上企业的核心能力，创造竞争的整体优势

当今的国际市场竞争是全方位的竞争，很多企业已经认识到单靠一个企业的努力在日益激烈的市场竞争中难以取胜，有必要集合多个企业结成“联盟”，共同与对手竞争。而联盟的“盟友”首先是与本企业业务内容相关的上下游企业。实际上，供应链本身客观存在，只不过以前“链”上的各个企业没有通过主动性的供应链合作来增强整个供应链的竞争力，从而使这条“链”处于一种“断裂”的状态。通过实施供应链管理，这条断裂的“链”可

以有机地连接起来，使“链”上的各个企业都受益。也就是说，企业通过合作竞争实现了“共赢”。

总之，在当今全球竞争加剧、经济不确定性增大、信息技术高速发展、消费者个性化需求增加的大环境下，供应链也开始走向全球化，供应链的长度和复杂度不仅增加了，而且企业要想在这样激烈的竞争中谋生存、求发展，就必须采取相互合作的竞争策略。所以，供应链管理在企业战略管理中的地位更加突出，是企业提高整体竞争力的一个十分有效的手段。

五、供应链管理的主要职能、内容和目标

（一）供应链管理的主要职能

供应链管理的主要职能包括营销管理、物流一体化管理、生产过程管理及财务管理等。

（1）营销管理：管理整个供应链的市场营销过程和销售过程，以及持续不断地为客户提供价值。

（2）物流一体化管理：管理自供应商开始的物流，包括生产计划、采购和库存管理。

（3）生产过程管理：管理生产过程，降低生产成本。

（4）财务管理：利用财务软件与供应商及客户一起管理资金流。

（二）供应链管理的内容

供应链管理主要涉及到四个主要领域：供应（Supply）、生产计划（Schedule Plan）、物流（Logistics）、需求（Demand）。

供应链管理是以同步化、集成化生产计划为指导，以各种技术为支持，尤其以 Internet/Intranet 为依托，围绕供应、生产作业、物流（主要指制造过程）、满足需求来实施的。

供应链管理主要包括计划、合作、控制从供应商到用户的物料（零部件和成品等）和信息。

（三）供应链管理的目标

供应链管理的目标在于提高用户服务水平和降低总的交易成本，并且寻求两个目标之间的平衡（这两个目标往往有冲突）。

供应链管理可细分为职能领域和辅助领域。职能领域主要包括产品工程、产品技术保证、采购、生产控制、库存控制、仓储管理、分销管理，而辅助领域主要包括客户服务、制造、设计工程、会计核算、人力资源、市场营销。

供应链管理关心的并不仅仅是物料实体在供应链中的流动，除了企业内部与企业之间的运输问题和实物分销以外，供应链管理还包括以下主要内容：

（1）战略性供应商和用户合作伙伴关系的管理。

（2）从供应链的结构模型可以看出，供应链是一个网链结构，由围绕核心企业的供应商、供应商的供应商和用户以及用户的用户组成。一个企业是一个节点，节点企业和节点企业之间是供应链产品的需求预测和计划。

（3）供应链的设计（全球节点企业、资源、设备等的评价、选择和定位）。

（4）企业内部与企业之间物料供应与需求管理。
（5）基于供应链管理的产品设计、制造管理、生产集成化计划、跟踪和控制。
（6）基于供应链的用户服务和物流（运输、库存、包装等）管理。
（7）企业间资金流管理（汇率、成本等问题）。
（8）基于 Internet/Intranet 的供应链交互信息管理等。

六、供应链管理的原则

供应链管理总的原则是：根据客户所需的服务特性来划分客户群；根据客户需求和企业可获利情况设计企业的后勤网络；通过销售和营运计划监测整个供应链；注重供应链中的时间延迟；加强供应商之间的相互协作；在整个供应链建立信息系统；制定整个供应链的绩效考核准则。供应链管理的原则体现了以下特点：

（一）供应链管理是一种基于流程的集成化管理模式

传统的企业管理以职能部门为基础，往往由于职能矛盾、利益目标冲突、信息分散等原因，各职能部门无法完全发挥其潜在效能，因而很难实现整体目标最优。供应链管理则是一种纵横的、实行一体化经营的集成管理模式。它以流程为基础，以价值链的优化为核心，强调供应链整体的集成与协调，通过信息共享、技术扩散（交流与合作）、资源优化配置和有效的价值链激励机制等方法来实现经营的一体化。

（二）供应链管理是全过程的战略管理

供应链中的各环节不是彼此分割的，而是环环相扣的一个有机整体。因此，从总体上考虑，如果只依赖于部分环节的信息，则会由于信息的局限或失真导致决策失误、计划失控、管理失效。进一步来说，由于供应链上供应、制造、分销等职能目标之间的冲突是经济生活中难以避免的事实，只有运用战略管理思想从企业存在意义和价值的角度充分认识供应链管理的重要性与整体性，才能有效实现供应链的管理目标。

（三）供应链管理提出了全新的物流观念

传统的储运思想认为，库存是维系生产与销售的必要措施，它是基于“保护”的原则来保护生产、流通或市场，避免自身受到上游或下游因供需波动而带来的影响，因而企业与其上下游企业之间在不同的市场或环境下只是实现了库存的转移，整个社会库存总量并未减少。在买方市场的今天，供应链管理的实施可以加快产品进入市场的速度，尽量缩短从供应商到消费者的通道的长度；另外，供应链管理把供应商看作伙伴而不是竞争对手，从而使企业对市场需求的变化反映更快、更经济，总体库存得到大幅度降低，库存成为供应链管理的平衡机制。

（四）供应链管理以最终客户为中心

不管供应链的节点企业有多少种类型，也无论供应链是长还是短，供应链都是由客户需求驱动的，只有客户取得成功，供应链才得以存在、延续和发展。因此，供应链管理以最终客户为中心，将客户服务、客户满意与客户成功作为管理的出发点，并贯穿供应链管理的全过程，同时将改善服务质量、提升客户满意度、促进客户成功作为创造竞争优势的根本手段。

第二节 供应链设计

一、影响供应链设计的主要因素

（一）供应链设计与物流系统设计

物流系统是供应链的物流通道，是供应链管理的重要内容。物流系统设计是指原材料和外购件所经历的采购入厂—存储—投料—加工制造—装配—包装—运输—分销—零售等一系列物流过程的设计。物流系统设计也称通道设计（Channel Designing），是供应链系统设计中最主要的工作之一。设计一个结构合理的物流通道对于降低库存、减少成本、缩短提前期、实施 JIT 生产与供销、提高供应链的整体运作效率都是很重要的。但供应链设计却不等同于物流系统设计，（集成化）供应链设计是企业模型的设计，它从更广泛的思维空间或者说是从企业整体角度去构画企业蓝图，是扩展后的企业模型。它既包括物流系统，还包括信息和组织以及价值流和相应的服务体系建设。在供应链的设计（建设）中，创新性的管理思维和观念极为重要，要把供应链的整体思维观融入到供应链的构思和建设中，企业之间要有并行的设计才能实现并行的运作模式，这是供应链设计中最为重要的思想。

（二）供应链设计与环境因素的考虑

一个设计精良的供应链在实际中并不一定能按照预想的那样运行，甚至无法达到设想的要求，这是主观设想与实际效果的差距，原因并不一定是设计或构想不完美，而是环境因素在起作用。因此构建和设计一个供应链，一方面要考虑供应链的运行环境（地区，政治，文化，经济等因素），同时还应考虑未来环境的变化对实施供应链的影响。因此，我们要用发展的、变化的眼光来设计供应链，无论是信息系统的构建还是物流通道的设计都应具有较高的柔性，以提高供应链对环境的适应能力。

（三）供应链设计与企业再造工程

从企业的角度来看，供应链的设计是一个企业的改造问题，供应链所涉及的内容任何企业或多或少都在进行着。供应链的设计或重构不是要推翻现有的企业模型，而是要从管理思想革新的角度，以创新的观念武装企业（比如动态联盟与虚拟企业，精细生产），这种基于系统进化的企业再造思想是符合人类演进式的思维逻辑的，尽管“BPR 教父”哈默和钱贝一再强调其彻底的、剧变式的企业重构思想，但实践证明，实施 BPR 的企业最终还是走向了改良道路，所谓无源之水、无本之木的企业再造是不存在的。因此在实施供应链的设计与重建时，并不在于是否“打碎那个瓷娃娃”，需要的是新的观念、新的思维和新的手段，这是我们实施供应链管理所要明确的。

（四）供应链设计与先进制造模式的关系

供应链设计既是从新的管理思维的角度去改造企业，也是先进制造模式的客观要求推动的结果。如果没有全球制造、虚拟制造这些先进的制造模式的出现，集成化供应链的管理思想是很难得以实现的。正是先进制造模式的资源配置沿着“劳动密集—设备密集—信息密集—知识密集”的方向发展才使得企业的组织模式和管理模式发生了相应的变化，从制造技术的技术集成演变为组织和信息等相关资源的集成。供应链管理适应了这种趋势，因此，供应链的设计应把握这种内在的联系，使供应链管理成为适应先进制造模式发展的先进的管理思想。

二、供应链的设计原则

在供应链的设计过程中，我们认为它应遵循一些基本的原则，以保证供应链的设计和重建能满足供应链管理思想得以实施和贯彻的要求。

（一）自顶向下和自底向上相结合的设计原则

在系统建模设计方法中，存在两种设计方法，即自顶向下和自底向上的方法。自顶向下的方法是从全局走向局部的方法，自底向上的方法是从局部走向全局的方法。自上而下是系统分解的过程，而自下而上则是一种集成的过程。在设计一个供应链系统时，往往是先有主管高层作出战略规划与决策，规划与决策的依据来自市场需求和企业发展规划，然后由下层部门实施决策，因此供应链的设计是自顶向下和自底向上的综合。

（二）简洁性原则

简洁性是供应链的一个重要原则，为了能使供应链具有灵活快速响应市场的能力，供应链的每个节点都应是简洁的、具有活力的，并能实现业务流程的快速组合。比如供应商的选择就应以少而精的原则，通过和少数的供应商建立战略伙伴关系，减少采购成本，推动并实施准时制采购法和准时生产。生产系统的设计更是应以精细思想（Lean Thinking）为指导，努力实现从精细的制造模式到精细的供应链这一目标。

（三）集优原则（互补性原则）

供应链的各个节点的选择应遵循强—强联合的原则，达到资源外用的目的。每个企业都要集中精力致力于各自核心的业务过程，就象一个独立的制造单元（独立制造岛）。这些所谓单元化企业具有自我组织、自我优化、面向目标、动态运行和充满活力的特点，它们能够实现供应链业务的快速重组。

（四）协调性原则

供应链业绩的好坏取决于供应链合作伙伴关系是否和谐，因此，建立战略伙伴关系的合作企业关系模型是实现供应链最佳效能的保证。席酉民教授认为，和谐是描述系统是否形成了充分发挥系统成员和子系统的能动性、创造性及系统与环境的总体协调性的唯一标准。只有和谐而协调的系统才能发挥最佳的效能。

（五）动态性（不确定性）原则

不确定性在供应链中随处可见，许多学者在研究供应链运作效率时都提到不确定性问题。不确定性的存在导致了需求信息的扭曲。因此，要预见各种不确定因素对供应链运作的影响，以减少信息传递过程中的信息延迟和失真。降低安全库存总是和服务水平的提高相矛盾。增加透明性，减少不必要的中间环节，提高预测的精度和时效性对降低不确定性的影响都是极为重要的。

（六）创新性原则

创新设计是系统设计的重要原则，没有创新性思维，就不可能有创新的管理模式，因此在供应链的设计过程中，创新性是很重要的一个原则。要产生一个创新的系统，就要敢于打破各种陈旧的思维框框，用新的角度、新的视野审视原有的管理模式和体系，进行大胆的创新设计。进行创新设计要注意几点：一是创新必须在企业总体目标和战略的指导下进行，并与战略目标保持一致；二是要从市场需求的角度出发，综合运用企业的能力和优势；三是发挥企业各类人员的创造性，集思广益，并与其他企业共同协作，发挥供应链整体优势；四是建立科学的供应链和项目评价体系及组织管理系统，进行技术经济分析和可行性论证。

（七）战略性原则

供应链的建模应有战略性观点，通过战略的观点来减少不确定性所带来的影响。从供应链的战略管理的角度考虑，我们认为供应链建模的战略性原则还体现在供应链发展的长远规划和预见性上，供应链的系统结构发展应和企业的战略规划保持一致，并在企业战略的指导下进行。

三、基于产品的供应链一体化方案设计步骤

（一）分析市场竞争环境

分析市场竞争环境的目的在于找到针对哪些产品市场开发供应链才有效，为此，必须知道现在的产品需求是什么，产品的类型和特征是什么。分析市场特征的过程要向卖主、用户和竞争者进行调查，提出诸如“用户想要什么？”、“他们在市场中的份量有多大？”之类的问题，以确认用户的需求和因卖主、用户、竞争者而产生的压力。这一步骤的输出是每一产品的按重要性排列的市场特征。同时，对于市场的不确定性要有分析和评价。

（二）总结、分析企业现状

总结、分析企业现状主要分析企业供需管理的现状（如果企业已经有供应链管理，则分析供应链的现状），这一个步骤的目的不在于评价供应链设计策略的重要性和合适性，而是着重于研究供应链开发的方向，分析、找到、总结企业存在的问题及影响供应链设计的阻力等因素。

（三）进行供应链基本设计

1. 针对存在的问题提出供应链设计项目，分析其必要性

2. 根据基于产品的供应链设计策略提出供应链设计的目标

基于产品的供应链设计的主要目标在于获得高用户服务水平和低库存投资、低单位成本两个目标之间的平衡（这两个目标往往有冲突），同时还应包括以下目标：

（1）进入新市场。

（2）开发新产品。

（3）开发新分销渠道。

（4）改善售后服务水平。

（5）提高用户满意程度。

（6）降低成本。

（7）通过降低库存提高工作效率等。

（四）分析供应链的组成，提出组成供应链的基本框架

供应链中的成员组成分析主要包括制造工厂、设备、工艺和供应商、制造商、分销商、零售商及用户的选择及其定位，以及确定选择与评价的标准。

（五）分析和评价供应链设计的技术可能性

分析和评价供应链设计的技术可能性不仅仅是某种策略或改善技术的推荐清单，而且也是开发和实现供应链管理的第一步，它在可行性分析的基础上结合本企业的实际情况为开发供应链提出技术选择建议和支持。这也是一个决策的过程，如果认为方案可行，就可进行下面的设计；如果不可行，就要重新进行设计。

（六）设计供应链

在这个步骤主要需要解决以下问题：

（1）供应链的成员组成（供应商、设备、工厂、分销中心的选择与定位、计划与控制）。

（2）材料的来源问题（包括供应商、流量、价格、运输等问题）。

（3）生产设计（需求预测、生产什么产品、生产能力、供应给哪些分销中心、价格、生产计划、生产作业计划和跟踪控制、库存管理等问题）。

（4）分销任务与能力设计（产品服务于哪些市场以及运输与价格等问题）。

（5）信息管理系统设计。

（6）物流管理系统设计等。

在供应链设计中需要广泛地应用到许多工具和技术，具体包括归纳法、集体解决问题、流程图、模拟和设计软件等。

（七）检验供应链

供应链设计完成以后，应通过一定的方法、技术进行测试检验或试运行，如不行，返回第四步重新进行设计；如果没有什么问题，就可实施供应链管理了。

第三节　供应链管理的战略

供应链管理战略就是要从企业发展战略的高度来考虑供应链管理中的事关全局的核心问题，因为只有这样才能保证供应链管理绩效的实现。

一、供应链管理的战略观念

进入20世纪90年代，企业将注意力集中到了管理企业的资源上，包括价值链上的战略合作伙伴与物流功能。生产制造商开始在采购环节控制质量，为此提出了仅从少数具有质量保证及认证的供应商那里进行采购的战略。现在，生产制造商通常利用供应商对新产品开发的技术支持来改善整个价值链的效率。促进供应链管理不断发展的内在动力来自以客户为中心的企业观念，以客户满意度的高低作为指标来衡量企业的业务成就，从而驱动着企业内部和外部连接的全局化。

二、供应链管理实施战略的制定

供应链管理的实施战略就是要解决一个企业在具体实施供应链管理方式时所依据的方法论和策略，避免企业走弯路或出现失误。

（一）内外同步实施供应链管理战略

从企业内部来说，主要是发扬团队的合作精神。企业要鼓励员工协同工作、解决问题，员工应把合作看作是一种义务，而不是互相推诿责任，这样企业就会以一种类似于医院急救室的工作方式进行运转，以完成新的订单带来的任务，从而获取新的市场机遇。另一方面也要有明确的智力资源权力条例和企业内部明确的道德准则来规范人们的行为和保护员工发明创造的权力。在管理上，强调权力分散，让中下层管理人员在保证企业总任务的前提下有更多的自主权；要以循循善诱的领导作风以鼓励和信任代替传统的上司对下属的命令和控制。各级人员都具有强烈的进取心，分担责任、分享荣誉的企业文化蔚然成风，整个企业，从工人到组织机构都能最有效地适应市场的变化，并作出“敏捷”的响应。

从外部来说，合作的概念已经发展到了与以前竞争对手之间的合作。在20世纪70年代，美国三大汽车巨头——通用、福特、克莱斯勒，都投资了几亿美元开发处理汽车尾气的装置。在那个时候，他们绝不愿意联合起来开发，而实际上各自都作出了类似的结果，白花了很多钱。现在，他们都参加了一个多功能的集团“USCAR”来共同开发各种技术、材料和部件，从结构塑料、电池到电机车控制系统等。日立与IBM在计算机市场上一直是两大竞争对手，但现在成了合作伙伴。日立买进IBM的主机芯片，并制造IBM主机（IBM给予许可证），打上日立牌子销售。当然，在这其中也要解决利益分配的问题，以便使供应商、合作伙伴及顾客都能共享信息，互相受惠，进而为创建或加入“虚拟企业”制订出明确的标准。

（二）重视信息作用的发挥

因为市场在急剧变化，所以最主要的是掌握用户需求的变化和在竞争中知己知彼。如果对本企业内部的信息不能透彻了解，那么如何能要求员工从全局出发做到集成呢？如果竞争对手采取了一些新的措施和一些新的技术，而本企业却迟迟不了解，又如何能及时采取改进竞争手段的对策呢？“敏捷”的基本思想是既快又灵活，所以一定要把信息的价值提到足够的高度来认识。

（三）节点企业的组成

从竞争走向合作，从相互保密走向信息交流，这实际上会给企业带来更大的利益。比如市场上出现一个新的机遇，半年后推出的某种新型的计算机必然畅销，于是几家本来是竞争对手的大型计算机公司可能立即组成一种合作关系——A公司开发的主机性能好，B公司的软件开发能力强，C公司的外围设备有很好的声誉。各家都发挥自己的优势共同开发，他们就能迅速占领市场，完成这次合作之后，各家还是独立的公司，这种方式就是“敏捷制造”。实施“敏捷制造”的基础是全国乃至全球通信网络的存在——在网上了解到有专长的合作伙伴，在网络通信中确定合作关系，又通过网络用并行工程的做法实现快速和高质量的新产品开发。

（四）高科技的广泛应用

未来制造业中强调人的作用，但也丝毫没有贬低技术的作用。计算机辅助设计、计算机辅助软件、计算机仿真与建模分析技术都在“敏捷”企业中加以应用。另外，还要提到“团件”，这是近来研究比较多的一种计算机支持协同工作（CSCW）的软件，是强调分布式群体决策的软件系统，它可以支持两个以上用户紧密合作共同完成一项任务。例如，有同样想法而又能同时工作的人所用的文章大纲编辑器。人工智能在生产和经营过程中的应用是另一个重要的先进技术的标志。从底层原始数据检测和手机的传感器到过程控制的机理以至辅助决策的知识库，都需要应用人工智能技术。

（五）借鉴“方法论”

所谓“方法论”，就是在实现某一目标或完成某一项工程时所需要使用的一整套方法的集合。实现全企业的整体集成是一项十分复杂的任务，对每一时期每一项具体任务都应该有明确的规定和指导方法，这些方法的集合就叫“集成方法论”。这样的方法论能帮助人们少走弯路，避免损失。由此产生的效益比一台新设备、一套新软件所能产生的有形的经济效益要大得多，并且重要得多。

（六）推行标准和法规

目前产品和生产过程的各种标准还不统一，而未来的制造业的产品变异又非常突出。如果没有标准，不论对国家、对企业、对企业间的合作、对用户都非常不利。因此，必须强化标准化组织的演进，使其工作能不断跟上环境和市场的变化。现行法规也应该随着国际市场和竞争环境的变化而演进。

三、供应链管理的信息技术支持

有调查显示，大多数的管理人员认为，信息技术的应用是推进供应链系统中信息共享的关键。大多数企业在希望降低销售间接费用的前提下还计划增加保持它们当前在信息技术上的投资。调查结果还显示，改进整个供应链的消息精度、及时性和流动速度被认为是提高供应链绩效的必要措施。没有全面集成信息的能力、缺乏实用性是现有供应链取得实效的主要障碍。现实表明，对信息系统加大投资并采用供应链优化系统的企业，许多都取得了较大的成功。

因此，供应链管理战略的一个重要内容就是制定供应链运作的信息支撑平台。在供应链管理发展的早期阶段，信息交换手段以电子数据交换（EDI）为主。现在，随着网络技术的日益发展和完善，越来越多的企业选择了因特网。由于 EDI 的安装和使用成本昂贵，因此限制了不少企业，特别是中小企业采用 EDI 与供应链建立信息集成系统。相比之下，因特网的费用要低得多，因而有利于更多的中小企业加入供应链，但从安全性的角度考虑，显然 EDI 更占优势。

四、供应链管理下的绩效测量与评价

传统的企业评价总是着眼于可计量的经济效益，对生产和经营活动的评价要看一些具体的技术指标。这种侧重于操作层面的做法基本上属于短期行为。对于供应链管理、系统集成所提出的战略考虑，如缩短提前期对竞争能力有多少好处、如何度量企业柔性、企业对产品变异的适应能力会导致怎样的经济效益、如何检测雇员和工作小组的技能、技能标准对企业柔性又会有什么影响……这一系列问题都是在新形势、新环境下提出来的并需要解决的。又如传统的会计核算主要适合于静态产品和大批量生产过程，用核算结果来控制成本以及压缩原材料和直接劳动力的使用则是一种消极防御式的核算方法，不适合供应链企业。当前要采用一种支持这些变化的核算方法，如 ABC 法（基于活动的成本核算方法）把成本计算与各种形式的经营活动相关联，是未来企业中很有希望的一种核算方法。合作伙伴资格预评是另一种评价问题，因为供应链企业的成功要求合作伙伴各有所长，而且应有很好的合作信誉。由此可见，供应链管理环境下的绩效测量与评价是一个关系到企业全局的大问题，应该从战略的高度去制订相关的绩效测量与评价指标及相关的程序和方法。

五、供应链管理战略的系统构成

供应链管理的战略系统涉及的范围较大，主要包括以下几个方面的内容：

（一）组织战略

供应链管理不同于一般的管理模式，其含义与过去的只在一个企业内部发生的管理行为不一样。供应链管理是一种合作企业间的协调问题，供应链企业要认识到这一点，并在组织结构上进行重新设计，使之能够适应供应链管理的运行要求。如果在一个大的集团公司中，公司内部应起到计划和协调的作用。

（二）改革企业的经营思想

创立供应链优势、改变传统管理模式不仅是一种职能，而且是一种战略思想。认识到这一点是改革企业原有经营管理思想和模式的重要前提。供应链管理的实践已经表明，它不是一种单纯的操作性方法，而是一种改变人们对企业职能再认识的战略。传统企业管理模式和供应链管理模式的区别可以表述为以下几个方面的内容：

（1）传统企业的目标是制造为了销售，供应链企业的目标是按订单安排生产。

（2）传统企业的管理目标是减少与优化库存，供应链管理的目标是创新。

（3）传统企业提高生产效率的主要方法是增加批量，供应链企业提高效率的方法是提高企业的柔性。

因此，实施供应链管理首先要在经营思想上提高对它的认识，这样才能制定出符合企业发展目标和供应链管理运行规律的战略。

（三）共享信息战略

供应链的优势在于它使企业能够做到信息共享。通过信息共享，供应链上的企业及时作出或及时调整它们的生产策略，以便在市场上占据主动。制造商、供应商、分销商愿意相互开放，并且希望在供应链中及早介入。因此，信息共享是供应链管理必须考虑的战略之一。

（四）利用先进技术的战略

为了从供应链上获得战略，企业要从一些基本技术，如物流过程自动化、企业资源计划（ERP）系统等做起，把先进技术作为支持供应链协调运行的基础，并且随着技术的发展，要随时向新的、更先进的技术推进。

（五）绩效度量问题

绩效度量是实施任何一种战略必不可少的内容之一，只有知道某一战略的实施效果，才能使管理者最后作出有效决策。绩效度量还被看作是保持战略层和执行层迈向共同目标的粘合剂，因为系统运行绩效是执行层努力的结果。

（六）供应商战略

通过供应链创造的企业清楚地懂得每个供应商在资源组合中的作用，因而把保持与供应商的关系看作是高度战略化的工作。为了保证企业具有较多的选择余地，与供应商建立广泛的关系就成为一种战略性的任务。

第四节 供应链管理的基本方法

随着供应链管理思想的贯彻，纵向一体化的管理模式逐渐向横向一体化的管理模式转变，充分自治的、分布式的协同工作代替了金字塔式的多层管理结构，企业间你死我活的竞争关系变为既有竞争、又有合作的“共赢”（Win-win）关系，并由此产生了与供应链管理思想相适应的管理方法。其中较为典型的有快速反应系统、有效客户反应系统、电子订货系统和企业资源计划等。虽然由于行业的不同，各种供应链管理方法的侧重点不同，但它们的实施目标是相同的，即减少供应链的不确定性和风险，从而积极地影响库存水平、生产周期、生产过程，并最终影响了其对顾客的服务水平，而其核心内容是系统化。

一、快速反应系统（Quick Response，QR）

（一）快速反应系统的含义

快速反应系统是指在供应链管理中，为了实现共同的目标，零售商和制造商之间建立战略伙伴关系，利用 EDI 等信息技术，进行销售时点的信息交换以及订货补充等其他经营信息的交换，用多频度、小数量配送方式连续补充商品，以实现缩短交货周期、减少库存、提高顾客服务水平和企业竞争力的供应链管理方法。该方法的重点是对顾客需求作出快速反应，具体策略有商品即时出售、自动物料搬运等。

（二）快速反应系统出现的背景

快速反应系统产生于 20 世纪 80 年代中期，从 20 世纪 70 年代后期开始，美国纺织服装的进口急剧增加，到 20 世纪 80 年代初期，进口商品大约占到纺织服装行业总销售量的 40%。针对这种情况，美国纺织服装企业一方面要求政府和国会采取措施阻止纺织品的大量进口，另一方面进行设备投资来提高企业的生产率。但是，即使这佯，进口的廉价纺织品的市场占有率仍在不断上升，而本地生产的纺织品市场占有率却在连续下降。为此，一些主要的经销商成立了“用国货为荣委员会”，一方面通过媒体宣传国产纺织品的优点，采取活动促进销售，另一方面，委托零售业咨询公司 Kurt Salmon 从事提高竞争力的调查。Kurt Salmon 在经过了大量充分的调查后指出，虽然纺织品产业供应链各环节的企业都十分注重提高各自的经营效率，但是整个供应链系统的效率却并不高。为此，Kurt Salmon 公司建议零售业者和纺织服装生产厂家合作，共享信息资源，建立一个快速供应系统来实现销售额的增长以实现顾客服务的最大化以及库存量、商品缺货、商品风险和减价（Markdown）最小化的目标。1985 年以后，快速反应系统的概念开始在纺织服装等行业广泛地普及、应用。当时仅仅是美国纺织与服装行业为了对抗进口商品，提高服装供应链效率而建立起的纺织企业合作策略，现在已成为建立企业战略联盟、形成国际竞争优势、提高供应链服务水平的重要手段。

（三）实施快速反应系统的三个阶段

快速反应系统的实施一般包括三部分：零售商通过条形码商品的扫描，从 POS 系统得到及时准确的销售数据；经由 EDI 传送，制造商每周或每日共享库存单元一级的销售与库存数据；针对预定的库存目标水准，制造商受委托进行自动或近于自动的补充供应活动。实施快速反应系统可分为三个阶段：

1. 快速反应系统的初期阶段

对所有的商品单元条码化，即对商品消费单元用 EAN/UPC 条码标识，对商品贸易单元用 ITF－14 条码标识，而对物流单元则用 UCC/EAN－128 条码标识。利用 EDI 传输订购单报文和发票报文。

2. 快速反应系统的发展阶段

在第一阶段的基础上增加与内部业务处理有关的策略，如自动补库与商品即时出售等，并采用 EDI 传输更多的报文，如发货通知报文、收货通知报文等。下面以美国 Wal-Mart 公司为例加以说明。

为了促进行业内电子化商务的发展，Wal-Mart 与行业内的其他商家一起成立 VICS 委员会（Voluntary Inter-Industry Communications Standards Committee）来协商确定行业统一的 EDI 标准和商品识别标准。VICS 委员会制定了行业统一的 EDI 标准并确定商品识别标准采用 UPC 商品识别码。Wal-Mart 公司基于行业统一标准设计出 POS 数据的输送格式，通过 EDI 系统向供应方传送 POS 数据。供应方根据 Wal-Mart 传送来的 POS 信息，可及时了解 Wal-Mart 的商品销售状况、把握商品的需求动向，并及时调整生产计划和材料采购计划。供应方利用 EDI 系统在发货之前向 Wal-Mart 传送预先发货清单（Advanced Shipping Notice，简称 ASN）。这样，Wal-Mart 事前可以做好进货准备工作，同时可以省去货物数据的输入工作，使商品检验作业效率化。War-Mart 在接收货物时，用扫描读取机器读取包装箱上的物流条形码 SCM（Shipping Carton Marking），把扫描读取机器读取的信息与预先储存在计算机内的预先发货清单进行核对，判断到货和发货清单是否一致，从而简化了检验作业。在此基础上，利用电子支付系统向供应方支付货款。同时只要把预先发货清单数据和 POS 数据比较，就能迅速知道商品库存的信息。这样做的结果使 War-Mart 不仅节约了大量事务性作业成本，而且还能压缩库存，提高商品周转率。在此阶段，War-Mart 公司开始把快速反应系统的应用范围扩大至其他商品和供应商。

3. 快速反应系统的成熟阶段

与贸易伙伴密切合作，采用更高级的快速反应系统策略，以对客户的需求作出快速反应。一般说来，企业内部业务的优化相对来说较为容易，但在贸易伙伴间进行合作时，往往会遇到诸多障碍。在快速反应系统的成熟阶段，每个企业必须把自己当成集成供应链系统的一个组成部分，以保证整个供应链的整体效益。例如，War-Mart 把零售店商品的进货和库存管理的职能转移给供应方（生产厂家），由生产厂家对 War-Mart 的流通库存进行管理和控制。即采用生产厂家管理的库存方式（Vendo-managed Inventories，简称 VMI）。War-Mart 让供应方与之共同管理营运 War-Mart 的流通中心。在流通中心保管的商品所有权属于供应方。供应方对 POS 信息和预先发货清单信息进行分析，把握商品的销售和 War-Mart 的库存动向。在此基础上，决定什么时间、把什么类型商品、以什么方式向什么店铺发货。发货的信息预先以预先发货清单形式传送给 War-Mart，以多频度、小数量进行连续库存补充，即采用连续补充库存方式（Continuous Replenishment Program，简称 CRP）。由于采用了生产厂家管理的库存方式和连续补充库存方式，供应方不仅能减少本企业的库存，还能减少 War-Mart 的库存，实现了整个供应链的库存水平最小化。另外，对 War-Mart 来说，不仅省去了商品进货的业务，节约了成本，同时能集中精力于销售活动。

并且，事先能得知供应方的商品促销计划和商品生产计划，使其能够以较低的价格进货。这些为 War-Mart 进行价格竞争提供了条件。

（四）快速反应系统成功实施必须具备以下五个条件

1. 必须改变传统的经营方式，革新企业的经营意识和组织

改变传统的经营方式和革新企业的经营意识与组织具体表现在以下 5 个方面：

（1）企业不能局限于依靠本企业的力量来提高经营效率的传统意识，要树立通过与供应链各方建立合作伙伴关系，努力利用各方资源来提高经营效率的现代经营意识。

（2）零售商在垂直型快速反应系统中起主导作用，零售店铺是垂直型快速反应系统的起始点。

（3）在垂直型快速反应系统内部，通过 POS 数据等销售信息和成本信息的相互公开和交换，来提高各个企业的经营效率。

（4）明确垂直型快速反应系统内各个企业之间的分工协作范围和形式，消除重复作业，建立有效的分工协作框架。

（5）必须改变传统的事务作业的方式，通过利用信息技术实现事务作业的无纸化和自动化。

2. 必须开发和应用现代信息处理技术，这是成功进行快速反应系统活动的前提条件

这些信息技术有商品条形码技术、物流条形码技术、电子订货系统、POS 数据读取系统、EDI 系统、预先发货清单技术、电子支付系统、生产厂家管理的库存方式、连续补充库存方式等。

3. 必须与供应链各方建立（战略）伙伴关系

具体内容包括以下两个方面：一是积极寻找和发现战略合作伙伴；二是在合作伙伴之间建立分工和协作关系。合作的目标是为了削减库存、避免缺货现象的发生、降低商品风险、避免大幅度降价现象发生、减少作业人员和简化事务性作业等。

4. 必须改变传统的对企业商业信息保密的做法

实现销售信息、库存信息、生产信息、成本信息等与合作伙伴的交流分享，并在此基础上要求各方在一起发现问题、分析问题和解决问题。

5. 供应方缩短生产周期，降低商品库存

具体来说，供应商必须做到：缩短商品的生产周期；进行多品种少批量和多频度小数量配送，降低零售商的库存水平，提高服务水平；在商品实际需要发生时采用准时生产制生产方式组织生产，减少供应商自身的库存水平。

（五）实施快速反应系统的效果

根据 Blackburn（1991）的研究，快速反应系统的效果如表 8 - 1 所示。

Blaokburn 研究结果显示零售商在应用快速反应系统后，销售额大幅度增加，商品周转率大幅度提高，需求预测误差大幅度下降。应用快速反应系统后之所以有这样的效果，其原因在于实施。实施快速反应系统的效果具体表现在以下三个方面。

表 8 – 1　　实施快速反应系统的效果

对象商品	构成快速反应系统的供应链企业	零售业者的快速反应系统效果
休闲裤	零售商：WAL-MART 服装生产厂家：SEMILOE 面料生产厂家：MILLIKEN	销售额：增加 31% 商品周转率：提高 30%
衬衫	零售商：J. C. PENNEY 服装生产厂家：OXFORD 面料生产厂家：BURLINTON	销售额：增加 59% 商品周转率：提高 30% 需求预测误差：减少 50%

1. 销售额的大幅度增加

（1）可以降低经营成本，从而能降低销售价格，增加销售；

（2）伴随着商品库存风险的减少，商品以低价位定价，增加销售；

（3）能避免缺货现象，从而避免销售机会的损失；

（4）易于确定畅销商品，能保证畅销品的品种齐全和连续供应，并增加销售。

2. 商品周转率的大幅度提高

应用快速反应系统可以减少商品库存量，并保证畅销商品的正常库存量，加快商品周转。

3. 需求预测误差大幅度减少

根据库存周期长短和预测误差的关系可以看出，如果在季节开始之前的 26 周进货（即基于预测提前 26 周进货），则需求预测误差（缺货或积压）达 40% 左右。如果在季节开始之前的 16 周进货，则需求预测误差为 20% 左右。如果在很靠近季节开始的时候进货，需求预测误差只有 10% 左右。应用快速反应系统可以及时获得销售信息，把握畅销商品和滞销商品，同时通过多频度、小数量的送货方式实现实需型进货（零售店需要的时候才进货），这样使需求预测误差可减少到 10% 左右。

二、有效客户反应系统（Efficient Customer Response，ECR）

（一）有效客户反应系统的含义

有效客户反应系统是一个制造商、批发商和零售商等供应链组成的各方相互协调和合作，以更好、更快的服务和更低的成本满足消费者需要为目的的供应链管理系统。其优势在于供应链各方是为提高消费者满意这一共同的目标而进行合作，并分享信息和决策，它是一种把以往处于分散状态的供应链节点有机联系在一起以满足消费者需要的工具。

（二）有效客户反应系统出现的背景

在 20 世纪 60 年代和 70 年代，美国日杂百货业的竞争主要是在生产厂商之间展开的，其竞争的重心是品牌、商品、经销渠道和大量的广告和促销。在零售商和生产厂家的交易关系中，生产厂家占据支配地位。

进入20世纪80年代特别是到了20世纪90年代以后，在零售商和生产厂家的交易关系中，零售商开始占据主导地位，竞争的重心转向流通中心、商家自有品牌（PB）、供应链效率和销售时点信息系统。同时在供应链内部，零售商和生产厂家之间为取得供应链主导权的控制，同时为商家品牌和厂家品牌（NB）占据零售店铺货架空间的份额展开了激烈的竞争，这种竞争使得在供应链的各个环节间的成本不断转移，导致供应链整体的成本上升，而且容易牺牲力量较弱一方的利益。在这期间，从零售商角度来看，随着新的零售业态如仓储商店、折扣店的大量涌现，零售竞争更趋激烈。这种状况，迫使许多超市业者寻找新的管理方法。

从生产厂商的角度看，由于百货日杂技术含量不高，大量无实质差别的商品投入市场，使厂家竞争趋同化，直接或间接以降价方式向零售商促销，但这样做会大量牺牲厂家的自身利益。因此，聪明的生产厂商希望以与零售商结成联盟的形式来获得竞争优势。

从消费者角度看，过度竞争导致消费者需求的忽视。高价、眼花缭乱和不甚满意的商品、大量诱导广告和促销活动不断吸引消费者转换品牌，这一切不仅给消费者造成伤害，也要求企业真正从消费者的利益出发提供让消费者满意的服务。

在上述背景下，美国食品市场营销协会（US Food Marketing Institute，简称FMI）联合包括COCA-COLA，P&G，Safe-Way Store在内的16家企业与流通咨询企业Kurt Salmon Associates公司一起组成研究小组，对食品业的供应链进行调查总结分析，并于1993年1月提出了改进该行业供应链管理的详细报告。该报告系统地提出了有效客户反应系统的概念和体系。经过美国食品市场营销协会的大力宣传，有效客户反应系统概念被零售商和制造商所接纳并被广泛地应用于实践。

（三）应用有效客户反应系统时必须遵守五个基本原则

（1）以较少的成本，不断致力于向食品杂货供应链客户提供更优的产品、更高的质量、更好的库存服务以及更多的便利服务。

（2）有效客户反应系统必须由相关的商业带头人启动。该商业带头人应决心通过代表共同利益的商业联盟取代旧式的贸易关系而达到获利的目的。

（3）必须利用准确、适时的信息以支持有效的市场、生产及后勤决策。这些信息将以EDI的方式在贸易伙伴间自由流动，它将影响以计算机信息为基础的系统信息的有效利用。

（4）产品必须随其不断增值的过程从生产到包装，直至最终到客户的购物篮中，以确保客户能随时获得所需产品。

（5）必须建立共同的成果评价体系。该体系注重整个系统的有效性（即通过降低成本与库存以及更好的资产利用，实现最优价值），清晰地标识出潜在的回报（即增加的总值和利润），并促进对回报的公平分享。

（四）实施有效客户反应系统的四大要素

有效客户反应系统概念的提出者认为有效客户反应系统的活动是一个过程，这个过程主要由贯穿供应链各方的4个核心过程组成（如图8－2所示）。因此，有效客户反应系统的战略主要集中在以下4个领域：有效的店内布局，即通过合理安排店铺空间以使最大限度地提高商品的获利能力；有效商品补充，即通过 POS、电子订货、动态配送等手段，使补货系统的时间和成本最佳化；有效促销，即通过简化贸易关系将经营重点从采购转移到销售，使交易和促销系统效率最大化；有效新产品导入，即通过零售商和厂商的密切合作，使新产品的导入和发展效果最大化。

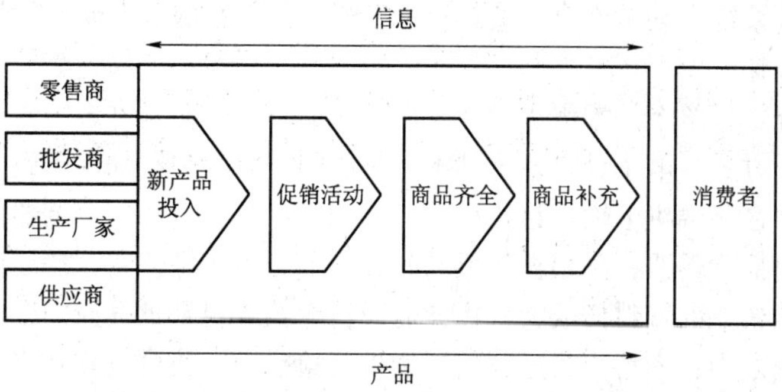

图 8－2　有效客户反应系统和供应链过程

（五）有效客户反应系统的实施方法

1. 为变革创造氛围

对大多数组织来说，改变对供应商或客户的内部认知过程，即从敌对态度转变为将其视为同盟的过程，将比实施有效客户反应系统的其他相关步骤更困难，花费的时间更长。创造有效客户反应系统的最佳氛围首先需要进行内部教育以及通信技术和设施的改善，同时也需要采取新的工作措施和回报系统，但企业或组织必须首先具备言行一致的强有力的高层领导组织。

2. 选择初期有效客户反应系统同盟伙伴

对于大多数刚刚实施有效客户反应系统的组织来说，建议成立 2～4 个初期同盟。每个同盟都应首先召开一次会议，请来自各个职能区域的高级同盟代表对有效客户反应系统及怎样启动进行讨论。成立 2～3 个联合任务组，专门致力于已证明可取得巨大效益的项目，如提高货车的装卸效率、减少损毁、由卖方控制的连续补货等。

以上计划的成功将增强公司的信誉和信心。经验证明，往往要花上 9～12 个月的努力，才能使企业赢得足够的信任和信心，并在开放的非敌对的环境中探讨许多重要问题。

3. 开发信息技术投资项目，支持有效客户反应系统

虽然在信息技术投资不大的情况下就可获得有效客户反应系统的许多利益，但是具有很强的信息技术能力的公司要比其他公司更具竞争优势。那些作为有效客户反应系统先导的公司预测，在 5 年内，连接他们及其业务伙伴之间的将是一个无纸的、完全整合的商业信息系统。该系统将具有许多补充功能，既可降低成本，又可使人们专注于其他管理以及产品、服务和系统的创造性开发。

三、电子订货系统（Electronic Ordering System，EOS）

EOS 即电子订货系统，是指将批发、零售商场所发生的订货数据输入计算机，通过计

算机通讯网络连接的方式即刻将资料传送至总公司、批发业、商品供货商或制造商处。因此，电子订货系统能处理从新商品资料的说明直到会计结算等所有商品交易过程中的作业，可以说电子订货系统涵盖了整个商流。在寸土寸金的情况下，零售业已没有许多空间用于存放货物，在要求供货商及时补足售出商品的数量且不能有缺货的前提下，更必须采用电子订货系统。电子订货系统内涵了许多先进的管理手段，因此在国际上使用非常广泛，并且越来越受到商业界的青睐。

电子订货系统不是单个的零售店与批发商组成的系统，而是许多零售店和批发商组成的大系统的整体运作方式。电子订货系统基本上是在零售店的终端利用条码阅读器获取准备采购的商品条码，并在终端机上输入订货材料；利用电话线通过调制解调器传到批发商的计算机中：批发商开出提货传票，并根据传票同时开出拣货单实施拣货，然后依据送货传票进行商品发货：送货传票上的资料便成为零售商的应付账款资料及批发商的应收账款资料，并接到应收账款的系统之中；零售商对送到的货物进行检验后，便可以陈列与销售了。

电子订货系统能及时准确地交换订货信息，它在企业物流管理中的作用如下：

（1）对于传统的订货方式，如上门订货、邮寄订货、电话、传真订货等，EOS 系统可以缩短从接到订单到发出订货的时间，缩短订货商品的交货期，减少商品订单的出错率，节省人工费。

（2）有利于减少企业的库存水平，提高企业的库存管理效率，同时也能防止商品特别是畅销商品缺货现象的出现。

（3）对于生产厂家和批发商来说，通过分析零售商的商品订货信息能准确判断畅销商品和滞销商品，有利于企业调整商品生产和销售计划。

（4）有利于提高企业物流信息系统的效率，使各个业务信息子系统之间的数据交换更加便利和迅速，丰富企业的经营信息。

企业在应用电子订货系统时应注意：

（1）订货业务作业的标准化，这是有效利用电子订货系统的前提条件。

（2）商品代码的设计。在零售行业的单品管理方式中，每一个商品品种对应一个独立的商品代码，商品代码一般采用国家统一规定的标准。对于统一标准中没有规定的商品则采用本企业自己规定的商品代码。商品代码的设计是应用电子订货系统的基础条件。

（3）订货商品目录帐册（Order Book）的作成和更新。订货商品目录帐册的设计和运用是电子订货系统成功的重要保证。

（4）计算机以及订货信息输入和输出终端设备的添置和电子订货系统设计是应用电子订货系统的基础条件。企业需要制定电子订货系统应用手册并协调部门间、企业间的经营活动。

四、企业资源计划（Enterprise Resources Planning，ERP）

20 世纪 60 年代，为了解决订货点存在的缺陷而产生了物料需求计划，对物料的独立需求和非独立需求区别处理，并在库存状态引入时间分段概念。20 世纪 70 年代出现了闭环式物料需求计划，物料的需求、人力的需求、车间采购的计划构成了一个闭环系统，形成了统一性。但由于资金流的问题没有解决，20 世纪 80 年代物料需求计划的思想有了飞跃，制造资源计划概念被提出，以实现企业内部资源的一体化管理。然而时代在发展，从工业经济步入了知识经济，企业的环境发生了很大变化，如市场竞争激烈、卖方市场成为买方市场、客户需求多样化、产品生命周期缩短、全球趋于一体化，由此对企业管理提出了更高的要求，面向全社会资源怎样进行有效利用与管理的新课题被提出，并在 20 世纪 90 年代产生了企业资源计划这一新模式。

（一）企业资源计划的概念

我们可以从管理思想、软件产品、管理系统三个层次给出它的定义：它是由美国著名的计算机技术咨询和评估集团 Garter Group Inc. 提出的一整套企业管理系统体系标准，其实质是在制造资源计划基础上进一步发展而成的面向供应链的管理思想；它是综合应用了客户机/服务器体系、关系数据库结构、面向对象技术、图形用户界面、第四代语言（4GL）、网络通讯等信息产业成果，以企业资源计划管理思想为灵魂的软件产品；它是整合了企业管理理念、业务流程、基础数据、人力物力、计算机硬件和软件于一体的企业资源管理系统。以上 3 点分别对应于管理界、信息界、企业界不同的表述要求。我们主要是采用第三种定义方式。对于企业来说，要理解企业资源计划，首先要明确什么是“企业资源”。简单地说，“企业资源”是指支持企业业务运作和战略运作的事物，也就是我们常说的“人”、“财”、“物”。据此我们可以认为，企业资源计划就是一个有效地组织、计划和实施企业的“人”、“财”、“物”管理的系统，它依靠计算机的技术和手段以保证其信息的集成性、实时性和统一性。企业资源计划最初是一种基于企业内部供应链的管理思想，是在 MRPII 的基础上扩展了管理范围，给出了新的结构。它的基本思想是将企业的业务流程看作是一个紧密联接的供应链，将企业内部划分成几个相互协同作业的支持子系统，如财务、市场营销、生产制造、质量控制、服务维护、工程技术等。最早采用这种管理方式的是制造业，当时主要考虑的是企业的库存物料管理，于是产生了物料需求计划系统，同时企业的其他业务部门也都各自建立了信息管理系统，诸如会计部门的计算机帐务处理系统、人事部门的人事档案管理系统等，而这些系统早期都是相互独立，彼此之间缺少关联，形成信息孤岛，不但没有发挥计算机的作用，反而造成了企业管理的重复和不协调。在这种情况之下，制造资源计划应运而生。它围绕着“在正确的时间制造和销售正确的产品”这样一个中心，将企业的“人”、“财”、“物”进行集中管理。企业资源计划可以说是制造资源计划的一个扩展。第一，它将系统的管理核心从“在正确的时间制造和销售正确的产品”转移到了“在最佳的时间和地点，获得企业的最大增值”；第二，基于管理核心的转移，其管理范围和领域也从制造业扩展到了其他行业和企业；第三，在功能和业务集成性方面，它都有了很大加强，特别是商务智能的引入使得以往简单的事物处理系统变成了真正智能化的管理控制系统。

（二）企业资源计划的组成部分

ERP 管理体系作为支持企业谋求新形式下竞争优势的手段，其涉及面很广，包含了企业的所有资源，同时，其应用又起到了“管理驱动”的作用。总的来说，ERP 在原有功能的基础上，使制造资源计划向内、外两个方向延伸，向内主张以精益生产方式改造企业生产管理系统，向外则增加战略决策功能和供需链管理功能。这样，企业资源计划管理系统主要由以下六大功能目标组成：

1. 支持企业整体发展战略的战略经营系统

该系统的目标是在多变的市场环境中建立与企业整体发展战略相适应的战略经营系统。具体地说，就是实现 Intranet 与 Internet 相连接的战略信息系统；完善决策支持服务体系，为决策者提供企业全方位的信息支持；完善人力资源开发与管理系统，做到既面向市场又注重培训企业内部的现有人员。

2. 实现全球大市场营销战略与集成化市场营销

这是对市场营销战略的一个扩展。目标是实现在市场规划、广告策略、价格策略、服务、销售、分销、预测等方面进行信息集成和管理集成，以顺利推行基于“顾客永远满意”的经营方针；建立和完善企业商业风险预警机制和风险管理系统；进行经常性的市场营销与产品开发、生产集成性评价工作；优化企业的物流系统，实现集成化的销售链管理。

3. 完善企业成本管理机制，建立全面成本管理（Total Cost Management）系统

目前，我国企业所处的环境可以说是一个不完全竞争的市场环境，价格在竞争中仍旧占据着重要的地位。企业资源计划中这部分的作用和目标就是建立和保持企业的成本优势，并由企业成本领先战略体系和全面成本管理系统予以保障。

4. 应用新的技术开发和工程设计管理模式

企业资源计划的一个重要目标就是通过对系统各部门持续不断的改进，最终提供给顾客满意的产品和服务。从这个角度出发，企业资源计划致力于构筑企业核心技术体系；建立和完善开发与控制系统之间的递阶控制机制；实现从顶向下和从底至上的技术协调机制；利用 Internet 实现企业与外界的良好的信息沟通。

5. 建立敏捷后勤管理系统

企业资源计划的核心是制造资源计划，而制造资源计划的核心是物料需求计划。很多企业存在着供应链影响企业生产柔性的情况。企业资源计划的一个重要目标就是在物料需求计划的基础上建立敏捷后勤管理系统（Agile Logistics），以解决制约新产品推出的瓶颈——供应柔性差，以缩短生产准备周期、增加与外部协作单位技术和生产信息的及时交互、改进现场管理方法并缩短关键物料供应周期。

6. 实施精益生产方式

由于制造业企业的核心仍是生产，应用精益生产方式对生产系统进行改造不仅是制造业的发展趋势，而且也将使企业资源计划的管理体系更加牢固。所以，企业资源计划主张将精益生产方式的哲理引进企业的生产管理系统，其目标是通过精益生产方式的实施使管理体系的运行更加顺畅。作为企业谋求 21 世纪竞争优势的先进管理手段，企业资源计划系统所涉及的方面和应当实现的目标是不断扩展的，相信还会有更新的管理方法和管理模式产生。在日趋激烈的市场竞争中，任何管理方法和手段的最终目标只有一个，即开发、保持和发展企业的竞争优势，使企业在竞争中永远立于不败之地。

（三）企业资源计划系统的计划层次

企业资源计划有五个计划层次，即经营规划、销售与运作规划（生产规划）、主生产计划、物料需求计划、车间作业控制（或生产作业控制）。采购作业也属于第五个层次，但它不涉及企业本身的能力资源。划分计划层次的目的是为了体现计划管理由宏观到微观、由战

略到战术、由粗到细的深化过程。在这五个层次中，经营规划和销售与运作规划带有宏观规划的性质；主生产计划是宏观向微观过渡的层次；物料需求计划是微观计划的开始，是具体的详细计划；而车间作业控制或生产作业控制是进入执行或控制计划的阶段。通常把前3个层次称为主控计划（Master Planning），说明它们是制定企业经营战略目标的层次。任何一个计划层次都包括需求和供给两个方面，也就是需求计划和能力计划。要进行不同深度的供需平衡，并根据反馈的信息运用模拟方法加以调整或修订，则每一个计划层次都要回答3个问题：① 生产什么？生产多少？何时需要？② 需要多少能力资源？③ 有无矛盾？如何协调？换句话说，每一个层次都要处理好需求与供给的矛盾。计划要做到既切实可行，又不偏离经营规划的目标。上一层的计划是下一层计划的依据，下层计划要符合上层计划的要求。如果下层计划偏离了企业的经营规划，即使计划执行得再好也是没有意义的。全厂遵循一个统一的计划，是企业资源计划/制造资源计划管理最最基本的要求。

1. 营销规划

企业的计划是从长远规划开始的，这个战略规划层次在企业资源计划系统中称为经营规划。经营规划要确定企业的经营目标和策略，为企业长远发展作出规划，主要包括：① 产品开发方向及市场定位，预期的市场占有率；② 营业额、销售收入与利润、资金周转次数、销售利润率和资金利润率（ROI）；③ 长远能力规划、技术改造、企业扩建或基本建设；④ 员工培训及职工队伍建设。企业经营规划的目标通常是以货币或金额来表达。这是企业的总体目标，是企业资源计划系统其他各层计划的依据。所有层次的计划只是对经营规划进一步具体细化，而不允许偏离经营规划。经营规划在企业高层领导主持下会同市场、生产、计划、物料、技术与财务各部门的负责人共同制定。在执行过程中有意外情况，下层计划人员只有反馈信息的义务，没有变动规划的权限，变更经营规划只能由企业高层领导决策。

2. 销售与运作规划

销售与运作规划是企业资源计划系统的第二个计划层次。在早期的制造资源计划是分为销售规划与生产规划（或产品规划）两个层次，由于它们之间有不可分割的联系，后来合并为一个层次。销售与运作规划是为了体现企业经营规划而制定的产品系列生产大纲，按企业资源计划标准系统要求，软件应包括这个计划层次，但由于它主要是由人工方式进行决策并录入数据，不是由系统运算得出的结果，因此，并非所有的软件都包括这层计划功能。销售与运作规划的作用是：① 把经营规划中用货币表达的目标转换为用产品系列的产量来表达。② 制定一个均衡的月产率，以便均衡地利用资源，保持稳定生产。③ 控制拖欠量（对定货生产（MTO））或库存量（对现货生产）。④ 作为编制主生产计划（MPS）的依据，销售规划不一定和生产规划完全一致。例如，销售规划要反映季节性需求，而生产规划要考虑均衡生产。在不同的销售环境下，生产规划的侧重点也不同。对现货生产（MTS）类型的产品，生产规划在确定月产率时，要考虑已有库存量。如果要提高成品库存资金周转次数，年末库存水准要低于年初，那么，生产规划的月产量就低于销售规划的预测值，不足部分用消耗库存量来弥补。对定货生产类型的产品，生产规划要考虑未交付的拖欠定单量（Backlog）。如果要减少拖欠量，那么，生产规划的月产量要大于销售规划的预计销售量。

3. 主生产计划

主生产计划在企业资源计划系统中是一个重要的计划层次，是传统手工管理没有的新概念。它根据客户合同和预测，把销售与运作规划中的产品系列具体化，确定出厂产品，使之成为展开主生产计划与 CRP 运算的主要依据，起了从宏观计划向微观计划过渡的承上启下作用。主生产计划又是联系市场、主机厂或配套厂及销售网点（面向企业外部）同生产制造（面向企业内部）的桥梁，使生产计划和能力计划符合销售计划要求的优先顺序，并能适应不断变化的市场需求。同时，主生产计划又能向销售部门提供生产和库存信息，提供可供销售量的信息，作为同客户洽商的依据，它起到了沟通内外的作用。见图 8－3 所示。

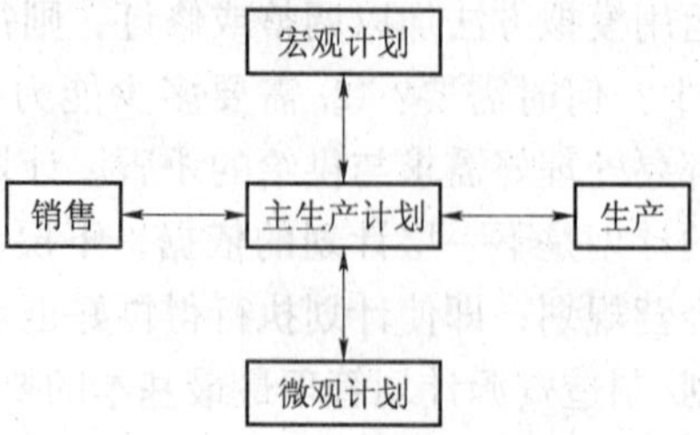

图 8－3 主生产计划的作用

总之，主生产计划在企业资源计划系统中的位置是一个上下内外交叉的枢纽，地位十分重要。在运行主生产计划时要相伴运行粗能力计划，只有经过按时段平衡了供应与需求后的主生产计划，才能作为下一个计划层次——物料需求计划的输入信息。主生产计划必须是现实可行的，需求量相需求时间都是符实的，没有被夸大或缩小。它必须是一种可以执行的目标，只有可执行的才是可信的，才能使企业全体员工认真负责地去完成计划。因此，主生产计划编制和控制是否得当，在相当大的程度上关系到企业资源计划系统的成败。它之所以称为“主”生产计划，就是因为它在企业资源计划系统中起着“主控”的作用。我们强调主生产计划的重要意义是指普遍的情况，特别是多品种小批量和有多种变型的系列产品的情况。如果企业产品的生产周期特别长，比如说在 9 或 10 个月以上，同时每年生产的数量又只有少数几台，那么主生产计划的重要性可能就不一定十分明显。德国的重型设备制造业习惯用的一种粗计划/细计划的计划系统，主生产计划相当于这种系统中的矩阵粗计划，也就是负荷/能力矩阵。

4. 物料需求计划

我们在介绍企业资源计划的发展过程时已简要地讨论了物料需求计划的基本概念，说明它是一种优先级计划，又是一种分时段计划。它是企业资源计划系统微观计划阶段的开始，是企业资源计划的核心。主生产计划只是对最终产品的计划，一个产品可能由成百上千种相关物料组成，如果把企业所有产品的相关需求件汇合起来，数量更大。一种物料可能会用在几种产品上，不同产品对同一个物料的需用量又不相同。另外，不同物料的加工周期或采购周期不同，需用日期也不同。要使每个物料能在需用日期配套备齐，满足装配或交货期的要求，又要在不需要的时期不要过量占用库存，还要考虑合理的生产批量，靠手工管理是不可能进行如此大量数据运算的。这也是手工管理难以解决物料短缺和库存量过人的症结所在。物料需求计划是主生产计划需求的进一步展开，也是实现主生产计划的保证和支持。它根据主生产计划、物料清单和物料可用量，计算出企业要生产的全部加工件和采购件的需求量。按照产品出厂的优先顺序，计算出全部加工件和采购件的需求时间，并提出建议性的计划定单。为了适应客观不断发生的变化，物料需求计划需要不断修订。修改物料需求计划同样要用到全重排法和净改变法。

5. 车间作业控制

在企业资源计划系统中，车间作业控制（Shop Floor Control，SFC）同采购作业一样都是计划的执行层次。SFC 只是执行计划，不能改动计划。因此在制造资源计划中对车间作业用“控制”而不用“计划”。具体说来，车间作业控制要控制以下内容：① 控制加工单的下达。只有在物料、能力、提前期和工具都齐备的情况下才下达定单，以免造成生产中的混乱。通过查询一系列报表，如加工单、库存分配、例外短缺、工艺路线、能力计划、工作日历等来核实。② 控制加工件在工作中心加工的工序优先级（根据加工单的完工日期）。具体来讲就是生成下达定单、源工单及车间文档（文档包括图纸、工艺过程卡、领料单、工票等）。③ 控制投入和产出的工作量，保持物流稳定，并同时控制排队时间、提前期和在制品库存。④ 控制加工成本（包括返修、废品、材料利用、工时等），结清定单，完成库存事务处理。车间作业控制主要是针对离散机群生产方式（Job Shop）的控制，如果把对重复式生产和流程式生产的控制也包括进来，通常将其统称为生产作业控制（Production Activity Control，简称 PAC），生产作业控制同车间作业控制在含义上是有区别的。运行车间作业控制的主要信息依据是：① 物料需求计划生成的建议计划或确认计划及人工添加的定单（加工什么?）；② 工艺路线文件（加工顺序?）；③ 工作中心文件（在何处加工?）；④ 工艺装备或专用工具文件（参考用）。

【个案分析】

夏普的供应链管理

夏普公司是一家总部位于日本大阪、年销售收入 887 亿美元的全球化电子消费品公司，公司共有 66 000 名员工服务于分布在全球 30 个国家的生产工厂、销售公司、技术研发机构和信贷公司。夏普公司作为推出电子计算器和液晶显示器等电子产品的创造者始终勇于开创，其运用领先世界的液晶、光学、半导体等技术在家电、移动通信、办公自动化等领域实现了丰富多彩的“新信息社会”。

但是，面对竞争日益复杂的电子消费品市场，夏普公司越来越感觉到电子消费品市场的快速变化，特别是电子消费品的生命周期越来越短，电子消费品的市场普及率越来越接近饱和状态，企业的经营风险在不断加大。与此同时，客户对电子消费品个性化的需求越来越高。因此，如何在竞争激烈和快速变化的市场中寻求一套实时的决策系统就显得尤为重要。特别是通过提高对商品的预测准确率来降低企业的库存，减少交货期的延误，从而保住大量的有价值的客户。

夏普通过对其整个供应链进行全面诊断提出了对包括订单管理、生产制造、仓库管理、运输和开票等全流程在内的整体无缝联接，并结合信息系统的实施使公司建立起供应和需求一体化的结构，尤其是通过对系统数据的分析，以及定时的联接和灵活的处理，使决策者能够比过去更加方便和有效地协调人员、设备资源和流程配置，以便更加准确地满足市场的需求。夏普公司通过对供应链的一体化管理不仅降低了库存的水平，加速了库存的周转率，降低了物料管理的成本，而且大大地提升了供应链的价值。

供应链管理的另外一个目标是提高客户的满意度。通过对供应链的整合，夏普公司对客户的交货承诺性得到很大程度的提高，货物的交付比过去更加及时和准确。同时，供应链计划体系可以充分考虑各方面因素，如运输成本、订单执行等，从而制定出资源平衡和优化的需求预测。

问题讨论

为什么说夏普的成功与其采用供应链一体化管理是分不开的？

【关键名词】

供应链　供应链管理　物流系统设计　快速反应系统　有效客户反应系统　电子订货系统　企业资源计划

【讨论与思考】

一、填空题

1. 供应链是围绕________，通过对________、________、________的控制，从采购原材料开始，制成中间产品以及最终产品，最后由销售网络把产品送到消费者手中的将________、________、________、________、直到________连成一个整体的功能网链结构模式。

2. 供应链不仅是一条连接供应商到用户的________、________、________，而且是一条增值链。

3. 根据供应链的功能模式可以把供应链划分为两种：________和________。

4. 供应链管理主要涉及到四个主要领域：________、________、________、________。

5. 供应链管理的基本方法较为典型的有________、________、________、________。

6. 企业资源计划有五个计划层次，即：________、________、________、________、________。

二、判断题

1. 有效性供应链主要体现供应链的市场中介的功能，即把产品分配到满足用户需求的市场，对未预知的需求作出快速反应等。

2. 供应链管理目标一般是针对现有问题来制定的，设计的管理行为主要着力于最终解决问题。

3. 供应链管理是以客户价值为导向的“需求动力”模式。

4. 电子订货系统不是单个的零售店与批发商组成的系统，而是许多零售店和批发商组成的整体运作方式的大系统。

三、简答题

1. 简述供应链管理的特点。

2. 应用有效客户反应系统时必须遵守哪些基本原则？

四、讨论题

1. 讨论供应链管理的目的以及实行供应链管理对公司的影响。

2. 讨论顾客从书店订书这一过程的供应链是怎样的？

第九章

物流系统

课前准备

【学习目标】

本章主要介绍物流系统的概念、构成、设计等相关内容。通过学习，要求学生了解物流系统的概念和特点，理解物流系统的构成要素和目标，熟悉现代新型的物流系统，掌握物流系统化设计的相关理论。

【重点难点】

1. 物流系统的构成要素和目标；
2. 现代新型物流系统；
3. 物流系统设计的理论。

学习内容

现代物流的一个重要特征在于它的系统性，任何物流活动、物流过程、物流管理都必须按照系统的要求来精心设计。现代物流系统是以信息系统为中心构成的一个综合性有机整体，是一个现代化完整的物流系统。物流系统内部是由若干相互联系、相互依赖、相互作用和相互制约的各部分要素组成的，在各要素的综合作用下，物流系统形成了一个具有特定结构、功能与性质的有机整体。其中每一要素的功能的发挥都必须有利于整体系统功能的发挥，有利于整体系统目标的完成。因此，在物流系统中，要做到各要素的最优化，从而实现整体物流系统的合理化和高效化，进而提高系统的服务水平，降低整体物流系统的成本，增强竞争力。

第一节　物流系统概述

一、物流系统的含义

（一）物流系统的概念

1. 物流系统

从系统论的角度看，物流也是一个有机的整体。

物流系统是指在一定的时间和空间里，由所需流动的物品、设备、运输工具、仓储设施、人员以及相关的物流环节等相互制约的动态要素所构成的具有特定功能的有机整体。

物流系统由物流作业系统和物流信息系统两个分系统组成，如图9－1所示。

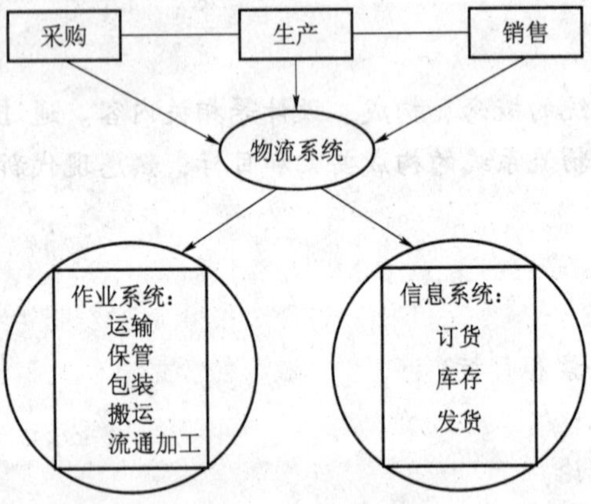

图9－1　物流系统

（1）物流作业系统。在运输、保管、搬运、包装、流通加工等作业中使用种种先进技能和技术，并使生产据点、物流据点、输配送路线、运输手段等网络化，以提高物流活动的效率。

（2）物流信息系统。在保证订货、进货、库存、出货、配送等信息通畅的基础上，使通讯据点、通讯线路、通讯手段网络化，提高物流作业系统的效率。

2. 物流具有系统性

（1）物流本身就是一个系统，而不是单一的运输或单一保管作业。只有物流七大环节整体合理化、机械化和现代化，才能真正节约费用、提高效率、增加效益、提高服务水平。

（2）物流各环节之间相互联系、相互制约，有时还相互矛盾。如果只重视一个侧面，忽略另一侧面，就会产生不协调。比如不包装或简化包装，就要增加装卸、搬运和保管费用，降低运输效率；如想减少库存，则要增加配送次数、加大运输成本等。

（3）物流管理和物流技术本身也要求统一性和整体性。比如托盘的标准和规格与包装尺寸、卡车车厢宽度、集装箱宽度等都有一致性要求，关系到装卸、运输的效率。

（4）物流外围条件的系统要求。比如要提高物流服务水平，加强对用户的服务效果，但服务是什么标准、成本是否合算则还要根据企业销售、企业经营和企业市场战略的需要而定。也就是说，物流系统与商流系统乃至企业经营、城市规划、环境保护等众多企业外部环境因素相关，我们在追求物流系统整体最优的同时，还应该与相关的外部条件协调一致。

综上所述，物流并不是某一个环节的概念，而是一个系统性的概念，不能单纯认为运输就是物流，或者保管就是物流。物流是一个系统、一个整体，是由运输、保管、装卸搬运、包装、流通加工、配送和信息七大环节（或称七大功能）组成的一个系统工程，七个环节的整合性、协调性、一致性、关联性、互动性、平衡性是物流的本质和生命力；物流强调的是七大环节的综合成本的降低和综合效益的提升，而不是局部的冒进和盲目超前；物流与商流、信息流和资金流密切相关，现代物流已与销售、电子商务和供应链等连成一体，是综合设计、整体构思、协调发展的产物。

（二）物流系统的特征

（1）物流系统是一个大跨度系统，这反映在两个方面：一是地域跨度大，二是时间跨度大。国际间物流的地域跨度之大自不待言，即使是企业间物流，在现代经济社会中，跨越不同地域也是常有的事。大跨度系统带来的主要问题是管理难度较大，对信息的依赖程度高。

（2）物流系统稳定性较差而动态性较强。它和生产系统的重大区别在于，生产系统按照固定的产品、固定的生产方式，连续或不连续生产，少有变化，系统稳定的时间较长。而一般的物流系统，总是联接多个生产企业和用户，随需求、供应、渠道、价格的变化，系统内的要素及系统的运行也要经常发生变化，难以长期稳定。稳定性差、动态性强带来的主要问题是要求系统有足够的灵活性与可改变性，这自然会增加管理和运行的难度。

（3）物流系统属于中间层次系统范畴，本身具有可分性，可以分解成若干个子系统；同时，物流系统在整个社会再生产中又主要处于流通环节中，因此它必然受更大的系统如流通系统、社会经济系统的制约。

（4）系统的复杂性。物流系统要素本身便十分复杂，如物流系统运行对象“物”遍及全部社会物质资源，将全部国民经济产品的复杂性最后集于一身。此外，物流系统要素间的关系也不如某些生产系统那样简单而明捷，这就增加了系统的复杂性。

（5）系统结构要素间有非常强的“背反”现象，常称之为“交替损益”或“效益背反”，发生这种现象的主要原因是物流系统的“后生性”。物流系统中许多要素在按新观念建立物流系统前早就是其他系统的组成部分，因此，它往往较多地受原系统的影响和制约，而不能完全按物流系统的要求运行。

二、物流系统的要素与目标

（一）物流系统的要素

物流系统的要素分为一般要素、功能要素、支撑要素、物质基础要素、系统化要素以及结构要素六大类，分述如下。

1. 物流系统的一般要素

物流系统的一般要素由三方面构成：

（1）劳动者要素；

（2）资金要素；

（3）物的要素。

2. 物流系统的功能要素

物流系统的功能要素指的是物流系统所具有的基本能力，这些基本能力有效地组合、联结在一起，便成了物流的总功能，从而更为合理、有效地实现物流系统的总目的。

物流系统的功能要素包括运输、储存保管、包装、装卸搬运、流通加工、配送，物流信息等，如果从物流活动的实际工作环节来考查，物流由上述七项具体工作构成。

物流功能要素反映了整个物流系统的能力，增强这些要素，使之更加协调、更加可靠，就能够提高物流运行的水平，并体现在物流系统水平的提高上。因此，这些要素是物流科学重点研究和重点发展的内容。

3. 物流系统的支撑要素

系统的建立需要有许多支撑手段，尤其是处于复杂的社会经济系统中，要确定物流系统的地位，要协调与其他系统的关系，这些要素必不可少。支撑要素主要包括体制、制度、法律、规章、行政、命令和标准化系统。

4. 物流系统的物质基础要素

物流系统的建立和运行，需要有大量技术装备手段，这些手段的有机联系对物流系统的运行有决定意义，这些要素对实现物流某一方面的功能也是必不可少的，具体包括：

（1）物流设施。它是组织物流系统运行的基础物质条件，包括物流站、场、港、物流中心、仓库、物流线路等。

（2）物流装备。它是保证物流系统启动的条件，包括仓库货架、进出库设备、加工设备、运输设备、装卸机械等。

（3）物流工具。它是物流系统运行的物质条件，包括包装工具、维护保养工具、办公设备等。

（4）信息设施。它是掌握和传递物流信息的物质手段，包括通讯设备及线路、计算机及网络等。

5. 物流系统的系统化要素

（1）信息和信息技术。各个要素之间信息的及时传递，是把系统连接起来的重要因素。

（2）标准化。标准化是各种系统形成的主要联系力量，但是对于物流系统来讲，标准化的重要性要更高。标准化是保证物流环节协调运行、保证物流系统与其他系统在技术上实现联结的重要支撑条件。

6. 物流系统的结构要素

物流系统的结构要素有两个主要的组成部分：

（1）物流平台。物流平台包括物流设施平台、物流装备平台、物流信息平台、物流政策平台等，是物流系统的不可缺少的支撑结构。

（2）物流运作企业。在支撑平台上运作的是各种类型的物流企业。可以说，物流企业是使整个物流系统运行起来的主导力量。

（二）物流系统的目标

1. 物流系统的总目标

物流系统的根本目的是给整个社会经济的发展和国民经济运行创造顺畅的、有效的、低成本的物流条件，并且起到保证国民经济不断增长的要求和保证“可持续发展”的作用。

2. 物流系统的具体目标

（1）服务目标。

物流系统是起“桥梁、纽带”作用的流通系统的一部分，联结着生产与再生产、生产与消费，因此有很强的服务性。这种服务性具体表现为要以用户为中心，树立“用户第一”的观念。近年来出现的“准时供货方式”、“快递方式”也是其服务性的表现。

（2）快速、及时、准时的目标。

及时性不但是服务性的延伸，也是流通对物流提出的要求。速度问题不仅是用户的要求，而且是社会发展进步的要求。快速、及时、准时既是一个传统目标，更是一个现代目标。在物流领域采取的诸如直达物流、联合一贯运输、高速公路、时间表系统等管理和技术就是这一目标的体现。

（3）节约目标。

在物流中除流通时间的节约外，由于流通过程消耗大而又基本上不增加或提高商品使用价值，所以依靠节约来降低投入，是提高相对产出的重要手段。在物流领域推行的集约化方式，为提高单位物流的能力而采取的各种节约、省力、降耗措施，也是节约这一目标的体现。

（4）规模优化目标。

以物流规模作为物流系统的目标，并以此来追求“规模效益”。生产领域的规模化早已为社会所承认，但在流通领域，似乎不那么明显了。实际上，规模效益问题在流通领域也异常突出。

（5）库存调节目标。

库存调节性是服务性的延伸，也涉及物流系统本身的效益。以降低库存为目标的物流系统无论在工业化时期还是网络经济时期都是主要的系统构筑方式。

3. 物流系统的目标要求

（1）一个良好的物流系统应该达到以下六个方面的要求，即“6S”。

① 服务性（Service）。在客户服务上要求做到无缺货、无伤货、无丢货现象，并节省费用。

② 快捷性（Speed）。要求按照客户指定的地点和时间迅速将货物送到，为此可以把物流设施建在供给区的附近，或者利用有利的工作和合理的配送计划等手段。

③ 安全性（Safety）。尽量保证货物在运输途中的安全，在装卸、搬运过程中的安全和仓储阶段的安全。

④ 有效利用面积和空间。应重视物流设施空间的充分利用，特别是对城市土地面积的有效利用，为此，应发展立体设施和有关的物流器械。

⑤ 规模适当化（Scale optimization）。应考虑物流设施集中与分散的最佳均衡、机械化与自动化的合理程度、信息系统的集中化所要求的计算机设备利用等。

⑥ 库存控制（Stock control）。库存控制是现代物流管理的一个重要组成部分，良好的物流系统要求做到库存的集约化使用，以节约库存容量和面积。

（2）从以上要求来看，物流系统也可以被认为是有效达成物流目的的一种机制。

① 在目的上，以速度（Speed）、安全（Safety）、可靠（Sure）、低成本（Low）的 3S1L 为中心，达到用最少的物流成本提供最好的物流服务。

② 在检验标准上，表现为 7R，即密歇根大学斯麦基教授提出的 7R 标准：优良的质量、合适的数量、适当的时间、合适的地点、良好的印象、合理的价格、合适的商品。

第二节　物流系统的构成

物流系统按自身运动过程、系统功能结构、物流活动的辐射范围、物流组成要素等可分为各种物流子系统。在物流各子系统中，又可分成下一级的子系统。物流子系统的组成并非为一成不变的。因此，物流子系统不仅具有多层次，而且具有多目标性。物流系统由以下子系统构成：

一、运输子系统

运输子系统实现物流的运输功能，衍生物流的空间效益。运输是物流业务的中心活动，运输过程不改变物品的形态，也不改变其数量，运输子系统通过运输解决物品在生产地点与消费地点之间的空间距离问题，创造商品的空间效用，实现商品的使用价值，满足社会需求。由此可以说，运输子系统在物流系统中是一个极为重要的环节。运输子系统根据其负担的业务范围、货运量的多少以及同其他各子系统的协调关系需要考虑以下几个方面的问题：

（1）选择最佳的运输方式和最优化的运输路径，配置适当运输工具，缩短运输时间，提高运输效率；

（2）制定有效的运输计划，增强运输作业的连贯性，节约运输费用；

（3）提高服务水平，保证运输安全与运输质量。

二、仓储子系统

仓储是物流活动的一项重要业务，仓储子系统是以实现物流的储存功能、减少供应与需求在时间上的差异、保障物品不受损害来创造物流的时间效益。仓库是物流的一个中心环节，是物流活动的基地。储存系统应根据仓库所在的地理位置、周围环境以及物流量的多少、进出库的频度充分考虑以下几个方面的问题：

（1）仓库建设与布局要合理，以有利于储存与运输；

（2）最大限度的充分利用仓库的容积，尽可能发挥其仓储效用；

（3）货物码放、保存要科学合理，既充分利用空间，又确保储存期间物品的养护，保证其质量不受损害；

（4）加强入库的验收和仓库的审核工作，以保证入库、出库物品的质量、数量符合要求；

（5）进出库尽量方便，提高工作效率；

（6）加强库存管理，做到储存合理，防止缺货与积压；

（7）降低仓储费用，保证仓库安全。

三、装卸搬运子系统

装卸搬运子系统是物流系统中的一个不可缺少的环节，装卸搬运是各项物流过程中不可缺少的业务活动。特别是在运输与仓储工作中时刻都离不开装卸搬运工作。在物流过程中，装卸本身虽然并不能产生价值，但是货物装卸质量的高低直接影响到货物的使用价值，并能够对节省物流费用造成很大的影响。所以装卸搬运系统应根据作业场所、使用机具及货物流量多少考虑以下几个方面的问题：

（1）选择最适用的装卸搬运机械器具，以保证装卸搬运的效率与质量；

（2）努力提高装卸搬运的机械化程度，减少劳动强度，使装卸搬运能更安全、更省时、更省力；

（3）制定装卸搬运作业程序，协调与其他子系统的作业配合，节约费用。

四、包装子系统

包装子系统在整个物流系统中是一个很重要的环节，因为包装在整个物流过程中是确保货物储运安全，并能够产生价值的一个重要环节。包装在物流中根据货物的不同可分为工业包装和商业包装。而在运输、配送过程中，为了保护商品对商品进行的折包再包装和包装加固等业务活动也同样属于包装的业务范畴。包装系统应根据不同的货物注意采用不同的包装机械、包装技术和包装方法，并注意考虑以下几个方面的问题：

（1）选择适用的包装机械，提高包装质量，使包装做到方便顾客使用；

（2）加强包装技术的研究与开发，改进包装方法，使包装标准化、系列化；

（3）注意节约包装材料，降低包装费用，提高包装效益。

五、配送子系统

配送子系统在物流系统中是一个接触千家万户的重要作业，直接接受各类顾客的检查。其效率的高低，质量的好坏，都会对物流企业产生很重要的影响。配送与运输的不同之处在于，运输的距离多数较远，批量大、品类复杂，是物品生产后的第一次运输。配送则属于物品的第二次运输，是物品的终端运输。配送系统应根据其配送的区域范围、服务对象以及物流量的大小注意考虑以下几个方面的问题：

（1）选择最佳的配送中心地址，配送中心作业区的布置要合理，有利于收货验货、货物仓储及加工包装、分拣选货和备货配送；

（2）配置各类需要的配送车辆和装卸搬运机械及辅助器具；

（3）规划出最优的配送路线以提高服务水平，节省路上时间使配送及时；

（4）使用合理化配送作业流程，使配送作业更合理化，提高工作效率。

六、流通加工子系统

流通加工子系统是在物流过程中为了销售或运输以及提高物流效率而进行的加工。在物流过程中，通过加工使物品更加适应消费者和使用者的需求，如大包装改小包装、大件物品改为小件物品，以及为满足客户需求或促进销售而进行的简单的组装、剪切、贴签、分装、打孔，检量等。流通加工子系统应根据加工物品、销售对象和运输作业的要求来设计。

七、物流信息子系统

物流信息子系统在物流系统中与其他子系统有所不同，物流信息子系统既是一个独立的子系统，又是一个为物流系统整体服务的一个辅助系统，其功能贯穿于物流各子系统业务活动之中，物流系统的各个子系统都需要物流信息系统支持其各项业务活动。无论是运输、储存、包装，还是装卸、搬运、配送和流通加工，这些子系统的各项业务活动都必须靠信息系统的各项信息来加以联系和引导，以做到协调一致，保证整个物流系统的高效运转，并获得最佳的经济效益。物流信息系统也可从其作用上分出若干分支系统，如运输信息系统、储存信息系统、销售配送信息系统等。物流信息系统应根据物流系统的整体需要综合考虑设计。

信息系统是物流活动的基础，信息的处理是物流管理活动的基本内容。信息作为企业管理的重要组成部分，在物流系统中被喻为企业的神经系统。企业的经营管理活动都离不开信息的支持，而在物流系统中信息的作用则表现得更为重要。没有物流信息子系统的有效运用，就谈不上物流的现代化。

第三节　物流系统分析与设计

一、物流系统的分析

（一）物流系统分析的特点

1. 追求整体目标最优

在一个系统中，处于各个层次的分系统都具有特定的功能目标，只有彼此之间相互协作，才能实现系统整体最优。如物流系统在设计时，既要考虑需求，又要考虑运输、储存、设备造型等；在物流中心选址时，既要考虑造价，又要考虑能源、环境、资源等因素。

2. 以特定问题为对象

物流系统中的许多问题含有不确定因素，而系统分析就是针对这种不确定的情况研究解决问题的各种方案及其可能产生的结果。

3. 运用定量分析方法

许多情况下，需要有精确可靠的数据资料作为科学决断的依据，这时，系统分析就要借助结构模型或计算机模拟。

4. 凭价值判断

由于所提供的资料有许多不确定的变量，而客观环境又会发生各种变化，因此，在进行物流系统分析时，还要凭借各种价值观念进行判断和选优。

物流系统分析的步骤如图9－2。

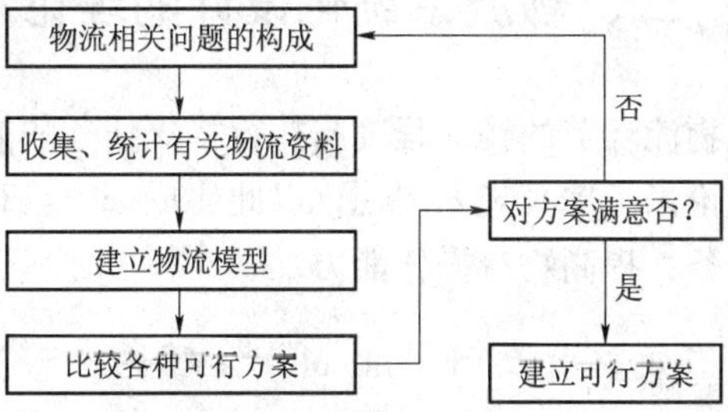

图9－2　物流系统分析图

（二）物流系统模式分析

物流系统处在一定的环境中，物流系统的环境是物流系统模式中不可缺少的组成部分。物流系统的环境是指物流系统所处的更大的系统，它是物流系统处理的外部条件，是物流系统必须接受的条件，物流系统与其环境之间的相互作用具体表现为物流系统输入、输出、处理（或转化）、限制（制约）、反馈等功能。

1. 输入

物流系统的输入是指物流系统中物品和信息的输入，其内容包括有形内容和无形内容，它是物流系统处理的对象。通过提供资源、职能、机具、劳动力、劳动手段等对某一系统发生作用，这一作用的外部环境就是物流系统的"输入"。

2. 输出

物流系统的输出是物流系统中物品和信息的输出，通过物流系统的处理，输入的物品或信息被赋予了空间效用、时间效用、形质效用。物流系统以其自身所具有的各种手段和功能，在外部环境一定的制约作用下，对环境的输入进行必要的处理（或转化），使其成为有用的或有价值的产品，或位置的转移及提供的其他服务等，这就是物流系统的"输出"。

3. 处理（或转化）

物流系统处理是指物流系统自身的处理过程，即把输入的物品或信息转化成输出的物品或信息的过程。物流系统自身的转化过程，即从"输入"到"输出"之间所进行的生产、供应、销售、回收、服务等物流业务活动被称之为物流系统的处理（或转化）。

4. 限制干扰

物流系统的限制或干扰是指环境对物流系统的间接输入。由于外部环境以及其他因素的影响，如资源条件、需求变化、运输能力、技术进步等各种因素的影响，物流系统被施加一定的约束，这种约束统称为外部环境对物流系统的限制或干扰。

5. 反馈

物流系统的反馈主要是信息的反馈，在输入过程中和输出过程中有信息反馈，在限制或干扰过程中也有信息反馈。由于物流系统在把“输入”转化为“输出”的过程中，因受系统内外环境的限制或干扰，不会完全按原来的计划实现，往往使系统的输出未能达到预期目标（也有按计划完成生产或销售物流业务的）。所以，需要把“输出”结果返回给“输入”，即“信息反馈”。

二、物流系统化设计的理论

物流系统决定了企业物流环节的畅通程度与执行物流任务的能力，所以对于物流系统来说，企业必须遵循相关理论来考虑其规划问题，以此建成一个具有敏捷的市场反应的物流系统，帮助企业理顺物流业务，提高物流操作能力。

（一）物流系统的“效益背反（Trad off）”理论

在同一资源的两个处于相互矛盾的关系之中，想要较多地达到其中一个方面的目的，必然使另一方面的目的受损。如减少库存，必须增加运输次数；简化包装，则降低包装强度，加大货损，导致保管效率下降。因此，物流系统中的运输、保管、搬运、包装、流通加工等分系统之间存在“效益背反”现象，即当过于侧重某一方面时，必然会使另一方面遭受损失，如图9－3所示。

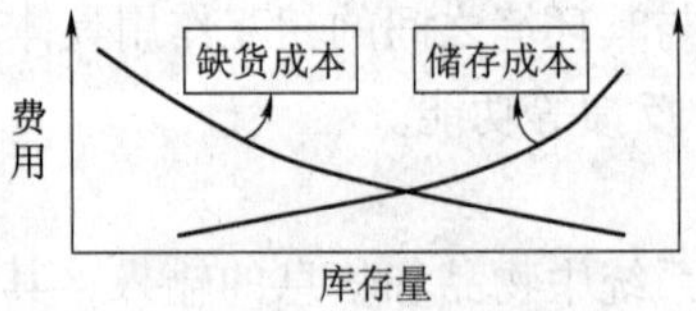

图9－3　库存中的“效益背反”

由于各物流活动之间存在着“效益背反”，因此必须研究总体效益，使物流系统化，从而使各个系统实现其最佳效益，如图9－4所示。

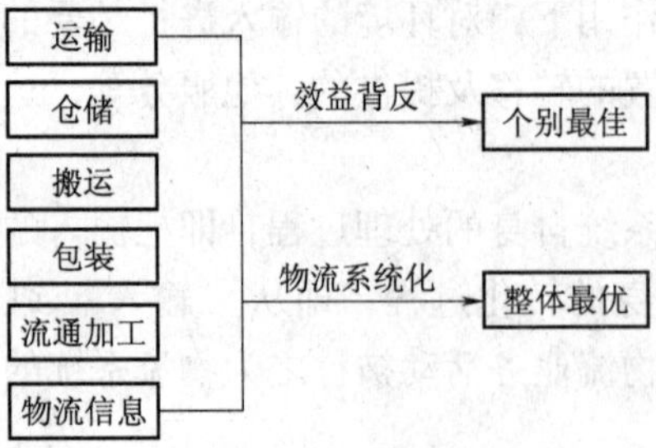

图9－4　物流系统化

（二）物流服务与物流成本间的收益递减法则

不仅物流各部门和各功能之间存在“效益背反”，在物流成本与物流服务之间也存在

“收益递减法则”。

收益递减法则在物流管理中是指随着物流服务水平的提高与内容的增加，物流所取得的收益由于物流成本的递增而产生递减的现象。也就是说，当企业处于高水平物流服务时，成本增加，而物流服务水平不能按比例相应提高，如图 9－5 所示。

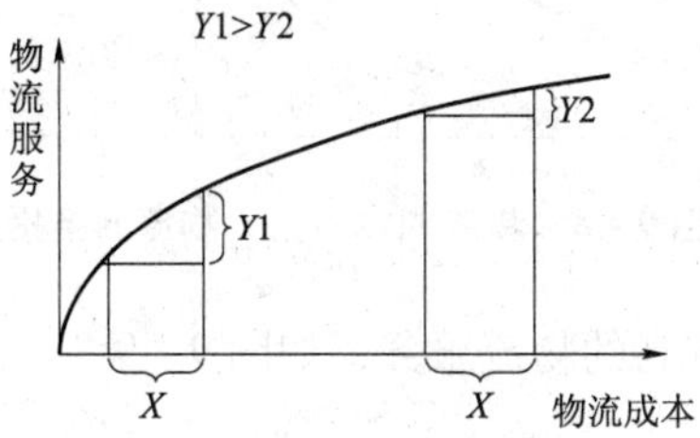

图 9－5　物流中的收益递减

因此，制定合理的或是企业预期的物流服务水平是企业战略活动的重要内容之一。

物流服务与成本的关系有 4 种情况：

（1）在物流服务不变的前提下考虑降低成本。不改变物流服务水准，而是通过改变物流系统来降低物流成本，这是一种用降低成本来维持一定服务水平的办法，亦即追求效益的办法。如图 9－6 所示。

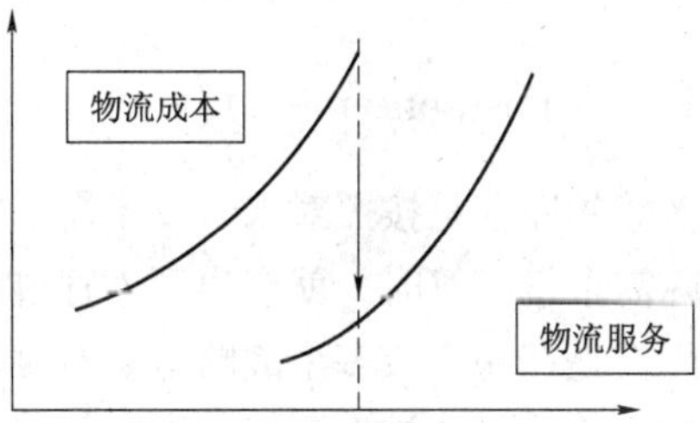

图 9－6　物流服务不变，物流成本降低

（2）为了提高物流服务，不惜增加物流成本。这是企业在特定顾客或其特定商品面临竞争时所采取的战略性做法。如图 9－7 所示。

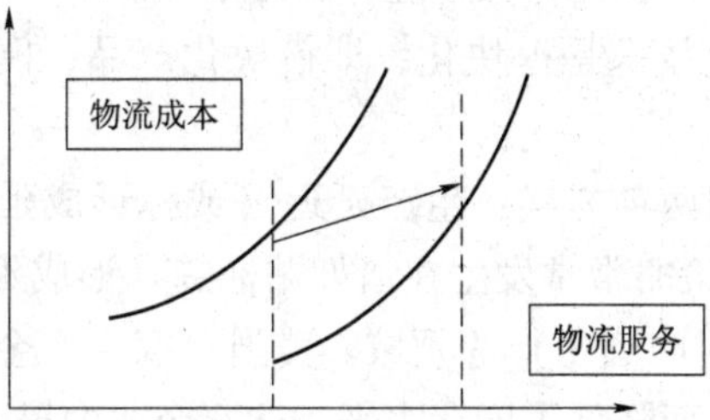

图 9－7　物流服务提高，物流成本增加

（3）积极的物流成本对策，即在成本不变的前提下提高物流服务水平。如图 9－8 所示。

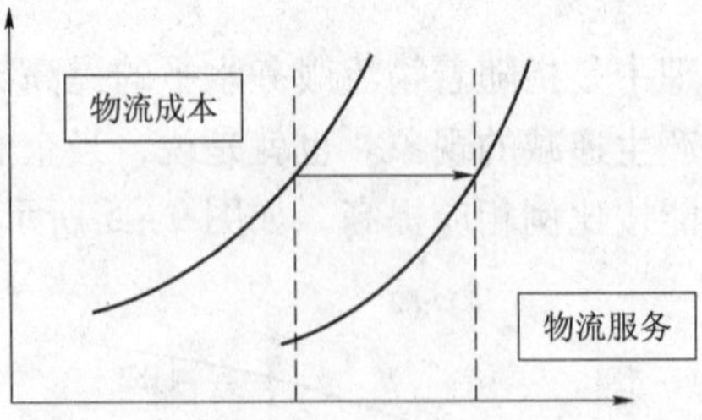

图 9－8　物流成本不变，物流服务提高

（4）用较低的成本实现较高的物流服务，如图 9－9 所示。

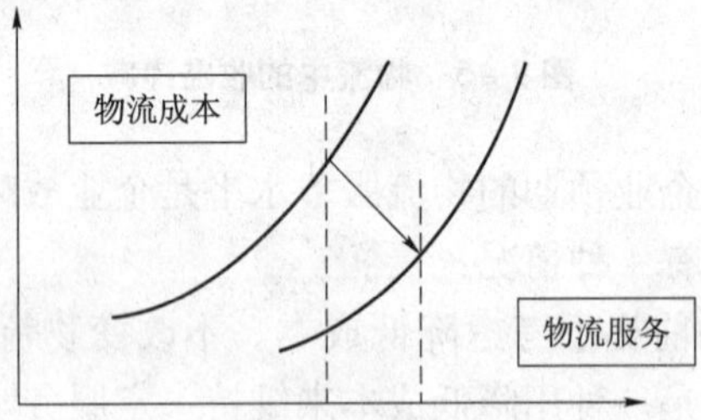

图 9－9　物流成本低，物流服务高

（三）“物流延迟”理论（Postpone ment）

在传统物流安排中，大多数的库存是按照对未来市场需求的预测量设置的，这样就存在着预测风险。当预测量与实际需求量不符时，就会出现库存过多或过少的情况，从而增加物流成本。延迟策略的基本思想就是在一个或多个战略地点对全部货物进行预估，对产品的外观、形状及其生产、组装、配送应尽可能推迟到接到顾客订单后再确定。一旦接到订单就要快速反应，因此采用延迟策略的一个基本前提是信息传递要非常快。

根据物流延迟理论，企业在物流系统设计中要注意到这种物流服务所提供的增值效用，尽可能地将相关的能够适应市场需求的物流环节组建到企业物流系统的末端，依靠物流服务的延迟提供使产品能够实现多样化，以适应客户的个性需求。

实现延迟化策略的关键技术是模块化，即模块化产品、模块化工艺过程和模块化分析网络。

实施延迟策略通常采用两种方式：生产延迟（或称形成延迟）和物流延迟（或称时间延迟）。具体操作时，这一策略常常发生在诸如贴标签（形成延迟）、包装（形成延迟）、装配（形成延迟）和发送（时间延迟）等领域。美国一家生产金枪鱼罐头的企业就通过采用延迟策略改变配送方式，从而降低了库存水平。这家企业为提高市场占有率曾针对不同的市场设计了几种标签，产品生产出来后运到各地的分销仓库储存起来。由于顾客偏好不一，经常出现某种品牌畅销而缺货，而另一些品牌却滞销压仓。为了解决这个问题，该企业改变以往的做法，在产品出厂时都不贴标签就运到各分销中心储存，当接到各销售网点的具体订货要求后，才按各网点指定的品牌标志贴上相应的标签，这样就有效地解决了该矛盾，从而降低了库存。

三、现代新型物流系统

（一）精益物流系统

1. 精益物流的概念

精益物流是以全新的理念为基础建立的一种新型物流系统。

精益的概念是相对于工业化时期的“大而专”而言的，大工业生产方式创造了单品种、大批量的生产方法，形成了大工业体系，“大”是第二次浪潮的集中表现。第三次浪潮依托计算机技术和现代管理技术形成了在新高度基础上的小规模、小批量、多品种、低成本、高质量的生产方式，这种生产方式实现了现代科学技术、管理技术、现代装备技术的集约，因此被称之为“精益生产方式”。精益物流就是精益生产方式和精益思想在物流领域里的体现。

日本的丰田生产方式就是精益系统的一个代表。在大工业时期，汽车生产的竞争能力只是依靠大规模、大批量、单品种的专业化生产方式取得，因为这种生产方式可以保证质量的稳定和大幅度压缩成本。

2. 精益物流的基本点

建立精益物流系统应达到的基本目标有以下几方面：

（1）按照客户的切实需要自下而上地灵活地建立有效的、快速反应的物流系统。

（2）系统的建立要有创造性，主要是增值能力。

（3）无缺陷，这就要求消除各个环节的无效活动，实现短程化、快速化和无缺陷化。

（4）精益物流系统是一个动态的系统，在应用过程中必须依靠灵活的反应能力及时消灭缺陷、改进流程。

（5）精益物流系统必须是一个低成本的物流系统，如果用价值工程的方法来判断，精益物流系统应当是功能成本比较高的物流系统。

（二）准时物流系统

1. 准时物流系统的概念

准时物流系统是准时方式在物流领域的延伸。

准时方式本来是在生产领域里的一种包含物流主体的生产方式，是日本丰田汽车公司在20世纪70年代后期成功应用之后被世界接受并广泛推广的一种先进的管理方式。它主要的应用领域是在制造行业之中。在制造业的生产过程中，采用准时的物流方式使制造行业获得了新的发展。

准时方式的目标是减少甚至消除从原材料的投入到产成品产出这一全过程中的存货，这样就使整个生产流程结构出现了很大的变化——整个生产节奏是连贯的，中间没有停顿，中间没有存货，中间也不需要再设置节点。所以，这种方式实际上就是生产物流的一种新方式，也是精益方式的一种。

2. 准时物流系统的应用

准时方式不但已经成功地应用在生产物流之中，同时也延伸到了社会物流领域之中，并形成一个新的准时物流系统。准时物流系统的应用需要在一定的环境条件之下，并且需要进行成本和准时服务的效益权衡再作出选择。

（1）要有可靠的资源保障。准时物流系统必然是在资源比较充沛的、供大于求的资源环境中才能有效地建立起来，在资源越是过剩的条件下，系统的稳定性就越高。

（2）选择供应商。采用准时物流系统，供应商的选择十分重要。供应商不仅应该具备实行准时供应的物流生产力，而且还应该具备有效的管理系统和运作经验。

（3）有一个比较完善的社会物流平台。社会物流的基础平台，如运输线路、运输节点、当地的交通管理、道路通行状况能够保证供应物流的准时。

（4）接受准时服务的企业应当具备与准时供应相衔接的接货能力。如果接受准时物流服务的企业本身水平不够，即使供应可以做得准时，仍然会造成交接货物缓慢并再度形成库存。

（5）必须有一个可靠的质量保证体系。采用准时物流系统不可能再像传统方式那样，经过接货、检验等活动再转移到生产过程之中，而是准时的供应和生产线无缝衔接。在这种情况下，如果准时供应的原材料、零配件、部件出现质量问题，生产就会中断。

3. 准时物流系统的两个关键问题

（1）保证准时交货。这是准时物流系统的主要目标。这个系统目标的制定和传统的供应方式的主要区别在于：传统方式的系统目标是把成本放在首位，而准时系统是根据准时的要求来决定价格、决定供应商、决定物流距离。

（2）避免意外事故。准时物流系统是精益的物流系统，完全依靠精密的计划和准确的衔接。因此，一旦出现突发事故，哪怕事故不大，也会造成巨大的损失。而准时物流系统又不采取传统的依靠存货的方式来预防事故的发生。因此，在这种情况下必须有其他的有效应对措施。

采用准时物流系统，一方面必须消除物流设备的事故隐患，消除环境和交通设施的隐患；另一方面，必须制定有效的应急措施。这些应急措施包括车辆的应急替换、人员的应急替换、道路的应急选择、供应物资的应急补充和应急更换。这一切都要求信息传递的准确、及时，整个系统的活动都必须处在密切的监控之下。

【个案分析】

沃尔玛的物流系统

沃尔玛的物流囊括了运输、仓库管理、物料作业、信息管理，是一个完整的现代化物流系统。

沃尔玛的成功在于它没将商品送往顾客的过程当做一个简单的运输过程，而是将这一过程作为一个由运输、仓库管理、物料作业和信息管理组成的物流系统。沃尔玛以实现对顾客“天天平价”的承诺为系统目标，协调各环节的运作，使整个系统实现低成本、高效率的运作。

沃尔玛的物流系统有两个显著特征：

（1）循环式的系统。物流的循环是没有起点和终点的，在这个循环过程当中，任何一点都可以作为开始。假如说从顾客这一点开始谈，他们在商店中购买了一些产品，在他们买了之后，商品的销售信息进入到信息系统，这个系统就开始指挥补货系统自动地向供货商订货。

（2）物流系统将供应链中的可控因素都纳入系统中。如对供应厂商，沃尔玛主要通过计算机联网和电子数据交换系统与供应商共享信息。通过先进的交换平台，沃尔玛可更多地督促供应厂商的生产，使之有效地降低生产成本。再如在运输方面，沃尔玛自己的从事物流和配送，沃尔玛使用自己的后勤和物流方面的团队，拥有自己的卡车运输车队，但是在国际上的其他地方，沃尔玛就没有这样的专门力量，因此，其与飞驰公司结成合作伙伴关系，将其纳入自己的物流体系之中，实现了物流一体化。

问题讨论

为什么说沃尔玛的物流是一个具有系统性的现代化的物流系统？该系统有何特点？

【关键名词】

物流系统　效益背反　收益递减法则　物流延迟　精益物流　准时物流　物流信息子系统

【讨论与思考】

1. 单项选择题

（1）机场属于（　　）

A. 物流系统的功能要素　　B. 物流系统的支撑要素

C. 物流系统的结构要素　　D. 物流系统的基础要素

（2）物流系统的总目标是（　　）。

A. 创造利润　　B. 保持竞争优势　　C. 调节库存　　D. 为国民经济服务

（3）以下属于物流系统分析特点的是（　　）。

A. 追求整体目标最优　　B. 局部最优

C. 系统集成　　D. 技术先进

（4）当过于侧重某一方面时，必然使另一方面遭受损失，这是因为（　　）。

A. 收益递减　　B. 效益背反　　C. 物流延迟　　D. 物流矛盾

（5）实施物流延迟策略的关键是（　　）。

A. 系统优化　　B. 战略规划　　C. 模块化　　D. 信息化改造

2. 物流系统的特征有哪些？

3. 物流系统由哪些要素组成？

4. 物流系统的目标要求是什么？

5. 设计物流系统时应遵守哪些原理？

6. 什么是精益物流与准时物流？

第十章

物流信息系统

课前准备

【学习目标】

本章主要讲授物流信息系统的概念、设计、开发方法等内容。通过学习，使学生领会物流信息系统的概念、特点及其主要技术，了解物流信息的基本分类，理解物流信息系统的基本要求，充分认识物流信息的总体建设框架的主要内容，重点掌握物流信息系统的作用和物流信息系统的开发方法。

【重点难点】

1. 物流信息系统的作用；
2. 物流信息系统的主要技术；
3. 物流信息系统的开发方法。

学习内容

信息是物流高效率运作的基础和前提，没有物流的信息化，就没有现代化的物流。只有实现了物流信息化，才能实现真正意义上的以客户为中心，实现物流信息流、资金流的高度统一，才能高效地满足客户的需求，提供适应全球经济一体化的现代物流。

第一节　物流信息系统概述

一、物流信息系统的概念与特征

1. 物流信息的概念

物流信息是指与物流活动有关的信息，是反映物流各种活动内容的知识、资料、图像、数据、文件的总称。

物流信息不仅对物流活动有支持保证的作用，而且其有连接、整合整个供应链和使整个供应链活动的作用。

2. 物流信息系统的概念

物流信息系统是把物流和物流信息结合成一个有机的系统，用各种方式选择、收集、输入物流的各种有关数据，经过有针对性、有目的的计算机处理，即根据管理工作的要求，采用特定的计算机技术，对原始数据处理后输出对管理工作有用的信息的一种系统。

物流信息系统应用范围广泛，实用价值很高。物流信息系统通过对信息的收集、分析，能够实测物流活动各环节的运行情况，预测未来可能出现的问题，对物流管理提供辅助性的决策，帮助企业实现物流规划目标。

物流信息系统的应用可以缩短从接受订单到配送发货的时间，实现库存适量化，节约库存开支，提高装卸搬运作业的效率，实现合理运输，降低运输成本，提高运输效率。物流信息系统还可以提高订单处理的准确性，防止发货与配送的差错，实时反映物流市场的变化，并为企业决策提供支持。

物流信息系统最重要的作用或者说最根本的目标是通过实现物流过程中各个环节的有机衔接与合作，实现物流资源的最优化配置。

3. 物流信息系统的特点

随着社会经济的发展和科技的进步，物流信息系统正在向信息分类的集成化、系统功能的模块化、信息采集的在线化、信息存储的大型化、信息传输的网络化、信息处理的智能化以及信息处理界面的图形化方向发展。

（1）集成化。集成化是指物流信息系统将业务逻辑上相互关联的部分连接在一起，为企业物流活动中的集成化信息处理工作提供基础。在系统开发过程中，数据库的设计、系统结构以及功能的设计都应遵循统一的标准、规范和规程（即集成化），以避免出现“信息孤岛”的现象。

（2）模块化。模块化是指物流信息系统划分为各个功能模块的子系统，各子系统通过统一的标准来进行功能模块开发，然后再集成起来使用，这样既能满足物流企业的不同管理部门的需要，也保证了的各子系统的使用和访问权限。

（3）标准化。标准化包括两个方面内容：一是物流信息本身的标准化，如数据格式、语言、传输协议、处理程序等的标准化；二是物流信息系统的结构、接口、基本模块的基本统一。标准化有利于物流企业信息系统和其他企业信息系统之间的数据和信息的交换与共享。

（4）实时化。实时化借助于编码技术、自动识别技术等现代物流信息技术，对物流活动进行准确、实时的信息采集，并采用先进的计算机与通信技术，及时地进行数据处理和传送物流信息，将供应商、分销商和客户连接起来，使整个物流信息系统能够及时掌握和共享属于供销商、分销商或客户的信息。

（5）网络化。网络化通过网络技术和通信技术将分散在不同地理位置的物流分支机构、供应商、客户等连接起来，形成了一个复杂但有密切联系的信息网络，可以实时地了解各地业务的运作情况。物流信息中心将各地传来的物流信息进行汇总、分类以及综合分析，并通过网络把结果反馈和传达下去，以指导、协调、综合各个地区的业务工作。

（6）智能化。智能化物流信息系统现在虽然尚缺乏十分成功的案例，但物流信息系统正在朝着这个方面努力发展。例如，物流企业决策支撑系统中的知识子系统就负责收集、存储和智能化处理在决策过程中所需要的物流领域知识、专家的决策知识和经验知识。

二、物流信息系统的作用

物流信息系统的作用对于有效地建立物流系统、开展物流活动是必备的。主要体现在以下方面：① 缩短订单周转时间。② 实现库存适量化。③ 提高搬运效率。④ 提高运输效率。⑤ 提高订单处理能力。⑥ 提高订单处理精度。⑦ 增加服务的可靠性。⑧ 调整高速需求和供给的不确定性。

三、物流信息系统的分类

（一）订单受理和出库信息系统

1. 接受客户的订单

客户向企业发出的订单是企业收到的订货信息，对订单进行数据记录是订货登记。订货登记业务从接受订货信息，对订货信息的完整度、准确度进行检查开始，然后对客户的相关制约条件进行检查，如货款缴纳情况、信用情况等。

2. 出库处理

根据全面处理的订货信息，首先制作货物拣选明细单。货物拣选明细单要按照订货类别（摘果拣选方式）和品种单位将全部订货集中在一起制作，拣选出的商品再按客户类别进行二次分货（播种拣选方式）处理。

对于拣选完毕后按照客户类别备好货物的订货下达配送批示。送货单经客户确认盖章后，出货处理作业即告结束。

（二）库存管理系统

库存管理系统是为了满足销售在必要的场所备齐所需商品，为保证制造活动顺利进行而储备原材料和零部件，以最少的数量满足需求并且防止库存陈腐化浪费和保管费用增加的系统。

建立库存控制信息系统的目的是为了防止库存不足、维持正常库存量并补充库存。每一种商品都需要补充库存，采用手工作业效率低下，利用信息库存管理系统作业则显得非常必要。

（三）仓库管理信息系统

仓库管理信息系统包括固定场所管理系统、自由场所系统、订货拣选系统等几个部分。固定场所系统由于保管货物的位置相对固定，因而便于作业人员的识别查找，即便是业务不熟练的人员也可以迅速、准确地进行货物拣选。

自由场所系统由计算机根据货位同货物的对应关系进行管理，货物存放的位置不是固定的，对于品种多而且更新快的商品保管非常适用，如书籍配送中心对书籍的保管。

订货拣选系统分为全自动系统和人工半自动系统。全自动系统从全自动流动货架将必要的商品移送到传送带的拣选系统。半自动拣选系统是在计算机的辅助下实现高效率拣选的系统，例如电子标签拣选系统等。

（四）配送管理信息系统

具有代表性的配送管理信息系统有固定时刻表系统和变动时刻表系统两种。

固定时刻表系统根据日常业务的经验和客户要求的配送时间事先按照不同方向类别、不同配送对象群类别设定配送线路和配送时刻、安排车辆，根据当日的订货状况进行细微调整的配送组织方式。

变动时刻表系统根据当日的配送客户群的商品总量，结合客户的配送时间要求和配送车辆的状况，按照可以调配车辆的容积和车辆数量，由计算机选出成本最低的组合方式的系统。

（五）货物追踪信息系统

货物追踪信息系统是指在货物流的范围内可以对货物的状态进行实时掌握的信息系统。物流业的货物追踪信息系统的对象主要是零担货物。

货物追踪信息系统对信息处理的原理是，在货物装车和通过货物中转站时，读取货物车单据上的条形码，在单据上记载的条形码表示单据右上方的单据号码，这样就可以清楚地知道拥有该货物单据号码的货物通过什么地方，处于什么状况。当客户查询货物时，只要提供货单号码，就可以获知所运送货物的有关动态信息。货物动态信息包括货物已经启运、正在运输途中、正在配送途中、已经配送完了等信息。利用这个系统，对没有配送完了的货物也可以及时掌握。因此，该系统在防止配送延误方面也能发挥重要作用。

货物追踪信息系统开始是服务于利用它进行大批量货物配送的客户，通过货主的计算机与物流业者的信息系统之间的连接，提供货物的动态信息。随着互联网的普及，一般消费者的个人包裹配送信息也可以通过计算机终端进行直接查询，只要将货单的号码输入系统，就可以及时获得有关包裹配送的动态信息，即目前所托运的包裹配送的动态信息，以及所托运的包裹处于什么状态。货物跟踪信息系统还可以利用全球卫星定位技术对运输中的货物进行实时的监控。在运输货物中，利用全球卫星定位技术可以时刻记录和传送货物位置等数据到控制中心，除了及时地获取运输途中货物的情况，还可以获得交货时间、地点、货物的货重等信息，以及跟踪查看的货物是否按预定路线运送、途中有无停留、停在哪里、停车多少次等，掌握货物是否按规定时间交付顾客，还可以防止运输途中拉私货或怠工等。

（六）求车求货信息系统

在长距离及大量货物运输的情况下，一般使用整车运输的方法。影响整车运输效率的主要问题是回程空载行驶，造成运输能力的浪费。由于网络没有形成、信息不通畅等原因，回程车辆空驶现象时有发生。解决回程空驶问题的方法，一是货主利用回程车辆运输货物，二是车主寻找回程货物。前者叫作“求车”，后者叫作“求货”。

求车求货成功与否，关键在于能否及时获取信息。求车求货系统利用信息网络技术，为发布车源货源、查找车源货源提供了有效手段。在有业务合作的企业之间，利用这个系统相互提供车源货源，可以达到提高运输效率的目的。

物流信息系统各环节的高效运转能有效地在物流活动中为各项管理作业提供决策支持，对物流活动中每一个方案的各个方面提供预测和分析，优选出最佳方案，最终保证决策的科学性和成功率。

四、物流信息系统的基本要求

物流信息系统是物流系统的灵魂和中枢神经，承担着对物流系统的支持与保障作用。物流信息系统的基本要求有以下几点：

1. 开放性

物流信息系统的开放性可以便于其同外部系统的连接，以此来保证信息的输人与输出。

2. 可扩展性

物流信息系统是利用电子数据交换与互联网等现代电子技术的高效化信息系统，在高新技术快速发展的今天，物流信息系统也必须不断地发展与完善，并不断地扩展自己的功能与作用。

3. 安全性

物流信息系统由于要依靠计算机和互联网技术，就必须防止信息的丢失和被篡改、被盗窃。因为在信息的交换与传递中，首推的原则就是安全、真实，一旦信息被盗或被篡改都会带来难以估计的后果。

4. 协同性

物流信息是贯穿于物流活动中各个环节的重要因素，对物流作业起着灵魂导向的作用。物流信息系统必须做到将企业各部门的信息协同处理，并且能够同其他相关的信息系统相协调，如地理信息系统、智能交通信息系统等，以提高物流作业的效率。

5. 高效性

物流信息是物流活动取得效益的前提，是企业决策的基础依据。没有物流各环节信息的畅通和及时供给，就没有物流活动的时间效率和管理效率，同时也就失去了物流的整体效率。物流信息系统在收集、处理、分析、传递信息时，必须做到争取以第一时间获得信息，既保证抓住机遇，又保证防止不利因素的产生，做到及时预警。

由于现代通信技术的发展，电视传真、激光通信、卫星通信、互联网应用等手段为信息的收集与传递创造了前所未有的条件。随着知识经济的发展和电子商务的兴起，人工智能的运用使人类的信息分析、信息处理水平获得了极大的提高，物流经营模式、运行机制等都随之发生了深刻的变化，因此物流信息系统的要求也会随之不断的变化，以适应物流活动的要求。

五、物流信息系统主要技术

物流管理中的主要信息技术包括：条形码、销售时点信息系统、射频技术、全球定位系统、人工智能与专家系统、数据库管理、数据源管理、地理信息技术、电子数据交换系统等。

（一）条形码

条形码技术是使用最为广泛的自动识别技术之一，也是物流行业公认的物流系统中重要的组成部分。几乎在所有类型的有包装的消费物品上都能见到条形码。

条形码简称为条码，是由一组按一定编码规则排列的条、空符号，用以表示一定的字符、数字及符号组成的信息。条纹的形状和间距表达了一些商品的信息或者物流信息，这些条纹主要表示对象物品的名称、产地、价格及种类等。

一般条形码通常被放置在物品、包装箱、集装箱、托盘上使用，主要应用于商业零售领域、物流仓储领域以及质量跟踪系统。

（二）销售时点信息系统（POS）

POS 即销售时点信息系统，它包含前台 POS 系统和后台 MIS 系统两大基本部分。销售时点信息系统最早应用于零售业，以后逐渐扩展至金融、旅馆等服务型行业，其利用范围也从企业内部扩展到整个供应链。现代销售时点信息系统已不仅仅局限于电子收款技术，它要考虑将计算机网络、电子数据交换技术、条码技术、电子监控技术、电子收款技术、电子信息处理技术、远程通信、电子广告、自动仓储配送技术、自动售货、备货技术等一系列科技手段融为一体，从而形成一个综合性的信息资源管理系统。同时，它必须符合和服从商场管理模式，按照对商品流通管理及资金管理的各种规定进行设计和运行。

（三）射频技术

射频技术是依据电磁理论，利用无线电波对记录媒体进行读写的一种技术。

1. 射频数据交换技术（RFDC）

射频数据交换技术是一种重要的标识技术，它的主要功能是对运动的或静止的标签进行不接触的识别。通过在物流对象上面粘贴的标签，用射频技术进行电磁波扫描，就可以把物流对象物的相关信息从标签上识别并进行直接读取，或者经过计算机网络将信息传输到管理中心。这种技术一般应用在相对比较小的空间，进行双向信息的传递。

2. 射频识别技术（RFID）

射频识别技术是射频技术的另一种应用形式。利用射频识别技术，可以在集装箱通过专用设备或在运输设备上时，对集装箱及其所载物品进行识别。

目前射频识别技术在国外已经渗透到了商业、工业、运输业、物流管理、医疗保险、金融和教学等众多领域。例如，为了保护美国的药物分销网络不被造假者利用以及确保孩子的安全等，每天有 3.7 万笔交易要处理，而通过对 10 万个花篮贴上 RFID 电子标签，大大提高了处理速度，使定购准确率提高到 99%。

（四）全球定位系统（GPS）

GPS 即全球定位系统，是指具有在海、陆、空进行全方位实时三维导航与定位能力的系统。

全球定位系统的主要应用包括：

1. 采用全球定位系统的车辆监管系统

车辆监管系统是将全球定位技术、地理信息技术以及通讯技术结合在一起形成的一套高科技系统。利用这一监管系统，安装有全球定位系统接受器的移动目标的位置、时间、状态等信息就可以被实时传递至监督中心，然后可以在具有地理信息显示和查询功能的电子地图上显示出移动目标的运动轨迹，从而实现对移动目标的监控和调度。

2. 采用全球定位系统的智能车辆导航设备

智能车辆导航设备是指安装在车辆上后，通过全球定位系统接收机实时获得车辆的位置信息，可以以电子地图为监控平台，并在电子地图上实时显示车辆的行驶轨迹的设备。有时，这种导航设备还有语音提示功能。使用这种导航设备，无论对行驶线路是否熟悉的司机都可以在系统的提示下顺利到达目的地。

3. 采用全球定位系统的货物跟踪管理系统

货物跟踪管理系统是指物流企业利用现代信息技术及时获取有关货物运输状态的信息（如货物品种、数量、在途状况、交货期限、始发地、目的地、货主信息以及运送车辆和人员等）的方法。

（五）人工智能（AI）与专家系统（ES）

人工智能是一个包含许多领域的综合性术语，具体包括计算机辅助教育、语音合成和识别、游戏执行系统、自然语言翻译器、机器人和专家系统。尽管人工智能的应用是很有限的，但是它在物流方面的应用潜力却让人难以置信。人工智能已经被用来确定哪些仓库应服务哪些工厂和哪些产品以及库存水平的高低；模仿各种可靠度水平的客户服务反应；进行敏感性分析，确定在不影响最优方案结构的条件下，输入能够变动多少。

专家系统是利用知识和推理技术来解决通常需要人工专家才能解决的问题的一个计算机程序。专家系统可以解决问题，作出预测，提出可能的处理方法和建议，其准确性与人类专家不相上下。

（六）数据库管理

数据库管理系统允许应用程序检索存储在计算机系统中的所需要的数据。为了使检索有效率，一个数据库管理系统必须按照某种逻辑方式储存数据，表明不同的数据是如何相互联系的，这是物流中的一个关键问题。计算机最擅长的领域就是进行数据管理。因为物流活动中会产生大量的数据，这些数据可能在以后一段时期内需要进行分析。数据库管理系统必须能够利用物品号码来提供订单以及找到相关的数据。

（七）数据源管理

物流管理信息系统所需要的数据可以来自多种信息源。公共数据库所需要的数据的最主要来源是：① 订单处理系统；② 公司记录；③ 行业数据；④ 管理数据。

（八）地理信息技术（CIS）

地理信息系统是指以地理空间数据为基础，采用地理模型分析方法，适时地提供多种空间的和动态的地理信息，是一种进行地理研究和地理决策的计算机技术系统。

地理信息技术主要用于物流分析，如利用地理信息技术建立物流系统的车辆路线模型、最短路径模型、网络物流模型、分配集合模型和物流系统站场设施定位模型等。

地理信息技术主要应用在电子地图、网络规划设计、交通管理及军事应用四个领域。

（九）电子数据交换系统（EDI）

EDI 即电子数据交换，是指通过电子方式，采用标准化的格式，利用计算机网络进行结构化数据的传输和交换。

电子数据交换系统是按照统一规定的一套通用标准格式，将标准的经济信息通过通信网络传输，在贸易伙伴的电子计算机系统之间进行数据交换和自动处理，俗称“无纸化贸易”，它被誉为一场“结构性的商业革命”。

采用电子数据交换的优点是可以提高企业内部的生产效率，可以增进企业内部和外部渠道之间的联系，可以提高外部信息数据的收集能力。电子数据交换系统通过更快的信息传递和减少数据输入次数来提高效率，并能提高数据输入的精确度。

第二节　物流信息系统设计

一、物流信息系统设计所要解决的问题

（一）物流信息系统的功能

物流信息系统是一个面向供应链的、全过程的物流管理方案，其应用目的是通过对流通过程中物流信息的采集与利用，利用 Internet/Intranet 的开放技术，使厂商与客户之间可以方便地沟通。它与现有的进销存软件、货运软件、仓管软件的最大不同在于它可以追踪产品从生产基地到最终零售市场全过程的信息。

物流信息系统的功能主要表现在以下几个具体方面：

（1）缩短从接受订货到发货的时间。

（2）使库存适量化（压缩库存并防止脱销）。

（3）提高搬运作业的效率。

（4）提高运输作业的效率。

（5）使接受订货和发出订货更为省时省力。

（6）提高接受订货和发出订货的精确度。

（7）防止在发货、配送过程中出现差错。

（8）调整需求和供给。

（9）回答客户的信息咨询。

所有这一切的目的都是为了提高对顾客的服务水准和降低物流总成本，从而提高整个物流系统的效率。

（二）注重总体效益的优化

由于各项物流活动之间存在着“效益背反”，因而必须研究总体效益。物流系统是一种达成物流目的的有效机制，物流的各项活动如运输、保管、搬运、包装、流通加工等均各自具有提高自身效率的机制，即具有运输系统、保管系统、搬运系统、包装系统、流通加工系统等分系统。但是，我们必须注重系统总体效益的优化，以实现其最佳效益为目的。

（三）解决矛盾，实现统一

通过物流信息的切入实现对物流企业各生产要素的合理组合与高效利用，降低经营成本，直接产生明显的经营效益。它有效地把各种零散数据变为商业智慧，赋予物流企业新型的生产要素——信息，大大提高了物流企业的业务预测和管理能力，通过“点、线、面”的立体式综合管理，实现了物流内部一体化和外部供应链的统一管理，有效地帮助物流企业提高服务质量及整体效益。依赖这一方式，它有效地为物流企业解决了单点管理和网络化业务之间的矛盾、成本和客户服务质量之间的矛盾、有限的静态资源和动态市场之间的矛盾以及现在和未来预测之间的矛盾等。

二、物流信息系统体系结构

物流信息系统体系结构是指在参与者功能与需求分析的基础上定义物流信息系统的总体建设框架。

（一）物流信息系统的总体建设框架的主要内容

（1）与用户服务相关的各种功能。

（2）具备有相应功能的子系统。

（3）子系统间的信息流与数据接口（包括通信协议与数据标准定义）。

（4）子系统间为实现数据交换而产生的通信需求。

（二）物流信息系统的层次结构

处在物流系统中不同管理层次上的部门或人员，对于物流信息的需求会有所不同。因此，一个完善的物流信息支持系统应该具有不同的层次结构以服务于不同的对象。

1. 数据层

将收集、加工的物流信息以数据库的形式存储，为方便日后的数据应用，可根据要求适当建立索引。

2. 业务层

主要是对合同、票据、报表等进行日常处理。

3. 运用层

包括物流活动的各种应用计划，诸如车辆运输路径的选择、仓库作业计划、库存管理的设计以及当前企业运营的短期决策等。

4. 控制层

用于建立物流系统的特征值体系，包括制定评价标准、建立控制与评价模型、根据运行信息监测物流系统的状况等。

5. 计划层

用于建立各种物流系统分析模型，辅助高层管理人员制定战略计划。

（三）物流信息系统体系结构设计中应遵循的原则

（1）具有开放性、模块化及适应性等特点。

（2）满足各系统间的数据交换，数据交换的方法必须确保数据的可完整性及安全性。

（3）数据交换只需通过通用的数据定义、信息格式及通信协议进行，这样可以确保不同部门开发各自独立的系统具有可操作性。

（4）具有与现有系统及较新通信技术兼容的特点。

（5）尽可能兼容已有的技术及已开发的系统。

（6）在物流信息技术上让企业在竞争的市场中具有广泛的选择。

在物流信息系统的设计中，我们采用“自顶向下”的原则将系统分解为若干个子系统，运用一组设计原则和策略对这些子系统再逐步进行分解和优化，使其结构清晰、功能明确和易于实现。

（四）物流信息系统的框架

1. 从系统功能角度分析的物流信息系统框架

我们可粗线条地设计出企业物流信息系统的框架图，如图 10－1。

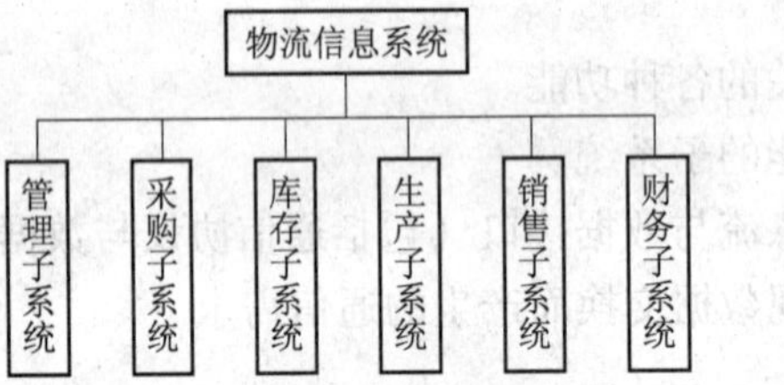

图 10－1　物流信息系统框架①

简单地说，各子系统均有其自己特有的功能：

（1）管理子系统具有提供与具体业务无关的及系统所需的功能；

（2）采购子系统具有提供原材料采购信息的功能。

（3）库存子系统具有提供库存管理信息的功能。

（4）生产子系统具有提供生产产品信息的功能。

（5）销售子系统具有提供产品销售信息的功能。

（6）财务子系统具有提供财务管理信息的功能。

以上只是系统功能的框架式划分，而相当重要的各子系统之间的相互关系并没有被标识出来。例如，库存子系统就和采购子系统及生产子系统具有密切的关系。另外，在物流信息系统发展到一定阶段，可考虑增加决策支持子系统，以使物流信息系统达到一个更高的层次。

2. 从经营和服务角度分析的物流信息系统框架

当实施物流信息系统时，应根据企业自身的行业特点和自己的物流业务流程规划和设计独特的物流信息系统体系结构。如图 10－2 所示的是围绕企业经营和服务的物流信息系统的结构，该系统可以分解成若干个既相互独立又相互联系的子系统。

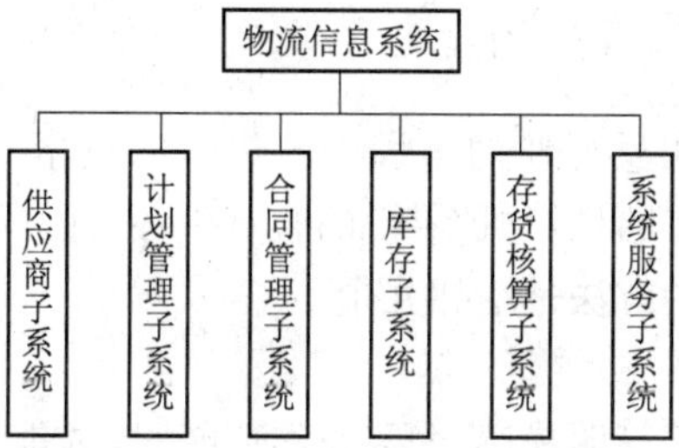

图 10－2　物流信息系统框架②

三、物流信息系统的实现

（一）系统实现的主要任务

系统实现阶段的工作要根据系统设计说明书的要求统筹安排、分步实施。

系统实现的主要任务有：

（1）硬件、系统软件购置及安装调试。

（2）程序编码、程序及程序系统的调试。在硬件和系统软件安装调试后，系统就可以运行起来了。

（3）准备数据，输入数据。做好数据准备，一般是把实际数据输入系统，使系统开始试运行。

（4）人员培训。人员培训是按照开发规划进行的。各类、各层次及不同水平的技术人员应采取不同的培训方式。

上述各项任务中工作量最大的是程序设计与调试。据统计，程序及程序系统的设计与调试所用的工作量占系统开发总工作量的 65%。这个阶段开发组中的主要人员是程序员，大批程序员参与程序设计工作，而其中的组织、协调和管理工作也很重要。

（二）程序设计语言主要考虑的因素

程序设计首先是程序设计语言的选择问题，如果没有进行模块内部的算法设计，程序员还要做算法设计。

程序员在进行程序设计的同时还要编写程序设计说明书并编写系统操作手册。

物流信息系统的开发最终还是要进行程序设计。程序是有序的计算机指令（或称语句或称命令）的集合。编制程序并使计算过程得以正确实施的全部工作就叫程序设计。

程序正文一方面描写的是计算机一步一步的动作，另一方面描述被加工的数据对象如何一步一步地变成解。在这个意义上，程序是对确定的处理对象与处理规则的描述，程序设计就是按计算机能实施的处理规则完成对问题的求解。

（三）程序的定性标准

1. 正确性

正确性是判断程序质量永恒不变的准则。正确性的概念是程序本身具备且仅具备“系统设计说明书”中所列举的全部功能。

2. 可靠性

可靠性指的是程序在多次反复使用过程中不失败的概率。逻辑上正确的程序不一定可靠。可靠性一般是对程序所在的计算机系统而言。

一般说来，提高可靠性的方法是增加冗余。

3. 简明性

程序的抽象性质要求程序简明易读，只有读懂了程序才能进行维护和修改。易读是可识的前提。我们写程序只写一次，一旦投入运行，读程序何止几十次。所以，程序应尽可能写得简明一些。

4. 可维护性

软件凝聚着人们的智力，开发代价昂贵，开发工作量常以数百或数千人计。相应的软件的生存期长达10至15年，因此其可维护性十分重要，它直接影响到维护费用。因此，维护性不好的软件甚至会过早地被淘汰。

5. 适应性

应用环境的不断变化要求软件系统有较好的适应性。由于开发软件耗费巨大，因而推广、移植可节省大量资金。但在不同机型上移植，也要求软件有较好的适应性。

6. 有效性

程序运行就要占用一定的时间和空间资源。高效的程序运行的时间短，占用空间（主要指内存）少。一般说来，时空效率总是人们追求的目标。

对于应用程序，有效性不仅取决于硬件，还取决于软件环境（即支持程序运行的各种软件）。

对整个实现阶段的任务应先制定实施计划，加强实施工作的领导，使实现工作有条不紊地进行。可以建立实施领导小组，组织、领导并监督实施工作的进行。系统实施犹如新产品试制，投入大，变化大，影响的因素较多。系统实施阶段可采用计划评审技术实施管理，由实施领导小组负责检查、协调，使实施工作顺利进行。

第三节　物流信息系统的开发方法

物流信息系统的开发方法同管理信息系统的开发方法是一致的，所以以下描述的各种方法既适合于一般管理信息系统的开发，同时也适用于物流信息系统的开发。

人们在大量的信息系统开发实践中总结出了不少开发方法，主要的有系统生命周期法、原型法、输入－处理－输出法、结构化系统生命周期法、ROMC法、结构化与原型法相结合的方法等。目前用得较多的为前两种。

系统开发方式随着系统由小到大、由简单到复杂而逐渐发展变化。最初，由于系统规模小，功能单一，所以系统开发都是使用一次设计并开发完成的方法。后来，由于系统功能增多，希望简单地一次完成开发很困难，于是出现了所谓生命周期法，即把一个系统从开始考虑直到投入运行、更新替换的全过程分阶段地加以安排，先进行系统分析，再进行总体设计、详细设计、编程、调试、组装、试运行、投入正式运行、评估等。其特点是自顶向下进行分析设计，以保证系统的整体性，再自底向上进行开发，使其落到实处，这种方法至今仍是系统开发的主要方式。

由于对一个大型系统进行全面分析设计是一件旷日持久的事，在此期间，用户对系统的需求和系统开发技术都会发生变化，使得分析设计屡屡需要修改。而且开始时很难清楚用户的目的，这使系统设计出来后不完全符合实际需要。为解决这个问题，于是出现了所谓原型法。

原型法的基本做法是开发者对已有的对象作初步调查分析后，很快设计出一个系统原型（或雏形，prototype），将它在用户中演示，使用户有比较具体的了解，并提出意见。开发者根据用户的意见对系统进行修改，再开发出一个较为满意的系统，再由用户提出意见，如此经过多次，直到满意为止。这种开发方法的优点是比较可行，避免了大返工，其缺点是开发过程的组织和控制工作较难，对开发人员的水平要求较高。

下面以系统生命周期法为例对物流信息系统的开发过程作进一步的阐述。

一、计　划

确定要开发的系统的总目标，给出系统的功能、性能、可靠性以及所需的接口等方面的设想。完成该项软件开发的可行性分析，探讨解决问题的方案，并且对可供使用的资源（如计算机硬、软件，人力等）、成本、可取得的效益和开发的进度作出估计。制定开发任务的实施计划。

二、需求分析

需求分析主要是对开发的软件进行详细的调查和分析，充分理解用户的需求，确定哪些需求是可以满足的，明确这些需求的逻辑结构并加以确切地描述，写出软件需求说明书或功能说明书及初步的系统用户手册。

三、软件设计

设计是软件工程的技术核心，其基本任务是将用户要求转换成一个具体的软件系统的设计方案。该阶段包括概要设计（或称总体设计）、详细设计等步骤，每一步骤考虑的详细程度有所不同。概要设计是在软件需求说明书的基础上建立软件的系统结构，包括数据结构和模块结构。

模块结构中的每个模块意义明确且和某些用户需求相对应，在进行详细设计时对每个模块进行具体的描述，确定模块的功能、接口和实现方法，以便为程序编写打下基础。

所有设计中的考虑都应以设计说明书的形式加以详细描述。

物流管理信息系统的设计可从不同的角度进行：

（一）数据库设计

数据库设计是物流管理信息系统设计中的重要的部分，将影响到系统以后数据的质量、数据库的可扩展性、数据运行的效率等。设计又分逻辑结构设计和物理结构设计两部分。

（二）窗体与报表设计

窗体与报表是系统与用户进行信息的输入与输出的界面。窗体与报表的设计是以强大的数据库作为支持的，对窗体与报表进行设计时可根据用户的部门功能的划分对窗体与报表进行归类，窗体与报表应尽量包含用户所需的内容和功能，界面设计要做到简洁、明了、美观，菜单的提示问答要直观并可提供帮助功能。

（三）运算过程及逻辑功能设计

运算过程及逻辑功能是为减少人工运算和实施数据的进出控制而设置的模块。模块化的设计和可重用的构件技术的应用使程序设计更为方便。

（四）网络及通信设计

网络的结构和通信方式的使用关系着网络通信的速度、效率和成本。局域网将企业本地的数据库、打印机、传真等资源连接起来；广域网将企业跨地区的子公司以及供应链上的各环节连接起来，以共享资源、节约成本。网络的设计通过对硬件的配置、布局的规划、数据传输方式的设置将对网络的安装、维护、成本、数据安全性、传输数据的质量产生影响。

四、程序编写

程序编写是把软件设计转换成计算机可以接受的程序，即写成以某一程序设计语言表示的“源程序清单”，这部分工作也称为编码。自然，写出来的程序应该是结构良好、清晰易读且与设计相一致的。

五、系统测试

测试是保证软件质量的重要手段，其任务是发现并排除错误，它通常又可分为单元测试（或称模块测试）、组装测试、确认测试等步骤。测试最好由另一个独立的部门（不参加该软件系统的设计和编写的人员）来完成，这样可以提高测试的效率。经过测试修改就得到了可运行的软件系统，并可交付用户使用。整个测试过程都要记录在测试分析报告中。

六、系统运行与维护

已交付的软件投入正式使用便进入运行阶段。在运行阶段，需要对软件系统进行修改，其具体原因包括：运行中发现了错误需要修正；为了适应变化了的软件工作环境，需作适当变更；为了增强软件功能需作变更。每一项维护活动都应该准确记录下来，作为正式的文档资料加以保存。

【个案分析】

华堂商场的信息管理

伊藤洋华堂是日本的知名超市，发展到今天取得了良好的经营业绩，这与它在 1982 年以后进行的三次业务革新有关。这三次业务革新使伊藤洋华堂真正建立了对市场变化灵活反应的经营体制和现代化的物流管理体制，从而构成了伊藤洋华堂的核心竞争力。

伊藤洋华堂的三次业务革新分别为滞销商品的消除、销售时点信息系统的导入，利用共同配送推进业务革新。下面主要分析销售时点信息系统的导入，即华堂商场进行信息系统管理后带来的影响。

销售时点信息系统是通过扫描商品上的条码进行记账，从而降低了结算过程中的出错率，大大减低了工人的劳动强度。更重要的是，通过销售时点信息数据能及时把握每个商品的销售动向，从而确定哪种商品是畅销商品或者是滞销商品，并为管理层提供决策依据。同时，企业总部计算机可以对从销售时点信息系统得来的数据进行分析和处理，并结合时间、地点和天气情况把握各个店铺的销售特点、顾客特性和销售动向，从而有针对性地制定各种销售政策。除了上面的现场数据采集和分析以外，还可以利用销售时点信息系统进行进货管理，大力变革生产商和批发商的关系，形成紧密的和协调一致的商品生产和配送管理团队，使得商品能够在指定的时间送到指定的店铺。

问题讨论

试说明销售时点信息系统用于零售企业有何意义？

【关键名词】

物流信息　物流信息系统　电子数据交换　条形码　销售时点信息系统　全球卫星定位系统

【讨论与思考】

1. 物流信息系统在物流中的重要作用有哪些？
2. 物流信息系统的总体建设框架的主要内容有哪些？
3. 物流信息技术主要包括哪些？
4. 物流信息系统具有哪些特征？
5. 物流信息系统具有哪些基本要求？
6. 物流信息系统的开发有哪些方法？

第十一章

电子商务与物流

课前准备

【学习目标】

本章主要介绍电子商务与物流的关系等内容。通过学习，使学生了解电子商务的概念和运行方式，理解电子商务与物流的关系，熟悉电子商务下物流的特点，掌握电子商务下物流业的发展趋势。

【重点难点】

1. 电子商务下物流业的发展趋势；
2. 电子商务下物流的特点；
3. 电子商务与物流的关系。

学习内容

21 世纪是一个以计算机技术和知识经济为核心的信息化时代。随着计算机技术和网络技术的快速发展以及因特网在全球的广泛普及，电子商务也成为一种新型的企业经营方式。电子商务是人类经济、科技、文化发展的必然产物，是信息化社会的商务模式。电子商务作为计算机技术与现代经济贸易相结合的产物，已经成为人类社会进入知识经济、网络经济以及信息化时代的重要标志。

从宏观上看，电子商务是通过计算机和网络技术建立起来的一种新的经济秩序，它不仅涉及电子技术和商业交易本身，而且涉及金融、税务、教育等社会其他领域。从微观上看，电子商务是指生产企业、商贸企业、金融机构、税务机构、政府机构、消费者等具有商业活动能力的实体利用计算机和网络技术进行的各种商业贸易活动。

目前我国的电子商务正处在稳步发展的阶段，它既是企业发展的外部环境，也是企业发展的有力工具和手段。

电子商务是在开放的网络环境下，基于浏览器/服务器的应用方式，实现客户和企业之间的信息沟通、网上购物、电子支付的一种新型的运作方式。

第一节　电子商务

一、电子商务的基本概念

电子商务（Electronic Commerce，EC）是经济和信息技术发展并相互作用的必然产物。目前，电子商务的基本概念有两层含义，狭义的电子商务和广义的电子商务。

1. 狭义的电子商务

狭义的电子商务一般是指基于数据（可以是文本、声音、图像）的处理和传输，通过开放的网络（主要是互联网）进行的商业交易。包括企业与企业、企业与消费者、企业与政府等之间的交易活动。

2. 广义的电子商务

广义的电子商务是指一种全新的商务模式，利用前所未有的网络方式，涉及内部网等领域，将顾客、销售商、供应商和企业员工联在一起，将有价值的信息传递给需要的人们。

具体来说，电子商务是指企业内部员工之间的信息交流活动、供应链上的商业伙伴之间的交易以及一切相关的网上事务和相关的经济活动。进一步地讲，电子商务是指买卖双方之间利用计算机网络、按照一定的标准所进行的各类商务活动。

现在人们所探讨的电子商务主要是以电子数据交换和互联网来完成的。尤其是随着互联网技术的日益成熟，电子商务真正的发展将是建立在互联网技术上的。所以也有人把电子商务称为IC（Internet commerce）。

从贸易活动的角度分析，电子商务可以在多个环节实现，由此也可以将电子商务分为两个层次，较低层次的电子商务如电子商情、电子贸易、电子合同等；最完整的也是最高级的电子商务应该是利用互联网能够进行全部的贸易活动，即在网上将信息流、商流、资金流和部分的物流完整地实现。也就是说，你可以从寻找客户开始，一直到洽谈、订货、在线付（收）款、开具电子发票以至到电子报关、电子纳税等都是通过互联网来完成。

要实现完整的电子商务还会涉及到很多方面，除了买家、卖家外，还要有银行或金融机构、政府机构、认证机构、配送中心等机构的加入才行。由于参与电子商务中的各方在物理上是互不谋面的，因此整个电子商务过程并不是物理世界商务活动的翻版，网上银行、在线电子支付等条件和数据加密、电子签名等技术在电子商务中发挥着重要的、不可或缺的作用。

二、电子商务概念模型

电子商务是对以计算机为主体的网络方式的革命，它通过电子手段建立一种新的经济秩序，它不应该仅仅被看做是一种互联网的在线销售模式，更重要的是，企业与企业之间、企业与消费者之间，企业与政府行政部门之间，甚至政府与市民之间的信息交流也都实现了数据化的处理过程。

电子商务的任何一笔交易均需要包括资金流、物流和信息流。其中物流主要指实物的配送和输送渠道。对于大多数情况来说，物流可能仍然经由传统的销售渠道，而对有些商品来说，可以直接以网络传输的方式进行递送服务，如电子出版物、信息咨询服务等。资金流主要是指资金的转移过程，包括付款、转账、兑换等过程。信息流包括商品信息的提供、促销营销、技术支持、售后服务等内容，也包括诸如询价单、报价单、付款通知单等商业贸易单证，还包括交易方的支付能力、支付信誉、中介信誉等。对于每一个交易的主体来说，它所面对的是一个电子市场，它必须通过电子市场选择交易的内容和对象。因此，电子商务的概念模型可以抽象地描述为每个交易主体和电子市场之间的交易事务关系，如图 11 -1 所示。

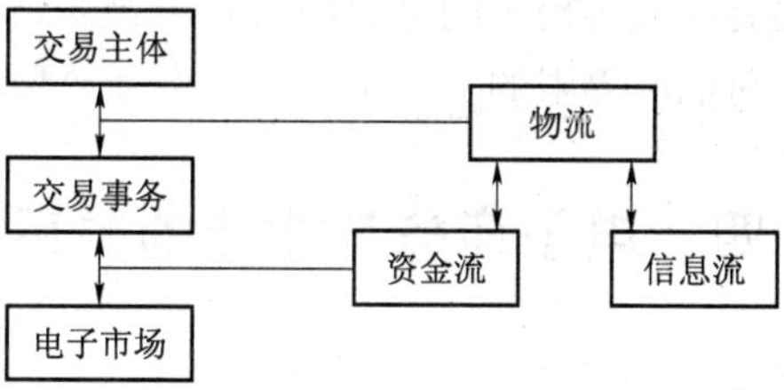

图 11 -1　电子商务概念模型

三、电子商务的主要功能和类型

电子商务基本框架结构是指实现电子商务从技术到一般服务所应具备的完整的运作基础。互联网上的电子商务可以分为三个方面的内容：信息服务、交易和支付。其主要功能包括电子商情广告、网上选购和订货、电子交易凭证的交换、电子支付与结算、售后的客户网上服务、商品配送及跟踪、市场调查分析、财务核算和经营计划安排等。参与电子商务的实体有四类：顾客（个人消费者或企业集团）、商户（包括销售商、制造商、储运商）、银行（包括发卡行、收单行）及认证中心。

电子商务涵盖的范围涉及制造厂商、零售商、市场中介、银行、政府有关部门等几乎社会各个领域。我们这里从对象范围、支付方式、地理范围等三个角度对电子商务进行基本分类。

1. 按对象分类

按电子商务对象范围来划分，可以将电子商务划分为企业对企业（B2B）模式、企业对消费者（B2C）模式、企业对政府机构（B2G）模式、消费者对政府机构（C2G）模式及消费者对消费者（C2C）模式等，其中 B2B 占最大比重。

2. 按支付方式分类

商品交换过程中存在着资金的转移和结算等问题。因此，有人将网上订货、网下支付的经济活动看成准电子商务，而把网上订货、网上支付的经济活动看成完整的电子商务。从支付的角度看，电子商务的确可以划分为支付性和非支付性两大类。

（1）非支付性电子商务。非支付性电子商务，顾名思义，是指不进行网上支付和货物运送的电子商务。其内容包括信息查询、商情信息发布、在线谈判、电子合同文本的形成等，但不包含银行支付。显然，在这种电子商务中，只存在物质和信息的流动，而没有资金的真实流动。我国目前推广使用的电子商务系统大多数都属于这种类型。

（2）支付性电子商务。支付性电子商务，不难理解，是指实际进行网上支付和货物运送的电子商务。其内容除包括非支付性电子商务的全部内容外，还包括银行的支付、交割活动以及供货方的货物运送活动。这里既包含了物质和信息的流动，也包含了资金的流动。

3. 按地理范围分类

基于互联网电子商务的参与者遍及世界各个角落，任何人都可以成为电子商务活动的交易者，但由于科技发展速度不同，不同国家、地区开展电子商务尚处于不同阶段、不同层次。人们通常按交易双方所处地理位置的不同，将电子商务分为本地电子商务、远程国内电子商务和全球电子商务三大类。值得提出的是，随着科学技术的发展以及网络技术的成熟，未来的电子商务将是突破空间地域界限的、无国界的、全开放型的商务模式。

四、电子商务与物流的关系

1. 物流——电子商务的重要组成部分

电子商务的流程如图 11－2 所示。

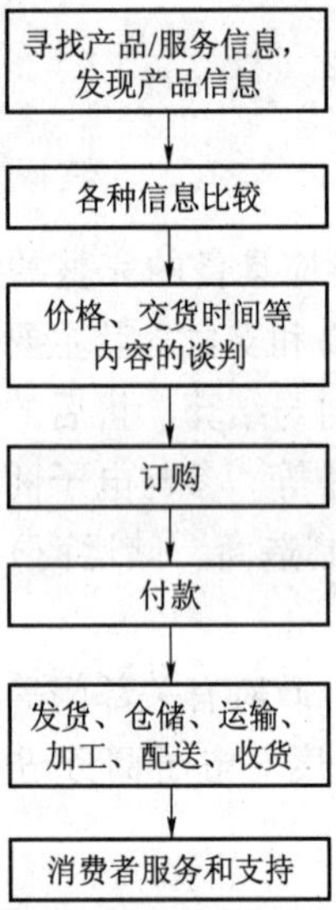

图 11－2　电子商务的流程

图中的“发货、仓储、运输、加工、配送、收货”表明物流是实现电子商务的重要环节和基本保证。

2. 物流——实现电子商务的有力保障

在整个电子商务的交易过程中，物流实际上是以商流的后续者和服务者的姿态出现的。没有现代化的物流，任何轻松的商流活动都会退化为一纸空文。在产品商流活动中，所有权在购销合同签订的那一刻起就由供方转移到了需方，而产品实体并没有因此而移动。在传统交易中，商流伴随相应的物流活动，即按照需要将商品实体由供方以适当方式、途径向需方转移。而在电子商务下，消费者通过上网点击购物，完成了商品所有权的交割过程，即商流过程，但产品的电子商务活动并未结束，只有通过物流，将商品真正转移到消费者手中，商务活动才告终结。

3. 物流——实现电子商务的关键

（1）物流保障生产。合理化、现代化的物流，通过降低费用从而降低成本、优化库存结构，减少资金占用，缩短生产周期，从而保障了现代化生产的高效进行。相反，缺少了现代化的物流，生产将难以顺利进行。

（2）物流服务于商流。在电子商务的商品流通中，商品所有权从购销合同签订的一刻起就已由供方转移到了需方，而商品实体并没有因此而移动。在传统的交易过程中，除了非实体交割的期货交易，一般的商流都伴随相应的物流活动，即按需方的要求将商品实体由供方向需方转移，而电子商务是一种在网上进行的商品交易活动，网上洽谈、网上支付都很容易实现，但最终的实体移动还须借助物流才能实现。

（3）物流是实现“以客户为中心”理念的根本保证。缺少了现代化的物流体系支撑，电子商务给消费者带来的购物便捷等于零，消费者必然会转向他们认为更安全的传统购物方式，网上购物也就失去了赖以存在的基础。

（4）物流现代化——电子商务的基础。电子商务通过快捷、高效的信息处理手段可以比较容易地解决信息流（信息交换）、商流（所有权交换）和资金流（价值交换）的问题，而将商品及时地配送到客户手中，即完成商品的空间转移（物流），这才标志着电子商务过程的结束。因此，物流系统效率的高低是电子商务成功与否的关键，而物流效率的高低很大程度上取决于物流的现代化水平。

物流现代化中最重要的部分是物流信息化。物流信息化是电子商务的基本要求，是企业信息化的重要组成部分，具体表现为物流信息的商品化、数据化、代码化、信息处理的电脑化、信息传递的实时化、标准化等。

五、电子商务环境下物流的特点

1. 物流外包化趋势明显

电子商务的发展过程实际上也是物流外包不断发展的过程。在电子商务环境下，各个企业的物流量仍然存在，并且更加扩大，但由于市场的激烈竞争，企业不能个个自办物流，而需把非核心的物流业务外包。

2. 第三方物流茁壮成长

电子商务环境下，物流外包的发展促进了第三方物流企业的成长，它们将各电子商务经营者的外包物流进行规模化、集约化的运作，使其不断发展壮大，并最终形成一些很有实力的第三方物流企业。

3. 物流业务一体化

电子商务环境下，物流业务将进一步集约化、一体化，增加了物流业务的综合效益。

4. 物流信息化

物流信息化表现为物流信息的商品化、信息收集的数据化和代码化、信息处理的电子化和计算机化、信息传递的标准化和实时化、信息存储的数字化等。因此，条码技术、数据库技术、电子订货系统、电子数据交换、快速反应、有效的客户反应及企业资源计划等技术将会得到普遍的应用。信息化是一切的基础，没有物流的信息化，任何先进的技术设备都不可能应用于物流领域。信息技术及计算机技术在物流中的应用将会彻底改变世界物流的面貌。

5. 物流自动化

自动化的基础是信息化，自动化的核心是机电一体化，自动化的外在表现是无人化，自动化可以扩大物流作业能力、提高劳动生产率、减少差错。

6. 物流网络化

一是物流系统的计算机通信网络，包括物流中心或配送中心与供应商、制造商的联网或与下游客户的联网等；二是组织网络化，即企业内部网。

全球网络资源的互联互通为电子商务和现代物流的结合提供了有利条件。

7. 物流智能化

在物流自动化的进程中，物流智能化是不可回避的技术潮流，也是物流自动化、信息化的一种高层次应用。

在物流自动化的进程中，专家系统、机器人等相关技术在国际上已经有比较成熟的研究成果。为了提高物流现代化的水平，物流的智能化已成为电子商务下物流发展的一个新趋势。

8. 物流柔性化

基于客户导向，真正按照消费者需求的变化来灵活调节生产工艺，没有配套的柔性化物流系统是不可能实现的。柔性化的物流正是适应生产、流通与消费的需求而发展起来的一种新型物流模式。物流配送中心要根据消费需求“多品种、小批量、多批次、短周期”的特色，灵活组织并实施物流作业。

第二节　电子商务运行方式及物流支持

电子商务的核心服务内容没有发生变化，依然是满足消费者的各类层次的需求，包括传统的物质需求、服务需求，同时也出现了由于传统技术的局限不能满足消费者的需求而现在能够满足的需求。

从电子商务的实质来看，电子商务的基本运行方式可分为三个层次：企业与企业之间的电子商务、企业对消费者的电子商务以及企业、消费者和政府之间的电子商务。这三者都是建立在电子商务基础设施之上、运用电子手段和电子工具进行的商务活动。

这三种电子商务模式在运行上有很大差别，各自所需的物流支持也不尽相同，下面分别进行讨论。

一、企业对企业的电子商务（B2B）

（一）企业对企业的电子商务模式的含义

企业对企业的电子商务模式指的是企业与企业之间进行的电子商务活动。例如，工商企业利用计算机网络向它的供应商进行采购或利用计算机网络进行付款等。

（二）B2B 电子商务通用交易过程

1. 电子商务过程与传统商务过程的区别

传统商务过程一般为：需求量调查→材料采购→生产→商品销售→收款→货币结算→商品交割。

当引入电子商务时，这个过程变成：以电子查询的形式进行需求调查→以电子单证的形式调查原材料信息，确定采购方案→生产→通过电子广告促进商品销售→以电子货币的形式进行资金接收→同电子银行进行货币结算→商品交割。

2. B2B 电子商务通用交易过程

B2B 电子商务通用交易过程可以分为四个阶段：

（1）交易前的准备阶段：买卖双方和参加交易各方在签约前做好交易准备。

（2）交易谈判和签订合同阶段：双方可通过通信设备进行谈判，利用 EDI 签订电子合同。

（3）办理交易进行前的手续阶段：与有关各中介方如银行、税务系统、运输公司等办理向买方发货的一切手续。

（4）交易合同的履行和索赔阶段。

3. 支持企业间电子商务的常用技术——EDI技术

支持企业间电子商务的常用技术即EDI技术是指机构之间通过计算机网络所进行的统一结构和标准信息的交换。该技术支持计算机系统之间信息的直接交换，因此，可以最大程度地减少甚至消除人为因素的介入和信息录入工作。目前，EDI主要在行业内部开展得较为成功。

（三）B2B电子商务平台

B2B电子商务平台以交易服务中心、商务服务中心、信息服务中心、客户服务中心为基本构架。

1. 交易服务中心

为企业提供商品目录、采购、销售、合同管理、物流配送等一整套的交易管理服务。

2. 商务服务中心

为企业进行商品交易之外的商务活动提供服务，对市场策划、销售管理等进行全面支持。通过数据交换功能使本电子商务平台能够与企业资源计划系统和其他（国内、国外）交易中心进行通讯和数据共享，完成与外贸、海关、商检、税务、银行、保险等服务平台的数据接口。

3. 信息服务中心

为企业提供政策法规、市场信息、行业动态、咨询服务等各种信息。

4. 客户服务中心

以关系管理及为客户服务为核心，建立平台的统一客户档案，定期进行客户的信用评估，会员企业在接受中心提供服务的同时，通过平台的客户关系管理为自己的客户进行有效的管理与服务。

二、企业对消费者的电子商务（B2C）

（一）企业对消费者的电子商务的含义

企业对消费者的电子商务，指的是企业与消费者之间进行的电子商务活动。这类电子商务主要是借助于国际互联网所开展的在线式销售活动。最近几年随着国际互联网络的发展，这类电子商务的发展异军突起。例如，在国际互联网上目前已出现许多大型超级市场，其出售的产品一应俱全，从食品、饮料到电脑、汽车等，几乎包括了所有的消费品。

（二）B2C的物流配送支持方式

1. 建立自己相对完善的配送体系

这是具有雄厚实力的电子商务公司常采取的物流策略。比如海尔成立的电子商务有限公司，依靠雄厚的财力和以前形成的营销网络，建立了一套相对完善的配送体系，在完成对海尔服务的同时还能为其他企业提供配送服务。

2. 电子商务公司不拥有自己的任何物流实体

电子商务公司主要从事信息中介等商务活动，将商品采购、存储和配送都交由第三方完成，充分发挥自己的网络技术优势和信息优势，在自己的核心竞争优势上抢占先机，为顾客提供独特的电子商务服务。这类电子商务公司应将自己的业务核心定位在网络服务的创新、产品的多样化、鲜明的个性特征以及和第三方物流配送企业的关系处理上。

3. 自营与外包相结合的配送模式

这类电子商务公司一般来说拥有一部分物流资源，但是不能满足商务扩展的需要。由于建立自己的配送体系投资太大、配送体系建设周期太长而不能满足自己的赢利期望等是导致电子商务公司采取自营与外包相结合的配送模式的主要原因。

电子商务要想取得稳定、快速的发展，应同第三方配送企业的关系从目前普遍存在的业务关系转变为战略伙伴关系，建立起适合自己的供应链渠道，并通过供应链上各方的共同努力来增强供应链的竞争能力。

（三）现阶段我国 B2C 物流配送存在的一些问题

（1）配送规模较小，发展不平衡。

（2）配送中心现代化程度低。

（3）配送中心的功能不健全。

三、其他电子商务模式（B2G、C2G）

（一）企业对政府（B2G）

企业对政府的电子商务指的是企业与政府机构之间进行的电子商务活动。例如，政府将采购的细节在国际互联网上公布，通过网上竞价方式进行招标，企业也要通过电子的方式进行投标。目前这种方式仍处于初期的试验阶段，但发展很快。因为政府可以通过这种方式树立政府形象，通过示范作用促进电子商务的发展。除此之外，政府还可以通过这类电子商务的实施对企业进行行政事务管理，如政府用电子商务方式发放进出口许可证、开展统计工作以及企业可以通过网上办理交税和退税等。

（二）消费者对政府（C2G）

消费者对政府的电子商务指的是政府对个人的电子商务活动。这类电子商务活动目前还没有真正形成，然而，在个别发达国家，如在澳大利亚，政府的税务机构已经通过指定私营税务或财务会计事务所用电子方式来进行个人报税。这类活动虽然还没有达到真正的报税电子化，但是，它已经具备了消费者对行政机构电子商务的雏形。政府随着商业机构对消费者、商业机构对行政机构的电子商务的发展，将会对社会中的个人实施更为全面的电子服务方式。政府各部门向社会纳税人提供的各种服务，例如社会福利金的支付等，将来都会在网上进行。

第三节　电子商务下的物流变革

一、电子商务下的物流配送

电子商务下的物流配送，就是信息化、现代化、社会化的物流配送，它是指物流配送企业采用网络化的计算机技术和现代化的硬件设备、软件系统及先进的管理手段，针对社会需求，严格地、守信用地按用户的订货要求，进行一系列分类、编配、整理、分工、配货等理货工作，并将货物定时、定点、定量地交给各类用户。

二、电子商务下的快速反应

电子商务下的物流管理理念是以顾客为中心通过需求预测和管理来有效响应市场变化。基于这种思想，于是产生了现代化的电子供应链商务策略——快速反应。

快速反应是指企业面对多品种、小批量的买方市场，不是储备了“产品”，而是准备了各种要素，在客户提出要求时，能以最快速度抽取要素，进行及时“组装”后提供所需的服务和产品。

快速反应最早是由美国零售商、服装制造商以及纺织品供应商开发的整体业务概念，目的是减少原材料到销售点的时间和整个供应链上的库存，最大限度地提高供应链物流的运作效率。快速反应的着重点是对客户需求作出快速反应，具体策略有商品即时出售、自动物料搬运等。

快速反应的基本思想是为了在以时间为基础的竞争中占据优势，因此，物流企业必须建立一整套对环境能够敏捷和迅速反应的系统，因此，快速反应是信息系统和准时制物流系统结合起来实现“在特定时间、特定地点将特定产品交予客户”的产物。

快速反应的发展源于供应链中合作者对快速响应服务的需求增长，厂商面临的压力越来越大，而解决之道就在于供应链物流系统的灵活性和敏捷性。如果能使生产和物流前置时间降为零成为可能，则总体灵活性就可实现。然而零前置时间显然难以实现，但在最近的柔性生产技术、电子商务技术的帮助下，“调整时间”被尽可能缩短。日本企业已开发出“一分钟调整”技术，因此而拥有巨大的市场优势。

三、电子商务下物流业的发展趋势

电子商务时代，由于企业销售范围的扩大，企业和商业销售方式及最终消费者购买方式的转变，使信息化、全球化、多功能化和一流的服务水平成为电子商务下的物流企业追求的目标。

1. 多功能化——物流业发展的方向

在电子商务时代，物流发展到集约化阶段，一体化的配送中心不仅仅提供仓储和运输服务，还必须开展配货、配送和各种提高附加值的流通加工服务项目，同时也可按客户的需要提供其他服务。现代供应链管理通过从供应者到消费者供应链的综合运作，使物流达到最优化。

2. 一流的服务——物流企业的追求

在电子商务时代，物流业是介于供货方和购货方之间的第三方，以提供最优服务作为第一宗旨。从当前物流的现状来看，物流企业不仅要为本地区服务，而且还要进行长距离的服务。如何提供高质量的服务便成了电子商务下物流企业管理的中心课题。

3. 信息化——现代物流业的必由之路

在电子商务时代，要提供最佳的服务，物流系统必须要有良好的信息处理和传输系统。由于全球经济的一体化趋势，当前的物流业正向全球化、信息化、一体化发展。商品与生产要素在全球范围内以空前的速度自由流动。电子数据交换技术与互联网的应用，使物流效率的提高更多地取决于信息管理技术。电子计算机的普遍应用为此提供了更多的需求和库存信息，这不仅提高了信息管理的科学水平，而且使产品流动更加容易和迅速。

4. 全球化——物流企业竞争的趋势

20 世纪 90 年代早期，电子商务的出现加速了全球经济的一体化，致使物流企业的发展达到了多国化。

全球化的物流模式使企业面临着新的问题。例如，当北美自由贸易区协议达成后，其物流配送系统已不是仅仅从东部到西部的问题，还有从北部到南部的问题。这里面有仓库建设问题，也有运输问题。又如，从加拿大到墨西哥，如何运送货物、如何设计合适的配送中心以及如何提供良好服务的问题。

【个案分析】

海尔物流中的电子商务

在互联网和企业信息飞速发展的今天，对于分支机构和生产车间遍布全球、每月接到 60 000 个销售订单的海尔集团来说，高效率的现代物流系统就意味着企业内部运作的生命线。

为了建立高效、迅速的现代物流系统，海尔请来 SAP 公司为其实施了基于协同化电子商务的现代物流管理系统。

根据海尔的实际情况，SAP 先与其合作伙伴 EDS 为海尔物流本部完成了家用空调事业部的 MM（物料管理）模块和 WM（仓库管理）模块的硬件设计。SAP 于 2000 年 3 月开始为海尔设计实施基于协同化电子解决方案 my SAP. com 的 BBP（电子采购平台）项目。经过双方 7 个月的艰苦工作，海尔项目已经初具规模，并于 10 月 11 日使 my SAP. com 系统下的 MM、PP（生产计划与控制）、FI（财务管理）和 BBP 正式上线运营。

至此，海尔的后台企业资源计划系统已经覆盖了整个集团原材料的集中采购、原材料库存及立体仓库的管理、19 个事业部 PP 模块中的生产计划、事业部生产线上工位的原材料配送、事业部成品下线的原材料消耗倒冲以及物流本部零部件采购公司的财务等业务，构建了海尔集团的内部供应链。由于海尔物流管理系统的成功实施和完善，海尔构建和理顺了企业内部的供应链，并由此带来了显著的经济效益——采购成本大幅降低，仓储面积减少一半，降低库存资金约7亿元，库存资金周转日期从30天降低到了12天以下。

经过海尔与SAP近两年的共同努力，海尔的现代物流管理系统不仅很好地提高了物流效率，而且也极大地推动了海尔的电子商务发展，使得海尔成为中国最大的网上交易产品供应商和电子商务公司之一。

问题讨论

结合该案例，为什么说物流现代化是电子商务的基础。

【关键名词】

电子商务　快速反应　物流信息化　物流自动化　物流网络化　物流智能化　物流柔性化

【讨论与思考】

1. 何谓电子商务?
2. 试述电子商务与物流的关系。
3. 试述电子商务下物流的特点。
4. 简述电子商务主要的运行方式。
5. 试述电子商务下物流业的发展趋势。

第十二章

第三方物流

课前准备

【学习目标】

本章主要介绍第三方物流及其相关内容。通过学习，要求学生了解第三方物流的发展状况和第三方物流的概念和种类，掌握第三方物流的特点和作用，理解第三方物流与第四方物流的关系，熟悉第三方物流企业与传统物流作业的区别以及我国第三方物流的发展状况。

【重点难点】

1. 第三方物流的特点和作用；
2. 第三方物流企业与传统物流作业的区别；
3. 我国第三方物流的发展。

学习内容

当企业自己对于物流管理不具有核心竞争优势时，特别是自营物流面临种种问题时，自然会对自己的这一部分活动采取对外委托方式，即将一部分或全部物流活动委托给外部专业物流企业来完成。这类专门从事外包物流业务的企业被称为第三方物流。自20世纪90年代以来，第三方物流作为一种新的物流形态受到了广泛关注。

第一节　第三方物流概述

一、第三方物流概念

第三方物流（third-partlogistics，3PL）是由供方与需方以外的物流企业提供物流服务的业务模式。第三方物流可以理解为物流的实际需求方（假定为第一方）和物流的实际供给方（假定为第二方）之外的第三方部分或全部利用第二方的资源通过合约向第一方提供的物流服务。这部分企业主要指国内经营管理状况比较优良的仓储企业、流通企业和运输企业。第三方物流是物流专业化的一种重要形式，是由商品的供方和需方之外的第三方提供物流服务，第三方不参与商品供、需方之间的直接买卖交易，而只是承担从生产到销售过程中的物流业务，包括商品的包装、储存、运输、配送等一系列服务活动。

中国国家标准《物流术语》中，将第三方物流定义为："由供方与需方以外的物流企业提供物流服务的业务模式。"这一定义明确了"第三方"的内涵，即物流服务提供者作为发货人（甲方）和收货人（乙方）之间的第三方，代表甲方或乙方来执行物流功能。但这一定义的外延过于宽泛，对于"物流企业"和"物流服务"所涵盖的范围界定不明。

在美国的有关著作中，第三方物流的定义是"非货主企业通过合同的方式确定回报并承担货主企业全部或一部分物流活动"。第三方所提供的服务包括与运营相关的服务、与管理相关的服务以及两者兼而有之的服务，无论哪种形态其服务质量都必须高于过去的公共运输业者和契约运输业者。与《物流术语》相比，这一定义除了强调"第三方"不拥有货物所有权外，特别突出了第三方物流企业与传统仓储业的重大区别，即管理功能和契约式共同利益。

日本对于第三方物流的理解是，供方和需方以外不持有商品所有权的业者为第三方，其向货主企业提供物流系统，为货主企业全方位代理物流业务，即物流的外部委托方式，强调了物流全系统、全方位的代理方式。

此外，还有一些别的术语，如合同物流、物流外协、全方位物流服务公司等，这些概念也基本具有与第三方相同的概念。

二、第三方物流服务的特点

与其他服务相比，第三方物流服务的特点是非常明显的。强调合作、核心专业化、优势明显是它最重要的特点。

1. 相互依赖，强调合作

在激烈的市场竞争中，制造商、供应商等需要的第三方物流服务应具有高质量的专业化水平，但单个的第三方物流企业的资源与能力总是有限的，这就需要它们之间进行合作，而信息技术的发展已为承担物流服务企业之间相互沟通和信息处理提供了良好的基础。物流服务企业之间可以相互依赖，取长补短，加强装运跟踪和信息传递交接，保证委托的物流高效运行。与第三方物流企业结合最紧密的盟友也许要算其客户了，物流服务业已把专业化优势融入到了物流渠道的运行过程中，成为包括客户在内的整体价值链中的一个重要成员。他们相互之间的利益是一致的，只是需要一个交换信息、相互合作的平台。物流服务业与客户的关系不仅仅是追求利润的关系，更应注重合作发展的要求和维持长远的关系，只有这样才能获得整体效益最大，才能共同把"蛋糕"做大。因此，合作竞争是第三方物流在市场运作中的重要特色。

2. 核心能力专业化

大多数第三方物流服务企业的效益来源于规模经济和其所具有的高度专业化水平。物流专业人员承担基本物流服务的能力远远大于非专业人员，因此对制造商、供应商产生了很强的吸引力。第三方物流有一定的战略构思，为贯彻准时和有效客户反应准则，需要以全面的、以客户为导向的角度审视有关的物流过程，而这一过程包括所有的业务范围和中间流通过程。例如，使物流在客户期望的领域、期望的时间到达，通过运输合理化及节约中间仓储等方式加快供货速度，以顺利地实现商品供应，这些都只有通过专业化的企业运作才能实现。物流专家的经验与物流技术的革新成果和物流管理职业化的服务水平也都能为用户提供各类满意的增值服务。

3. 资源整合优势明显

在企业的供应链物流运行中，真正控制其物流的除了制造商外，就是第三方物流中的配送商了。配送商根据环境和客户需求情况，选择合适的策略，提供适当的第三方物流服务。第三方物流战略对制造商而言是利用外部资源，此举可以变用户的固定费用为可变费用，可以得到并享用因此带来的成本降低。第三方物流具有其他企业所没有的资源。与供应商、制造商的良好关系，是第三方物流服务企业发展的基础；把握制造商、供应商们对物流服务的要求，是第三方物流服务企业保持竞争优势的前提。第三方物流特别需要的、不可缺少的技术如信息技术，资源整合手段等都是其形成核心专业化优势的条件和基础。

三、第三方物流的种类

第三方物流有资产型、管理型和优化型三种基本类型。

（一）资产型第三方物流

资产型第三方物流指的是将投资部分甚至全部的资产进行综合性服务的物流供应商，其区别于进行物流基础服务业的特征是它更加具有服务的全面性和综合性，利用但不限于公司现有的资产进行服务。第三方物流有时也利用母公司的资产进行服务，例如联邦快递物流利用母公司的航空运输所拥有的资产进行服务，并整合其他公司的公路运输资产为客户提供门到门的服务。

一般来说，第三方物流企业拥有从事专业物流活动或约定物流活动的装备、设施、运营机构和相应的专业人才等条件，并且以此作为本身的核心竞争优势。在国外，拥有货运机场、飞机、轮船、铁路、大型货车及物流中心等资产的第三方物流公司不在少数，这也可以说是资产型第三方物流公司的代表。

资产型第三方物流公司以自有的资产为客户服务，它们可以提供高质量可靠的并且稳定性好的服务。由于资产的可见性，这种物流企业的资信程度也比较高，这对客户来讲是很具有吸引力的。

资产型第三方物流公司一般来源于大型运输公司的子公司，其扩展自身的运输功能，提供一种更具综合性的物流服务。另一种常见的资产型第三方物流公司是从事公共仓储或合同仓储服务的公司，这一类公司也可以传统的服务为基础，通过功能延伸，介入仓储、配送、库存管理等物流活动，如英国英运公司在北京经济技术开发区为手机厂家提供专业的仓储、库存、配送服务，该公司的前身是一家专业从事仓储服务的公司。

（二）管理型第三方物流

管理型第三方物流一般是通过系统数据库和咨询服务来提供物流管理服务。它们经常以一个子承包运输部门的身份负责部分或全部客户的相关业务，除此之外，它们也具有负责进出口和配送业务的功能，并与发货人合作，而自身并不拥有运输和仓储设施，只是提供人力资源。许多大的物流服务商都建立了独立的业务部门，提供以管理为基础的服务。

管理型的第三方物流公司主要来源于货代企业或以货主企业物流组织居多，它们一般没有太多的资产，非常独立，并与许多的物流服务商有业务来往。货代企业转型第三方物流是在协调原有的信息服务和货运过程的基础上，通过向运输环节、仓储环节的服务延伸，达到为客户提供一体化服务的目的。由于信息技术的发展和电子商务环境的成熟，完全以信息为基础的传统货运代理企业的发展空间已经变得越来越小，在货代业务基础上发展成管理型的第三方物流公司是一个必然的趋势。

另一类企业是从大型货主企业的物流组织演变而来的。它们一般拥有一定的物流专业知识和信息技术等资源，并将其用于第三方物流服务。这类提供商一般具有管理母公司物流的经验，因此，在对待外部客户时也具有较强的组织和管理能力，并具有很强的咨询能力。

（三）综合服务型第三方物流

综合服务型第三方物流是指这类提供综合物流服务的企业一般拥有一定的资产，如卡车、仓库等，但它们所提供的服务不只局限于使用自己的资产，如果有需要，他们也会与其他拥有资产的物流提供商进行合作，向客户提供全面的、系统的物流服务。这种公司重视物流资产的优化使用，并且具有管理型第三方物流在信息、组织、管理上的优势。

四、第三方物流的作用

如果制造企业和商业企业选择了第三方物流外包模式，将能大大增强其核心竞争力并降低其运营成本。

1. 有助于企业核心竞争力的提升

社会经济的发展趋势是专业化分工越来越细，企业若面面俱到，可能会由于自身资源与管理的相对稀缺而导致竞争力降低。把物流外包给第三方物流公司后，弥补了自身的资源与管理缺陷，企业能专注于提高自身的核心竞争力。

2. 有助于企业提高物流效率和降低物流成本

物流外包使得企业只需要面对与管理单一的第三方物流。第三方物流能整合物流的各个环节，从而可以实现整个供应链物流的一体化和信息化。同时，第三方物流专业的管理方式与手段，也能大大提高物流效率，实现企业库存水平合理化，提高库存周转率。企业考虑把物流外包给物流企业最大的驱动力就是降低物流成本。事实证明，企业单靠自己的力量降低物流费用存在很大的困难，物流甚至成了企业发展的包袱。相对自营物流模式，企业可以精简相关物流职能部门和员工，从而降低物流成本。

3. 有助于企业规避风险和突出资产效益

企业如果自营物流，必然面临巨大的物流投资风险。采用物流外包模式后，企业可以大大节省对物流设施与设备的投资。由于多数企业的产品销售具有明显的季节性波动，管理成本相对较高，企业可以将有限的人力、财力集中于核心业务，突出资产效益。

4. 有助于企业提高服务水平

物流企业有完备的设施、训练有素的员工及合理的运送网络，这样可以帮助客户大大缩短交货期、改进服务、树立自己的品牌形象。物流企业通过“量体裁衣”式的设计，制定出以客户为导向及低成本、高效率的物流方案，能使客户在同行中脱颖而出。服务水平的提高会提高客户的满意度、增强企业的信誉、提高企业对市场的快速响应能力，让企业在市场竞争日益激烈的情况下获得竞争优势。

当然，使用第三方物流也有负面效应，如对物流的控制能力降低以及存在客户关系管理的风险、泄露公司战略的风险、出现连带经营的风险等。

五、第三方物流企业的类型

国内外物流企业种类繁多，不同的物流企业承担不同的功能。按照不同的标准，可以将第三方物流企业分为不同的类型。

1. 单项型物流企业和综合型物流企业

按照物流企业的物流业务范围和所承担物流功能的不同将物流企业分为单项型物流企业和综合型物流企业。

单项型物流企业也称功能型物流企业，它仅仅承担和完成某一项或少数几项物流功能。这类物流企业按照其主营的业务范围又进一步分为运输企业、仓储企业、流通加工企业等。目前，无论是在国内还是在国外，这类企业数量众多，有些有比较悠久的历史，有些已经成为世界知名的跨国企业，如美国的联邦快递公司、总统轮船公司等。

综合型物流企业是能够完成和承担多项甚至全部物流功能的企业，包括从配送中心的设计到物流的战略策划乃至商品实物运输等多方面。综合型物流企业一般规模较大，资金雄厚，有着良好的物流服务信誉。这类企业由于承担综合性物流服务，管理水平较高，具有相当的竞争力。目前，综合型物流企业有许多是跨国公司，其触角已伸向全世界。如日本的日通公司，它的服务网遍布世界500多个城市，它通过全球服务系统为全世界的客户服务，它具有遍及全国的27个港口运输中心，其中任何一个都可以进行国际运输。

2. 物流自理企业和物流代理企业

按照企业是自行完成运作方式和承担物流业务，还是委托他人进行操作，可将物流企业分为物流自理企业和物流代理企业。

物流自理企业是自行完成全部或大部分物流业务的企业。它还可进一步按照业务范围细分为综合型物流自理企业和单项型物流自理企业。物流代理企业同样可以按照物流业务代理的范围分为综合型物流代理企业和单项型物流代理企业。从事综合物流代理业务的企业可以不进行大的固定资产投入，而用低成本经营和简便入市的方式将主要的业务操作及产品服务部门的大部分工作委托他方处理，从而着力建设自己的销售队伍和管理网络，实行特许代理制，将协作单位纳入自己的经营轨道。公司的核心业务就是实行综合物流代理业务的销售、采购、协调管理和组织设计，并且注重业务流程的创新。单项型物流代理企业按照其功能的不同又可分为运输代理企业、仓储代理企业、包装和流通加工企业等。

世界著名的从事第三方物流的企业有美国联合包裹公司及UPS等。国内专业化的物流企业主要是由原来的国家大型仓储、运输企业发展而来以及中外合资或外商投资创办的专业物流公司，如中国远洋运输公司、中国对外贸易运输（集团）总公司、中国外轮代理公司、天地快运、EMS等。这些企业的营业范围涉及全国配送、国际物流服务、多式联运和邮件快递等。其实，这些企业都在不同程度地进行着综合物流代理运作模式的探索和实践。

六、第三方物流企业与传统物流作业的区别

第三方物流企业的作业与传统物流作业的区别通常表现在以下一些方面：

（1）第三方物流企业整合一个以上的物流功能；

（2）第三方物流企业本身不拥有货物；

（3）运输设备、仓库等物流设备和设施可以由第三方物流服务企业拥有，也可以由供货方或购货方两方中的任何一方所拥有；

（4）第三方物流企业通常按需要提供全部的劳动力与管理服务；

（5）第三方物流企业通常能按客户的要求提供特殊服务，如存货管理、生产准备、组装和集运等。

第二节　第三方物流与第四方物流

一、从1PL至4PL、5PL

有些观点将物流运作的方式（或服务水平）分为1PL、2PL、3PL、4PL、5PL等不同档次。“1PL”是指企业物流完全自营，企业拥有完整的运输、仓储、流通加工等设备和设施，企业自已策划，用自已的设备和设施自行完成所有的物流作业。“2PL”是指拥有运输、仓储等物流设备与设施，专门为其他企业进行货物运输或仓储的企业，实际上是指从事传统物流的企业，我国传统的运输与仓储企业大多属于这一类，其中有一些现在正努力将自已的业务由传统物流向现代物流方向延伸，也有一种提法将这类企业称为“高级2PL”。“3PL”是指至少整合了两种或两种以上物流功能（指运输、仓储、配送、装卸搬运、包装、流通加工、物流信息这7种功能），能为客户设计“定制化”的物流方案，提供“增值物流”服务的专业合同制物流企业，这类企业为客户提供的通常是中、长期服务，并与客户形成合作伙伴关系，它们为客户的服务形成的是双赢的结果。这类企业即通常所称的第三方物流企业。“4PL”是指拥有精锐资产，提供以技术（软件）为中心的服务的物流企业，有人把4PL企业定位为协调和管理“3PL”的供应方和需求方关系的企业，并将其定义为“是一个供应链集成商，调集、管理、组织自已的以及具有互补性的服务提供商的资源、能力和技术，以提供一个综合的供应链解决方案”。也有人将4PL仅理解为能提供第三方物流解决方案的物流企业，而将能提供“供应链电子协调服务”（包括方案设计、软件编程、供应链客户关系管理等全套服务）的物流企业称为5PL。美国摩根斯坦利公司的物流研究报告即持有这样的观

点。该研究报告将物流企业分为以下几个层次（图 12－1）：

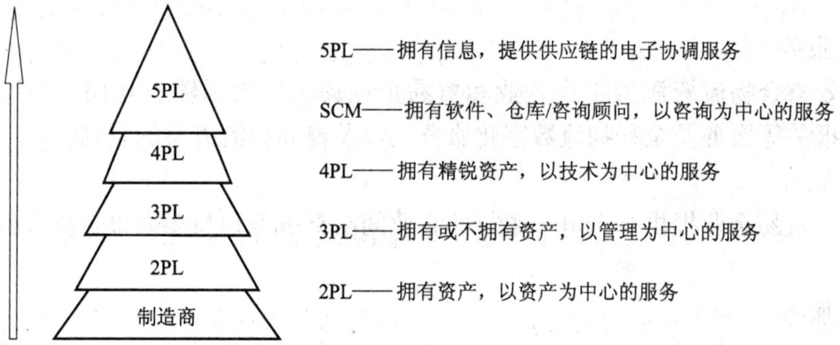

图 12－1　“外协物流”服务水平的分级

二、第四方物流

随着物流业的进一步发展，行业购并、整合风潮促使以利用信息技术、提供供应链解决方案为主的“第四方物流”的出现。

（一）第四方物流的概念及特征

美国埃森哲公司最早提出了第四方物流的概念，并依据其业务进行了定义：“第四方物流供应商是一个供应性的集成商，它对公司内部和具有互补性的服务供应商所拥有的不同资源、能力和技术进行整合和管理，并提供一整套供应性解决方案。”近几年国外已兴起了第四方物流的研究与试验，事实表明，第四方物流的发展可以满足整个物流系统的要求，在很大程度上整合了社会资源，减少了货物物流时间，节约了资源，提高了物流效率，也减少环境污染。

第四方物流不管如何称呼，这种“提供”可以通过整个供应链的影响力提供综合的供应链解决方案，也为其顾客带来更大的价值。

第四方物流具有以下特征：

（1）第四方物流集成了管理咨询和第三方物流服务商的能力，利用分包商来控制与管理客户公司的点到点式的供应链的运作流程。

（2）第四方物流的供应链解决方案共有 4 个层次，即执行、实施、变革和再造。其中，执行需要承担多个供应链职能和流程的运作，即第四方物流开始承接多个供应链职能和流程的运作责任；实施是进行流程一体化、系统集成和运作交接；变革是通过新技术实现各个供应链职能的加强，变革的努力集中在改善某一具体的供应链职能，包括销售和运作计划、分销管理、采购策略和客户支持；再造是供应链过程协作和供应链过程的再设计。

（3）第四方物流通过其对整个供应链产生影响的能力来增加其自身的价值。第四方物流充分利用了一批服务提供商的能力，包括第三方物流、信息技术供应商、合同物流供应商、呼叫中心，电信增值服务商等，再加上客户的能力和第四方物流自身的能力。

（4）强调技术外包。

（5）对人的素质要求高。

（二）第四方物流的内容

1. 物流服务

通过有效整合物流资源为生产企业和贸易企业提供货物运输、仓储、加工、配送、货代、商检，报关等服务及全程物流数字化服务，以及整体物流方案的策划。

2. 金融服务

为生产、贸易企业提供基于电子银行的企业间结算服务，与多家银行联合推出商品质押融资业务。

3. 信息服务

为生产贸易企业提供来自物流终端的统计信息，帮助企业科学决策。通过整合传统资源及网站资源，为企业发布或搜集信息，进行企业宣传或展示。

4. 系统及技术服务

为企业提供基于供应链管理的全程物流管理及网络技术支持服务。

5. 管理服务

为工业原料流通领域的企业提供管理需求界定、流程分析与规范，流程再造和建立ISO 9000 质量管理体系等管理服务。

第四方物流的运作强调物流数字化的作用，通过有效的物流数字化作业为物流信息系统提供强有力的信息源保证，从而使物流信息系统强大的分析决策功能得以发挥，并为生产、贸易企业提供利润增长。

第三节　第三方物流的评价与选择

对第三方物流的选择与实施要经过以下几个步骤：分析本企业的物流系统；对第三方物流企业进行评价；第三方物流实施。

一、分析本企业的物流系统

首先看企业是否有自营物流的能力，如果没有，就将物流外包；如果有自营物流的能力，就要考虑企业物流系统的战略地位、物流总成本和服务水平。

（一）企业物流系统的战略地位

企业的自营物流能力是指企业自己经营物流的能力，即企业具备的物流设施和技术。

企业物流系统的战略地位一般可从以下几方面进行判断：

（1）它们是否高度影响企业业务流程？

（2）它们是否需要相对先进的技术？采取此种技术能否使公司在行业中领先？

（3）它们在短期内是否不能为其他企业所模仿？

如能得到肯定的回答，那么就可以断定企业的物流子系统在战略上处于重要地位。由于物流系统是多功能的集合，各功能的重要性和相对能力水平在系统中是不平衡的，因此，还要对各功能进行分析。

某项功能是否具有战略意义，关键是看它的替代性。如果其替代性很弱，很少有物流公司能够完成，几乎只有本企业才具备这项能力，企业就应保护好并发展好该项功能，使其保持旺盛的竞争力。

（二）企业物流系统的总成本

物流总成本可用数学公式表示如下：

$$D = T + S + L + F_w + V_w + P + C$$

式中，D 为物流系统总成本，T 为该系统的总运输成本，S 为库存维持费用，包括库存管理费用、包装费用以及返工费，L 为批量成本，包括物料加工费和采购费，F_w 为该系统的总固定仓储用，V_w 为该系统的总变动仓储费用，P 为订单处理和信息费用，指订单处理和物流活动中进行广泛交流时所发生的费用，C 为顾客服务费用，包括缺货损失费用、降价损失费用和丧失潜在顾客的机会成本。在选择和设计物流系统时，要对系统的总成本加以检验，最后选择成本最小的物流系统。

（三）物流服务水平

物流服务水平是物流能力的综合体现，它体现了消费者对物流服务的满意程度。工商企业重视物流不仅仅是为了节约成本，而是越来越认识到物流对提高顾客服务水平的重要性。这种物流服务水平的衡量包括三个部分，即事前要素、事中要素和事后要素。

1. 顾客服务的事前要素

顾客服务的事前要素是指公司的有关政策和计划。

（1）服务政策：是否体现在内部和外部交流中？是否被理解？能否具体化或量化？

（2）可联系性：是否易于联系？是否有固定的联系方式？

（3）组织结构：是否有为顾客服务的管理机构？其对服务过程的控制水平如何？

（4）系统的灵活性：是否可以调整服务运送系统以满足顾客的需要？

2. 顾客服务的事中要素

顾客服务的事中要素是指在提供物流服务的过程中，是否满足用户的需求。

（1）订货周期：从订货到运送需要多长时间？可靠性如何？

（2）库存情况：每种物品可直接由库存提取的比例有多大？

（3）订单完成率：在指定期间年完成订单的比例有多大？

（4）运送的可靠性：运送途中货物的破损率以及货物是否能在指定的时间和地点送给顾客。

3. 顾客服务的事后要素

事后要素是指产品在使用中的维护情况。

（1）备用零件的库存水平：备用零件的库存水平如何？是否能够满足顾客在指定维修期间内所需的数量？

（2）维修服务：顾客需要维修时，等待的时间有多长？维修率可以达到多少？

（3）产品跟踪和质量保证：是否知道单个产品的售出地点？产品质量如何？

（4）顾客抱怨和投诉：是否能够迅速处理顾客的抱怨和投诉？处理情况如何？

二、对第三方物流企业进行评价

当企业不具备自营物流的能力时，就要将物流业务外包出去。企业可以将物流业务外包给一家第三方物流企业，也可以外包给多家第三方物流企业。要想选择好第三方物流企业，就必须对第三方物流企业进行合理的评价。

（一）第三方物流供应商的核心竞争力

在挑选第三方物流供应商时应首先考虑第三方物流供应商的核心竞争力是什么，例如，美国联邦快递和联合包裹服务公司最擅长的服务是包裹的限时速递，中国储运总公司的核心竞争力在于其拥有的大型仓库。

（二）第三方物流供应商是自拥资产还是非自拥资产

使用一家有自拥资产还是没有自拥资产的第三方物流供应商各有优缺点。自拥资产的公司具备较大的规模、丰富的人力资源、雄厚的客户基础、先进的系统，但是他们的工作倾向于自己决定，需要较长的决策周期。非自拥资产的公司在运作上更加灵活，对企业所提出的服务内容可以自由组合。但是因为其资源有限，物流服务价格会偏高。

（三）第三方物流供应商服务的地理范围

第三方物流供应商按照其所服务的地理范围可分为全球性、国际性、地区性和地方性。选择第三方物流供应商时要与本企业的业务范围相一致。

（四）第三方物流服务的成本

在计算第三方物流的成本时首先要弄清自营物流的成本，然后将两者进行比较。对于物流服务的成本计算，与分析企业的物流系统的成本计算相同。

（五）第三方物流的服务水平

对于第三方物流的评价的主要指标是物流服务水平和物流成本。生产企业和商业企业对第三方物流服务首先关心的是其运作质量和包含物流信息在内的运作能力的问题，其次才是成本。

三、第三方物流的实施

企业选定了第三方物流供应商后通过合同的形式达成协议。企业与第三方物流供应商要想成功地合作，应该注意以下问题：

（一）处理好双方的关系

企业与第三方物流供应商之间的关系应该是合作伙伴关系。第三方物流供应商必须彻底、认真地考虑和讨论企业的需求，并制定出具体的解决方案。企业必须将第三方物流供应商融入自己的物流战略规划。

（二）有效地沟通

有效地沟通对于任何一个外包项目走向成功都是非常必要的。首先，对于企业来说，各个部门的管理者之间、管理者与员工之间要进行有效的沟通，明确为什么进行物流业务外包，从外包中期望得到什么。这样，所有的相关部门才能与第三方物流供应商密切配合，员工也不会产生抵触心理。其次，企业与第三方物流供应商也要进行有效地沟通，以确保合作的顺利进行。

（三）其他原因

（1）第三方物流供应商必须为企业所提供的数据保密。
（2）对绩效衡量的方式必须一致。
（3）讨论附属合同的特定要求。
（4）在达成合同前要考虑争议仲裁问题。
（5）协商合同中的免责条款。
（6）确保通过物流供应商的定期报告实现绩效目标。

第四节　第三方物流在国内外的发展

一、国外第三方物流的发展

国际上，现代意义上的第三方物流业是一个只有20年历史的相对年轻的行业。20世纪90年代是国外第三方物流发展的黄金时期，它在有些国家已经形成了一个比较完整的产业。

美国将第二次世界大战中的“后勤供应”手段用于物流业管理，并且在公路、铁路、管道、航空等运输业中广泛使用信息技术等手段。早在20世纪70年代，仅汽车货运及相关行业的产值就达到了国民经济总产值的7%以上。目前，第三方物流业被认为处于产品生命周期的成长期，并以两位数的速度持续发展。20世纪90年代中后期，第三方物流服务的使用比例约为50%，市场规模为200亿美元，像苹果公司、通用汽车等企业就是依托第三方物流而达到零库存管理的。

日本的物流网络遍布全国各地。20世纪80年代中期，日本就有5万多家物流企业，货运量达34亿吨之多。日本由通产省和运输省主管物流业，有许多私营企业从事物流业，如流通中心、运输社等。

在欧洲，使用第三方物流服务的比例平均达到76%，全年达1 290亿欧元的物流服务市场中的约11.4%由第三方物流完成。其中，德国99%的运输业务和50%以上的仓储业务交给了第三方物流；英国第三方物流在商业领域已从货物配送发展到店内物流，即零售店把从开门到关门、从清扫店堂到补货上架等原来由商店营业员负责的一系列服务工作全部交给第三方物流商来完成。

二、我国第三方物流的发展概况

（一）我国第三方物流在发展过程中呈现的特点

（1）从第三方物流企业的形成途径来看，由传统的储运企业转型而来的第三方物流企业占主导地位。目前，按形成途径划分，我国主要有4类第三方物流企业，它们在国内第三方物流市场中各自拥有一定的份额，并且具有各自的特点。

第一类就是从传统储运企业转型而来的物流企业，如中远物流。它们占据了国内整个第三方物流市场份额的半壁江山。这类企业的优点是拥有全国性的网络和许多运输及仓储资产，与中央和地方政府关系良好。其劣势是冗员较多，效率低下。

第二类是新兴的民营物流企业。它们由于机制灵活、效率较高、管理成本低等特点，发展速度极快，是我国物流业中最具朝气的第三方物流企业，如广州的宝供物流集团。但有限的固定资产和缺乏有力的财务支持限制了民营物流企业的市场扩张速度。

第三类是外资物流企业。它们一方面为原有客户——跨国公司进入我国市场提供延伸服务，另一方面用它们先进的经营理念、技术手段和优质的服务吸引我国企业，逐渐向我国物流市场渗透，如马士基物流公司、黄天百物流公司等。

第四类是新创办的国有或国有控股的新型物流企业，它们是现代企业改革的产物，管理机制比较完善，发展较快。

总体上看，传统的企业尚处在转变之中，新兴的企业尚在起步，外资企业只得到了有限的发展，真正拥有可以信任的品牌、庞大的物流网络、先进的管理体制、高素质的人才队伍、丰富运作经验的物流龙头企业尚未出现。

（2）从区域分布来看，我国第三方物流业的发展很不平衡，企业数量以及服务收入绝大部分来自东部地区。据调查，珠江三角洲地区集中了24%的第三方物流企业，获得了30%的服务收入；以沪、宁、杭为中心的长江三角洲地区集中了28%的第三方物流企业，获得了35%的服务收入；京、津、唐环渤海地区集中了27%的第三方物流企业，获得了32%的服务收入。

（二）我国第三方物流发展中的问题

（1）物流外包乏力。目前，大部分工商企业仍热衷于自营物流，对于物流外包反应仍较冷淡。

（2）物流企业规模偏小。从我国目前的情况来看，物流企业规模普遍偏小是不争的事实。

（3）物流服务功能基础单一。从服务范围和功能看，我国第三方物流公司大多为客户提供单项服务，且均停留在仓储、运输等基础性服务上，像宝供、中海这样功能完善的第三方物流企业目前为数不多，规模也不是很大。中外运、中国储运总公司这样大型的运输、仓储企业虽已向第三方物流企业转化，但他们的传统运输、仓储业务仍占主要地位，第三方物流的功能还不完善。中国仓储协会的调查也表明，生产企业和商业企业的外包物流主要集中在市内配送、单纯仓储和干线运输。其中生产企业的外包物流中，单纯仓储占21%，干线运输占36%，市内配送占28%，包装仅占4%；商业企业的外包物流中，单纯仓储占37%，干线运输占21%，市内配送占43%，包装占14%。而且，生产企业使用第三方物流企业的数量通常有2～10家，商业企业使用第三方物流企业的数量一般在10家以上，可见生产企业和商业企业的外包物流以“分包”为主，即将不同功能的业务分别委托给不同的企业，企业物流被严重分割，难以达到规模经济的要求。

（4）物流服务效率低下。物流服务效率低下主要表现在信息传递不及时、不准确，作业速度慢，作业差错率较高。这些因素直接影响了物流配送的及时与准确，难以充分体现第三方物流的核心价值和服务价值。

（三）制约我国第三方物流发展的因素

1. 需求不足

没有市场需求，第三方物流企业就像是无源之水，无本之木，失去了持久发展的基础，更谈不上服务水平的提高。第三方物流在发达国家得到发展的直接原因就在于市场的需要。全球经济一体化及分工专业化使得许多企业意识到自营物流成本过高而纷纷选择专业物流企业，通过专业物流企业的规模经营和标准化作业降低自身成本，改善产品质量或服务质量。正是有了这种要求才带动了第三方物流业的极大发展，而我国目前第三方物流市场需求严重不足，主要原因如下：

（1）物流观念落后。观念是影响物流外包的首要因素。受“大而全”、“小而全”经营观念的影响，拥有自己的运输车队、仓库以及配送中心等物流能力成为许多工商企业引为自豪的标志。利用市场来配置资源的概念在许多人心目中还未形成，他们认为拥有独立的物流设备、物流资产就是企业做大做强的资本。此外，许多企业经营者认为，本企业与物流企业之间存在着此消彼长的利益冲突。他们认为，若外购物流，物流企业要赚取利润，肯定会增加企业的物流成本。因此，许多企业采取自营的方式代替外包物流。即便是某项物流功能自营有困难需要外购，企业通常也是单独购买该项物流功能，与物流企业间的关系也是临时性的松散关系。而事实上，第三方物流企业的利润来自于物流总成本的节约，并非来自于生产经营企业利润的转移。通过物流外包降低成本，可以实现生产经营企业与物流服务企业的双赢。

（2）企业对第三方物流企业缺乏信心。高效的第三方物流企业可以降低生产运营成本，帮助企业提升价值链，优化企业业务流程；而低劣的第三方物流不仅不能降低成本，还可能对企业的经营造成障碍。由于我国第三方物流发展时间不长，水平不高，企业在考虑物流外包时很难找到一家合适的物流供应商，在风险和收益两相权衡下，一些企业更倾向于自建物流体系。企业的这种忧虑正是第三方物流企业在发展客户时遇到的首要问题。大部分的第三方物流企业在争取客户时需要花费很大的精力向企业证明自己的资质能力，并且需要提供足以让企业信服的材料来说明企业可以提供的优质高效的服务。消除企业对第三方物流企业能力的疑虑是企业进行物流外包的重要一步，这取决于第三方物流企业自身的能力、市场形象以及企业对第三方物流企业的认识等多方面因素。

（3）自营物流退出障碍的制约。根据产业组织理论，企业在退出某一行业时会受到许多因素的阻碍，这些因素被称为退出障碍，沉没成本就是其中之一。所谓沉没成本，就是企业在退出某一行业时，其投资形成的固定资产不能被转卖或只能以低价转卖而造成的不可收回的资本损失。在计划经济体制下，各工商企业都是自营物流，具体表现为生产和零售企业纷纷建库、买车、修路，从而形成了较大的物流设施存量。根据中国仓储协会 2005 年的调查显示，生产企业中 64% 的企业拥有汽车车队，83% 的企业拥有仓库，73% 的企业拥有机械化装卸准备，14% 的企业拥有铁路专用线；商业企业中 73% 的企业拥有汽车车队，77% 的企业拥有仓库，35% 的企业拥有机械化装卸设备，9% 的企业拥有铁路专用线。由于各企业都从自身角度出发经营物流活动，从全社会物流资源优化配置的角度看，生产零售企业建设的物流设施存在着总量过剩、结构失调等问题，有的甚至具有极强的专用性，如企业专用铁路线。当生产零售企业打算退出物流领域而采取物流外包时，这些物流设施很难转卖或只能以低价转让，给企业带来巨大的沉没成本，因此形成较高的退出障碍。此外，企业退出物流领域时需要解雇物流相关部门的员工，而国有企业解雇职工时需要支付退职金、解雇工资等，这笔费用也构成了企业退出物流领域的障碍。

（4）担心商业机密外泄。商业机密是企业制胜的法宝，也是企业的核心竞争力。如果物流业务外包，企业的部分运营情况将不可避免地向第三方物流企业公开，这对企业来说是个非常困难的决定。在日益激烈的市场竞争情况下，企业的核心竞争力是生存与发展的重要保障，但与第三方物流企业的合作势必造成其核心运营要素的泄露。最令人担心的是，在某一行业专业化程度高、占有较高市场份额的第三方物流商会拥有该行业诸多企业的客户，而它们正是企业的竞争对手，企业担心其运营情况可能会通过第三方物流企业而泄露给竞争对手。

2. 供给不足

（1）传统经营观念带来的影响。目前我国从事物流服务的第三方物流企业，其前身大多是仓储运输企业，不少企业的经营思想还停留在传统物流的概念上，各子行业的储运企业相互独立与分割，物流设施重复建设，设备简单，功能单一，效率低下，不能形成规模的网络运营模式。而先进的第三方物流业务面极宽，涉及地域众多，包括公路、铁路、航空、船舶、物流中心、信息中心系统以及仓库、车站、机场、港口、海关等各个行业。如果第三方物流不能很好地协调这些部门之间的关系，会对物流业务的开展产生极为不利的影响，势必造成业务成本的提高，反应速度下降，违背了第三方物流强调的“提供最有利于客户的服务”原则，使原本想选择第三方物流为其服务的企业放弃了这一选择。

（2）信息技术落后。第三方物流意味着和多个不同的货主企业建立合作关系，并处理来自多个企业的不同种类和数量商品的传递。由于传统的大量生产方式向多品种、小批量的生产方式转变以及电子商务的发展对第三方物流服务的要求往往也是多品种、小批量的，因此，这种多品种、小批量的物流的处理不仅十分繁杂而且往往是不经济的。信息技术的应用为快捷地处理繁杂的业务提供了良好的技术支持。另外，将物流职能外包出去的企业可以通过信息网络实现和第三方物流企业的信息共享，获取物流的仓储、订货以及实时的运输信息。第三方物流企业利用基于互联网的信息平台，汇集了众多仓储、运输合作伙伴，根据企业的需要选择每一个环节最合适的合作伙伴，并能及时响应顾客要求。我国物流业信息化和网络化程度很低，信息技术的应用状况不容乐观。由于我国企业从整体来说信息化起步晚，信息化程度较低，对企业信息化的认识尚存在诸多分歧，因而我国物流企业也普遍存在对信息的获取、处理、运用能力不强的问题。例如，大部分运输企业尚未应用计算机管理系统，自动识别和条码技术、全球定位系统等先进的信息技术。这些技术在第三方物流企业的应用更是处于学习和起步阶段。信息技术的制约导致第三方物流企业所提供的物流服务在及时性、准确性、可靠性以及多样性等方面都处在较低水平。简言之，信息技术落后造成物流服务低端市场竞争激烈，而高端市场却少人问津的局面。

（3）人才制约。发展第三方物流，关键是具备一支优秀的物流管理队伍。发达国家的物流企业之所以发展较快，一个重要的原因是这些国家十分重视人才的教育，各大学都开设有物流管理专业，并在全社会开展了物流配送职业教育。不少国家的物流从业人员必须在接受职业教育并获得从业资格后，才能从事物流方面的工作。反观我国情况，虽然物流从业人员队伍也已初具规模，但大多数是从管理专业、工程专业、交通运输专业等转行过来，真正懂得物流科学的高层次管理人才少之又少，其根本原因就是物流教育的落后——我国高等院校中开设物流专业和课程的历史较短，绝大部分不超过10年。市场竞争，归根结底是人才的竞争，缺乏人才，企业也就缺少了创新的能力和发展的动力。依靠传统的方式管理现代物流，只会导致物流企业低效运行，缺乏活力和竞争力。

第三方物流是操作性较强的管理活动，同时又是高新技术支持下的管理方式，要求从业人员必须是管理类和技术类相结合的复合人才，既要掌握物流优化管理的理论与方法，同时又应具备计算机网络及自动化方面的知识。但是目前我国的物流企业工作人员的业务素质较低，难以达到第三方物流概念要求的提供综合物流业务的要求。我国物流企业普遍管理效率低下，基本上还是经验管理和粗放管理，不能满足第三方物流对于物流企业有较好管理能力和协调能力的要求。

3. 制约我国第三方物流发展的外界环境

（1）物流基础设施薄弱。长期以来，受“重生产，轻流通”思想的影响，国家财政对物资流通行业的基础建设投资力度明显不足，我国物资流通基本建设投资占GDP的比重为2.67%，低于英、美、日等发达国家，甚至低于印度、巴西等发展中国家。基础设施投入不足造成了我国交通网密度低下，无法形成交通网络“结点”的交叉配合，使交通网络的系统化程度降低，严重影响了物流企业的正常经营，导致其运输效率低下，加大了企业运营成本。同时，物流基础设施建设的布局也不合理，其中，54%分布在东部，30%分布在中部，16%分布在西部，从而造成交通网布局不均（集中于沿海地区），导致了物流业发展区域的不平衡。其次，物流与信息技术结合的趋势日渐加强，由此暴露出我国电子商务基础设施也明显不足，网络软件设施发展不足，网络速度较低，不利于企业间信息的交流与共享。

（2）部门分割、行政分割产生的制约。在运输管理体制上，我国实行的是按照不同运输方式划分的分部门管理体制；同时，从中央到地方也有相应的管理部门和层次，这就不利于形成社会化的物流系统和跨区域、跨行业的物流网络。例如，为了向顾客提供一个整合全国范围的物流服务解决方案，物流服务商必须取得按省份和按运输方式的多个营运许可证。物流业强调的多式联运与现行的条块分割的管理模式之间产生了极大的冲突。企业只能利用单一的运输方式来开展物流服务。

（3）信用体系欠缺带来的影响。物流服务是一系列委托与被委托、代理与被代理的关系，是完全以信用体系为基础的。物流服务的无形化特点、各种复杂的费率协调机制、服务的标准与衔接、物权的转移与控制以及结算的主体常常涉及多方面的物流服务参与主体，尤其是在第三方物流服务或有更多层次的外包服务需求时，没有一个完善的信用体系作为基础，单凭第三方交单结算甚至由第三方代为收款是无法想象的。信用大面积缺失是我国当前经济运行中的严重问题，有人甚至用“信用崩溃”来形容失信状况。借款不还、互相拖欠、经济诈骗、制假售假等现象在经济生活中俯拾皆是。企业间逾期应收账款发生额在发达经济国家约占销售额的0.25%～0.5%，而我国则高达5%以上，且呈逐年增长势头。在普遍缺乏商业信用的情况下，货主对物流服务的需求必然采取审慎的态度，其结果就是自营物流，进而导致物流服务市场的需求不足。

（4）现行税收体制的影响。物流企业的经营成本支出主要集中在购买交通工具和构建固定资产上，而现行的生产型增值税税收政策不允许企业抵扣固定资产的进项税额，这种税收政策加大了物流行业的税负，制约了物流企业固定资产的更新动力，导致物流效率低下。另外，企业所得税政策规定，企业贷款利息超过同期银行贷款利息部分不能进行所得税抵扣。在一般情况下，物流企业贷款利息比银行利息高得多，因此有相当一部分利息费用不能在税前列支，从而加大了物流企业的经营成本。

【个案分析】

企业自营还是外包

有一家销售额达6 000多万元的箱包企业，其工厂总部位于北京，全国有9家分公司，距北京平均距离1 200km。10家城市均摊，月均销售额50万元。高标准包装箱为45cm×33cm×60cm，约0.09m^3，15kg，每箱30只。平均计价144元/只，每箱货值0.432万元。每城市每月销售126箱，约1.25立方米，计费吨数为34t。设该公司于每城市有100家销售网点，每个网点销售1.26箱，计0.5万元/家，约38只箱包。送货3 800只/月/城，10城市总送货38 000只，全年送货45.6万只。设每家销售网点布货品种20种，30%为畅销品，占销量的70%，即6种箱包的每月送货量为26只，其余14种每月送货量为12只，分次送完。设每城市每月送货300次，10城市送货3 000次，全年送货3.6万次。

该箱包企业为了完成原材料采购和产品分销等物流功能可以有两种选择——采用第三方物流和企业自营物流。公司自行承担物流功能需要占用车辆、仓库、办公用房等固定资产，不仅要负担相应的维修及折旧费用，还要负担有关人员的工资奖金，全年物流费用为277万元，约占销售额的4.62%。而委托第三方提供全套的物流服务，所需物流费用为200万元，约占销售额的3.33%。两者之比为72:100。

问题讨论

对该案例进行分析，指出如采用第三方物流服务，可以从哪些方面降低企业的物流费用。

【关键名词】

第三方物流　第四方物流　物流服务水平　第一方物流　第二方物流　第五方物流

【讨论与思考】

1. 简述第三方物流的特点。

2. 请分析第三方物流具有哪些作用。
3. 请举例说明第三方物流企业的类型。
4. 如何计算物流总成本？
5. 怎样评价第三方物流企业？
6. 怎样理解第三方物流与第四方物流的关系？
7. 请阐述我国第三方物流的发展状况。

第十三章

国际物流

课前准备

【学习目标】

本章主要介绍国际物流的一些基本知识。通过学习，使学生了解物流国际化的原因和国际物流的基本知识，理解国际物流的特点，掌握国际物流运输方式，熟悉国际物流的发展趋势。

【重点难点】

1. 国际物流运输方式；
2. 国际物流的特点；
3. 国际物流的发展趋势。

学习内容

国际物流是现代物流系统中重要的物流领域，近十几年有很大发展，也是一种新型的物流形态。东西方冷战结束后，国际间贸易合作的势头越来越兴旺，随着国际贸易壁垒的拆除，新的国际贸易组织的建立，若干地区已经突破国界的限制形成了统一市场，这又使国际物流出现了新的情况，国际物流形式也随之不断变化。所以，近年来，各国学者非常关注国际物流问题，世界第九届国际物流会议的主题就是“跨越界限的物流”，物流的观念及方法随物流的国际化步伐在不断扩展。

当今世界，国标贸易的增长速度高于世界经济的增长速度，国际贸易在世界经济中占据了重要的地位，这给我国从事国际物流的企业参与世界经济竞争提供了一个比较好的契机。

第一节　国际物流的概述

一、国际物流的概念

（一）国际物流的含义

所谓国际物流，是国内物流的延伸和进一步扩展，是跨越国界的、流通范围扩大了的“物的流通”，是为实现货物在两个或两个以上国家（地区）间的物理性移动而发生的国际贸易活动。所以《中华人民共和国国家标准物流术语（Logistics terms）》中对“国际物流（International Logistics）”的定义是“不同国家（地区）之间的物流活动”。

国际物流是随着世界各国（地区）之间进行国际贸易而发生的商品实体从一个国家（地区）流转到另一个国家（地区）的物流活动。国际物流伴随着国际贸易的发展而产生和发展，并成为了国际贸易的一个重要组成部分，各国之间的相互贸易最终通过国际物流来实现。

（二）国际物流的基本活动

国际物流除了包含与国内物流一样的运输、保管、包装、搬运、装卸、流通加工和信息等一系列克服时间和空间阻隔的活动之外，还包括国际物流特有的报关（含检验、检疫等）和有关文书单证制成等克服国界阻隔的活动。

（三）国际物流的特点

1. 国际物流环境存在差异性

各国物流环境的差异是国际物流一个非常显著的特点，尤其是物流软环境的差异迫使一个物流系统需要在不同法律、人文、习俗、语言、科技、设施的环境下运行，这无疑会大大增加物流的难度和系统的复杂性。

2. 国际物流必须有国际化信息系统的支持

国际化信息系统是国际物流，尤其是国际联运非常重要的支持手段。建立国际物流信息系统一个较好的办法就是与各国海关的公共信息系统联网，以及时掌握有关各个港口、机场和联运线路、站场的实际情况，为供应和销售物流提供决策支持。

3. 国际物流的标准化程度要求更高

要使国际间物流畅通起来，统一标准是非常重要的，如果各国之间没有统一的标准，国际物流水平很难提高。如在物流信息传递技术方面，欧洲各国不仅实现了企业内部的标准化，而且也实现了企业之间及欧洲统一市场的标准化，这就使欧洲各国之间的物流信息系统比亚洲、非洲等国家之间的信息交流更简单、更具效率。

4. 国际物流以远洋运输为主，并由多种运输方式组合在一起

国际物流运输方式有远洋运输、铁路运输、航空运输、公路运输以及由这些运输手段组合而成的国际复合运输方式等。海运是国际物流运输中最普遍的方式，特别是远洋运输是国

际物流的重要手段，谁能提高远洋运输效率、降低远洋运输成本，谁就能在国际物流竞争中占有优势地位。在国际物流活动中，门到门的运输方式越来越受到货主的欢迎，能满足这种需求的国际复合运输方式因此得到了快速发展，逐渐成为国际物流中运输的主流。全球复合运输方式的目的是追求整个物流系统的效率提高和缩短运输时间。

二、国际物流标准化

（一）国际物流标准化的含义

所谓国际物流标准化，就是把国际物流作为一个由众多子系统构成的大系统，制定统一的标准，以保证国际物流的高效、顺畅。具体而言，就是要制定系统内部设施、机械装备、专用工具等各子系统的技术标准；制定包装、装卸、运输等子系统的工作标准。国际物流标准化要求以系统为出发点，研究各子系统之间技术标准与工作标准的配合性，按照配合性的要求，统一整个国际物流系统的标准。同时，还要研究国际物流系统与相关系统之间的协调配合，实现国际物流大系统的标准统一。只有这样，才能真正保证经济全球化下的货畅其流。

（二）国际物流标准化的方法

（1）确定物流基础模数尺寸标准。物流基础模数尺寸是物流系统各环节标准化的核心，是形成系列化的基础。

（2）确定系列尺寸标准。用分割及组合的方法，以基础模数为依据确定整个系列的大小尺寸，再从中选择全部或部分数据作为生产制造尺寸，这样就完成了某一环节的系列标准。

（3）确定识别与标志技术标准。

（4）确定自动化仓库标准。包括名词术语的统一解释、立体自动化仓库设计的通用准则、立体自动化仓库安全标准、立体自动化仓库建设设计标准。

三、推动国际物流发展的动力

推动国际物流发展的动力主要有以下四个方面：

（一）信息技术

20 世纪 80 年代，条形码技术、电子数据交换、电子扫描与传输及传真等通信技术的广泛使用提高了信息的可获得性。到了 20 世纪 90 年代，GIS（地球信息系统）、GPS（全球定位系统）将卫星通讯的实时跟踪信息技术引入了物流，为国际物流的发展提供了更大的空间。信息改革还加快了订货需求的传输速度、生产速度、装运速度及清关速度等，降低了国际物流的时间和成本。

（二）经济全球化

20 世纪 90 年代以来，跨国公司迅速发展，世界贸易组织（WTO）作用加强，国际间的经济合作更加紧密，商品和生产要素的国际流动加速，世界经济日益融为一体。在这种形势下，各国之间的依赖加深，所有这一切推动了企业之间的商流、物流、信息流等方面的交流和合作。

世界贸易组织的《服务贸易总协定》（GATS）推动了成员物流业的对外开放。在《服务贸易总协定》的服务部门参考清单中，与物流国际化相关的部门有交通运输服务、销售服务、金融与保险服务等。其中，交通运输服务与物流业的关系最为密切，其中包括海运、铁路运输、航空运输及公路运输等货运服务，以及报关、仓储、港口等附属交通运输服务。

（三）区域经济一体化

各个国家间的边境壁垒增加了国际物流的时间与资金成本，对国际贸易有阻碍作用。区域经济一体化弱化了政治边境，各个区域经济共同体通过降低进口关税、减少海关程序、统一货物单证以及发展统一运输等措施，促进了区域内的贸易发展。区域化正是促进全球物流发展的一个重要原因。

（四）供应链一体化

全球物流的另一个动力是供应链的发展。供应链一体化已从企业内部的获取、制造、支持以及实物配送延伸到客户与供应商，以充分利用内部资源以及发展与供应商及顾客之间的合作。全球化供应商能够以合理的成本在诸如国际运输、转运、物流单证以及便利作业等方面提供专门知识和物流服务。

第二节　国际物流运输方式

国际物流运输即国际货物运输，是指在国家与国家之间进行商品（或者货物）的运输，是物流运输活动在两个或者两个以上的国家之间进行的国际物流活动。它的主要功能是实现国际间的物品转移，产生场所功效和时间功效，使货物在需要的时候运到需要的地点，从而提高了国际物流的运输质量和经济效益。

我国常用的国际物流运输方式有国际海洋货物运输、国际铁路货物运输、国际航空货物运输、国际公路货物运输和国际多式联运等多种方式。

一、国际海洋货物运输

由于国际货物运输是在全世界范围内进行产品交换，地理位置和地理条件决定了海洋运输是最主要的手段。国际海洋货物运输是利用天然海洋航道进行的国际物流运输方式，简称海洋运输。国际物流运输总量的80%以上、中国进出口货运量的90%以上都是通过海洋运输完成的。

（一）国际海洋运输的特点

海洋运输与其他运输方式相比，具有以下特点：

1. 运量大

目前船舶正在向大型化方向发展。由于造船技术的不断提高，巨型客轮、巨型油轮、一般杂货船等运输船舶的运载能力远远大于铁路运输和公路运输。一艘万吨轮的载重量相当于250～300个火车皮的载重量，50万吨油轮的载质量相当于12 500个火车皮的载重量。

2. 运费低

海运运价低廉。按规模经济观点，因为运量大、航程远，所以分摊于每吨的运输成本低。此外，海运航道是天然构成的，港口以及相关的基础设施一般均为政府投资修建。商船运载量大，使用时间长，运输里程较远。有数据表明，1t货物的海洋运费仅相当于铁路运费的1/5，汽车运费的1/10，航空运费的1/20。

3. 通过能力大

海洋运输利用天然航道四通八达的优势，不受道路和轨道限制，通过能力比火车和汽车大。如因政治、经济贸易条件变化，可随时改选最有利的航线。

4. 对货物适应性强

远洋轮船可适应多种货物的运输需要，如多用途船、专用船等。对超重、超长的货物也有较强的适应性，并易于改进运输工艺，能适应国际物流运输的需要，如大型设备等。

5. 航速较低

商船体积大，水流阻力大，所以航速较低，因而航行周期较长，不适合于对运输速度有高要求的产品以及客户。

6. 风险较大

商船在海上航行，由于时间长，受气候和自然条件影响较大。有时，世界政治局势变动也会给海洋运输带来风险。所有这些都导致船舶航期不准确，遇险的可能性较大。全世界每年遇险的船舶一般为200～300艘。

（二）海洋运输方式

按照海洋运输船舶营运方式的不同，海洋运输可分为班轮运输和租船运输。

1. 班轮运输

班轮运输又称为定期船运输，是指船舶在特定或固定的航线上按照事先规定的船期表进行有规律的、反复的航行，以从事货运业务，并按照事先公布的费率收取运费的一种运输方式，以既定的港口顺序进行航行。它是在不定期船运输的基础上逐渐发展起来的，是当今国际海洋运输中不可缺少的运输方式之一。

2. 租船运输

租船运输又称不定船期运输，它与班轮运输不同，没有预定的船期表，航线和停靠港口也不固定。船舶航行的航线、运输货物的种类、航行时间等都按承租人的要求，由船舶所有人确认而定，运费或租金也由双方根据租船市场行情在租船合同中加以约定。

在世界海运干货总运输量中，租船运输的比例在80%以上。租船运输最适合运输大宗货物，如工业原料、矿石、石油、煤炭、水泥、食糖、化肥和各种饲料等。由于租船运输运量大，货种相对单一，装卸港口少，船舶周转快，因而单位运输成本较低。这种运输方式灵活，根据需要和可能，船舶可抵达世界上任何一个港口。一旦国际贸易量迅速增加，而船舶吨位又不足时，则可利用租船满足进出口贸易的需要。

租船运输有三种方式：定程租船、定期租船和光船租船。

二、国际铁路货物运输

我国对外贸易货物的铁路运输由国际铁路联运、对香港地区的铁路运输和内地铁路运输三个组成部分。其中，国际铁路联运是指使用一份统一的国际铁路联运票据，由跨国铁路联运人办理两国或两国以上铁路的全程运输，并承担运输责任的一种连贯运输方式。

铁路运输有许多优点，它一般不受气候条件的影响，运量大，速度快，风险小和安全可靠，运输成本低，有高度的连续性，手续简单，始发站（装运站）和目的站接近发货人和收货人所在地。因此，在国际货物运输中，铁路运输是一种仅次于海洋运输的主要运输方式。特别是在内陆接壤国家间的贸易中，它起到了更为重要的作用。即便以海洋运输为主的进出口货物也大多是靠铁路运输进行货物的集中和分散。

目前，中国对朝鲜的大部分进出口货物以及对东欧一些国家的小部分进出口货物都是采用国际铁路联运方式运送的。

三、国际道路货物运输

国际道路货物运输是指国际货物借助一定的运载工具，沿着公路作跨及两个或两个以上国家或地区的移动过程。目前，世界上许多国家的国际货物运输多以汽车作为运输工具，所以，它实际上也就是国际道路货物运输。它既是一个独立的运输体系，也是车站、港口和机场集散物资的重要手段。

道路运输的特点是运量少、机动灵活、直达性能好，可以实现“门到门”的运输；适应性较强，受地理、气候条件影响小且运行范围广，可以穿街巷、进山区、到工厂、下田间，直接把物资运到仓库、商店、工矿企业和乡村田头；可以广泛地参与到与其他运输方式的联运中，是港口、铁路、车站进行物资集散的必要手段。

四、国际航空货物运输

国际航空货物运输是指由跨国航空承运人办理两国之间空运的全程运输，并承担运输责任的一种现代化运输方式。

航空运输作为发展极为迅速的一种现代化运输方式，与其他运输方式相比，航空运输的优点具体表现为：① 运送速度较快；② 安全性能较高；③ 货物破损较小，同时节省包装、保险费和储存费；④ 准确方便。航空运输的缺点具体表现为：① 航空运输运量小；② 运输费用高。

航空运输最适宜运送易腐易损、贵重急需的物资、鲜活商品、精密仪表、计算机、照相机、胶片、手表、钻石、丝绸、裘皮、羊绒及服装等。随着新技术的不断发展，产品生命周期日益缩短，产品由厚、重、长、大向薄、轻、短、小方向发展。因此，今后适用航空运输的商品将越来越多，航空运输的作用也会日益重要起来。

近年来，随着国际贸易的迅速发展以及国际货物运输技术的不断现代化，空运方式日趋普遍。据统计，世界航空货运量近年来以每年约 10% 的速度递增。

五、国际多式联运

（一）国际多式联运的概念

国际多式联运是按照联运合同，以至少两种不同的运输方式，由多式联运经营人将货物从一国境内的接管地点运至另一国境内指定交付地点的货物运输方式。

国际多式联运又称国际联合一贯制运输，是在集装箱运输的基础上产生并发展起来的一种新型运输方式，也是近年来在国际货物运输中发展较快的一种综合性运输方式，如陆空联运、陆海联运、海空联运等。

（二）国际多式联运的必备条件

按照《联合国国际货物多式联运公约》第 1 条的规定，构成国际多式联运必须具备以下 6 个条件：

（1）必须是至少两种不同运输方式的连贯运输。

（2）必须是国际间的货物运输。

（3）必须由一个多式联运经营人对全程运输负总责。多式联运经营人是与托运人签订多式联运合同的当事人，也是签发联运单据的人。

（4）必须有一个多式联运合同，明确规定多式联运经营人（承运人）和托运人之间的权利、义务、责任、豁免的合同关系和多式联运的性质。

（5）必须使用一份全程多式联运单据。多式联运单据是指证明多式联运合同以及证明多式联运经营人已接受货物并负责按照合同条款交付货物所签发的单据。

（6）必须是全程单一的运费费率。

（三）国际多式联运的当事人

1. 货方

货方主要指与多式联运经营人签订多式联运合同、托运货物及产生索赔等关系的发货人及其代理人。

2. 多式联运经营人

多式联运经营人是指与货方签订多式联运合同，对货方负有履行合同的责任，并对货物在全程运输过程中丢失、损坏或延期交付所造成的损失承担赔偿责任的当事人。

3. 分承运人

分承运人受多式联运经营人的委托，承担有关地区段（如海运、空运、铁路运输、公路运输）实际运输业务的承运人。分承运人与发货人或其他代理人不发生任何联系，它与多式联运经营人之间是承托关系。

（四）国际多式联运的优越性

国际多式联运是国际货物运输的一种较高组织形式，它集中了各种运输方式的优点，将各种运输方式扬长避短地融为一体，组成连贯运输，达到简化货运环节、加速国际货物周转、减少货损货差、降低运输成本、实现合理运输的目的，与传统的单一运输方式相比具有以下优越性：

1. 责任统一，手续简便

多式联运与单一运输方式的分段托运和多头负责相比，不仅手续简便，而且责任明确。一切运输事宜都由多式联运经营人统一负责办理，而货主只要取得一份联运单据，多式联运经营人就履行全部责任。

2. 减少中间环节

国际多式联运可有效地减少中间环节，缩短货运时间、降低货损货差、提高货运质量。

3. 降低运输成本

国际多式联运由于中间环节少，能降低运输成本、节省运杂费，有利于对外贸易的开展。

4. 实现“门到门”运输的有效途径

采用多式联运，可以把货物从发货人所在地仓库直接运至收货人所在地仓库，为实现“门到门”的直达连贯运输奠定了基础。

5. 综合优势明显

国际多式联运不仅具有参加国多、要求高、运输时间短及成本低的特点，还具有手续简单、责任统一、安全准确、运送迅达、节省费用及提早收汇等一系列优点，是实现“门到门”运输的有效途径，因此在国际货物运输中越来越受欢迎。

六、集装箱运输

（一）集装箱运输的定义

集装箱运输是以集装箱作为运输单位进行货物运输的一种现代化的运输方式，它适用于海洋运输、铁路运输及国际多式联运等。集装箱运输是20世纪货运技术的重要发展，也是一次运输革命，目前已经成为国际上占有支配地位的运输方式。集装箱也称货柜，这种容器和货物的外包装不同，是进行货物运输时便于机械装卸的一种成组工具。目前，国际标准化组织共规定了5个系列、13种规格的集装箱，普遍使用的是IA与IAA型（40英尺（1英尺＝0.304 8米），30t）、ICC型（20英尺，24t）集装箱。集装箱船舶的装载能力通常以能装多少个集装箱为衡量标准。

（二）集装箱运输的特点

集装箱运输具有以下优点：提高装卸效率，提高港口的吞吐能力，加速船舶的周转和港口的疏港；减少货物装卸次数，有利于提高运输质量，减少货损货差；节省包装费、作业费等各项费用，降低货运成本；简化货运手续，便利货物运输；把传统的单一运输串联成为连贯的成组运输，从而促进国际多式联运的发展。

（三）集装箱运输的主要方式

集装箱的运输方式根据货物装箱数量和方式可分为整箱和拼箱两种。

1. 整箱运输

整箱是指货方将货物装满整箱后，以箱为单位托运的集装箱。一般做法是由承运人将空箱运到工厂或仓库后，在海关人员监督下，货主把货装入箱内，加封铅封后交承运人并取得站场收据，最后凭站场收据换取提单。

2. 拼箱运输

拼箱是指承运人或代理人接受货主托运的数量不足整箱的小票货物后，根据货物性质和目的地进行分类，而整理、集中、装箱、交货等工作均在承运人码头集装箱货运站或内陆集装箱转运站进行。

第三节　国际物流管理

一、国际物流中心

国际物流中心是指国际物流活动中商品、物资等集散的场所，就大范围的国际物流而言，某些小国家或地区都有可能成为物流中心，如中国香港、新加坡等就具有国际物流中心的地位。其次，自由贸易区、保税区等都具有一般意义上的物流中心的功能。就小范围而言，港口码头、保税仓库、外贸仓库或者超级市场等都可以成为国际物流中心。

当前人们所说的国际物流中心多指由政府部门和物流服务企业共同筹建的具有现代化仓库、先进的分拨管理系统和计算机信息处理系统的外向型物流集散地。

（一）外贸仓库

外贸仓库是进出口商品的集散、储存场所。它不仅要完成进出口商品保管储存的任务，还要担负商品加工、挑选、整理、包装、刷唛、备货及装配和发运等一系列的任务。具体包括：

（1）口岸仓库；

（2）中转仓库；

（3）加工仓库；

（4）储存仓库。

（二）保税仓库与保税区

1. 保税仓库

保税仓库是指由海关监管的专门用于存放保税货物的仓库。保税货物是指经海关批准进境后缓办纳税手续，在国内储存，待加工、装配后复出境的货物。这类货物如在规定的期限内复运出境，经海关批准核销。如果转内销进入国内市场，则必须事先提供进口许可证和有关证件，正式向海关办理进口手续并缴纳关税，货物才能出库。

保税仓库的类型包括：

（1）专业性保税仓库；

（2）公共保税仓库；

（3）保税工厂；

（4）海关监管仓库。

2. 保税区

保税区是指我国海关境内的某一个特定的、与国际市场紧密相连的、按照国际经济惯例运作并具有自由贸易区性质的封闭式区域。保税区为海关监管区域，不完全等同于国外的自由贸易区（自由港）、出口加工区。对其政策的制定主要是根据中国国情，同时，也参考和吸收国外类似区域的有关政策和通行做法。

（三）自由经济区

1. 自由经济区的定义

自由经济区是指一国设置在该国口岸或国际机场附近的特定区域，进入该区域的外国商品可以不办理任何海关手续。

2. 自由经济区的分类

（1）按地理位置分为港口型自由贸易区、机场型自由贸易区、内陆边境口岸型自由贸易区。

（2）按功能分为自由港、自由贸易区、出口加工区。

二、国际贸易术语

在国际货物的买卖、运输与交接过程中，需要办理进出口清关手续、安排国际运输与货物保险、支付各种税金和费用。货物在装卸、运输过程中，还有可能遭受自然灾难、意外事故和其他各种外来损害。有关上述事项由谁来承办、费用由谁承担、风险如何界定，买卖双方在磋商交易并签订贸易合同的时候，必须予以明确。

进行海外采购时，在货物的供应和交付合同中通常会使用“国际贸易术语”，作为表示交易双方所承担的责任、费用与风险的专用用语。国际贸易术语由国际商会颁布，并对买方和卖方就国际贸易合同中常见的各种条款进行指导。尤其是国际贸易术语会特别关注买卖双方所承担的责任及义务的范围。

常用的国际贸易术语有：

1. FOB（船上交货价）

这一贸易术语主要指在装运港船上交货。货物由卖方装船，在货物经过船舷时转移到买方。卖方承担的基本义务是在合同规定的装运港和规定的期限内将货物装上买方指定的船只，并及时通知买方。货物在装船时越过船舷，风险即由卖方转至买方。

买方要负责租船订舱、支付运费，并将其船名及时通知卖方。货物在装运港装船时越过船舷后的其他责任、费用也都是由买方负责，包括获取进口许可证或其他官方的证件，以及办理货物入境的手续和费用。

2. CIF（到岸价）

采用这一贸易术语时，卖方的基本义务是卖方负责按照通常的条件租船订舱，支付到目的港的运费，并在规定的装运港和装运期内将货物装运上船，装船后要及时通知买方。卖方必须承担运送货物到买方目的地的所有必需的费用和运费。保险也是卖方的责任。当货物离开船舷时，风险转移到买方。

3. EXW（卖方工厂交货）

采购员负责安排从供应商地到买方地的运输。买方负责保险等。买方承担货物运输过程中的全部费用和风险。EXW 意味着卖方承担最小的风险。

三、国际物流单据

1. 海运单据

它适用于国际海洋运输方式。海运提单是船方或其代理人在收到其承运的货物时签发给托运人的货物收据，也是承运人与托运人之间的运输契约的证明，在法律上它具有物权证书的效用。收货人在目的港提取货物时，必须提交正本提单。

2. 航空运单

它适用于国际航空运输方式。航空运单是承运人与托运人之间签订的运输契约，也是承运人或其代理人签发的货物收据。航空提单还可以作为核对运费的依据和海关查验放行的基本依据，但是航空运单不能代表航空的提货通知单。在航空运单的收货人栏内，必须详细填写收货人的全称和地址，而不能做成指示性文字。

3. 国际联运单据

它适用于国际铁路运输方式。国际联运单据是联运单据、出口货物保管单以及有关添附单据文件的总称。联运票据是指有关国际铁路货物运转单据中的国际铁路联运运单、补充运行报单以及各国铁路规章所规定的火车装卸清单等。国际联运单据是参加联运发送国铁路部门与发货部门之间缔结的运输合同，它规定参加联运各铁路和发、收货人在货物运输方面的权力、义务和责任，对铁路和发、收货人均有法律效力。

4. 国际邮包收据

它适用于国际邮政配送方式。邮包收据是邮包运输的主要单据，它既是邮局收到寄件人的邮包后所签发的凭证，也是收件人提取邮件的凭证，当邮包发生损坏或者丢失后，它还可以作为索赔和理赔的依据。此外，需要注意的是，邮包不是物权凭证。

四、国际贸易与国际物流中介

（一）国际货运代理商

对没有国际运输经验的企业来说，雇用国际货运代理商是最佳选择。拥有通晓各种国际运输知识雇员的国际货运代理商可以向国际运输需求较小的公司提供专业化服务，因为这类公司的运输部门雇用专业人员会很不经济。国际货运代理商由联邦海事委员会（Federal Mari-time Commission）管理。

货运代理商有着不同的收入来源，来源之一是为托运人准备出口单证而收取的费用；另一来源是向运输公司收取佣金，这些佣金按货运代理商给运输公司带来的收入按比例提取；第三种来源是托运人支付给货运代理商的运费同货运代理商支付给固定的运输公司的较低的运费之间的差价。后两种来源是从提供内陆运输和仓储服务中获得的。

（二）空运代理商

空运代理商与国际货运代理商功能相同，但它只从事空中运输。

与国际货运代理商不同的是，空运代理商也需要从政府相关部门获得经营许可证。

空运代理商包括两种类型：合并运送商和代理运送商。合并运送商与特定的航空公司合作，只选择运费最低的航空公司。代理运送商是指与一家或几家固定的航空公司合作，为托运人提供货舱。

空运代理商同国外货运代理一样，从提供服务和运费差价中获得收入。空运代理商的主要竞争对手是航空公司，航空公司可以直接与托运人联系而将空运代理商排除在外。特快空运公司如联邦快递、美国联合邮包服务公司和敦豪速递公司等直接就小型货物与空运代理商展开竞争。

（三）无船公共承运人

无船公共承运人（non-vessel operating common carrier，NVOCC）是指以承运人身份接受托运人的货载，签发自己的提单或者其他运输单证，向托运人收取运费，通过班轮运输公司完成国际海上货物运输，承担承运人责任，并依据法律规定设立的提供国际海上货物运输服务的企业。

（四）进出口外贸管理公司

企业常常希望将其产品卖到国外市场，但由于企业缺少独立从事国外业务的资源，而进出口外贸管理公司能够为这些企业提供在国际环境经营中所需的专业知识。

进出口外贸管理公司是国内企业在国际市场中的代理，他们的主要功能是通过选择合适的市场、配送渠道和营销活动为客户的产品获得订单，通过收集、分析国外客户的信用数据为出口商选择合适的付款条件提供建议。进出口外贸管理公司经常代出口商收款，同时也办理单证、安排运输、提供仓储、维持国外存货和处理拆装业务。

（五）出口贸易公司

出口贸易公司出口产品和服务，他们以国外购买者为目标顾客，并安排绝大部分的出口事项，包括办理单证、从事国内和海外运输并满足国外政府的要求。出口贸易公司可以经销也可以代销产品。

（六）报关行

报关行（Customs House Broker）监督货物的通关并确保进入国内的装运单据的完整和准确。

报关行在托运人的授权下缴纳进口货物的所有关税，进口商最终负责所有的未付关税。报关行要了解最新的进口规则以及个别商品的特殊规定。

现在，报关行使用计算机传输进口通关所需的信息。美国使用自动报关装置系统，加拿大使用的是预先检查系统，中国也启动了大通关项目。计算机的使用大大缩短了通关所需时间，从而也缩短了国际运输时间。

（七）船舶经纪人

船舶经纪人在托运人需要租船时扮演中介人的角色，是船主的销售代表和托运人的采购代表，他们知道轮船的驶停靠港口，并以此安排托运人要求的运输方式。

（八）船舶代理

船舶代理是轮船入船坞的船运公司的当地代理。船舶代理人安排轮船的抵港、停泊、结关、装卸并支付轮船在港口的所有费用。托运人可向船舶代理咨询轮船抵港时间、停泊位置及货物装卸等信息。

（九）出口包装商

当出口商缺少包装的专业技术或设备时，出口包装商可以为货物提供包装服务。拥有特别包装的出口货物有两大优势。首先，它使货物的通关更加容易，很多国家按整个包装的重量征收关税而不检查包装的货物。出口包装商了解不同国家的要求，知道使用什么材料和方法能构造出最经济的包装箱或集装箱。利用出口包装商的第二个原因是确保商品得到足够的保护。国际运输的货物除了要经受恶劣的天气外，还要经得起多次长途搬运。因此，时间上的缩短和损坏可能性的降低可以弥补利用出口包装带来的成本增加。

第四节　国际物流的发展趋势

在过去的20多年间，由于贸易自由化在各国的推行、世界范围内资本的成长、以信息和通讯技术为代表的科技进步，尤其是世界贸易组织开展了建设性的工作，从而导致了全球范围内经济一体化进程的进一步加快。这使得原来呈分割状态的某一国家或某一区域市场正逐步演变成一个统一的全球市场。

在全球经济一体化的大背景下，国际贸易的数量和质量都会大幅提高，国际物流今后在以下几方面会有更大的发展。

一、水运方面

（一）船舶大型化、专业化

今后，在水运船舶的发展方面，不仅运用于国际物流领域的船舶数量将会大幅增加，而且船舶的大型化、专业化优势越来越明显。事实上，船舶大型化的趋势早在20世纪六七十年代已初见端倪。在未来，由于航海、港口、船舶工业等技术的突破，50万吨级以上油轮、30万吨级以上矿石船，15万吨级以上散装货轮将越来越普遍地被使用，特别是集装箱船也将趋向大型化，传统的拥有1 000个标准箱位的中小型集装箱货轮将逐步被拥有3 000～4 000个标准箱位（TEU）的大型集装箱货船所替代。此外，船舶的分工越来越细，专业化程度越来越高，各种专业化船舶如滚装船、载驳船、冷藏保鲜船、专业集装箱船、液化汽船、汽车专业运输船以及油轮、矿石（矿砂）轮等将更多地被使用。

（二）集装箱的大型化和专业化

同船舶的大型化和专业化一样，未来集装箱的发展也趋向于大型化和专业化。集装箱的大型化是指在国际物流系统中40ft集装箱使用比例会大幅增加，这样可以更充分地利用运能和运输机具与设备，节约运输成本。同时，在国际货物运输中会更多地使用专业集装箱，如冷藏冷冻集装箱、隔热集装箱、通风集装箱、罐式支架集装箱、栅栏式动物集装箱以及各种工业品专用集装箱等。

（三）港口设施优化

船舶的大型化专业化必然带来港口设施建设的发展和优化。首先是大吨位船舶所需的深水码头建设必须有一个大的发展。以我国的最大港口上海港为例，目前原上海港的黄埔江航道码头已不能满足国际航运的发展要求，上海已在外高桥地区建设新的集装箱码头，并在杭州湾内的大小洋山地区建设新的深水港码头。其次，根据大型化、专业化发展趋势的要求，港口设备要加快更新，以满足自动化、智能化、专业化的要求。最后，就是船舶和港口设施改造更新以后，对港口的集疏能力的要求会更高，因此必须改善港口配套能力，包括装卸、仓储、陆运、中转等各项能力，做到港口集疏快速化、高效化。

二、空运方面

在未来的国际物流领域中，空运的比例将进一步加大，特别是全社会的消费层次普遍提高之后，其业务量会大幅提升。以往，在人们概念中，空运的货物偏重于贵重物品、高科技产品等，今后，一般的商品如时装、水果、鲜花、化妆品、书报也会成为空运的主要对象。

三、综合运输方面

今后，国际物流领域将形成一个更加完善的综合运输体系，国际多式联运方式会更多地被采用，尤其“大陆桥”方式在应用中会有更多成功的范例。在传统“大陆桥”继续发挥作用的基础上，新的“大陆桥”建设也正在酝酿之中。以亚洲为例，从韩国釜山港至朝鲜新义州再到连接我国东北铁路干线的朝鲜半岛的“大陆桥”已开始着手建设。由我国昆明出发经老挝、泰国、马来西亚再到新加坡的高速铁路也正在规划之中，由此将形成另一条新的中南半岛“大陆桥”。“大陆桥”运输的推广也将带动国际间铁路运输方式的技术更新。

四、信息技术方面

随着信息化时代的到来，国际物流领域的信息系统将会更加发达，信息技术将会更加先进。通过因特网，许多国际物流业务将会在网上开展，以EDI、GPS、GIS等为代表的物流信息技术将发挥更重要的作用。国际物流特有的货物通关系统将完全实施“无纸化”通关工程，即实现“远程电子报关”技术，从而大大提高通关效率、缩短国际物流作业的周期。

五、其他方面

1. 国际物流服务化

纵观物流服务化的未来发展，国际物流服务化也是一个重要的趋势。未来的国际物流企业不仅从事经营，更多的是从事服务，并且以服务为主要宗旨。因此企业将会更加强化服务意识，严格规范管理，提高服务水平，为客户提供多功能、全方位的服务。

2. 国际物流企业规模化

未来国际物流企业的规模将越来越大，规模效应更加明显，新的跨国联盟将会出现，国际物流企业将更多地实施规模经营战略。在不放弃竞争的同时，大型跨国企业相互联合扩大规模，以求得对国际物流业务量占有上的垄断地位，并形成双赢格局。

【个案分析】

马士基的全球物流服务

当今，商业物流和客户联盟常与其他的远洋运输物流业者进行激烈的竞争。物流业的佼佼者——马士基物流也发现自己的竞争对手不仅有业内企业，还包括远洋运输物流业以外的企业，如联邦快递、联合包裹服务和德国邮政。

马士基相信，远洋运输业的改革势必会改变运输物流业的现状。在这种形势下，客户也提出了希望得到综合物流服务的要求，这对马士基公司来说是一个挑战。

2003 年 4 月，马士基的物流公司合并后成为当今最大的货运物流企业之一。它在世界各地有 160 多个办事处，3 000 多个雇员。马士基国际物流分为美洲分公司、欧洲分公司和亚太分公司。为更好地为客户服务，马士基还与一家中间转运公司达成了合作协议，此中转公司专门有 6 个办事处为马士基的客户服务，提供中转及 NVO 服务。在过去的 5 年中，公司为了实现物流服务的计算机系统化，投入了上百万美元，建立了适合公司业务发展的系统——M · Power。M. Power 可以在多种操作平台上工作，还可以在电子数据交换机和因特网上工作。M · Power 使各级别的客户都可以跟踪其业务过程。

马士基的信息自动化并非到此为止。马土基生产了不少终端系统给供货商使用。这些计算机设备都是免费为客户安装的，公司在这方面花费了上百万美元。这样，客户工作起来就会更方便，这是马士基的主要目的。马土基一直关注新技术的发展，希望公司与客户一起发展并跟上时代前进的步伐。

客户和商家都对马士基提供的更广泛的业务范围很感兴趣。与客户良好的合作关系，使公司拥有更好的商业发展前景。这种稳定的关系受到客户的称赞。为了更好地为客户服务，马士基物流从不画地为牢，只要需要，宁愿与 APL 的 ACS 物流合作来提高自己的服务的质量。客户对马士基包括海运、仓储及转运在内的物流服务越来越感兴趣。马士基物流的综合服务吸引了很多新客户。只要客户需要，他们就会提供相应的服务，这正是他们成功的关键。

问题讨论

试结合案例分析马士基物流取得成功的原因。

【关键名词】

国际物流　国际物流中心　国际物流标准化　国际货物运输　国际多式联运　集装箱运输

【讨论与思考】

1. 简述国际物流的特点。
2. 试述物流国际化的动因。
3. 试述国际货物运输的方式。
4. 什么叫国际多式联运？它有何优点？
5. 什么叫集装箱运输？它有何优点？
6. 国际贸易常用的术语有哪些？
7. 国际物流的发展趋势如何？

第十四章

物流人才教育与培训

课前准备

【学习目标】

本章主要介绍物流人才教育和培训两方面的内容。通过学习，要求学生了解国外物流人才教育的发展情况，理解物流人才教育培训的重要意义，掌握物流专业要求的能力和物流就业岗位的分类。

【重点难点】

1. 物流人才教育培训的重要意义；
2. 物流专业要求的能力和物流就业岗位的分类。

学习内容

市场的竞争最终是人才的竞争，物流产业发展的最根本条件是拥有高素质的物流人才。近几年，社会上掀起了一股“物流热”，而且还在持续的升温，但是当许多城市和地区准备把物流作为经济发展新的增长点和经济支柱产业发展时，却突然发现能真正胜任的高级物流专业人才却太少了，致使物流专业人才的缺乏已经成为制约物流产业发展的瓶颈。本章主要结合我国物流业发展对人力资源的迫切需求和物流人才教育的现状，探讨物流人才教育与培训的发展方向，介绍物流教育与培训的情况，以及物流专业要求的能力和物流就业岗位的分类。

第一节　物流人才教育

一、物流人才需求现状

纵观物流概念引入我国的这几十年，我国物流产业的发展既无成熟的实践经验，又无符合国情的系统化理论指导。同时，国内物流专业教育开展仅四五年，教育理论和培养模式多是“摸着石头过河”，其培养出的人才数量少且知识结构不甚合理。

物流业作为社会经济来源的第三大利润源正成为全世界的经济增长点。上海、广东、天津等省市相继将现代物流业作为新一轮经济发展的支柱产业。随着物流产业的发展和物流项目的上马，国内需要大量的物流专业人才。

目前国内物流人才的需求方包括物流企业、企业物流部门、政府机关、科研院所以及少量外企。物流企业不仅包括由铁路、公路、航空、河海运输、港口、仓储、邮政、外经贸等传统行业擅变过来的物流行业，还包括新兴的第三方、第四方物流企业，他们需要大量的初级物流人才和少量中高级人才。为了降低企业内部物流成本、提高企业的核心竞争力，国内许多企业如钢厂、卷烟厂、商业及制造企业等都先后设置了物流部门，对物流人才的需求类似物流企业。现在许多省市都在大力建设物流园区、配送中心等大型项目，这些项目的规划设计都需要物流人才进行指导和规划。我国加入世界贸易组织后，众多跨国公司纷纷涌入，他们为了拓展我国市场份额，猎取的多是高级物流人才。另外，科研院所还需要精通物流环节的专门人才进行理论性、技术性的物流研究及物流教师的培养。

（一）我国物流业的快速发展对物流人才提出了迫切需求

物流产业的蓬勃发展必然导致其对物流人才的迫切需求。目前，物流专业人才已被列为我国12类紧缺人才之一。为了应对这种形势，研究如何能快速培养物流企业所需要的各种层次的专业人才，教育界负有义不容辞的责任。我国对物流人才的需求主要来自以下几个方面：

（1）企业物流人才的需求。由于降低物流成本是企业的第三利润源这一观点已逐步形成共识，为了提高企业的核心竞争力与市场竞争力，不同类型企业都或先或后把物流作为一个重大战略问题来抓，要么把物流作为企业的核心竞争力来改造以提升自己的物流系统，要么把物流活动分离出来交给第三方物流公司，将上游与下游进行优化结合以形成供应链。企业物流人才的需求有物流管理人才，也有物流工程人才。企业物流可以区分为工业企业物流、农业企业物流、流通企业物流、仓储企业物流、第三方物流等。它们对企业物流人才的需求量最大，也最迫切，特别是进出口贸易企业、中外合资与外方独资企业、连锁企业、港口企业、邮政快递企业等。

（2）规划咨询物流人才。目前，城市物流系统要改造，企业物流系统要改造，行业物流系统要改造，物流园区要规划设计，配送中心要规划设计，谁来作这些工作呢？只有靠物流人才。这方面的人才是一种复合型人才，知识面要宽。目前，这种人才最紧缺，其培养难度也最大。

（3）外向型国际物流人才。随着中国加入世界贸易组织，以及逐步形成世界制造中心，全球采购与全球销售将形成庞大的国际物流系统，这就要求精通进出口贸易、海关业务、采购系统、供应链管理、国际法的物流人才。而且，正是这些人实现了中国商品与国际的接轨。

（4）物流研究人才。物流需要科学研究，包括物流理论与物流技术。从1979年引进物流概念以来，中国一直没有停止过对物流理论的研究。总体讲，中国的物流理论与物流技术仍然比较落后，这与缺少物流科研人员有关，所以必须加紧培养这方面的人才。

（二）多层次物流人才教育取得进展

在 1993 年，我国首先由北京物资学院、北京工商大学招收物流管理专业的本科生。物流教育发展到现在（截止到 2011 年底），全国开办物流专业的本科院校达 417 所，高职高专约 824 所，中职中专超过 2 000 所，在校学生总数突破 100 万人。物流学科建设取得突破性进展，物流管理、物流工程、采购管理专业已成为本科专业目录里的专业大类，为下一步学科目录调整并进入一级学科做了充分的铺垫。物流师职业资格培训与认证工作自 2003 年 11 月开展以来，已有 30 多万人参加了认证培训，其中，约 16 万人取得了高级物流师、物流师和助理物流师资格证书。

（三）最紧缺的人才需求

物流企业和许多生产制造企业的总裁们认为，不是所有物流专业的大学生、研究生、博士生从校门出来就是人才。看一个人是否是真正的人才，最重要的是要看他们接受继续教育的能力和他们的实际操作技能。

从市场需求的角度来说，今后人才的需求主要表现为以下三个方面：

（1）宏观管理层次的人才。比如政府机构制定政策、规划等，其中包括了相应的教学、科研、人才培训等方面的人才需求。也就是说，先培训出教师，才能再培训出学生。然而目前物流专业的教师资源奇缺。

（2）各类企业的物流管理人才。这是物流人才中需求量最大的一块，因为企业的包含面很广，尤其是制造业对物流人才有大量的需求。他们主要的工作是与物流公司进行协调、管理和控制。

（3）物流企业的管理人才。这是物流企业的实际操作者，其具体工作包括仓储、运输、管理企业等。从总体上来说，目前物流业对人才的需求主要体现在管理方面，它要求从业人员知识面广，具有较强的战略判断和把握能力，能够敏锐地发现中间市场的变化，还要有较强的动手操作能力。对文理知识都要掌握，一般更偏重理科一些，因为企业里的许多知识都是由理工科来支撑的。人力资源专家分析认为，今后一段时期，除储存、运输、配送、货运代理等领域的物流人才紧缺外，相关的系统化管理人才、懂得进出口贸易业务的专业操作人才、电子商务物流人才、掌握商品配送和资金周转以及成本核算等相关知识和操作方法的国际性物流高级人才将更吃香。

（四）如何成为物流人才

中国物流业目前尚处于发展初期。由于现代物流概念进入中国较晚，目前中国拥有国际权威认证机构颁发的物流专业管理资格证书的职业经理人不足百位。如何能成为物流行业的抢手人才？下面有四种方式可供参考。

（1）考取职业资格证书。目前中国内地已经引进了第一个物流从业资格认证的“洋证书”——英国皇家物流资质证书。其培训分为四级：物流人员基础证书、物流部门经理证书、物流运营经理证书和物流战略经理证书。参加培训的学员要达到英语四级以上水平。

（2）学习物流研究生课程。已经有一定物流从业经验的人想进一步进行深造，大学中的在职物流研究生课程是比较好的选择。已经具备学士学位水平并具备一定工作经验的人经过正规的研究生课程学习后，可以获得硕士学历证书。

（3）参加短期培训。一些大学的物流在职研究生班也举办一些短期的培训，其目的主要是使参加培训的人对物流知识有一个大致了解，从而更好地进行管理工作。参加这样的短期培训班，不是为了考证或是拿学历，只是充实知识和提高能力。

（4）参加成人高考成为专业人才。如今，物流专业也成为一些学校成人高考的新增专业。通过大专课程的学习，培养了学生的实际操作技能。

（五）对发展我国物流教育的几点意见

1. 加快启动物流人才教育工程

21 世纪是我国物流业大发展的时期，对人才的需求非常迫切，要把物流人才的培养做为一个工程项目来抓，要从学历教育、继续教育和岗位培训三个方面制订物流人才的培养计划。中国物流市场由于加入了世界贸易组织和国外企业的进入，竞争是在高起点上开始的，企业为了在竞争中保持优势，对人才的需求格外迫切，不仅需要一般的物流专业人才，更需要高级物流管理人才和工程技术专家。物流人才短缺已成为我国物流业发展的瓶颈，若不能迅速加以解决，那么物流的产业化发展和成为 21 世纪中国新的经济增长点就将成为一句空话。从各地、各省市制定的物流发展规划来看，没有一个省市规划中不提到物流人才培养的，这已成为一个共识，我们必须把培养物流人才放到战略高度来认识。

2. 建立多层次物流高等教育体系，适应人才多样化的需求

经济发展以市场为导向，人才的培养也必须根据市场需要来安排。首先应在高等教育中恢复物流管理与物流工程本科专业的设置，这个专业的培养目标是具有扎实的经济学、管理科学、信息科学基础，具有较高的外语水平和计算机基础技能，掌握物流基础理论和方法，得到物流系统设计的基本训练，具有综合性、应用性、宽口径的知识体系，具备物流管理、规划设计等较强的实务能力的专业物流人才。目前，物流本科专业有的设在管理学之下，有的设在工学之下，对于这一点不必强求一致，但从总体讲，物流学主要是管理类学科，而且必须有工学基础。物流研究生教育主要培养高层次的管理人才、科研人员和高校师资，但他们要成为企业的高级管理人员，除了在学校学到系统的物流理论知识和具有广博的知识结构外，还必须在工作中不断探索、积累经验，在实践中继续学习，将实践所得的知识上升为理论，使之成为解决各种疑难问题的钥匙。这就是说，高层次的物流管理人才的培养仅靠学校还不够，他们还要在工作中学习，并坚持继续教育。对于在基层领导岗位上和在第一线的实际操作人员，就不应由高等教育来承担，而是由高等职业学校、中等专业学校来完成。

综上所述，越是人才缺乏，越要重视人才的合理使用，越要从整体上规划物流人才的培养。

3. 强化物流职业教育

在物流行业中推行物流师、采购师证书教育与从业人员上岗资格证制度，这在日本和欧美都已取得成功。在国外，物流职业教育一般是由行业协会来组织实施。由于学历教育时间较长，为了解决目前物流人才紧缺的问题，可以先从引进国外的物流师、采购师证书教育开始。这对于加强人力资源管理，保证工作质量和系统目标的切实完成是非常重要的。此外，职业教育的形式要多样化，要有不同层次，以适应不同情况的需要。

4. 加强物流师资与教材建设

有什么样的物流师资水平，就有什么样的物流教学水平。目前，高校的物流师资力量大多是从宏观经济学、机械工程学、管理科学、营销学、交通运输学等专业转移过来的，严格来讲，师资力量总体水平不高，所以，提高师资水平十分重要。要加大物流师资出国培训的力度，有的可以采取邀请外国专家来华讲学的办法。

教材是保证教学质量的重要条件。应组织物流领域的专家、学者共同研究编写我国物流教学的基础教材，出版一些精品图书。与此同时，也可根据需要引进一些优秀的国外教材，翻译试用，一段时间后修改形成自己的教课书。

5. 物流人才的培养要产、学、研相结合

产、学、研结合是国外人才培养的有效方法，中国也已取得一定的经验。物流人才的培养一定要走这条路。中国物流与采购联合会每年将评审中国物流示范基地与中国物流实验基地，它们将成为物流研究生与本科生的教育基地。物流教学一定要与科研结合，物流领域有大量的硬课题与软课题要研究，只有科研水平提高了，教学水平才能有效的提高。

6. 通过职业培训培养物流人才

要提高整个物流人员的素质，除了不断输入新的素质较高的人员以外，还必须重视在职人员的职业教育和加强现有物流人员的培训。职业培训的起点要高，培训对象应以项目经理为主，形式要多样化，可以采用讲授、研讨，也可以是座谈、交流，并有不同的层次以适应不同人员的需要。短期培训的针对性、实用性应更强，它可以在短时间内发挥实际功能和作用，并解决具体问题。长期培训要有长远考虑，不能只顾眼前，片面地强调实用。

我国物流在职人员的培训，要把物流管理人员的培训作为重点，其目标是培养和造就优秀的物流企业家，针对具有国际竞争力的大型物流企业集团，加快培养一批职业化、现代化、国际化的物流企业家。以创新精神、创业能力和经营管理水平为核心，大力提高物流企业家素质。同时，还要培训物流专业的管理人员，如交通运输、仓储、包装、港口、海关、配送中心、物流中心、分拨中心、物流信息平台等不同的专业管理人才与专业物流工程人才。

7. 强化资格认证，提高物流人才水平

为了与专业人才上岗需要通过权威机构的测评、考核并获得资格认证的国际惯例接轨，国内物流相关行业协会和教育机构借鉴国际经验，适时引进国际先进的物流培训体系，对该体系的培训内容中与中国国情不符合的方面做适当的修改，推出了中国物流行业及国际通用的资格认证培训，同时承担资格认证或职称的评判与审定。

8. 通过出国进修扩大物流人才培养渠道

组织有一定管理实践经验和专业基础的人员到国外考察、培训、进修，学习国外在物流方面先进的管理技术和经验，开阔视野、增长才干。培养物流管理专业人才的学校应当走出去、引进来，加强与外国物流管理机构的交往，将师资送到国外培训进修，并积极引进物流高级人才，以缓解我国在这方面的人员欠缺。

9. 开展物流教育专题研究

物流专家要大力开展物流教育的专题研究，保证物流业的可持续发展。物流教育专题研究要围绕物流人才成长规律的研究、物流人才对物流产业发展的贡献研究和世界各国物流教育制度的比较研究等专题进行。要支持和资助大专院校及科研机构在物流方面的研究和创新活动，提高我国物流理论和技术的整体水平；鼓励企业建立物流研究机构，鼓励企业与大专院校、研究机构合作，以加强应用性物流技术的开发和应用。物流领域的专家还可以积极撰写培训教材，为我国高等学校开设物流专业提供充足的保障，也可以深入企业普及物流教育，为物流人才的培养展开专题研究。

二、国外物流人才教育的发展简况

（一）国外及港台地区物流专业课程设置

发达国家的物流产业经过几十年的发展已经形成学历教育和培训教育相结合的物流人才教育体系，能够有效地满足物流人才需求的多样性。2000 年欧洲物流协会公布，在欧洲，共有 87 所大学开展物流高等教育，其中 54 所大学设有物流管理或供应链管理硕士和本科专业，另外 33 所院校在其他专业培养方案中开设有物流管理或供应链管理的课程。美国的加州大学伯克利分校、麻省工学院等共计 50 多所大学开设了物流管理专业。德国科隆大学、英国克兰菲尔德商学院、瑞典斯德哥尔摩经济学院、日本早稻田大学、日本流通经济大学、新加坡国立大学等都开设了物流管理本科专业。其中，新加坡国立大学的物流教学体系与美国相似。物流专业隶属于商学院、土木工程系或工业工程系。

国外物流课程的设置一般是基于配送和运输等物流核心要素开展的，典型课程包括物流战略、配送系统设计、运输与仓储的规划管理、配送信息系统及应用软件的开发与使用。其中，商学院设置的物流管理专业强调供应链管理，课程包括供应链管理技术和应用、供应链物流、战略与应用、战略采购与供应链管理，也包括相关的分析管理技术和方法，如仿真技术、统计学、运筹学、管理会计、人力资源管理以及法律与商业之间的交叉学科。土木工程系开设的物流课程包括港口规划与管理、运输系统分析、智能交通与车辆系统、运输管理与政策、道路网络管理系统、交通流理论、地理信息系统等。工业工程系开设的课程包括运营规划与控制、工业物流、库存系统等。

目前，国外物流的纵深研究领域包括配送战略与规划、配送与运输管理、仓储与物资处理系统、信息技术与物流、物流系统设计、自动化仓库设计．供应链管理在线车辆调度的算法、智能交通系统与多式联运、港口的网络模型联系和市场分配、电子商务物流与供应链管理等。

发达国家除了在高等院校培养物流专业人才外，各种非正规的培训也非常普遍。物流行业协会和高校开展物流职业教育，开设的课程既涉及整个物流流程又各具专业针对性，明确的培养目标、课程大纲，能够使学员有针对性地去选择所需课程。同时，欧、美、日等国都建立了物流职业资格认证体系。

我国香港与台湾地区的物流教育与内地相比起步较早。香港理工大学、香港科技大学开设了物流相关课程。由于香港特殊的地理位置，香港各大学开设与物流相关的课程均与运输（航运）相关，香港理工大学设有国际航运与物流管理系，香港科技大学工学院开设了运输物流课程。台湾地区的成功大学开设了物流管理、国际物流专业，新竹交通大学设有交通运输研究所和运输科技与管理学系。

（二）国外物流发展对物流人才提出新的要求

国内外开展物流教育的主要目的是为了满足日益壮大的物流企业的需求。随着现代物流的发展、物流任务的不断变化更新，物流企业对物流人员的要求也随之改变，主要表现在学历和专业要求、在职人员专业需求的培训两方面。

（1）学历和专业的要求。学历情况和专业学习方向是考核物流人员受规范专业教育程度的两个标准。对此，欧洲物流协会（ELA）、德国联邦物流协会（BVL）和美国供应链管理专业协会（CSCMP）分别针对欧洲和美国的物流管理人员学历和专业教育方向进行了长期调查研究。研究表明，欧洲及美国物流人员接受本科教育的比例相对稳定，而接受研究生教育和本科以下教育的人数有所减少，同时，物流人员中接受专门培训和获得物流职业资格证书的比例有所提高。

关于专业方向研究调查表明，物流人员的知识结构在不断变化，其趋势是，物流人员在物流专业和其他工商管理方面的专业教育显著增加，这有利于企业管理水平的提高。从欧美企业的整体需求来看，管理工程、工业及信息技术的教育占有越来越重要的地位，物流人员需要掌握更多的企业管理和现代科学技术知识。

（2）在职人员专业需求的培训。掌握知识的员工是企业发展的一个关键因素，因此，在职人员需要不断进行再教育和培训。美国供应链管理专业协会对在职人员渴望的培训内容所做的调查研究表明，在职人员期望的教育和培训内容也在不断的变化之中，信息技术、国际物流、供应链及财务管理是欧美企业当前对物流人员的培训重点。

（三）发达国家的经验

发达国家高等院校从20世纪60年代就陆续开展物流高等教育，目前已建立了非常完善的物流教育体系，包括研究生、本科生和职业教育等多个层次。美国、欧洲以及亚洲一些国家和地区提供物流高等教育的院校就有180余所。仅在欧洲就有87所大学开展了物流高等教育，其中54所大学有物流管理或供应链管理硕士和本科专业培养方案，另有33所大学在其他专业培养方案中开设有物流管理或供应链管理的课程。欧洲一些大学还建有全球领先的物流研究中心。在美国，哈佛大学、宾夕法尼亚大学、麻省理工学院、迈阿密大学等约50所大学开设了物流管理或供应链管理专业，且学士、硕士、博士三种学位都有。从美国奥尔良州立大学一项为期20年的物流职业类型调查表中我们了解到，其从业人员的专业结构为：本科生的专业及结构为物流12%、商科52%、工程12%、其他13%；研究生毕业的专业物流13%、商科73%、工程12%、其他2%。从以上数据不难看出，物流人才专业背景以商科为主，越高层次的物流管理人才越要求具有商科的物流专业背景。在经济发达的欧洲以及日本等国，大部分院校都将物流专业设在商学院，另外有一部分设在经营管理学院或工学院。

显然，正是发达国家一流的、基础雄厚的、科学有序的物流教育体系为其飞速发展的现代物流源源不断地输送了大批优秀的物流专业人员。可以说，完善的物流教育体系是发达国家现代物流业不断发展的基础保证。因为物流学是一个由相关学科集成起来的学科体系，是一个交叉学科，所以物流专业人才本身需具备的综合理论知识和实际技能是其他专业学科难以替代的。学历教育是物流人才培养的主要途径。

第二节　物流就业人员的岗位培训

一、物流行业人员岗位培训的现状

根据我国加入世贸组织的对外承诺，在未来几年中，我国将全面开放运输、货运代理及其他物流服务。随着现代物流业的兴起，国内人才市场出现了物流人才热，一些外国公司或合资企业对物流人才需求若渴，但我国的物流企业和企业内部物流整合工作还处于起步阶段，管理与操作人员严重缺乏，这一切都阻碍了现代物流业的发展。物流人才实在太缺！这句来自全国各大人才市场的感叹使中国逐渐兴起了一股物流从业的热潮，各式各样的培训班、认证班也纷纷出炉。

（一）当前物流行业人员的培训现状

1. 物流培训市场热

近年来，我国的物流培训市场非常火爆，各地区纷纷开设物流证书培训，其中包括物流领域全国性行业协会举办的物流职业经理管理培训班、国外物流行业认证培训班、国家劳动与社会保障部推出的物流师职业资格培训班等。

2. 培训机构名目繁多

面对如此庞大的市场需求，传统的教育模式无法及时和适当地给以供给，于是形式各异的物流职业系列培训和短期培训如雨后春笋般纷纷破土而出。

目前，物流培训的机构很多，培训的层次也很丰富。全国各大、中城市和地区均设有“全国物流考试认证授权培训机构”。名目繁多的证书，如“现代物流岗位资格证书”、“物流师职业资格证书”、“物流人员基础证书”、“物流运营经理证书”等也纷纷出现，颇有逐鹿中原之势。

据统计，目前存在三种类型的物流培训，一是经过系统培训考试，对合格者由某一行政部门、行业协会或者事业机构颁发某种类型的岗位资格证书；二是由一些大学的物流研究和教学机构开设系列培训课程，经过简单的结业考试，然后颁发结业证书；三是由一些咨询机构从国内外知名的企业和大学邀请专家学者就一些物流界普遍关心的问题进行讨论，在企业家中交流观点，名为培训，实为研讨。

3. 培训效果参差不齐

原本火爆的人才市场加入了物流人才这支生力军之后就越发显得如火如荼，颇具吸引力的金领行业更使求职人员趋之若鹜，人手一张证书成了必须，两张三张也纯属正常。

很多人在完成了一段时间的培训后抱怨“学无以致用”。对此，可从三个方面来分析。首先，“学无以致用”的说法是一个认识问题。其实，我们身边就存在许多物流方面的问题，如果一个学生学完了物流课程之后还说物流“学无以致用”，那只能怀疑他是否真正理解了物流的概念。此外，就要从物流培训的选择上找原因。参加培训的人员来自不同的层面，文化基础也不尽相同，因此反映各异。社会化培训机构的学员因没有物流相关知识和技能基础，因而在理解上具有较大的难度，这也正常，但如果想通过培训就找到物流方面的工作并不是那么容易的，因为物流很注重实践经验。相比之下，物流相关在职人员进行培训后，普遍反响都很好，觉得有了实践经验后再接触理论就豁然开朗，能很好地与教师互动，对工作的帮助也很大。高校和研究单位办的物流短期培训普遍给人偏重理论和可操作性较差的感觉。在证书培训中已经参加工作而现在在物流岗位上的人普遍反映培训的内容较好，对解决他们工作中的问题很有帮助。但是对那些不是物流岗位、希望通过培训增加物流知识的人来说，培训的内容难度较大，或者没有很强的指导作用。第三方面，目前我国物流培训市场刚刚起步，还未形成规范、统一的市场，也无明确、有效的机制，物流培训组织机构的稳定性和层次也有很大差别，鱼目混珠也在所难免。

归纳来讲，目前我国物流培训市场主要存在两大不规范现象：一是体系繁多，不同的政府部门有不同的物流培训体系，而实际培训内容又大相径庭，造成学员难以选择、没有方向；二是教材不统一，学员学习带有盲目性，师资不规范，不少非专业的、照搬书本的物流老师混杂其中，误人子弟。

（二）资格认证

由中国物流与采购联合会和全国物流标准化技术委员会按照“物流师国家职业标准”共同推出的“物流师职业资格认证”，以及根据劳动和社会保障部年初颁布的物流师国家职业标准，认证培训的助理物流师（国家职业资格三级）、物流师（国家职业资格二级）和高级物流师（国家职业资格一级）3 个等级，可以适应业界对不同层次人才的需求。

凡获得物流师国家资格认证证书人员的信息都将被加入到中国物流人才数据库中，并在后续认证时予以更新，以便国内外用人单位通过人才库直接进行招聘。

目前，世界上最具权威性的物流专业组织是中国交通运输协会引进的英国皇家物流与运输学会的 ILT 认证体系，这个资格认证是基于物流专业人员所应具备的能力模型而设计，按国际惯例，实行阶梯式的培养方式，着力于实践型物流人才的培养。同时，劳动部门也有自己的资格认证，此外，还有许多培训机构自行推出的认证体系。

不过，从企业的角度来看，企业却未必对认证非常看重。物流企业大多认为员工的认证是一种“PLUS”（加法），而不是“MUST”（必须），最关键的不是认证，而是员工为企业带来的价值和其实际能力。

（三）“登高望远”

目前，我国物流从业人员职业培训和社会化认证工作薄弱，现有的少量培训也不同程度地存在内容单一、培训面窄等问题，目前还没有内容全面的社会化培训考核和统一的认证标准。建立并逐步完善物流职业人员业务技术资格培训认证体系，可以较快地提高物流产业及相关企业各层次从业人员物流经营管理的业务技术水平，同时可以扩大物流专业人员队伍，满足企业对物流管理人才的需求。

（四）物流培训机构一味“向钱看”

我国物流缺少人才，高素质的操作工也供不应求，企业求贤若渴，花重金引进的“洋人才”水土不服，社会上高薪招聘捉襟见肘，高等院校培养出来的人才又是远水难解近渴，而唯有培训才是缓解物流人才和高素质员工紧缺的权宜之计。纵观眼下物流培训的形势，真可谓是“忽如一夜春风来，千树万树梨花开”，各相关主管部门、行业协会、高等学府、职技校争先恐后举办物流培训，全国在网上露面的培训机构多达四五千家，不露声色的培训网点遍布省、市、地、县，参加一次短期培训，发张培训证书，培训费少则几千元，多则超过万元。

各类物流的等级证书由国家主管部门、相关协会制作和颁发，各地按照教学大纲要求编写教材，组织培训和考试，合格者才能获得。有道是上有政策，下有对策。一些机构、单位、甚至个人不是把传播知识、传授技能、培养合格学员作为主要目的，而是把赚钱放在首位。许多物流培训机构实际上是高校、职校的承包商，根本不具备政府主管部门规定的资质。对他们来说，考虑最多的是怎样赚更多的钱。借牌子、租教室、请老师上课都得花钱，节支增收的捷径就是直接把考试题目弄到手，只要攻关工作到位，试题准确率可达百分之百。于是，计划中的课时大压缩，教室租赁费、老师上课费大节省，物流培训实际上成了学员死记硬背试题和答案了。这样考试出来的合格率自然就很高了，培训承包商的利润也就直线上升了。

大规模的物流速成培训，造就了大批诸如“物流员”和“助理物流师”之类的“物流人才”。他们虽然多了张证书，但知识和能力却未见长进。某培训机构为 5 家物流企业输送了近百名“物流员”，面试留用的不到 20%。一家颇具规模的快运公司老总谈到培训情况时说，公司去年花了不少钱把一些部门经理送出去培训，助师证都拿到了，实际工作却没有什么起色。他们的证书实质上是注了水的证书。

二、职业能力与岗位

（一）职业能力

职业是指从业人员为获取主要生活来源而从事的社会性工作类别。职业同时具备目的性、社会性、稳定性、规范性和群体性的特点。目的性体现在职业以获得现金或实物等报酬为目的；社会性体现在职业是从事人员在特定社会生活环境中所从事的一种与其他社会成员相互关联、相互服务的社会活动；稳定性体现在职业是在一定的历史时期内形成，并具有较长的生命周期；规范性体现在职业必须符合国家法律和社会道德规范；群体性体现在职业必须具有一定的从业人数。

职业分类是指以工作性质的同一性为基本原则对社会职业进行的系统划分与归类。所谓工作性质，即一种职业区别于另一种职业的根本属性，一般通过职业活动的对象、从业方式等不同予以体现。职业分类的目的是要将社会上纷繁复杂、数以万计的工作类型划分成类系有别、规范统一、井然有序的层次或类别。对工作性质的同一性所作的技术性解释要视具体的职业类别而定。而职业分类体系则通过职业代码、专业名称、职业定义、职业所包括的主要工作内容等描述每一个职业类别的内涵与外延。

依据各个职业的主要职责或“从事的工作”进行分类的方法较为普遍。我国的职业分类是根据国家统计局、国家标准总局、国务院人口普查办公室 1982 年 3 月公布的、供第三次全国人口普查使用的《职业分类标准》，依据在业人口所从事的工作性质的同一性进行分类，将全国范围内的职业划分为大类、中类、小类三层，即8大类、64中类、301小类。其中，8大类的排列顺序是：第一，各类专业、技术人员；第二，国家机关、党群组织、企事业单位的负责人；第三，办事人员和有关人员；第四，商业工作人员；第五，服务性工作人员；第六，农林牧渔劳动者；第七，生产工作、运输工作和部分体力劳动者；第八，不便分类的其他劳动者。在8大类中，第一、第二类主要是脑力劳动者，第三大类包括部分脑力劳动者和部分体力劳动者，第四、五、六、七大类主要是体力劳动者，第八类是不便分类的其他劳动者。

能力是人们表现出来的解决问题可能性的个性心理特征，是完成任务或达到目的必备条件。能力直接影响活动的效率，是活动顺利完成的最重要的内在因素。完成任何一项活动都需要人的多种能力的结合。例如，要画好一幅画必须有完整的知觉能力、识记与再现表象的能力、使用线条表现实物的抽象力与想象力、目测长度比例的能力、估计大小或亮度关系的能力、透视能力和灵活自如的运笔能力等。

能力多种多样，在物流管理专业教育中普遍认可的能力主要有职业核心能力及专业能力。

职业核心能力是人们职业生涯中除岗位专业能力之外的基本能力，它适用于各种职业，是伴随着终身的可持续发展能力。德国、澳大利亚、新加坡称其为“关键能力”，美国称其为“基本能力”，我国香港称其为“基础技能”、“共同能力”等。职业核心能力包括自我管理能力、合作交流能力、解决问题能力、设计创新能力。其中，自我管理能力包括培养自己的责任心、能够管理自己的时间、所学知识能灵活运用三个观测点。合作交流能力包括知道如何尊重他人的观点、能与其他人有效沟通、能获取信息并反馈信息三个观测点。解决问题能力包括能够有效使用信息资源、能客观分析事物的现状、能发现并解决常规问题三个观测点。设计创新能力包括能够提出有价值的观点、能够使用不同的思维方式、能够制定创新方案并实施三个观测点。

物流专业能力主要包括仓储作业能力、运输作业能力、配送作业能力、物流信息管理能力、物流市场拓展能力以及其他能力。表14－1是企业对专业能力的认可度。

表14－1　　企业对专业能力的认可度

企业对专业能力的认可度	仓储作业能力	运输作业能力	配送作业能力	物流信息管理能力	物流市场拓展能力	其他
非常重要	60.77%	44.62%	49.23%	57.69%	51.54%	42.42%
比较重要	34.62%	50.77%	46.92%	33.08%	33.85%	15.15%
一般	3.85%	3.85%	3.08%	8.46%	14.62%	36.36%
不重要	0.77%	0.77%	0.77%	0.77%	0	6.06%

（二）岗位分析

通过就业招聘岗位信息进行分析，可以将物流就业岗位大致分为两大类：

第一类是物流操作类，如仓管员、采购员（或采购助理）、快递员、报关员、跟单员等岗位。培训生或毕业生进入物流行业后，最先接触的一般也是这类工作。

第二类是物流管理类，一般是物流企业中高级管理人员，他们主要负责物流企业或整个物流系统的运营。此类人才一般都需要2~5年的时间在基层岗位积累经验，熟悉物流操作职位的流程和运作管理。

这些岗位可以划分为五个方向，即采购方向、仓储方向、配送方向、运输方向、物流信息方向和国际货运代理方向。每一个方向下面的各个岗位组成了一个岗位群：采购方向的岗位群、仓储方向的岗位群、运输方向的岗位群、物流信息方向的岗位群、国际货运代理方向的岗位群，每个岗位群对应一个就业方向，如表14-1所示。

表14-2　岗位群

采购	仓储	运输	物流信息	国际货运代理（货代）
采购员	仓库管理员	运输调度员	信息分析员	集装箱码头管理员
采购助理	仓库主管	货运主管	物流信息主管	货代员
采购主管	仓库经理	运输主管	客户服务人员	货代经理

随着物流市场的快速发展及物流固定资产的投入，物流业产生了巨大的人力需求，尤其随着物流需求层次的提高，物流企业对物流人才的要求越来越高。我们只有不断地探索和实践，才能把握物流市场的人才需求方向。

三、物流教育培训发展的思考

（一）物流培训期待规范

物流管理培训是一项专业性很强的服务活动，人们参加培训已不再是简单地为了获取某种证书，更重要的是为了提升职场竞争能力。一个好的专业化培训服务商必须善于充分地理解培训客户的需求，并将这种理解转化为培训产品的研发、教师的选择和后续服务，从而实现客户需求的满足和价值的创造。

但是，目前全国物流行业的培训市场还比较混乱，主要是因为现代物流行业的兴起造成了短时间内物流人才供应不足。各地纷纷开办物流培训班，由于仓促上马，培训质量无法保证。只有通过高质量的物流培训体系以及创立物流培训的专业品牌才是缓解目前培训现状的有效办法。

国内有关部门会引进一些来自美国、日本、世界贸易组织等国家和国际组织的物流培训体系，这些认证培训的侧重点各有不同，我国物流培训市场将逐步走向规范化和多元化，学员可以根据自己的需要选择适合自己的认证考试。国家劳动和社会保障部也已经出台了第五批职业标准，其中物流师也位列其中，国内物流师职业资格证书的鉴定、考试已经展开。

随着物流市场的逐步细分，不论是学员选择哪种培训，还是培训班要培训哪些项目，都要目标明确，如果都在一方面扎堆，那么几年以后，同样会导致供需失衡。

目前，现成的物流人才不多，但熟悉信息业、金融业和具有经营管理新理念的人也不少，中级管理人才还是要靠自己培养，并按自己的需要培养。

（二）培训体系应如何建立

要培养一流的物流人才，应在教学目的方面使学员了解现代化物流管理学的成熟理论与方法。掌握现代化物流学研究成果在企业生产、营销、行政管理等环节中的应用技巧，并能够在实际工作中灵活运用。

在教学方法方面，以生动、形象、富于针对性的教学方法，利用专家、讲师在数十年研究实践方面的经验优势，将国外先进的物流管理理论与现时中国物流行业的实际情况相结合。同时侧重于可操作性的知识教育，使学员提高物流工作能力。

在教材编写方面覆盖物流公司的实践案例，在每个阶段的学习过程中都能够选择实践案例，以培养学员的实际操作能力。

目前，物流培训必须由政府主管部门来宏观管理，培训机构资质的认定、培训内容和教学大纲的确定、试题及试卷的编写和审定、考试的组织、试卷的批改、证书的发放都是主管部门的日常工作。其中，最敏感、最受人们关注的是考试试题。在金钱和利益面前，最根本的是要保持清醒的头脑，牢记权力和金钱是不能交换的，侥幸只能得逞一时，不可能隐蔽长久，一旦暴露就会身败名裂。物流资质培训是一种非学历教育，注水证书目前虽不像正规学历教育中的权钱交易、营私舞弊那样引起公愤、遭到严惩，但已经引起人们的关注，整治是必然的。重要的是领导者首先要以身作则，自己坐正了，没有任何过节和把柄，就敢于严格要求部属。有这样的领导就能带出清正廉洁的部门，大家都严于律己了，就堵死了试题和答案泄露的渠道。大家凭水平和能力考试，物流培训质量的提高就成为必然了。

【个案分析】

中远——中国物流行业第一

中国远洋物流有限公司成立于2002年1月8日，在总经理叶伟龙和公司领导班子成员的领导下，秉承“团结、拼搏、创新、开拓”的企业文化，以“做最强的物流服务商，做最好的船务代理人”为方向，以中远物流跨越式发展为目标，励精图治，奋勇拼搏，经过四年的迅速发展，实现了物流营业额以每年50%的速度递增，并形成了以家电IT、汽车制造、电力、石化、会展、医药等具有中远特色的“六大物流服务品牌”，开创了诸多物流行业的第一。那么中远物流之所以在这么短的时间里造就如此的规模、实力和品牌，成功源于哪里？中远物流的成功有以下几方面的因素：

第一，中远的背景，也就是中远的客户基础。中远集团本身是一家有了50多年历史的跨国航运企业，多年来建立了一大批和他们有战略合作关系的伙伴，这些伙伴同时为中远物流的发展奠定了良好的基础。

第二，中远集团有在全球的庞大的运输网络。

第三，中远集团积累了一大批物流方面的专业人才，这些人才队伍使中远物流从一开始就有了一定的人才积累。当然，这些人才的储备对中远物流的快速发展来说还是远远不够的，所以中远物流同时也在培养自己的人才队伍。中远物流与世界上最好的一所供应链方面的学校——英国的Cranfield大学有一个合作协议，就是每年都会选出企业非常优秀的员工到英国去学习这个课程，同时英国政府和中远物流还联合设立了相应的奖学金去激励这些优秀的员工，目前这些优秀员工都已经成为企业的骨干、中坚力量。中远物流对刚刚毕业的大学生，同样会给他们一个一到两年的实践机会作为企业的核心人员去培养，从而使他们的能力有很快的提高，而且，他们以后也会有机会被送到国外去深造。应该说，在中远物流，所有的员工都非常敬业，中远物流也为员工提供了非常好的发展平台，他们可以在竞争和迅速的发展过程中寻求快乐和自身的价值。

除此以外，中远物流一方面在社会上公开招聘物流人才，比如说有很多学历很高、很有能力的人通过公开招聘的方式进入公司。中远物流另一方面花巨资聘请世界上最优秀的物流专家帮其提升物流技术。应该说，人才的积累和物流技术的创新是中远物流快速发展的重要因素，也正是因为有了一流的人才和创新的技术，中远物流才会在同行业中取得骄人的业绩。

问题讨论

1. 分析物流人才教育培训对中国远洋物流有限公司成功的重要意义。
2. 为什么说中国远洋物流有限公司的物流人才是其快速发展的重要因素？

【关键名词】

物流人才　物流证书培训　岗位培训　物流短期培训　物流教育培训

【讨论与思考】

1. 简述中国物流人才需求的现状及对策。
2. 试述中国物流人才培训的现状及对策。
3. 简述国外物流人才的发展现状。
4. 简述物流专业要求的能力和物流就业岗位的分类。

参考文献

1. 小保罗 . R. 墨菲，唐纳德 . F. 伍德 . 当代物流学 . 九版. 陈荣秋，等，译. 北京：中国人民大学出版社，2009
2. 朱伟生 . 物流成本管理. 北京：机械工业出版社，2011
3. 曾剑，王景锋，邹敏 . 物流管理基础. 北京：机械工业出版社，2010
4. 冯耕中等著 . 企业物流成本计算与评价：国家标准 GB/T 20523—2006《企业物流成本构成与计算》应用指南［M］. 北京：机械工业出版社，2007
5. 王之泰 . 新编物流学. 北京：首都经济贸易大学出版社，2005
6. 杨振科，冯国苓 . 现代物流与配送. 北京：对外经济贸易大学出版社，2005
7. 汝宜红 . 物流学导论. 北京：清华大学出版社，2004
8. 樊宏，吴海民 . 新编物流管理教程. 广州：华南理工大学出版社，2004
9. 孟建华 . 现代物流管理概论. 北京：清华大学出版社，2004
10. 王之泰，等 . 物流基础. 北京：高等教育出版社，2005
11. 宋华，胡左浩 . 现代物流与供应链管理. 北京：经济管理出版社，2000
12. 翁心刚 . 物流管理基础. 北京：中国物资出版社，2005
13. 田源 . 物流管理概论. 北京：机械工业出版社，2006
14. 丁俊发 . 中国物流. 北京：中国物资出版社，2002
15. 吴清一 . 物流实务. 北京：中国物资出版社，2005
16. 方虹 . 物流企业管理. 北京：高等教育出版社，2005
17. 李素彩 . 物流信息技术. 北京：高等教育出版社，2005
18. 郑称德 . 采购与供应管理（一）（二）. 北京：高等教育出版社，2005
19. 崔介何 . 物流学概论. 北京：北京大学出版社，2004
20. 牛鱼龙 . 怎样成为物流人才. 深圳：海天出版社，2004
21. 孙秋菊 . 现代物流概论. 北京：高等教育出版社，2003
22. 李吟龙 . 物流基础. 北京：人民交通出版社，2003
23. 杨茅甄 . 现代物流理论与实务. 上海：上海人民出版社，2003
24. 李基洪，等 . 包装技术问答. 北京：中国轻工业出版社，1995
25. 王霄涵 . 物流仓储业务管理模板与岗位操作流程. 北京：中国经济出版社，2005
26. 邹安全 . 企业物流工程. 北京：中国物资出版社，2005
27. 秦明森，王方智 . 实用物流技术. 北京：中国物资出版社，2001
28. 姜大立 . 现代物流装备. 北京：首都经济贸易大学出版社，2004
29. 蒋祖兴，孟初阳 . 物流设施与设备. 北京：机械工业出版社，2004
30. 周全申 . 现代物流技术与装备实务. 北京：清华大学出版社、北京交通大学出版社，2008
31. 夏春玉 . 现代物流概论. 北京：首都经济贸易大学出版社，2004
32. 马士华，等 . 供应链管理. 北京：机械工业出版社，2000
33. 杨爱华，苗长川 . 物流供应链管理. 北京：机械工业出版社，2000

34. 张成海．供应链管理技术和方法．北京：清华大学出版社，2002
35. 侯书森，等．企业供应链管理．北京：中国广播电视出版社，2002
36. 夏露，李严峰．物流金融．北京：北京科学出版社，2008
37. 中国物流网 http：//www. 56. com. cn
38. 中国标准网 http：//www. gbpack. com
39. 锦程物流网 http：// www. jcrans. com
40. 中国物流学会网 www. chinawuliu. com. cn
41. 中国仓储物流设备网 www. cnstorage. com

21世纪高职高专新概念（财经类）系列教材

（一）基础科目

1. 管理学概论
2. 经济法基础
3. 计算机文化基础
4. 政治经济学原理（第二版）
5. 会计学原理
6. 财经应用文
7. 国际贸易理论与实务
8. 宏微观经济学（西方经济学）
9. 公共关系实用教程
10. 财经数学
11. 大学语文（第二版）
12. 普通话水平训练与测试
13. 书法教程
14. 计算机应用基础教程
15. 市场营销
16. 法律基础
17. 计算机应用基础实践教程

（二）国际贸易专业

1. 国际贸易概论
2. 国际贸易实务（第二版）
3. 国际商法
4. 国际金融
5. 国际经济合作
6. 对外贸易综合技能
7. 外贸运输与保险
8. 国际结算与外贸单证
9. 国际贸易地理（第二版）
10. 进出口商品检验与通关
11. 国际货运代理实务（第二版）

（三）会计专业

1. 基础会计
2. 财务会计（第二版）
3. 成本会计
4. 财务管理（第二版）
5. 审计原理与实务
6. 会计电算化
7. 统计学基础（第二版）
8. 会计综合技能训练
9. 税务法律与纳税处理

（四）商务英语专业

1. 国际商务函电
2. 外贸英语口语
3. 国际商务英语写作
4. 商务英语阅读
5. 国际商务谈判
6. 英美概况
7. 实用外贸英语谈判与函电

（五）企业管理专业

1. 工商企业经营与管理概论（第二版）
2. 工商企业管理实务
3. 现代企业管理案例精析
4. 人力资源管理学教程
5. 现代企业文化学
6. 市场营销学

（六）市场营销专业

1. 市场营销学概论（第二版）
2. 国际市场营销
3. 网络营销
4. 商务谈判
5. 广告理论与实务
6. 消费心理学（第二版）
7. 现代物流与配送
8. 商品学
9. 市场营销实训教程（第二版）
10. 市场营销综合技能训练

（七）金融与保险专业

1. 货币银行学（第二版）
2. 财政与金融（第二版）
3. 国际结算
4. 证券与投资
5. 保险原理与实务
6. 商业银行经营与管理
7. 金融企业经营与管理
8. 金融保险操作综合技能

（八）电子商务专业

1. 电子商务（第二版）
2. 电子商务实用教程
3. EDI 实务与操作
4. 电子商务安全与支付
5. 电子商务法律法规
6. 电子商务综合技能

（九）旅游与酒店管理专业

1. 旅游学概论
2. 中国旅游地理
3. 导游业务与技巧
4. 旅行社经营与管理（第二版）
5. 旅游市场营销
6. 酒店经营与管理
7. 酒店管理综合技能训练
8. 旅游心理学
9. 现代旅游管理法规概论
10. 旅游文化学概论

（十）物流管理专业

1. 物流管理概论（第二版）
2. 物流企业管理
3. 供应链管理
4. 物流技术与设施
5. 物流管理信息系统
6. 仓储与配送